◧ 책 머리에

회상록을 펴내면서

  앞으로 몇년이 더 지나면 희수(喜壽)와 함께 나의 아내 송순옥(宋順玉)과 서양사람들의 금혼(金婚)에 해당하는 결혼 50주년을 맞는다.
  세월이 유수 같다더니 정말 빠르게 흘러간 것 같다.
  이 세상에 태어나서 오늘에 이르기까지 기나긴 격동의 세월 속에서도 우리가 희망을 잃지 않고 대과 없이 살아온 것이 하느님의 가호가 있었고 나를 아껴 준 전우들과 벗들 그리고 주변의 모든 분들의 격려와 편달의 덕으로 생각하고 있다.
  따라서 내가 더 늙어 기억력이 쇠퇴되기 전에 이들과 함께 있었던 일 그리고 같이 겪은 여러 가지 고초, 보람 있는 경험들을 기록에 남겨 내 손자들에게라도 전해야겠다는 소박한 뜻으로 이 회상의 글을 쓰게 되었다.
  별로 교훈될 만한 글은 아닐지 모르지만 내가 생각했던 것과 행적들을 남기는 것이 후대를 위한 도리가 아닌가 느끼면서 이 글을 쓰고 있다.
  돌이켜보면, 내 인생은 단 한번도 조국의 안위와 충정을 떠나 생각하지 않은 적이 없었던 것 같다.

　나라를 빼앗긴 일체하에서 부득이 만주군과 일본군의 간부 역할을 할 때에도 늘 조국의 광복을 염원하면서 내 자질을 닦는 데 힘을 쏟았다.

　조선인이라고 하여 일인들로부터 굴욕이나 차별을 당할 때에도 나는 내일의 희망을 의식하면서 꾹 참고 견뎌 나갔다. 사소한 경쟁에서도 일인보다 월등해야겠다는 나의 의지와 욕구는 어쩌면 애국심의 발로였는지 모른다.

　그러나 내놓고 조국의 독립을 추구할 수 없었던 그 시절은 내 청년시절에 있어서 제일 컸던 비극의 세월이었음을 고백하지 않을 수 없다.

　동족상잔의 그 쓰라린 6·25 동란을 맞이했을 때에도 비정스러운 감정이 솟구쳤지만 우선 전투에 승리해야겠다는 사명감만이 불탔다. 공산 학정에 신음하는 북한 동포를 구출해야 되겠다는 생각과 자유민주주의 수호가 나에게 있어서 모든 것의 전부였기 때문이다.

　나는 회상록을 쓰면서도 나의 업적 자랑이라든가 자기 변명에 치우칠까 보아 염려가 된다.

　나는 언제나 내 과오를 인정하고 책임지는 생활관 속에서 살아 왔기 때문에 추호도 내 잘못을 회피할 생각이 없음을 밝힌다.

　나는 5·16 군사 쿠데타에 의해 제1군사령관 재직중 불행하게 군복을 벗는 곤욕을 당하였지만, 누구를 탓하기 이전에 내 불찰을 뉘우치는 심정이다. 내 탓으로 이 나라의 민주주의가 32년이나 후퇴했다는 자책으로 오늘까지 나는 숙연히 지내고 있다.

　또한 나는 찬란한 업적보다 빛 없는 실책이 더 많은 인간이라는 것을 스스로 깨닫고 있다.

그리하여 내 사랑하는 손자들에게 할아버지의 과오와 영광을 동시에 알게 하여 앞으로 살아가는 데 지표로 삼게 하고 싶다.

그러나 나는 나의 손자들과 역사 앞에 분명히 밝혀 둘 것은 내 삶의 모든 과정, 그 긴 여정에서 조국을 의식하는 애국심에 바탕하였음을 알리고 기록으로 남기려 한다. 그러한 연유에서 이 회상록을 쓰게 되었다는 것 또한 명백히 하고 넘어 가겠다.

나는 지금 74세이다.

'人生七十古來稀'라는 옛글로 본다면 많이 살았다고 할 나이다. 그런데도 아직 건강하고 이런 글까지도 쓸 수 있게 된 것 모든 것이 하느님 가호의 덕분이라고 생각한다.

나에게 베푼 지금까지의 영광은 그 은총 속에서 성취되었고 나의 과오는 용서와 보호하심으로 말미암았다고 확신하고 있다.

나는 부족한 사람이므로 늘 다음과 같이 기도한다.

오늘도 저에게 생각과 말과 행동이
평화로이 이루어지도록 하여 주시옵소서.

끝으로 이 책을 펴내는 데 원고정리를 도와 준 친애하는 후배 장성 박경석(朴慶錫) 군사평론가협회 회장과 출판을 맡아 준 김기제(金基齊) 팔복원 사장에게 감사한다.

1994년 가을
북한산록에서
이 한 림

차 례

책 머리에

회상록을 펴내면서/3

제1장 내가 선택한 조국

1. 소년·청년시절의 꿈 그리고 나의 각성/11
2. 분단고착의 배경과 의회 민주주의에 대한 정치관/22
3. 만주, 신의주, 평양, 원산, 안변을 거쳐 서울로 오다/32
4. 어머니·누이 찾아 천리 길. 뜨거운 해후, 다시 서울로/45
5. 남과 북을 보고 남쪽을 선택. 국군 장교로 임관하다/58

제2장 격류를 헤쳐 나가며

6. 경비대와 경찰과의 반목 그리고 군내 좌익의 태동/71
7. 아내 송순옥과의 첫 만남. 명동 성당에서 결혼식을 갖고/79
8. 광주 제4연대장 시절의 고충 그리고 어머니의 월남/85
9. 반공이면 반공이고 찬공이면 찬공이지, 누구 무서워 할 얘기 못하는가/95
10. 한국군 최초의 도미 유학. 새로운 군사사상에 눈을 뜨다/107
11. 우리 동포를 향하여 부르짖는다. 결코 결코 독재정치가 아니 되도록/115

제3장 38선에서 낙동강까지

12. 북한 공산집단의 음모. 남침의 칼날 세우다/125
13. 4년제 정규 육사 생도의 탄생과 사멸. 동란 발발. 제2사단

장에 임명되다/138
14. 미군의 본격 지상전 개입과 지연전 그리고 계속되는 혈전/151
15. 지연전은 이제 끝났다. 후퇴는 없다/165
16. 좌절에서 웅비. 인천 상륙작전과 북한 인민군의 패주/173

제4장 한국전쟁과 보병 제9사단장

17. 북진 서울에 진주하다가 헤어졌던 가족을 다시 만나다/185
18. 2천리의 쾌속 진격과 중공군 한국전 개입으로 통한의 후퇴/196
19. 남쪽으로 후퇴하는 국군 따라 민족 대이동. 퇴진하는 맥아더 장군과 정세의 변화/210
20. 전쟁중 군사교육기관의 확충과 진지 쟁탈전 속에 병행된 휴전회담/221
21. 보병 제9사단장으로 부임, 북진능선 작전과 금화지구의 방어전 등 두 격전을 치르다/234

제5장 정치와 군 그리고 나

22. 통일과 멀어진 휴전의 성립과 그 이후 한국정치에 대한 개황/257
23. 휴전후 강군을 위한 지휘 통솔 소고. 그리고 당시 정치 사회정세의 계속되는 혼미/269
24. 제6군단 창설과 군단장 취임. 군단장 시절의 군 발전을 위한 회상/283

25. 정·군 의존체제의 확산과 나의 육사 교장 시절 그리고 자유당의 몰락/295

제6장 야전군 사령관 시절

26. 허정 과도정부를 거쳐 장면 정부의 출범 그리고 사회의 혼란과 함께 군 일각의 쿠데타 음모/321
27. 야전군 사령관으로서의 큰 포부와 5·16 쿠데타 전야까지의 내 행적과 이상/335

제7장 쿠데타와 박정희의 탐욕

28. 쿠데타의 발생과 나의 야전군 사령관 최후의 날/355
29. 야— 이 개자식들아, 역사의 무서움을 모르는 무식한 놈들아— 쏴라.!!/372
30. 박정희 생도와의 만남/381
31. 서대문 교도소 생활과 박정희의 탐욕/394

제8장 날개 꺾인 독수리

32. 미국에의 추방생활과 박정희 회유를 거부하다/405
33. 귀국후의 감금 생활과 박정희와의 만남/415
34. 수산개발공사 사장, 진해화학 사장, 건설부장관을 역임하다/425
35. 내 마지막 공직생활과 박정희 시대의 종막/439

인 명 색 인/456

제1장
내가 선택한 조국

1 소년·청년시절의 꿈 그리고
     나의 각성

함경남도 남단, 안변군 설봉산에 있는 석왕사(釋王寺)는 유명한 절이다.

이태조의 꿈을 왕이 될 징조라고 해몽하여 준 무학대사(無學大師)가 살았던 굴 자리에 이태조가 지어 준 것이라 한다.

이태조는 왕이 되기 전에 함경도 길주의 향적사에 있는 대장경 일부와 불상이 전란 때문에 파손된 것을 다시 보충하여 석왕사에 봉안하고 불력(佛力)으로 나라가 잘 되기를 빌었다 한다.

나는 1921년 2월 10일 석왕사의 정기가 서린 석왕사면 금리(錦里)의 한 농가에서 태어났다.

내가 태어난 고장 주변 경관은 산자수명한 뛰어난 풍치로 지금도 내 눈 앞에 어른거린다.

석왕사곡(釋王寺谷)은 또 계곡 휴양지로 이름 있는 곳이기도 하다.

남대천(南大川) 중류에 조각된 골짜기로 폭은 석왕사 부근에 이르러 넓어지고 서쪽에는 휴양지가 있고 동쪽은 넓은 논밭이 펼쳐 있어 삼방협곡(三防峽谷)과 함께 함경도 제일의 명승지로 손색이 없다.

나는 군복을 입고 있던 현역 시절이나 지금이나 고향으로 돌아가야겠다는 수복의 꿈을 한시도 잊지 않고 있다. 이제 한반도 분단과 동족상잔의 6·25 동란을 일으켰던 김일성도 사망했으므로 급격한 정세 변화로 통일이 앞당겨졌으면 하는 바람으로 여생을 보낼까 한다.

내가 태어난 1921년이라면 한일합방에서 10년이 지났고 1919년 3·1운동이 일어난 해로부터 불과 2년밖에 지나지 않은 해이다.

나는 내가 태어나기까지의 그 시기에 있었던 조국이 겪은 정황을 생각해 보지 않을 수 없는 것 같다.

1882년의 임오군란과 1884년의 갑신정변은 한말 저물어 가는 정세 속에서의 몸부림이지만, 특히 나는 구한국군의 해산에 관심의 초점을 두지 않을 수 없다.

1907년 7월 31일, 그러니까 내가 태어나기 14년 전의 일이다.

한반도에 진주한 일본군 사령관 하세가와와 구한국의 대신 이완용과 이병무는 창덕궁에 들어가 그들이 제멋대로 작성한 한국군 해산에 대한 조서(詔書)에 순종황제의 재가를 받으려 했다.

순종은 떨리는 목소리로 그들을 향해 거부의 뜻을 밝혔다.

"여기에 내가 재가하는 것이 국가를 위해 이로운 일이라고 생각하는가? 총리대신과 군부대신은 의견을 말하시오."
하세가와가 아닌 순종의 신하에게 묻는 말이지만 반대의견을 듣고자 던졌던 질문이었다. 그러나 뜻밖에도 이완용은 하세가와 편을 들었다.

"그러하옵니다. 나라의 재정이 궁핍하여 용병(傭兵)은 해산하는 편이 좋을 듯하옵니다."

이번에는 군부대신(軍部大臣 : 국방장관) 이병무가 총리대신의 말을 거들고 나섰다.

"용병을 해산해야 국고가 든든해질 것입니다."

순종은 믿었던 신하마저 일본군 사령관 편을 드니 하늘이 무너지는 것 같은 슬픔을 느꼈다.

이때 이병무는 조서를 읽으라는 하세가와의 명령투의 말에 당황하면서 그들이 작성한 조서를 읽기 시작하였다.

"짐이 생각컨대 국사다난한 때를 맞아 비용을 절약하여 후생사업에 응용하는 것이 오늘의 급선무이다.

여러 모로 우리의 군대는 용병으로 조직된 관계상 상하가 일치하여 국가를 방위하는 데 부족하다.

짐은 군제(軍制)의 쇄신을 꾀하기 위하여 사관(l:官)의 양성에 진력하고 다른 날 징병법을 발표하여 곤고한 병력을 구비하고자 하므로 짐은 이를 관계관에게 명하여 황실 시위에 필요한 자만을 남겨 두기로 하고 기타는 일시 해산케 한다.

짐은 오랫동안의 노고를 생각하여 계급에 따라 은금(恩金)을 나누어 주니 짐의 뜻을 새겨 각자 생업에 종사하도록 하라."

이병무는 잠시 읽기를 멈추었다. 마지막 부분을 읽는 것이 일말의 양심의 가책을 느꼈기 때문이다.

"군대 해산시 인심이 동요하지 않도록 예방하고 혹시 조서를 어기고 폭동을 일으킨 자의 진압을 통감에게 의뢰한다."

참으로 무례한 내용이 아닐 수 없다. 군대 해산을 방해하는 사람에게는 무력행사를 일본의 통감 이등박문(伊藤博文)에게 맡기는 내용이었다. 순종황제는 할 수 없이 조서에 조인하기에 이른다. 이렇게 하여 우리나라는 이때부터 군대가 없는 국가가 됨으로써 사실상 일본의 속국이 되었던 것이다.

그러니까 내가 태어난 1921년은 나의 조국은 없고 일본국 신민으로 태어난 꼴이 되어 버렸다.

일본은 합방후 세계 식민지 역사상 그 유례를 찾아볼 수 없는 미증유의 가혹한 정책을 한반도에 폈다.

언론기관의 봉쇄, 국사에 관한 서적 20여만 권의 소각, 일본인화(日本人化)를 위한 교육정책 강요, 신사참배 강요 등으로부터 시작하여 급기야는 창씨개명(創氏改名)에까지 이르게 됨으로써 한국인은 없어지고 일본인이 되는 고뇌를 겪어야 했다. 나는 결국 한국인이 아닌 일본인으로 태어난 꼴이 되어 버린 것이다. 나의 고뇌는 이로부터 시작되었다고 보아 무방하다. 이는 나만의 슬픔이 아니고 한국인 모두의 비극이었다.

내가 태어난 후, 내 고장 안변군은 신흥 항구 도시 원산의 발달과 함께 비교적 빠른 속도로 현대문물과 접하게 되었다.

그러나 여전히 마을에는 서당이 서 있고 여름 한낮에는 공자, 맹자를 읽는 소리가 매미 우는 소리와 함께 들려왔다.

4월 초파일이 되면 근처의 석왕사에는 사람이 들끓었다. 불공을 드리고 부처님의 탄생을 축하하는 인파는 끊일 줄 몰랐다.

농민들은 상실된 조국에 대한 문제는 체념으로 바뀌었으며 오직 하루의 삶을 위해 땀을 흘리고 있었다.

그 무렵, 전라도쪽에서 올라오는 유랑민이 많았다. 그들은 농가의 머슴이 되어 농사를 짓고 겨울밤에는 노름판을 벌였다. 그들이 어떤 이유로 고향을 떠나야 했는지 아무도 몰랐다.

몇해가 지나면서 원산에 석유공장이 서고 조선소가 문을 열고 문평의 제련소까지 생기자 농사를 그만두고 그쪽의 노동자로 전업을 하는 것이었다. 그런 정세의 변화에도 불구하고 우리 고장의 지주들은 아직 고풍(古風)의 풍속과 전통적 도덕관을 버리지 않고 급속도로 변해 가는 세상을 외면하고 살아 갔다.

차츰 양복 차림이 늘어나면서 전기가 들어왔고 부유층 집 자식들은 도시를 향해 유학의 길에 오르는 유행이 퍼졌다.

내가 태어난 금리는 드물게 보는 부촌이었다. 마을 바로 앞에는 안변평야를 가로지른 남대천의 상류가 흐르고 있었고, 강변에는 수백년 묵은 노송터가 있어 가뭄이 심할 때는 그 곳에서 기우제를 지냈다.

갓을 쓰고 한복으로 성장한 어른들이 모여 제사가 끝나면 술을 마시며 거나하게 취하면 시를 읊고 노래도 부르는 풍류도 내 기억에는 생생하게 살아 있다.

특히 내가 노송터를 잊지 못하는 것은 나의 외가벌이 되는 옛날 병자호란 당시의 김중(金重) 장군의 고혼을 위무하는 제사를 그 곳에서 지내던 일이다.

어린 시절 할머니로부터 들은 이 김중 장군의 이야기는 지금도 잊히지 않고 있다. 그 이야기는 다음과 같다.

김 장군이 남대천 강안의 큰 길을 따라 거슬러 올라오는데 웬 백발 노인이 나타나 큰 길로 가지말고 뒷길로 가라고 일르더라는 것이다. 그러나 김 장군은 호담하고 고집이 센 분이어서 그냥 큰 길로 올라갔다 한다. 김 장군이 마을 동쪽 고개를 넘어서

자 마침 그 곳에 복병하고 있던 적으로부터 기습을 받아 분전했지만 전사했다는 것이다.

　김 장군이 전사하자 김 장군이 타고 있던 말은 그 길로 혼자 달려 금리에서 50리 떨어져 있는 고산의 김 장군 집에 다다라 대문에 머리를 찧고 몸부림치며 주인의 전사를 알렸다는 것이다.

　그 당시 내가 어렸을 때만 해도 여름밤 뜨락에 모닥불을 피우고 앉아 있을 때 마을 동쪽 김 장군이 전사했다는 그 자리에서 군병들의 함성과 말 달리는 말발굽 소리를 들었다는 '이야기를 들은 기억이 난다.

　또한 어머니를 따라 외가에 갈 때면 김 장군의 사당과 그가 사용했던 군도(軍刀)와 복장 등을 보았던 기억이 뚜렷하다.

　모든 보수적인 요소와 더불어 그 무렵 우리 민족의 독자적인 혼백은 이러한 회고취미와 전설적인 이야기로 가느다랗게 명맥을 이어 왔던 것 같다. 그러나 이런 이야기들은 어린 마음에 퍽 소박한 민족감정을 움트게 하였던 것이다.

　내가 어린 시절 몇달 다니던 서당도 기억에 아직 남아 있다. 서당 선생은 청결하고 잘 생긴 노인으로서 그 즈음 사그러져 가는 민족의 편린을 간직하려 노력하고 있었던 것 같다. 그러나 이미 그 고장은 그러한 모든 보수적인 요소와 함께 새로운 개화의 물결에 휩쓸려 들어오고 있었다.

　나는 어릴 때 곧잘 앞 강에 놀러 나갔다. 그때마다 수리조합이 생기고 토목업으로 흥청거리던 광경이 아직 눈에 선하다. 남대천 양쪽 안벽에 매립하는 직경 5, 6척의 토관에서 우리는 천진난만하게 숨박꼭질을 하였고, 근처 강에서는 가난한 아낙네들과 장정들이 삼태기로 자갈을 나르고 모래를 퍼내는 모습이 보였다. 하루 몇 십전 안되는 푼돈을 바라고 종일 개미처럼 땀 흘리며 일하는 광경은 어린 마음에도 예사롭게만 보이지 않았다.

수리조합장으로서 앞장섰던 이종림씨가 수리조합 설치를 반대하는 농민들로부터 집단 테러를 당한 것도 이 무렵이었다.

이렇듯 민족의 주체의식과 민족감정이 다소 퇴행해 가는 분위기 속에서 나는 어린 시절을 살아야 했다.

나는 이미 아버지를 따라 개신교를 믿고 있었다. 그 후 어떤 연유로 해서 우리 조모님이 천주교를 믿게 되었는지는 자세히 모른다. 다만 확실한 것은 아버지가 당시의 근처 농민들에 비해서 비교적 진취적이었다는 것은 짐작이 간다.

나는 어린 시절부터 무관 쪽에 취미가 있었다. 막연하게나마 무관이 되고 싶은 희망을 가지고 있었다.

철이 들기 시작하면서 이땅에 태어난 그 무렵의 누구나가 그러했겠지만 조국에 대한 그리움이었다.

우리는 분명히 한국말을 하는데 우리를 지배하고 있는 사람은 우리와 다른 일본어를 쓰는 일본인이라는 사실. 이 말할 수 없는 어색한 느낌은 내가 철이 들면서 처음으로 감지한 모순이었다.

그러나 나는 그 무렵의 모든 사람들이 다 그러하듯 큰 전제로서 작용된 우리의 환경에 쉽게 익숙해지고 말았다. 이 점은 이미 일본의 새 식민지 정책이 어느 정도 이 땅에 먹혀 들어가기 시작했고 형식적으로나마 한국사회의 식민지적 안정을 의미하는 것인지도 모른다.

나는 아홉 살 때 고향을 떠났다.

아버지를 따라 고원, 북청, 함흥 등지를 전전하였다. 이 무렵 뜻있는 한국인이 그러했듯이 아버지도 조국에의 집착과 애착을 어느 정도 잃었던 것 같다. 들뜬 방황과 유랑에의 매력을 좋아한 탓인지도 모른다.

이런 아버지의 영향이었던지 나는 비교적 내성적인 소년이었으나 내 장래의 설계를 소박하나마 '내 멋대로 마음껏 살아 보자'는 생각 쪽으로 굳혀 가고 있었다.

나는 16세에 아버지를 따라 만주로 건너 갔다. 그리고 이 이역땅에서 나는 차라리 조국에의 그리움을 배웠다.

그러나 당시로서는 그것은 먼 꿈에 지나지 않았다.

내가 소년 시절을 지극히 내성적으로 보낸 이유도 마음속 깊이 자리해 있는 유형 무형의 모순, 즉 조국을 상실한 데서 나도 모르게 쩔어든 여러 가지 해결하지 못할 위화감 때문이었으리라고 짐작된다.

나는 어린 소년답지 않게 이미 '인생은 결국 잠시 지나가는 나그네'라는 엉뚱한 생각이 움터 오르고 있었다. 이러한 가느다란 회의와 적막감이 어디서 연유한 것인지는 지금도 뚜렷하지 않다. 다만 속에는 무한한 생명력과 격정이 도사리고 있으면서도 그것을 의의 있게 확산시킬 수 있는 기회가 없는 데서 오는 허탈감이었으리라 생각된다.

너무 어려서 고향을 떠난 탓일까.

나는 나태한 안정보다는 거창한 불꽃을 원하고 있었던 것이다. 그러니까 '인생은 결국 지나가는 나그네'라는 이 지극히 체념처럼 보이는 생각도 사실은 인생에의 적극적인 욕구의 역설적인 표현인 셈이었다.

만주의 광활한 자연은 매력적이었다.

그것은 무진장한 자원의 신천지였다.

당시 만주의 무한한 개척의 여지와 야성적인 풍광, 대륙성 기후, 뚜렷하게 중국적인 것만도 아닌 혼합민족적 요소는 묘한 매력으로서 작용되는 것이었다.

하얼빈이나 봉천의 백계 러시아인들의 생활에서 나는 기묘한 이국의 향취를 맛볼 수 있었다.

1932년. 만주사변으로서 일본이 조작해 놓은 만주제국은 확실히 정치적인 의미에서만 독특한 분위기가 아니라, 풍토적인 조건이나 인종 및 주민의 성격으로서도 독특한 것을 지니고 있었던 것 같다.

요즈음도 그 무렵 만주땅에서 살았던 사람으로서 그 고장을 그리워하고 있는 사람들을 흔히 보는데, 충분히 그런 심정이 납득이 된다.

국제사회와는 전혀 폐쇄되어 있으면서도 그런 폐쇄 속의 은근한 풍요가 자리해 있었던 것이다.

일본이 당시 만주땅을 일거에 삼켜 버리기에는 너무나 벅찬 광활한 땅이었다.

국가행정이나 법이나 질서가 미치지 못하는 무한히 넓은 공지(空地)는 그 속의 사람들을 이상하게 활달하게 만들었던 것 같다. 야생적이고 야만적인 면이 있지만, 텍사스적인 열기, 짙은 투전판의 분위기, 겨울밤의 눈보라와 눈썰매, 독한 고량주, 일본어 한국어 노어 중국어의 혼합, 우글거리는 강도단, 비적 마적단의 횡행 등 강렬한 남성적 약동성이 살아 있었던 것이다.

이러한 만주땅의 특징은 소년 시절에서 청년기로 접어드는 가장 감수성이 예민한 나에게 소극적인 것, 우유부단한 것, 엉거주춤한 중간파 기질을 혐오하도록 만들었고 강렬한 것, 적극적인 것, 분명한 것을 열망하도록 변화시켰다.

그 후 이 기질들은 나에게 적지 않은 고집을 결과하게도 하였고, 한편 엄격성을 부여하게 하였다. 그리고 나는 지금도 이러한 강인성과 엄격성 같은 것은 차라리 우리 민족의 일반 성격으로 비추어 희귀한 것이라고 외람되나마 자부하고 있는 터이다.

중학교를 졸업할 즈음이면 누구나가 부닥치는 문제이지만 나는 내 인생을 저울질해 보기 시작하였다.

그리고 그때의 내 선택은 극히 개인적인 것이었다.

조국이라는 큰 배경이 없는 한 이러한 내 선택은 지금 생각해도 당연했으리라 믿어진다.

나는 군(軍)을 지망했던 것이다.

그때 군을 지망한 학생이면 누구나 충성이니 제국간성(帝國干城)이니 영용한 군인이니 하는 상투적인 소리를 하기 일쑤였지만, 그때 나의 선생은 내 대답을 듣고 실소를 머금는 것이었다.

"자네는 왜 군대를 지망하는가?"

"네, 저의 개성을 살려 보려구 합니다."

"뭐? 개성? 군대에 들어가서 개성을 살리다니?"

흔히 군대란 개성의 소멸 속에서만 그 명맥을 유지하는 것으로 오해되는 수가 많다. 그러나 그 피상적인 이해를 떠나서 조금만 자세히 살펴보면 개성의 강렬한 발휘는 군 발전의 요소가 된다는 것을 모르고 하는 소리이다.

어떤 의미에서 개성이 뚜렷하지 않은 군대란 퇴화하는 군대일 수도 있다. 가장 강한 군대일수록 조직으로서의 개성의 농도가 짙은 것을 볼 수 있을 것이다.

나폴레옹의 군대나 알렉산더의 군, 혹은 한때 세계의 중원을 휩쓸었던 징기스칸의 몽고군에서 우리는 강력한 개성적인 특성을 엿볼 수 있다.

지휘관의 창조적 정신은 곧 강한 개성의 소산일 것이고 결단이나 전략전술은 독단의 여지가 많은 데서 우러나올 수 있는 것이다.

군대란 결국 하나의 조직으로서 생명이 근본적으로 문제되는 한 조직 속에 파묻히는 개체가 아니라 그 조직을 활력 있게 밀고 나가는 추진체로서의 강렬한 개성의 여지가 문제되는 것이다.

그러한 의미에서 나는 무엇인가 강렬한 인생을 원하였고 폭죽처럼 활짝 타오르는 불꽃 같은 것을 원하고 있었던 것이다.

나는 그 무렵 나폴레옹에 심취해 있었다. 그로부터 군인의 한계를 넘어선 일종의 예술과 비유되는 어떤 경지를 느끼고 있었던 것이다.

한 시대를 구획지을 만한 개성의 농도, 그것이 나를 사로잡았던 듯싶다.

뿐만 아니라 당시의 내 나폴레옹에 대한 심취는 다분히 낭만적 요소가 많이 곁들여 있었던 것 같다.

당시 나는 서울에서 발간되던 잡지 「三千里」에서 이순신 장군을 처음으로 알게 되었다. 그리고 그것은 적지 않은 충격이었다.

이순신 장군에게서 나는 서양역사 속의 수많은 장군들과는 전혀 다른 동양적인 특징이 집약된 점들을 지금도 귀하게 여기고 있다. 그 당시 우리나라에도 외적을 쳐부수고 위대한 창조정신을 발휘한 명장이 있었다는 사실이 잠재해 있었던 내 민족의식에 불을 질러 놓은 것이었다.

일본의 군국주의는 그 말기의 고비를 넘기고 있었다. 그러나 그 급변하는 상황과 내가 군을 선택했다는 것은 별도의 문제였다.

나는 무엇인가 적극적인 인생을 군이라는 조직 속에서 체험하고 싶었던 것이다.

결국 내가 만주 땅에서 군 장교로서 해방을 맞은 것은 1945년이었고, 나는 그때 나이 25세였다.

조국은 뜻밖에 가까이 있었고 조국 해방은 내 정신구조에 사전준비를 마련하지 못한 채 찾아 왔다.

이때부터 나의 확실한 인생은 다시 출발하게 된 것이다.

2 분단고착의 배경과 의회 민주주의에 대한 정치관

의회 민주주의를 사랑하는 사람이라면 누구나 그러하듯 나는 영국의 의회 운영을 가장 선망한다. 거기서는 각 개개인은 철저하게 소속 정당의 완전한 분신이 되어 있고, 출신구역이나 자기가 대표하고 있는 사회세력의 주장을 대변하고 있다는 책임의식이 철저하게 전제되어 있다.

근본적인 정치구조의 조건부터가 정치에 투신하는 개개인의 야심 같은 것이 용납될 수 없도록 되어 있다.

나는 핵장비 문제와 외교노선을 둘러싸고 영국 노동당의 좌파와 우파가 대립되어 있었던 영국 노동당대회를 참관한 사람의 글을 읽은 일이 있다.

5일간인가 대회를 여는데, 낮에는 토의를 하고 밤에는 바로 언성을 높이던 그 장소에서 대대적인 연회가 베풀어지고 댄스파티가 열려지더라는 것이다. 낮에는 좌파와 우파가 갈라져서 제가끔 제편의 논리를 개진하고 논쟁이 벌어지는데, 필요 없는 수다나 너스레 그리고 웅변연습과 같은 자기 시위는 일체 없고 자연스러운 분위기에서 시간을 절약하여 필요한 말만 한다는 것이다.

　물론 의견의 갈등은 어쩔 수 없는 것이어서 어느 때는 처절한 기운까지 감돈다. 그러나 일단 토론이 끝나고 저녁이 되어 파티가 시작되면 정치에 관한 이야기는 일체 없더라는 것이다. 각자가 부인을 동반하여 화기애애한 분위기에서 하루의 피로를 풀고 개인간의 감정적 대립 같은 것은 추호도 찾아 볼 수 없었다 한다.

　이튿날 낮이 되면 다시 토의와 논쟁이 연속된다. 이렇게 며칠의 회의가 계속되어 마침내 표결에 붙여져 결판이 나면 그것으로 깨끗이 끝난다. 표결된 내용은 당의 공인된 노선으로 정해지고 잡음 없이 당의 업무는 추진되어 나간다. 이러한 냉철한 법과 질서의 의식이야말로 무엇보다 선행되어야 할 요건이다.

　개인의 의견차가 문제되는 것이 아니라, 우선 질서의식이 맨 밑에 깔려 있는 기본이 된다.

　그런데 후진국의 당 대회와 의회는 어떠한가.

　정치하는 사람은 국민의 생활과 유리되어 정치지상주의자, 정치광으로 타락되고 의정 단상은 자신의 인기전술의 도구로 착각한다. 따라서 그들의 의회에 대한 의식은 국민의 생활문제를 진심으로 토의하는 것이 주안이 아니라 일종의 정치인 전시장과 같은 것으로 변한다.

　정치란 소박하게 얘기하면 국민의 하루하루 생활을 다스리는 것이고 의회란 국민의 하루하루 생활을 토의하는 곳이 아니겠는가.

　일방적인 정치주의의 비대는 그만큼 국민과는 유리된 정치 쇼가 될 뿐이고, 이것은 더욱더 국민으로 하여금 정치라는 것에 대한 혐오를 불러 일으키게 될 것이다. 또한 이런 풍토 속에서는 정치는 점점 고립되고 직업정치가라는 일종의 타락 현상까지 생기게 된다.

정치란 어느 의미에서 전혀 정치 냄새가 안날 때 비로소 올바른 정치가 된다. 마치 공기와 같아야 한다. 공기 상태가 정상일 때는 사람들은 그 누구나 공기가 있는지도 못느끼는 것이다. 이것이 옳은 정치를 하는 법이다.

미국의 일반 국민들 생활 속에서 정치라는 개념이 스며들 틈이 없다는 것은 그만큼 미국정치의 훌륭한 운영을 의미하는 것이 아닐까.

우리는 4·19 이후 탄생한 제2공화국에서의 민주당과 신민당의 분열상을 보았다. 그 분열이 의미하는 바도 정치적인 내용이 아니라 개인간의 감정 축적이었다는 것은 쉬이 알 수 있는 문제이다. 이러한 개인간의 감정 축적이 정계에서의 이합집산(離合集散)을 이루고 무의미한 파벌과 내부 분쟁을 일으키고 있는 현상은 어느 나라나 다소의 차이는 있겠지만 충분히 있을 수 있는 일이지만 우리나라의 경우는 이 현상이 너무나 심했다.

자유당이 그랬고 민주당이 그랬고 지금의 민자당이나 민주당 그리고 군소 정당도 마찬가지이다.

4·19 이후의 민주당과 신민당의 분열상은 결국 불안정과 파국을 초래하여 5·16 군사 쿠데타의 부분적 명분을 제공하는 꼴이 되었다.

오늘의 정당들도 이 점 달라진 게 없다고 보는 것이 내 시각이다.

이러한 개인간의 이해 관계 그리고 의견차나 감정의 대립이 그냥 그대로 정치현상으로 연결될 때 양식이나 이성보다는 감정적인 다수의 횡포, 소수파의 격앙된 투쟁 같은 것이 야기되는 것이 아닐까.

 민주주의라는 것이 구두선에 머물러 있지 않고 실질적인 의미를 갖기 위해서는 무엇보다 체제의 형식에 있는 것이 아니라 운영의 방식에 있다는 것이 내 생각이기도 하다.

 그리고 이 운영방식의 기본은 지도자간의 개인차를 서로의 양식으로써 어떻게 지양시키느냐 하는 점에 있다.

 선진 민주국가를 보면 의견의 충돌은 의정 단상에서 충분히 토의가 되고 그 토의한 결과가 다수결로 결정이 되면 그것으로 기정사실화되고 더 이상 꼬리를 달지 않는다.

 그러나 우리나라의 경우는 그러한 의견차는 계속 안으로 곪아 고조되고 감정의 축적으로 적대감으로까지 발전한다.

 문제는 정치건 무엇이건 각 개인의 자질에 달려 있다는 것이 나의 생각이다. 그리고 각 개인 성격차에 의한 정치에의 적용은 무한한 비극을 야기시킬 수가 있다는 점이다.

 '갈등의 배제'는 우리 정치인에게 있어서 가장 필요한 요체라고 나는 믿고 있다.

 우리가 서양인들처럼 합리적인 성격을 가졌더라면 오늘날의 민족적 분단의 비극으로까지 연결이 안되었을 것이다.

 민족의 분열은 맨 처음 어떻게 이루어졌는가. 이 점에 대해서도 이미 전후 세대들은 관심 밖이고 노년층에까지도 망각되어 가는 현실이다. 그러나 오늘의 시점에서 이것을 회고해 본다는 것은 여러 가지로 의의 있는 일일 것이다.

 해방후 민족분열의 시발은 송진우씨와 여운형씨의 의견 차이에서 비롯되었다고 볼 수 있다.

 1945년 8월 6일, 일본의 히로시마에 미국의 원자탄이 떨어지자 9일에는 북만 국경지대에 대기하고 있던 소련군이 대일 선전포고와 동시에 남진하기 시작하였다. 그 직전인 7일에 일본은 소위 어전회의(御前會議)에서 항복을 결정했고, 관동군 군벌들의 최후의 결심은 벌써 조선군사령부의 참모에게 전해졌다. 조선군사령부는 이때부터 항복에 대비하여 후환 없이 정권을 한국인에게 넘기느냐는 문제로 이미 그들의 지모(智謀)를 짜내기 시작하였다.

결국 이들은 최초의 교섭 대상으로 당시의 송진우씨를 택하였다. 8월 11일 일본인 경기도지사는 정무총감의 조정에 의해 송진우씨와 만나 "전세가 매우 급해지는 것 같으니 조선인이 미리 행정위원회를 조직하든가 다른 방법으로라도 독립 준비를 하는 것이 어떻겠느냐"고 권고하였다. 그러나 이미 일본의 무조건 항복설을 들은 송진우씨는 그의 속셈을 빤히 들여다 보면서 딴전을 피웠다. "일본은 반드시 승리할 텐데 무슨 소립니까?" 이 한 마디를 남겨 놓고 송진우씨는 그 자리를 교묘하게 피했다. 이러한 교섭은 8월 13일에도 있었다. 이날의 송진우씨의 태도도 마찬가지였다. 송진우씨의 생각은 일본은 꼭 망한다, 그들의 형세가 급하게 되면 한국인에게 자치를 준다 할 것이고 더욱 급하면 독립을 허용하겠다고 할 것이다. 그러나 우리는 망해 가는 놈의 손에서 정권을 받아 무슨 소용이 있겠느냐는 것이었다.

이러한 송진우씨의 냉철한 판단은 한국의 법통을 그대로 이어 내려오고 있는 임시정부와 해외에 망명하여 독립투쟁을 하는 선배들을 기다려야 한다는 것이었다.

송진우씨와의 교섭에서 뜻을 이루지 못한 정무총감은 8월 14일 경무부장을 시켜 건국동맹의 여운형씨에게 독립 준비를 하도록 종용하였다.

여운형씨는 송진우씨와는 다른 성격의 소유자였다. 그의 정치적 편력은 어차피 성격의 반영이지만, 실속은 별반 없이 냉철한 안목과 투시력이나 조직력보다는 선동선전에 능하고 인기 획득 같은 것에 신경을 쓰는 편이었다. 또 그의 좌파적인 요소도 문제가 되지 않을 수 없었다.

여운형씨는 8월 15일 정오의 방송이 있자 즉각 표면에 나타나 행동을 개시하였다.

전날 정무총감 자신이 여운형씨를 만나 "일본은 이제 패배하였으니 당신들은 치안을 맡아 가라. 이제 우리의 생명 보전은 당신에게 달려 있다."고 거의 애원조로 부탁했다. 이때에 여운형씨는 다섯 가지 조건을 요구하였다. 정무총감은 이 조건을 전부 수락하였다. 이에 용기를 얻은 여운형씨는 안재홍씨와 더불어 이때부터 본격적인 조직에 착수했다.

전국은 해방의 감격으로 들끓었던 판이어서 해방과 함께 제1착으로 표면에 나타난 여운형씨를 무조건 환영하였고 서울 장안은 그의 인기와 명성으로 하늘을 찔렀다.

"위대한 새 조선의 탄생을 앞두고 세기의 진통을 계속하고 있는 계동의 건국준비위원회는 연일 연야 눈코 뜰 새 없이 바쁘다"

8월 15일자 민주신보에 게재된 건국준비위원회의 스냅이다.

"주위에 몰려드는 군중도 흥분을 진정하고 이제는 학도치안대의 어마어마한 경비 속에 쌓여져 착착 제반 정책이 세워져 나간다. 고매한 이상 아래 구상을 짜내는 조선건설사업은 우리 3천만 민족의 행복을 무엇보다도 전제로 하는 것이다. 이 본부에 새벽부터 문화, 사상, 경제, 교육, 각계의 저명 인사가 연달아 드나든다. 신문기자반, 사진반, 영화촬영반 등의 자동차, 오토바이, 인력거가 그칠 새 없이 드나든다. 이웃 어느 부인은 야삼경에 죽을 쑤어 오고 어느 할머니는 밥을 지어 오고 또 어느 집 부인네는 설탕과 꿀물을 타서 쟁반에 받쳐 들고 선생님 잡수시게 해주시요 하고 자취를 감춘다."

역시 당시의 흥분상을 잘 나타내고 있다.

그러나 이때에도 중경 임시정부를 지지하는 송진우, 김성수, 장덕수씨 등은 건국준비위원회와의 협동을 거절하였을 뿐만 아니라 김병로, 백관수 양씨는 건국준비위원회를 방문하고 "정권을 정무총감으로부터 받는 형식을 버리고 각계 유지를 총망라하여 건국준비위원회의 임무를 치안유지 정도로 하되 그 명칭도 치안유지회 같은 것으로 하는 것이 타당하다"고 제의하였다. 그러나 이것이 채택될리 없었다.

그 때문에 여운형, 안재홍씨 등의 건국준비위원회측과 송진우, 김성수씨 등 임시정부 지지측 사이에는 심각한 대립이 차츰 깊어 갔다. 이것이 이를테면 지도자간 분열의 시발이 된 셈이다.

건국준비위원회에서 연일 발표되는 선언문이나 선전문에는 좌파의 냄새가 물씬 풍겼다. 마치 전국을 휘어잡을듯 기세가 등등하던 건국준비위원회도 금이 가기 시작하였다.

8월 18일, 여운형씨가 테러를 당하여 자택에서 요양하고 있는 사이에 위원장 직권을 대리하고 있던 안재홍 부위원장은 건국준비위원회 안의 반여운형파 인사 및 여운형씨 노선을 비판하는 외부인사와 제휴하여 건국준비위원회를 대폭 개혁하려고 시도하였다.

그리하여 안재홍씨는 자기 권익확보에 나섰으나 여운형씨 일파의 반격을 받아 건국준비위원회를 떠나게 되었다. 따라서 우익의 노선 추종자는 대폭 제거되고 대신 좌익 세력의 기반으로 다져졌다. 그로부터 지도자간의 갈등은 노골화되어 갔다.

이런 와중에서 한국민주당이 결성식을 거행하여 그 수석 총무에 송진우씨가 추대되었다.

송진우씨는 건국준비위원회가 추진하는 '조선인민공화국'에 대항하기 위해 조직에 박차를 가하였다.

9월 8일 미군이 인천항에 상륙하였다. 그리고 초대 군정장관 아놀드 장군은,

"38도선 이남의 조선땅에는 오직 미군 정부가 있을 뿐이다. 그 외의 다른 정부가 있을 수 없다."
고 선언하고 나섰다.

이 아놀드 미 군정장관의 성명으로 궁지에 빠진 소위 조선인민공화국 요인들은 국내 민족주의 세력과 임시정부 요인으로부터도 지탄을 받아 차츰 사면초가의 신세가 되고 있었다.

이윽고 '인민공화국 타도'의 기치가 사방에서 올랐다. 조선민족당의 김병로, 백관수, 조병옥, 이인씨 등과 한국국민당의 백남훈, 김도연, 장덕수, 허정, 윤보선씨 등이 그들이다. 또한 한국민주당의 보수 진영에서는 아직 귀국하지 않은 이승만, 김구, 이시영씨 등을 업고 나섰다.

이때를 전후하여 정가에서는 군웅이 할거했고 군소 정당들이 난립하여 하지 중장이 정당 단체의 등록을 실시했을 때는 무려 60여개나 되었다. 이러한 난립상을 본 국민들은 정당의 통합과 민족진영의 대동단결을 외치기 시작했고 각성의 소리가 하늘을 찌르는 듯했지만 모두 각자의 이해 관계에 얽매어 뜻을 이루지 못했다. 좌익계열 또한 국내 정통공산주의 세력의 주동 인물이었던 박헌영이 나타나 '민족전선'을 조직하여 다시 정가에 파문을 일으켰다.

10월 16일 전국민의 환호 속에 이승만 박사가 귀국을 하게 되

었다. 그의 제1성은 다음과 같다.
 "이제 세계의 시선은 한국에 집중되어 하루 바삐 합동을 하는 것이 3천만 민족의 운명을 결정할 가장 시급한 일이어늘 나는 국외에서 한국 안에는 60여개의 당파가 있다는 말을 듣고 가슴이 아팠소."
 "우리의 당면 문제는 나라를 다시 찾는 일이요. 나라를 운용하는 문제는 그 다음의 문제입니다."
 "뭉치고 엉키라. 고집을 버리고 하루 바삐 합동을 하라. 그 길만이 사는 길이다."
그러나 국내 정국은 이미 합동을 하기에는 너무나 분열상이 심각하였다.
11월 23일에는 중경에 있던 김구 선생을 비롯한 임시정부의 제1진이 귀국했다.
 김구 선생은 귀국 즉시 첫 기자회견에서 다음과 같이 말했다.
 "우리들은 정부를 가져왔지만 군정이 있는 한 우리 정부는 아직은 외국과의 관계를 갖지 않는다. 우리들은 개인자격으로 돌아왔다."
 "이박사보다 나은 수단을 가지고 왔다고 생각하여서는 잘못이다. 다만 근 30년 동안이나 해외에 있다가 들어온 터이므로 현정세에 어둡다. 오늘은 서로 그리운 터이었으므로 인사나 하는 정도로 그치고 싶다."
 두 거두가 들어오자 소위 인민공화국측은 재빨리 허헌을 임시정부측에 보내어 인민공화국정부와 임시정부와의 합작을 교섭케 했다. 그러나 김구 선생은 단호히 그 제의를 거절했다.
 그 후 '신탁통치 반대'등 더 혼란한 정치적 소용돌이는 그치지 않았다. 시일이 흘러갈수록 정치인간에 갈등은 더 깊어지고 분열상은 더욱 극에 달하였다. 한민당 당수 송진우씨는 반대파의 흉탄에 쓰러지고 그 비극은 다시 기승을 부려 마침내 김구 선생까지 암살당하는 연쇄암살의 형국에까지 이른다.

조국의 해방과 광복은 그것 자체로서는 의미를 지니지 못한다. 공지(空地)에서의 새로운 작업이 문제된다. 그 새로운 작업을 시작하려면 어떤 작업을 시작하느냐가 중요하다. 그러나 그 어떤 작업을 앞두고 극단적인 의견차가 노정되는 것은 그 작업의 성공 여부와 관계 없이 비능률의 조짐임은 분명한 사실이리라. 우리는 첫 단추를 낄 때부터 잘못을 저지르고 있었던 것이다.

근대화의 과정이 전혀 없었고 현대정치의 경험이 전혀 확립되지 못한 속에서의 정치가란 어차피 각자가 국민의 지지기반을 확보하지 못하고 출발하기 마련이다.

국민의 정치적 의식이나 정치적 단련이 없는 실정 속에서의 직업적 정치가란 무의미한 독주에 빠지기 쉽다. 다소의 차이는 있을망정 제3공화국 수립후의 오늘의 국회를 보더라도 이 사정은 마찬가지이다.

이땅의 정치풍토를 꿰뚫고 있는 걸림돌은 역시 기본적으로 해방을 맞는 우리의 태세가 너무나 허무할 만큼 빈약했고, 각 지도층간의 갭을 제어하고 해소 지양시킬 수 있는 정치적 모랄이 전혀 확립되지 않았다는 점이다.

이 정치적 모랄은 하루 이틀에 이루어질 성질은 아니다. 그러나 적어도 민족의 장래라는 공통명제를 엄격히 생각하고 냉엄한 판단 아래 자기 희생까지도 감수할 수 있는 도의심이 작용했더라면 가능했다는 것이 나의 생각이다.

진정한 민족적 요소란 무엇이며 진정한 조국이란 무엇인가.

그것은 막연한 구호나 구두선은 아니다. 그것은 방법의 구현과 그 실시 속에서만 얻어지는 것이다.

조국은 해방되고 광복이 왔지만 우리는 해방된 이 조국을 가꾸어 갈 능력이 없었다고밖에 달리 말할 수가 없다. 왜냐하면 전민족을 한 방향으로 묶어 세우고 여러 정치지도자들의 타협과 이해로 형성되는 민주역량의 부족으로, 즉 단결을 외면했기에 해방 이후의 혼란과 6·25의 동족상잔, 그리고 오늘날까지 이어 내려오는 정치적, 사회적, 경제적 혼돈을 자초한 결과가 되었던 것이다.

우리의 분열은 애초부터 너무나 치명적이었다. 그것은 분열의 형식이 아니라 분열의 내용 자체가 인간타락이라는 면모를 여지없이 나타냈다.

해방 직후의 혼란상은 그와 비슷한 환경의 어느 나라에서도 볼 수 없었던 각개 약진이었다.

우리 민족의 치부를 여지없이 드러낸 참으로 안타까운 비극의 연속이었다.

나는 그 혼란이 극에 달하고 있던 1946년 1월 3일에 서울에 도착하였다.

3 만주, 신의주, 평양, 원산 안변을 거쳐 서울로 오다

서울에 도착하자 첫 느낌은 서울 시가지의 조잡성에 놀랐다. 무질서하게 깔려 있는 주택이나 상가. 거리 또한 지저분했다.

이것이 내 그리던 조국의 참모습이었는가.

이 낡은 집들이 수도 서울의 한복판에 있다니.

탁 트이고 넉넉한 만주땅에서 청년 시절을 보낸 나에게 있어서 이 서울의 모습은 어쩐지 초라하고 왜소하게만 보였다.

길거리 벽마다 다닥다닥 붙은 선전물. 2층집 이상의 집에는 프래카드가 너덜너덜 걸쳐 있었다.

방향 감각을 잃은 듯한 시민들은 한결같이 우울한 표정을 하고 있었다.

서울역은 더딘 열차를 한없이 기다리는 손님으로 법썩이었고 시내의 전차는 다니다 말다 하는 식으로 불규칙했다.

더욱 '신탁통치 반대' '신탁통치 찬성'의 두 시위 군중들이 거리를 누비고 있었고 시민들은 무질서하게 하루하루를 보내는 것 같았다.

만주땅 신경(新京) 시가지의 게시판에서 보았던 이승만 박사의 환국 소식으로 느꼈던 조국에의 그리움과 초조감은 결국 조국의 현실에 부닥치자 꿈이었구나 하는 허탈감이 내 마음을 짓눌렀다.

3월에 들어 3·1운동 기념행사가 서울에서 열렸는데, 이 행사 또한 두 개로 각기 따로 거행되면서 시내 곳곳에서 충돌하는 혼란을 빚고 있었다.

그때 우파는 보신각 앞에서 집회를 가졌고 좌파는 남산에서 집회를 가졌는데, 이들이 시내에서 부닥치자 싸움판이 벌어진 것이다.

나는 그때 혈기 왕성한 26세의 청년이었다. 조국의 이런 모습을 우두커니 바라보면서 나는 서울에 도착하기까지의 자신의 일을 더듬었다.

소련군이 일본에게 선전포고를 하고 만주 땅으로 밀려 들어오기 시작한 것은 8월 9일이었다.

이 무렵 나는 이미 사태의 진전을 짐작하고 가족들을 먼저 본국으로 보냈다.

그 당시의 가족은 어머니와 누이동생 둘뿐이었다.

나는 어머니에게 전쟁은 이제 끝날 것이 분명하니 제가 1년 안으로 고향에 돌아갈 터이니 먼저 가시라는 것과, 만일 고향에 돌아오지 않으면 죽은 줄로 아시라는 것을 말씀드렸다. 어머니는 퍽 불안한 표정이기는 하였으나 만주땅이 혼란한 판이어서 순순히 응해 주셨다.

이미 만주 일대에서는 일본이 패전할 것이라는 소문이 파다할 때였으므로 나는 만반의 준비를 갖추고 곧장 소련군 쪽으로 넘어갈 채비를 갖추고 있었다.

신경에 다다라 어느 이층의 옥상에서 내려다보니 행길에 아는 여인이 지나가고 있었다. 그 여인은 봉천 천주교회 회장의 따님으로서 집안끼리 잘 아는 사이였다. 그녀는 신경으로 시집 와 있었다. 나는 급히 2층에서 내려와 거리로 달려가 그녀 앞에 다가섰다.

그녀는 퍽 반가워하면서 친정집은 이미 서울로 떠났는데 서울 주소가 명륜동이라고 하면서 먼저 돌아가면 꼭 들러 안부를 전해 달라고 하는 것이었다.

종전이 되자 만주땅도 흥분에 사로잡히고 새로운 혼란에 빠져가고 있었다. 구박받고 천대받던 중국인들이 들고 일어나고 곳곳에서 벌써 일본인과의 불상사가 벌어지고 있었다.

우리는 곧 한인보안대를 조직하였고 한국인들의 보호에 나섰다. 그러나 중국인들에게 일본인으로 오해되어 잡혀 가는 사례가 허다하였다.

그러나 당시 신경에 있던 한국청년들이 차츰 모여들어 한인이 집중적으로 살고 있는 곳에 거류민단 보안대를 편성하고 자체 조직력을 강화하자 그런 불상사도 차츰 줄었다.
 어쩌다 일본군이나 만주군에 복무하게 되었더라도 우리는 분명 한국인이고, 한국인이라면 단합하여 한인 보호에 나서야겠다는 것이 우리의 취지였다. 그 조직의 단장직에는 정일권씨가 맡았고 나는 부단장직을 수행하게 되었다.
 정일권씨와의 만남은 이번이 처음이었다. 그는 내 손을 굳게 잡으며 뚜렷한 말씨로 나를 격려해 주었다.
 "이 혼란 속에서 동포의 보호를 우리가 책임져야 하지 않겠소?"
 "그럽시다. 우선 훈련병을 모집해서 무장시키고 귀국할 때까지의 자위수단을 강구합시다."
 우리의 의지가 투합되자 조직은 속속 강화되었다. 한국청년은 계속 모여들었고 우리의 안전은 보장되었다.
 우리는 한국인 집단부락이나 농장의 경비를 담당했고 귀국하는 동포의 귀국 알선 등 바쁜 일정을 보냈다.
 당시 만주땅에는 중국인으로 조직된 떼도둑이 들끓고 있었고 소련군의 행패 또한 막심하였다.
 우리는 소련군인들을 구어삶기 시작하였다.
 시계와 돈을 주고 여행하는 한국인을 무사히 보호하도록 도움을 받았다.
 소련군인은 대개가 소련의 변방족이어서 야만적이었고 그만큼 단순 소박하였다. 그들은 걸핏하면 손을 내밀었고, 무엇이고 집어주면 만사가 잘 풀려 나갔다. 때로는 중국인 떼도둑을 소련군인과 함께 막아내고 소련군인의 행패도 그들이 막아 주는 진풍경이 벌어지는 것이었다.

　질서가 무너진 무법천지 속에서는 사람들이란 지극히 단순해지는 법이어서 원시적인 물물교환의 논리가 적용되었다.

　이 무렵 나는 두 가지의 기묘한 경험을 하였다.

　어느 날 어떤 사람이 와서 중국 국민당 대표라는 사람을 만나라는 것이었다. 나는 꺼림칙하기는 하였으나 어차피 이 바닥이 중국이고 보면 그들과의 타협이 필요하리라 판단되어 만나기로 작정하였다.

　얼마 후 만난 사람은 사복 차림의 장개석 군대의 유 소장이라는 사람이었다. 그는 나를 보기가 무섭게 다짜고짜 말하기 시작하였다.

　"앞으로 한국은 조만간 독립될 것이고 중국도 승전을 했으니 두 나라 관계가 문제될 것입니다. 더구나 한국은 소국(小國)이니 앞으로도 우리나라의 보호를 받아 가면서 독립을 유지해야 할 것입니다."

　솔직한 얘기지만 아직 나는 해방된 조국에 대한 일정한 견해를 갖지 못하고 있던 터였다.

　나는 국가간의 냉철한 현실주의라는 것을 직감적으로 느낄 수 있었다. 그자는 벌써 제 나라 질서도 되찾지 못한 주제에 대국주의(大國主義)부터 내세우는 것이었다. 나는 이런 판에 끼어 왈가왈부하고 싶지 않았다. 그럴 만한 처지도 못되는 것이 아닌가.

　우선은 이 혼란을 뚫고 우리 동포가 어떻게 하면 무사히 귀국하는가 하는 것만이 문제였고, 그 일을 위해서는 어떠한 타협도 불사해야 한다고 생각하고 있었다.

　그 자는 이렇게 말하고 곧 국민당에의 입당을 권고하는 것이었다. 도대체 어이가 없는 일이었다. 나는 건성으로 그러마고 대답하였다. 그러자 그 자는 곧 나를 어디론가 데리고 가는 것이었다.

정식으로 입당을 하고 입당 수속으로 의식을 차린다는 것이었다. 울지도 웃지도 못할 기막힌 순간이었다. 이러다가 그냥 중국인으로 환생하는 것이나 아닌가 여겨지는 것이었다.

의식은 대대적인 것이었다. 앞에서는 큰 제단을 차리고 한 가운데는 손문의 사진이 놓여 있었다. 양 옆에는 성장으로 차려입은 중국인들이 서있었으며, 나는 손문의 사진을 향해 꿇어 엎드려 절을 해야만 했다. 흡사 우리나라 제사 지내는 것과 똑같은 의식이었다. 나는 다시 그들이 시키는 대로 입당 선서를 하였다.

그러나 의식의 엄숙성에 비해 실속은 없었다. 그들이 나라는 사람을 어떻게 믿고 이렇게 당원으로 만들려고 하는 것일까. 내 입장에서는 동포의 무사귀환에 보탬이 될 수도 있지만 그들이 노리는 것이 무엇일까. 몹시 궁금하였다.

지금 생각해도 이 일은 웃음밖에 나오지 않는 한낱 해프닝인 것 같다. 그리고 중국 국민당의 그 무분별한 당원 조작과 같은 허식 등이 결국 오늘날의 국민당의 몰락에까지 이어진 게 아닌가 하고 씁쓸한 마음으로 회상해 본다.

나는 의식을 끝내고 포로에서 석방된 느낌마저 드는 허망한 마음을 털어내어 다시 보안대 근무를 시작했다.

그 후 며칠이 지났다. 어느 날 저녁 무렵 나는 신경 시내의 백조(白鳥)라는 한국인 카페에서 소련군 대위와 만나 술을 마시게 되었다.

여느 병사들과는 달리 이 소련군 대위는 백인 특유의 스마트한 사람이었고 교양미도 풍겼다.

그는 공산주의에 관해서 말하기 시작하였다.

나는 그의 표정에서 얼마 전 국민당 의식에서는 느껴 보지 못한 무서운 엄격주의를 발견했다.

그들은 종교적인 의식은 없지만 엄격한 계율과 그런 강철의 엄격성으로 개개인을 묶어 버리는 조직이 있다는 것을 감지했다.

그 자는 술에 취하자 상의 안주머니에서 무엇인가 꺼내는 것이었다. 차곡차곡 겹싼 종이를 벗기자 그 속에서 당원증이라는 것이 나오는 것이었다. 그것을 보이면서 그는 자랑스러워 하고 있었다.

나는 그의 몸짓과 표정 속에서 소련이라는 나라와 그 완벽한 관료체제를 엿볼 수 있었다. 그것은 어느 면에서 일본의 군국주의와도 공통점이 있다고 생각하였다.

이 두 가지의 경험은 나에게 암시적인 무언가를 느끼게 하였다. 전혀 정치에는 백지였던 나에게 중국 국민당적인 패턴과 소련 공산당적인 패턴을 가르쳐 준 결과가 된 셈이었다. 그러나 오늘에 와서 이 두 조직은 모두 패망의 고배를 마셨다. 즉 허술하고 형식에만 치우친 중국 국민당 정부는 대륙에서 쫓겨나 대만에 정부를 세웠지만 지금 위기를 맞고 있으며, 강철 같은 조직과 이데올로기로 무장한 소련 공산당은 허무하게 무너져 버린 것이다.

나는 진정한 민의로부터 솟아나고 그 민의에 의해 정치를 하는 것만이, 즉 자유민주주의가 국력을 유지하고 국가를 형성하는 데 가장 합리적이라는 것을 배우게 되었다.

동구 공산권의 연이은 몰락이 보여 준 우리의 현실은 얼마나 공산주의가 비능률적이라는 것을 알게 했다.

그러나 아직 북한 공산주의자들은 미동도 않고 그 체제를 유지하고 있다. 김일성의 사망에도 불구하고 그 주의주장은 변하지 않는다. 그러나 내가 분명하게 말할 수 있는 것은 북한 공산주의의 붕괴는 시간 문제라는 것이다.

김일성을 신격화하고 역사를 날조하여 인민을 철저히 속여 그들의 주체사상 운운하는 교조주의로 묶었지만, 역사 날조의 진실이 그들의 인민에게 밝혀지면 북한 공산정권은 무너질 것이다.

역사를 날조하고 국민을 속였던 모든 정권은 그 진실이 국민에게 밝혀지는 날 멸망했다는 사실을 우리는 역사를 통해 발견할 수 있다.

당시 만주 땅에도 적색파와 백색파가 갈라져 중국인끼리 테러가 성행하고 있었다. 소위 이데올로기의 충돌이 사회 전체에 고조되고 있었던 것이다.

장개석의 국부군과 모택동의 공산군 그리고 소련군 등으로 혼성된 만주땅에서의 무질서는 여기 글로써 옮기기 어려운 정도로 극에 달하고 있었다.

하루는 소련군이 찾아와 거류민단 보안대의 해체를 암시하는 것이었다. 우리가 완강하게 거절하자 그들은 책임자인 정일권씨를 강제로 끌고 갔다. 후에 정일권씨는 소련으로 압송되는 기차 속에서 하얼빈 역을 못미쳐 구사일생으로 탈출했다.

우리도 언제 체포될지 모르는 절박한 상황에 당면하여 한동안 피신하면서 일을 할 수밖에 없었다.

우리에 대한 감시는 점점 심해 갔다. 따라서 숨어서 하던 일조차 불가능하게 되자 어쩔 수 없이 보안대를 해체했다.

우리는 더 이상 만주땅에 지체할 수 없다고 판단하고 고향에 돌아가야겠다는 쪽으로 의견이 모아졌다.

이미 교통수단이 마비된 상태에서 나는 겨우 기차를 얻어 타고 무려 3일이나 걸려 신의주가 바라보이는 안동, 지금의 단동에 도착할 수 있었다.

안동에 닿았으나 조국에의 길은 결코 가깝지 않았다. 해방된 조국은 아직 주인을 못찾고 국경에는 소련군인이 수비를 하고 있는 형편이었다.

소련군 수비대는 광포하기 이를 데 없어 조사하는 과정에서 비위가 틀리면 마구 잡아 가두고 심지어 시베리아 쪽으로 압송까지 한다는 것이었다.

안동은 만주 땅에서 돌아오는 동포들로 들끓었고 모두 불안에 싸여 있었다. 조국인데도 마음 놓고 건너갈 수 없는 슬픈 광경이 아닐 수 없었다. 밤을 기다렸다가 압록강을 북쪽으로 거슬러 올라가 소련군 수비병을 피해 도강을 해야만 했다.

나도 수십명의 피난민과 함께 어느 날 밤 강변을 따라 의주 쪽으로 올라갔다.

하늘에는 조각달이 걸리고 북국의 겨울밤은 을씨년스럽고 추었다. 밤이 깊어지자 몇명씩 목선에 올라타서 강을 건넜다.

조국 땅은 말이 없고 침울한 밤의 장막에 싸여 있을 뿐이었다.

나는 아직 해방된 조국에 대한 일정한 견해도 자기 나름의 주관도 없을 때였다. 그러나 조국에 대한 그리움과 조국을 위해 무엇인가를 해야겠다는 젊음은 불타고 있었다. 나는 뗏목이나 다를 바 없는 목선에 몸을 의지해 겨우 압록강을 건넜다.

신의주의 거리도 해방 직후의 감격어린 풍취는 없었다. 기묘한 웅성거림으로 불안한 기운이 감돌고 있었다.

간혹 자리하고 있는 소련군을 보는 내 눈은 곱다기보다 오히려 미워 보였다. 나뿐만 아니라 신의주의 시민들도 소련군에 대한 고조되는 불만으로 가득차 있었다. 후에야 알았지만 이 분위기가 바로 저 유명한 신의주 학생사건이 폭발하기 직전의 상황이었던 것이다.

평양 거리도 신의주 못지않은 썰렁하고 살벌한 기운이 감돌았다. 곳곳에 스탈린의 초상화와 김일성의 초상화가 마치 부자지간으로 연상되리만치 나란히 걸려 있었다.

이런 풍경이 우리 민족의 해방과 독립을 의미하는 것은 아니었을 것이다. 순수한 우리다운 숨결, 우리 민족의 우리다운 냄새와 모습은 어느 곳에도 없었다.

모든 체제의 특징은 일제보다 더한 듯한 음산함 바로 그것이었다. 강제되고 억눌린 기운이 거리마다 가득 차 있었다.

차라리 서울 거리의 개방된 혼란이 나에게는 더없이 시원한 편이었다.

평양 거리에는 강제된 군중으로 곳곳에서 알 수 없는 집회가 열리고 있었고, 차가운 표정의 공산당원이 붉은 완장을 차고 이리저리 바삐 움직이는 것이 눈에 거슬렸다.

평양에서 여기 저기 교회를 찾아다니며 가족의 소식을 알려고 했지만 도무지 캄캄할 뿐이었다.

내가 묵고 있던 여관에서 나는 치치하루에서 왔다는 중년신사를 만났다. 피난 나오다 길이 헷갈려 잃은 딸을 찾고 있다면서 나에게 가까이 오더니 은근하게 무엇을 하던 사람이냐고 묻고는 어서 속히 이 곳을 뜨지 않으면 위험할 것이라고 귀띔을 해주는 것이었다.

나는 그의 말을 듣고 고개를 끄덕이며 동감을 표시하고는 곧장 역으로 나가 평원선의 원산행 기차를 탔다. 기차도 엉망이었고 대만원으로 벅적거렸다. 외지에서 귀환하는 동포로 역마다 사람들이 들끓었다.

나는 기관차 앞쪽에 낯모르는 몇명의 청년들과 함께 자리를 잡았다. 지루한 몇시간이 흐른 뒤 밤이 되어서야 기차가 떠났다. 겨울 바람이 차가운데다 터널 속으로 들어갈 때마다 석탄 연기 때문에 목구멍이 아려 왔다. 그러나 고향으로 돌아간다는 지극히 소년 같은 단순한 기쁨도 없지 않았다.

위험하기 짝이 없는 기관차 앞쪽에 타고 있는 우리들은 천진하게도 여러 가지 노래를 합창으로 부르면서 꼭 무슨 색다른 기차여행을 하는 것처럼 가벼운 흥분까지 느꼈다.

기차는 승호리에 닿자 더 못간다는 것이었다.

할 수 없이 기관차에서 내려왔다. 승호리도 역시 어수선하고 차가운 분위기였다.

석탄 연기와 차가운 바람을 맞았던 탓인지 목이 쓰리고 기관지가 좋지 않아 근처 병원을 찾아 포도당 주사를 맞고 기운을 차렸다.

후에 안 일이지만 이때 가족들은 이 병원에서 일곱째 집에 유숙하고 있었다는 것이다. 나는 그것도 모르고 다시 고향인 안변으로 향하였다. 안변에 도착한 것은 그 해도 다 저물어가는 12월 26일이었다.

고향 안변에도 이미 평양 거리에서 느꼈던 음산하고 써늘한 바람이 감돌고 있었다.

안변의 평야는 한겨울이라 아득하게 텅 비어 있었고 해방된 나라의 사람 같지 않게 사람들은 모두 우울하였다. 역시 곳곳에는 조잡하고 서툰 솜씨의 스탈린 초상화와 김일성 초상화가 걸려 있었고 붉은 소련 깃발이 섬뜩하게 바람에 날리고 있었다.

원산의 석유공장이나 차량공장들은 거의 문을 닫고 있었고 함흥 학생사건의 여담이 사람의 입에 오르내리고 있었다.

함흥 학생사건은 아마도 해방후 맨 처음으로 폭발한 점령 주둔군에 대한 반항이었을 것이다.

큰 규모는 아니었지만 함남중학교와 영생중학교를 비롯한 남녀 학생들이 "소련군 물러가라"라는 구호와 함께 투석 시위는 소련군의 만행에 대한 강렬한 저항이었던 것이다. 그 뒤를 이어 일어난 12월의 신의주 학생사건과 함께 자연발생적인 주둔군에 대한 이 반발은 그들의 무자비한 무력으로 봉쇄되고 그들의 압제는 더욱더 강압적으로 변해 갔다.

안변의 외가 고모집에 찾아갔으나 가족은 아직 도착하지 않았다. 나는 답답한 마음을 달래며 이리저리 수소문하며 가족을 찾아나섰다.

당시 안변군청은 이미 안변군 인민위원회가 자리해 있었고 공산당원들이 분주하게 드나들고 있었다.

나의 외7촌벌이 되는 김재관이라는 자는 그때 일본대학 출신으로 만주에서 돌아와 맹렬한 빨갱이가 되어 어깨를 펴가며 설쳐대고 있었다. 그는 나더러 같이 일을 하자고 제의해 왔다. 나는 벌써 공산당의 하는 짓에 혐오를 느낀 지가 오래되었으므로 그의 말에 순순히 따를리 없었다.

"해방된 조국은 자네 같은 젊은 인텔리를 원하고 있네. 어서 자리를 잡고 같이 일을 하세. 우선 민중의 눈을 뜨게 해야 하네. 그러니 자네도 원산의 정치학교에서 무엇이든지 하나

제1장 내가 선택한 조국 43

맡아 주게나."

나는 거절을 했지만 막무가내였다. 그는 나를 데리고 안변군 인민위원회로 가는 것이었다. 위원장이라는 사람은 한눈에도 무식하게 보였다. 그도 나를 반겨 가며 제법 공손하게 나에게 같이 일하자고 권했다. 나는 가족을 찾아야 한다고 말하고 가족을 찾은 다음 다시 이야기하자고 말미를 주어 놓고 겨우 빠져 나왔다.

이튿날 나는 아무도 모르게 서울로 향했다.

철원까지 기차를 타고 그 곳에서부터 걷기 시작했다. 연천에 닿자 이미 뒤숭숭한 국경지대 같은 분위기가 감돌고 있었다. 여관마다 만원이고 장사치들이 여기저기서 이문 챙기느라 쑤군댔다.

38선은 이미 굳어 가고 있었다. 그것은 이미 조국의 해방 이전에 그렇게 되어져 있던 것처럼 느껴 왔다. 나는 이 비정한 현실 앞에서 늘 강대국 틈에서 당하는 데만 익숙해진 우리 민족은 이런 전제를 벌써 자연스럽게 받아 들이고 있는 것 같았다. 나는 여관에서 여심을 달래면서 이 생각 저 생각으로 잠을 이루지 못했다.

이튿날 밤 우리 일행은 안내인을 따라 조심조심 경계선인 한탄강으로 들어섰다. 일행 모두가 맨발이었고 무슨 도적질을 하러 가는 사람같이 숨어서 살살 기었다. 기는 동안 해방된 감격이나 조국 같은 것은 아주 먼 나라 이야기처럼 나와는 관계가 없는 그런 심정이었다.

경계선에는 소련군이 있고 그들에게 발견되면 발포당한다는 것이었다. 한탄강의 빙판은 달빛에 허옇게 모습을 드러내고 있었다. 하늘에는 별이 촘촘히 빛나고 있었다. 나는 무엇이 슬픈지

어떤 억울함에 복받쳤는지 목줄기를 넘어오는 뜻 모를 눈물을 하염없이 삼키고 있었다.

강을 건느니 목적지에 나 온 것 같은 기분이었다. 다시 우회로를 타고 산길을 한 시간쯤 걸어가니 동두천이 눈 앞에 전개되었다. 이제 남한땅 첫번째 큰 거리에 발을 디디었다.

비로소 안도의 한숨이 나오고 발바닥이 아려 왔다.

나는 지체하지 않고 서울로 향하였다.

4 어머니·누이 찾아 천리 길
뜨거운 해후, 다시 서울로

미 군정장관 아놀드 소장은 1945년 10월 31일 치안 총책임자인 스찍 준장으로부터 '국방을 위한 준비작업이 정부가 수행해야 할 가장 우선적 임무중 하나'라는 보고를 받고 이에 공감, 하지 중장에게 건의하자, 하지 중장은 1945년 11월 13일 군정법령 제28호를 공포하여 국방사령부를 설치했다.

1907년 대한제국 군대가 해산되고 1910년 한일합방이 되자 국권을 잃고 자의 반, 타의 반으로 일본군 또는 만주군에 복무하거나 일제에 항거했던 독립군으로 양분되는 비극적 운명을 맞았다. 한국군이 다시 창군의 기치를 펄럭이며 조국의 군대로서의 출발은 해방을 맞는 민족으로서는 당연한 결과가 아니겠는가. 따라서 한국군의 재탄생은 1945년 11월 13일 미 군정 당국 안에 국방사령부를 설치한 때부터 그 경위를 더듬는 것이 타당할 것 같다. 국방사령부가 설치되면서 동시에 육군과 해군의 육성 및 그 조직, 훈련, 편성 등 제반 준비에 착수하게 되었다.

군 간부 양성의 시발은 1945년 12월 5일 서대문 감리교 신학교내에 설치한 군사영어학교이다. 여기에는 과거 군사 경력을 가진 지원자를 대상으로 모집하여 200명에게 군사에 필요한 기초영어 교육을 실시하였다.

우연의 일치인지는 모르지만 북한군의 간부 양성의 효시도 같은 무렵 노어학교라는 것을 평양에 설립하여 단기간에 간부를 양성해냈던 사실은 여러 가지로 암시하는 바 있다. 각각 주둔군 군제에 따를 수밖에 없었던 약소민족의 슬픈 처지라 할까, 하여튼 양쪽 모두 외세에 의해 군이 탄생했다는 사실은 역사에 특이한 존재로 기록될 것 같다. 바로 이러한 사실이 국토 분단의 고착화를 낳게 한 원인으로서 작용했다는 점은 비극이라 할 수 있겠다. 그로부터 38선을 사이에 둔 두 개의 체제가 차츰 굳어가기 시작했고 결국은 동족상잔이라는 역사상 미증유의 민족손실을 가져왔던 것도 우리는 영구히 잊어서는 안될 것이다.

군사영어학교는 한국군 육성의 골격이 된 바 이 학교 출신 장교들에 의해 국군이 확장되면서 한국전쟁을 치렀다.

나는 월남하여 막연하나마 정치 아니면 교육계에 투신할 생각을 가지고 있었다. 그러나 해방된 조국의 근본적인 방향이 정해지지 않는 한 그 구상은 이루어지기가 어렵다고 생각했다.

나는 우선 나 자신을 일정하게 정립시킬 필요를 느꼈다. 그러나 이 마당에 어떤 정립이 가능하겠는가.

민족 지도자라는 사람들은 다 제멋대로이고 군웅이 할거하는 판국이니 아무런 공통인수도 없고 집약된 이념이나 방향의 모색도 없었다. 게다가 국민은 이미 냉정을 잃고 반탁, 찬탁으로 갈려 우왕좌왕하는 실정이다. 더구나 민족 지도자들 주위에 모인 군중들은 제각기 자파 이외에는 눈에 보이는 것이 없고 대국적인 사태의 진전에 대한 포괄적인 접근이나 이해가 전혀 결핍되어 있는 상태이다. 무의미한 혼란과 아집의 악순환뿐이었다.

 지도이념이란 어느 개인의 우연한 출현으로 이루어지는 것은 아니다. 그것은 오랜 세월과 여러 배경 속에서 축적되고 쌓아 올려진 것이 어느 개인을 통하여 구현될 뿐인 것이다.

 영국적 조건하에서는 누가 집권을 해도 적어도 무난하게는 해 낼 수 있는 것이고, 처칠의 리더십은 비단 처칠의 개인적 역량의 문제만이 아닌 그것을 가능케 한 영국적 풍토가 이루어 내는 것이다.

 이미 타계한 케네디의 경우도 라이샤워의 말대로, 케네디는 몇가지 그만이 이루어 낼 수 있는 개성적인 공헌을 하였고 새로운 방향을 열어 놓고 국민들을 그쪽으로 전진케 하였다. 그러나 그 자체부터가 케네디 사상이 기본적으로 특수한 데서 우러나온 것이 아니었다. 케네디의 사상과 행동의 전모는 바로 미국의 전통적 사상의 주류를 점하고 있던 바로 그것이었던 것이다.

 사회정의, 인류평화, 평등, 국제이해, 제 국민의 자유 등 어느 하나를 들어도 그렇다.

 케네디의 모든 이상은 바로 미국민의 이상의 큰 흐름 속에서 추출되었던 것이었다. 여기서 지도자와 그 조건 내지는 배경의 함수관계를 알 수 있는 것이다.

 후진국에 있어서는 해방과 독립이란 하나의 충동적 요소로서 군중을 고조시킬 뿐이다. 추출할 만한 요소가 없고 정치적 빈 터전일 때 모든 정치인의 출현은 말 그대로 뿌리를 잃은 나무에 지나지 않는다. 이러한 조건 속에서는 지도자란 기실 지도자일 수가 없는 것이다.

 나 자신을 정립시킨다는 명제는 배경 전체가 송두리째 흔들리고 있고 기본적인 가치관이나 정치체제가 정해져 있지 않은 속에서는 거의 불가능한 것일 수밖에 없고, 일단은 이 배경에 대한 관심의 확대에서부터 시작할 수밖에 없는 것이었다.

나는 명륜동에 거처를 정한 후 우선 여기저기 선배 친지들을 찾아다녔다. 마침 전차는 파업중이어서 걸어서 을지로 6가에 있는 원용덕씨 집을 찾았다. 그는 군사영어학교 교장으로 있었는데 어서 나도 그리로 들어오라는 것이었다.

나는 조금 더 사태를 관망해 보고 결정하겠다고 말하고 우선 가족을 찾을 일이 급하다고 말하였다.

서울로 올라온 제일 목표도 우선 가족을 찾는 일이었고 여기저기 교회 계통을 통해 알아 보았으나 가족의 소식은 감감하였다고 말했다. 원용덕씨는 깜짝 놀라며 말했다.

"아니 가족을 찾다니, 가족을 아직 못만났소?"

"고향에 들러보아도 없어서 서울로 올라왔는데 이곳에도 없군요."

나는 걱정스러운 표정으로 원용덕씨에 답했다.

당시 선후배들 일부는 노량진 너머에 있었고 일부는 정릉의 백모씨 별장에 유숙하고 있었다. 다시 그 곳으로 찾아가 보았다. 모두가 들떠 있는 판이었다. 이곳 저곳에는 사설 군사단체가 난립되어 있었다. 그 가운데서도 김구 선생 산하의 오광선씨가 주관하는 광복군이 가장 큰 군사단체였고, 한편으로 건국준비위원회의 여운형씨 산하에 이석기씨가 책임자인 국군준비대가 있었다. 그 밖에 학병동맹, 지원병동지회 등 여러 단체가 있었다.

어느 날인가 무교동 태화관에서 광복군 무관학교를 창설한다고 모임이 있어 가 보았는데 별로 마음에 와 닿지 않았다. 김백일, 최주종 등이 입원하고 있는 적십자병원에 가 본 것도 이 무렵이었다. 그들은 월남하다가 소련군의 총격으로 부상했던 것이다.

채병덕, 이응준씨도 찾아보았다.

특히 경교장으로 김구 선생을 찾아가 본 일과 계동의 여운형씨를 찾아가 본 일은 지금도 가장 인상에 남는다.

1월 25일경, 동지 수명과 경교장을 찾았다.

일정한 거취를 정하려면 우선 당시의 지도자를 찾아 만나 보는 일이 가장 첩경이라고 생각되었던 것이다. 김구 선생은 마침 방에 앉아 손톱을 깎고 있었다. 담담한 표정으로 우리 일행을 맞았다. 그때 주고받은 이야기 모두를 기억하지는 못하지만, 광복군 편성을 어떻게 하시겠느냐는 질문에 김구 선생은 핵심을 찔러 대답했던 기억이 생생하다.

"나라가 일본의 사슬에서 벗어 나오기는 했지만 아직 완전하게 되찾은 것은 아니니 우선 나라의 국기를 든든하게 잡고 보아야지."

"하지만 질서 유지도 그렇고 부분적으로나마 하나하나 이루어 가야 할 것이 아닙니까. 더욱이 첫째로 군을 만드는 것이 당면한 문제로 여겨지는데요."

"한두 사람이 급하게 서둔다고 될 일이 아니지. 도리어 그건 혼란과 분열을 야기시키고 잡음만 일으키기 쉽지. 여하튼 지금 형편으로는 미 군정이 실시되고 있는 중이니까 그 대전제는 승인하고 들어야지."

어디까지나 침착과 냉정을 유지해야 한다고 강조하신다. 신탁통치 문제에 이르자 김구 선생은 조금 열을 띠고 말씀한다.

"그것은 완강히 반대해야지. 우리 국민의 체면이라든가 그런 형식적인 문제보다도 신탁통치는 결국 우리나라를 둘러싼

관계국들의 이해 싸움을 불러 일으키기가 쉽거든. 명실 그대로 자주독립을 시키든지 해서 일단 나라를 돌려 줬으면 우리에게 맡기도록 해서 상관을 말아야지 대국들의 이해 싸움에 직접 끼어들 위험이 있거든."
　이렇게 말씀하고 잠시 무언가를 생각하다가 말을 이어 갔다.
　"미국이라는 나라와 소련이라는 나라가 근본적으로 상이한 체제요 상이한 노선을 가는 국가인데, 이 두 나라가 신탁통치를 하다니 잘 될 것 같은가. 뻔한 일이지. 고래 싸움에 새우등 째진다는 격이지."
　아닌게 아니라 벌써 이런 징조는 현실에 나타나고 있었다.
　"글쎄 신탁통치 문제는 루즈벨트씨와 스탈린씨가 벌써 합의를 본 문제라고 합니다만, 웃사람들이 마주 앉아서 얘기 몇 마디는 건네기 쉬운 것이지. 정작 신탁을 하겠다고 나서면 자 어떻게 하겠다는 거요? 미국은 미국적인 통치방법이 있을 것이고 소련은 소련식 통치방식으로 할 텐데, 그것이 전혀 성격이 다른 양식이거든. 무슨 절충식이 채용될 수 없는 것이고. 설사 절충이 된다고 가정하더래도 벌써 절충의 과정부터가 순상치 않거든. 나라를 일본의 사슬에서 벗겼으면 죽이 되든 밥이 되든 그 나라 사람들에게 주권을 돌려 주어야지."
　단호하게 내뱉고 다시 앉은 자세를 가다듬었다.
　"그러나 신탁통치를 반대한다는 것과 민족이 분열되고 혼란이 고조되고 있다는 사실은 따로따로 생각해야 할 문제인 것 같은데요. 최근의 혼란의 양상이 차츰 감정화하고 그렇게 굳어지기 시작하면 더 수습이 힘들지 않겠습니까?"
　우리들의 질문에 김구 선생은 조금 미간을 찌푸리며 잠시 바깥쪽을 내다보는 듯하더니 천천히 말씀한다.

"글쎄 그건 나도 생각하고 있지. 그것이 가장 큰 문제야. 허지만 요즈음 민족통일전선이 운위되고 범민족세력을 규합하자고 나선 여씨의 일이 어떻게 되었는가. 그것이 결국 지도자들의 분열을 야기시켰단 말이야. 본질적으로 말해서 현재의 분열과 혼란은 원칙적인 문제에 있거든. 소련식 국가체제를 원하느냐, 자유민주주의 체제를 원하느냐, 요는 여기에 귀착된단 말이야. 이것이 점점 극단으로 흐르면 큰 일이지. 여하튼 우리 민족의 순수한 민족이익으로 문제를 각자가 집약시켜야지 이데올로기라는 것은 광증이기가 쉽거든."
반공주의자라는 선에 있어서는 철저한 것 같다.

물론 예기했던 것이지만 대국적인 현정세의 추이에서 김구 선생인들 뾰족한 답안은 있을 수 없었다.

역시 흘러가는 탁류 속의 한 개인에 지나지 않기는 마찬가지였다. 이미 한 흐름이 결정된 조건 속에서 기정사실화한 흐름은 어쩔 수 없는 것 같았다. 개인의 양식은 양식 이상을 더 넘지 못한다. 그러나 현사태에서 김구 선생의 냉철한 현실감각은 충분히 의식할 수 있었다.

지도자의 역량이란 조건의 성숙과 더불어서만 제 빛을 낼 수 있다고 생각하였다.

김구 선생을 만난 며칠 후 계동의 여운형씨댁을 찾아보았다. 정작 만나 본 여운형씨는 생각했던 것과는 딴판의 인상이었다.

이때는 이미 여씨도 정치적인 혼미 속에 휘어 감기고 있었던 때였으므로 그의 모습에서 좌절의 기미를 엿봤는지도 모른다. 퍽 소탈하고 호인처럼 생긴 모습에서 온화한 면모까지 풍겼다. 주택도 초라한 한옥이었고 마침 송편떡을 해서 우리 일행에게 내놓는 것이었다.

그는 되도록 정치에 관한 이야기를 피하려는 눈치였다. 그러나 우리에게 말꼬리를 잡힌 그는 열이 올랐는지 정치담이 툭 불거져 나왔다.

"범민족전선은 만들어야 합니다. 사소한 개인적인 이해나 감정을 넘어서야 합니다. 여하튼 미·소 양국에게 주도권을 넘기지 않으려면 우리 민족 자신이 총역량을 단합해서 주도권을 잡고 나가야지요."

옳은 말이었다. 그러나 범민족전선이라는 살벌한 어휘에 저항감이 왔다. 좌파들이 즐겨 쓰는 말이지만 우리에게는 부담스러웠다. 그와의 대화도 오래 계속되었지만 늘 지도자들이 쓰는 용어 이상을 넘지 못하는 것 같았다. 우리는 허탈감이 쌓인 채 그 집을 나왔다.

1월 21일 미 군정청은 모든 사설 군대단체에 대해 해산명령을 내렸다. 이미 1월 15일에는 남조선 국방경비대를 창설하였고 초대 사령관에 마샬 미 육군중령이 임명되었다.

미 군정청내의 임시 사무소에서는 연대 창설에 착수하였고 같은 날 태릉에 1개 대대 병력으로 제1연대를 발족시켰다. 그리고 초대 연대장에는 채병덕이 부임했다.

서울에서의 한 달은 참으로 암담하였고 나에게 혼미와 좌절만을 안겼다. 혼란한 사회상 속에서 하루를 보낸다는 것이 얼마나 힘든 일인가 하는 것을 경험으로 체득한 그 시간의 연속이었다.

나는 여러 선배 친지들로부터 재차 국방경비대에의 입대를 권유받았다. 그러나 일단 가족부터 찾아야 하겠다며 거절하였다. 그리고 막연한 사태는 더욱 극단적으로 갈라설 것이고 어느 땐가는 양자 택일의 경지에 이를 것이라는 생각이었다.

나는 남한의 혼란상을 되도록 단순화시켜 긍정적인 면에서 보려고 애썼다.

1946년 2월 7일. 나는 다시 가족을 찾아 월북을 시도하였다. 이미 38선은 전보다 더 굳게 닫혀 있었고 어느 국경선보다 살벌한 경계선이 되어 버렸다.

나는 개성을 지나 장단에서 하루밤을 자고 경계선을 넘었다. 우연한 일이겠지만 2월 8일이 바로 북조선임시인민위원회가 탄생한 날이었다.

북한에서 모든 반대파가 전격적으로 거세되고 김일성의 사실상 독재기구가 발족한 날인 것이다.

한 달 남짓 사이에 북한은 모든 면에서 달라져 있었다. 사회 분위기는 꽁꽁 얼어붙은 것같이 굳어 있었다. 20개 정강이라는 것이 여기저기 벽보로 붙어져 있고, 면마다 마을마다 인민위원회 공청(共靑), 여맹(女盟), 농학(農學) 등이 조직되어 있었고 공산당 색깔로 완전히 색칠이 되어 있었다. 이런 상황은 서울의 개방된 혼란에서 느끼던 암담함보다 더욱 무거운 분위기에서 느끼는 살벌과 공포 그것이었다.

평양에 도착했다. 평양 시민들도 불안한 눈초리로 어두운 표정을 하며 무겁게 움직이고 있었다.

평양에 5, 6일간 머물면서 박기병, 백선엽, 정일권 제씨 집을 찾아보았다. 그리고 한편으로 각 교회를 통해 가족의 소식을 알아 보았으나 역시 감감하였다.

평양에 머무는 동안 나는 비로소 북한에서의 전반적인 사태의 추이를 알 수 있었다. 이것은 확실히 여러 모로 시사해 주는 점이 많았고, 완전히 소련식 체제로의 진입 태세를 갖추고 있었음을 발견하였다.

나는 가족을 찾으면 어떤 난관에 부닥쳐도 다시 월남해야겠다는 생각으로 가득 차 있었다.

어느 날인가 선교리 천주교회에서 비로소 가족의 소식이 들어왔다. 크리스마스 날 어머니 되는 중년부인이 그 딸이라는 분 둘, 세 가족이 이곳을 다녀갔다는 것이다. 가족의 이름을 대니 맞았다. 확실한 것이다.

그 길로 나는 역으로 달려갔다. 승호리행 기차를 타기 위해서였다. 교통의 불편은 여전하였다.

오랜 기다림 끝에 차에 올라탔다. 벌써 열차 안 여기 저기에서는 어색하기만 한 '동무'라는 호칭이 들려왔다. 나는 이국에 온 것 같은 이질감과 압박감을 느끼며 오로지 가족을 찾아야 한다는 생각으로 가슴을 설레었다.

승호리 역에 기차가 도착하였을 때는 새벽 4시 30분경이었다. 너무 일러 근처 여관에서 눈을 얼마간 부치고 날이 새자 천주교 회장을 한다는 국수집으로 찾아갔다. 회장을 만나 찾아온 용건을 말하자 그는 깜짝 놀라는 것이었다.

"바로 댁이 아드님 되시는군요. 자당께서는 한 닷새 전에 아들을 찾아 고향으로 가 본다고 떠나시던데 무척 궁금하게 생각합디다."

나는 뛰는 가슴을 달래며 그의 말을 받았다.

"그럼 가족 모두 고향으로 떠났습니까?"

"웬걸요. 아가씨 두 분은 여기 남아 있지요. 곧 가십시다."

말이 끝나기도 전에 그는 앞장을 서는 것이었다. 그는 행길에 나오자 작은 소리로 속삭였다.

"대관절 세상이 어떻게 되는 겁니까? 요즈음은 점점 불안해지는군요. 벌써 교인들에 대해서 예사롭지 않은걸요. 하느님도 마음대로 믿지 못할 세상이 되어 갈 모양이던데 ……."
그 말이 끝나자 죄인처럼 주위를 살핀 다음 다시 말을 이었다.
"요즈음 종교는 아편이다 어쩌구 해괴한 소리가 자꾸 나오는군요."
그는 혀를 차면서 기가 막힌다는 표정을 지었다.
가족들이 있는 곳은 바로 근처였다. 우연이지만 먼저 이곳을 지났을 때 주사를 맞았던 그 병원에서 불과 일곱 집밖에 안떨어져 있었다.
당시 가족들이 이곳에 있었는데 그냥 모르고 지나쳤던 것이다.
집에는 둘째 누이동생이 혼자 지키고 있었다. 몇달 사이에 퍽 숙성해져 있었고 나를 보자 대뜸 울기부터 시작했다. 고무신을 대강 끌고 나와 나에게 끌어 안기며 원망하는 듯한 소리로 말했다.
"어머닌 오빠 찾으러 가셨어요."
이렇게 엇갈린 것이 내 탓이나 한 것 같은 말투였다.
"난들 어떻게 할 수 있었나? 고향에 들렀다가 없어서 서울까지 갔다가 다시 평양을 돌아 여기까지 찾아 왔는데."
"글쎄 누가 뭐랬어요? 어머닌 고향에 안계시면 그 길로 다시 신경까지 들어가 보시겠다지 뭐예요."
나는 가슴이 철렁했다. 아닌게 아니라 어머니는 그럴 수 있는 분이었다. 그 험한 만주 땅을 다시 들어가실 어머니를 상상하면서 나는 새삼스럽게 모정(母情)의 깊은 뜻을 깨닫고 눈물이 나오려는 것을 억눌렀다.
"언닌 어디 갔니?"

동생은 비로소 안정을 되찾은듯 침착해지면서 눈물을 닦아내며 자세한 얘기를 들려 주는 것이었다.
맏누이동생은 이미 여학교를 졸업해 있었고 근처 승호리 시멘트 공장에 취직을 하고 있었다. 곧 연락이 닿아 허둥지둥 달려왔다. 그리고는 눈물부터 흘리며 나를 원망하는 것이었다.
"오빠는 어디 가 있었수. 어머니는 안변으로 찾아갔는데. 거기도 없으면 다시 신경으로 들어가신다지 않아요?"
같은 원망을 두 번 듣는 꼴이다. 나는 똑같은 이야기를 들려주며 어머니가 고향에 가시면 어차피 내가 왔다 갔다는 것을 아실 테니까 일단 안심은 하실 것이라 하였다.
나는 비로소 해방되던 날 이후의 짧은 마음의 방황에서 내 품으로 다시 돌아온 심정이었다. 그리고 가족이라는 것이 지니는 말 못할 연줄 같은 것을 실감했다.
며칠 후 어머니가 돌아오셨다. 어머니는 나를 보시자 한참 동안 물끄러미 건너다 보시기만 할 뿐 선뜻 말을 떼지 못하였다. 조용한 정감의 시간은 뜨거운 공간을 가르며 어머니와 아들, 즉 하느님이 맺어 주신 끈끈한 혈맥의 정이 솟구치고 있었다.
나는 먼저 어머니 앞에 다가갔다. 그리고 두 손을 꽉 잡았다. 어머니는 울먹이며 먼저 입을 떼시었다.
"그 새 고생이 많았겠지?"
"어머니—"
나는 더 긴 말, 아니 다른 말이 이어지지 않았다.
그 동안 만주에서부터 압록강을 건너 평양을 거쳐 고향 그리고 서울까지 갔던 수천리 길. 다시 개성을 거쳐 평양을 들러 여기까지 오게 된 일들이 주마등처럼 뇌리를 스쳐 지나갔다. 선배들이, 동지들이 국방경비대 입대를 권유했을 때 가족을 찾기 전에는 입대할 수 없다고 분명히 말한 …… 그것 때문에 어머니와 동생들을 만날 수 있었던 것을 생각하니 하느님 계시에 따른 인도하심의 결과라고 생각하였다.

나는 비로소 눈물을 의식했다. 가장 즐거운 상태는 어느 구석 감미로운 슬픈 기분 같은 것이 곁들이게 마련이라는 어디선가 읽은 구절이 생각났다.

정말이다. 이렇게 즐거운 마당에 왜 눈물부터 나야 하는 것일까.

나는 마음을 다지고 아무렇지도 않다는 표정으로 그 동안의 쌓이고 쌓였던 이야기를 시간이 가는 줄도 모르고 어린 소년처럼 얘기 꽃을 피웠다.

밤중에 우리는 국수를 시켜다가 같이 먹고 잠자리에 들었다.

어머니는 내 곁에 누워 이따금 손과 머리를 만지며 안도의 한숨을 내쉬는 것이었다.

나는 어머니가 조국과 같이 느껴지는 순간을 의식했다. 그렇다 하나밖에 없는 조국, 단 한 분의 어머니. 나는 어머니를 찾았으므로 이제 조국을 위하여 무언가를 해야겠다고 마음을 굳혔다.

가족과 같이 있는 동안 마음의 평화를 되찾았다. 그리고 어머니의 권유에 의해 "이곳은 네가 있을 곳이 못된다"는 그 말씀대로 나는 남쪽의 자유 대한을 선택하기로 결심했다.

"아무래도 이곳은 살 데가 못된다. 어서 너만이래도 빨리 서울로 떠나거라."

진정한 어머니의 사랑이 담긴 말씀이었다.

헤어지기 싫었지만 어쩔 수 없는 처지였다. 공산당원들은 자꾸만 찾아와 협조해 달라고 귀찮게 굴었다.

"어머니, 먼저 떠납니다. 안녕히 계세요. 꼭 성공하겠습니다."

기약 없는 이별이었다.

나는 평양 선교리로 해서 사리원으로 나와 거기서 트럭을 타고 해주에 도착, 다시 38선을 넘어 서울로 향했다.

5 남과 북을 보고 남쪽을 선택 국군 장교로 임관하다.

내가 국군에 입대한 것은 1946년 2월 26일이었다. 이것은 재월남하자 직각적으로 정한 나의 결단이었다.

나를 정립시킨다는 문제는 지나친 사료와 주저해서는 불가능한 것이고, 우선 가장 명확한 큰 윤곽이 정해지면 그 기본원칙에 의해 행동으로 옮기는 것만이 새로운 차원의 세계가 전개되리라고 믿었다.

나는 기회주의자와 섬세한 타산가, 혹은 밤낮 입으로 비판만 하고 기실 아무것도 못하고 있는 입만 가진 자들, 이런 유형의 사람들을 경멸하고 있었다. 물론 이런 점은 나의 천성적인 특징이라고 생각한다.

나는 타고나면서 목표를 향한 강인한 박진성 같은 끈기가 있었다. 일정한 목표를 세우고 그 목표를 향해 어떤 난관도 극복해 가며 돌진해야 하는 성미, 그렇게 하지 않고는 못배기는 나의 특징은 가장 나를 이루는 기본이었다.

그런데 내 경우의 생명력은 일정한 배경과 일정한 터, 일정한 직위를 갖지 못한다면 안되는 어떤 소속감의 강렬한 욕구가 있다. 이제 그 욕구 충족을 북쪽이 아니라 남쪽, 그 속에서도 국군의 모체가 될 국방경비대로 결정한 것이다.

결국 나의 입대 결단에는 무엇보다도 북한에서 진행되고 있는 소련 군정하의 음모와 그 장래에 대한 나의 예견이 근본적으로 작용하였다.

과연 무엇이 중요한가. 그 해답은 항상 단순명료하고 직설적인 것을 지니게 마련이다. 냉정한 현실적 안목이야말로 중요한 것이다.

기실 남한에서의 혼란이란 것도 북한에서의 그것과 대조시켜 보면 그 질의 윤곽이 분명하게 드러난다.

나는 이미 내 나름대로의 직관으로써 큰 판단을 내리고 있었다. 나를 정립시킬 장소가 어디냐 하는 것을 알고 있었던 것이다.

남한의 사태가 복잡하고 극히 유동적으로 흘러가고 있다는 것은 상투적인 견해에 불과한 것이고, 맨 저류를 흐르고 있는 논리는 퍽 상식적인 것이고 너무나도 당연한 것이 아닐 수 없었다.

문제는 양자 택일밖에 없는 것이다. 조만간 그렇게 될 것은 뻔하다. 미국이냐 소련이냐, 그 이외의 길은 있을 수가 없었다.

결국은 미국에 등을 대느냐, 소련에 등을 대느냐 그 두 가지 길 가운데 하나이다.

나의 이러한 단정적인 견해는 북한의 실상을 두 번이나 보고 더욱 굳어졌다.

북한의 실정은 정치라는 것의 차가운 냉엄성을 새삼스럽게 뼈저리게 느끼게 한다.

북한에서는 이미 1946년 2월 8일 북조선 임시인민위원회라는 것이 강압적 상황에서 만들어지고 인민군이라는 이름의 북한군이 창립을 보았다.

무릇 어느 나라를 막론하고 국가의 기간은 군이다. 군의 성격은 곧 그 국가의 성격을 암시해 보여 주는 것이다.

그런데 이땅에는 처음부터 두 개의 전혀 이질적인 군이 성립되고 있었다. 이것은 무엇으로 막을 수 없는 세계정세의 결과였다.

원칙적으로 국가가 성립되고 그 다음 군이 조직되어야 마땅한데 이미 통일국가가 성립되기 전에 두 개의 군이 창립되고 있었다면 이것은 통일이 불가능한 전제의 서곡이라 할 수 있다. 설사 통일국가가 성립된다고 가정할 때 두 개의 군이 한데 통합되기에는 너무나도 처음부터 이질성을 지니고 있다. 북한의 인민군은 소련군에 의해 공산주의라는 이데올로기가 철칙처럼 전제되어 있고, 남한의 국군은 미국의 민주정신을 기반으로 하고 있기 때문이다.

재월남하자 나는 이응준, 원용덕씨의 입대 권고를 다시 받았다. 그들은 아직 북한의 현실을 구체적으로 모르고 있었다. 따라서 그들의 입대 권유는 다분히 소박한 관점에서 이루어졌다.

이응준씨는 나에게 말했다.

"역시 군이 중요하오. 딴 생각 말고 들어오도록 하시오. 그래도 군에 경험 있는 사람들이 들어와서 하루 속히 조국 간성의 중추를 담당해야지."

원용덕씨도 같은 얘기였다.

"역시 자네는 나 보기에도 전형적인 군인이야. 괜히 고집부리지 말고 한눈 팔지 말고 일찍 들어와. 뭐니뭐니 해도 나라의 기간은 군에 있느니. 군이 제대로 되어 있지 않고서는 정치도 그림의 떡이란 말이야. 이 점을 깊이 생각해 보게. 그리고 개인적으로 말하더라도 역시 군이 가장 안정감이 있어 해볼 만한 것이거든."

원용덕씨는 당시 2월 22일부로 남조선 국방경비대 총사령부 초대 총사령관으로 임명되어 있었고 계급은 참령(參領 : 소령)이었다.

나는 농담조로 물었다.

"그럼 저의 계급은 어떻게 정하겠습니까?"

"자네 계급 말인가?"

"네"

"참위(參尉 : 소위)로 들어오게. 불만인가?"

하고 말하며 원용덕 참령은 히죽이 웃는다.

참위라면 현재의 소위다. 나는 그 계급이 너무 낮다고 생각되었지만 그 자리에서 두말 없이 승낙했다.

국방경비대의 창립 과정을 간단히 요약하자면, 이미 밝힌 바와 같이 1946년 1월 15일 미국인 마샬 중령이 초대 사령관에 취임하면서 남조선 국방경비대가 창립되고 동시에 제1연대가 1개 대대 병력으로 태릉에 창설된 후 곧이어 각처에 연대들이 창립되고 있었다.

계급과 계급장 등이 정해지면서 최하계급인 이등병사로부터 일등병사, 그리고 하사관급으로는 참교(參校), 부교, 특수부교, 정교, 특수정교. 위관급은 참위, 부위(副尉 : 중위), 정위(正尉 : 대위), 영관급은 참령, 부령, 정령으로 그 호칭이 확정되었다.

위 호칭이 생소하지만 구한국군의 계급 제도임을 밝힌다.

1월 29일에는 제5연대가 부산시에 창설되고 2월 10일에는 제7연대가 충북에, 2월 15일에는 제4연대가 전남에, 2월 18일에는 제6연대가 대구시에, 2월 26일에는 제3연대가 전북 이리에 창설되었다.

　바로 이 무렵 내가 입대를 하게 된 것이다.

　그 후에도 계속 2월 28일에는 제2연대가 대전시에, 4월 1일에는 제8연대가 강원도 춘천에 창설되었다. 그리고 4월 8일에는 국방사령부를 국방부로 개칭하고, 4월 15일에는 인천에 해안경비대 기지를 설치하게 되었다.

　국방경비대는 계속 눈부신 속도로 확장되어 갔다.

　5월 1일에는 남조선 국방경비 사관학교가 창설되었다.

　그리고 이 사이 이미 1월 16일에 개최를 보았던 제1차 미소공동위원회가 5월 8일에 결렬되었다.

　이렇게 불과 5개월간의 여러 가지 정황은 당시 상황의 본질을 가장 명료하게 압축해 보여 주는 것이라 하겠다.

　미소공동위원회는 한국문제의 큰 윤곽을 결정지을 중요성을 가지고 있었지만, 불과 5개월 만에 아무런 결실 없이 결렬되었다는 것과, 한편으로 국군의 기간부대가 속속 형성되어 왔다는 사실은 내가 예견한 것처럼 어차피 양극 체제로 갈 수밖에 없는 상황으로 가고 있다는 것을 의미한다.

　초기의 국군 모집상은 매우 소박한 형태였다. 이미 내가 군에 입대할 때 간단히 계급을 정한 데서도 그 윤곽을 보여 주었지만, 일반병사의 모집도 일정한 형태가 없이 이를테면 현지조달 방식을 취하였던 것이다. 지휘관을 미리 정하고 각처에 연대 명칭을 주면 그 임지로 가서 지휘관의 자유재량으로 현지에서 모집하는 방식이다.

　나는 임관하자 곧 전북 이리에 있는 제3연대로 떠났다. 이리는 드넓은 들판에 위치해 있었다. 이리국민학교를 임시본부로 하고 모병을 시작하자 약 100명 가량의 병사가 모집되어 있었다. 여기에는 일제시 지원병으로 나갔던 청년들 혹은 학병 출신들이 몰려 왔다. 별다른 수속은 없었고 입대절차도 간단했다. 이리의 제3연대는 다른 연대와 마찬가지로 중대병력 규모로 발족했다.

나는 1946년 3월 부위로 승진하고 중대장으로 임명받아 전북 군산에 중대를 창설하기 위하여 군산에 갔다. 그곳에서 다시 1개 중대의 현지모집에 들어간 것이다.

군산은 어수선한 항구도시였고 아직도 해방 직후의 혼란상 그대로였다. 치안상태는 말할 것도 없고 혼란 속에서 파업이 그치지 않고 있었다. 군산항 부두에 가 보니 노동자들이 무질서 속에서 들끓고 있었다.

나는 직물공장 하던 자리에 중대본부를 정하고 모집업무를 시작하였다. 예상외로 호응도가 높아 얼마 되지 않았는데 중대병력을 유지할 수 있게 되었다. 나는 독립된 지휘관으로서 의욕적으로 업무에 달려들었다. 그야말로 가장 굳게 단결되고 최고의 훈련으로 조직된 중대를 만들겠다는 결의를 다졌다.

그러나 나의 의욕과는 달리 어찌된 셈인지 잡음이 많고 뜻대로 일이 진척이 안되는 것이었다.

나는 여기서 처음으로 한 집단으로서 이루어져 있을 때의 우리 민족의 특징 같은 것을 알게 되었다.

개개인은 모두가 약삭빠르고 똑똑하지만, 조직원으로서의 질서의식은 자율적인 것이 아니며 각자의 신념에서 우러나오는 것이 아니라 보이기 위한 것, 눈 가림식의 일에 익숙해 있었다. 군을 선택한 나름대로의 주견(主見)은 전혀 없고 일종의 살아가는 방편으로서 군에 입대한 것으로 밖에는 생각할 수 없었다.

6월 중순 이리에서 김백일 대대장이 내려왔다. 그는 본시 속이 깊고 말이 없는 편으로서 지휘능력이 있는 유능한 지휘관형 군인이었다. 나는 그에게 그 동안 있었던 일들을 상세히 보고하고 고충을 털어놓았다.

그는 말 없이 내 말을 이해하겠다는듯이 고개를 끄덕이며 내 어려움을 이해하여 주었다.

얼마 후 나는 김백일 대대장의 배려로 이리의 대대에 돌아갈 수 있게 되었다.

이 무렵의 어느 날이었다. 그러니까 6월 25일이나 26일이 아니었는가 싶다. 허름한 군복 차림에 운동화를 끌고 머리를 빡빡 깎은 29세쯤 되어 보이는 한 청년이 나를 찾아왔다. 그는 나를 보자마자 대뜸

"이부위님이십니까?"

라고 물었다. 나는 그렇다고 대답했다.

"나는 영흥사람인데 이부위님을 찾아왔습니다. 무슨 일이건 좋으니까 공산당 때려잡는 일만 맡겨 주신다면 생명을 아끼지 않겠습니다."

그 청년은 처음부터 열을 내며 말하는 것이었다. 목소리도 우렁찼다. 생김생김이 우락부락하여 첫인상이 좋을리 없었다.

"이름은 뭐요?"

"김창룡(金昌龍)이라고 합니다."

"고향은 어디요?"

"영흥이라고 하지 않았습니까? 공산당놈들 복수할 곳만 정해 주십시오."

"그럼 왜 입대하려구 하는 거요?"

"군밖에 더 있습니까? 그놈들 때려잡을려면."

말끝마다 공산당놈 놈 하면서 복수 운운하는 것 보니 북한에

서 공산당에게 되게 당한 모양이었다. 나도 공산당이 싫은데 공산당을 때려잡겠다니 우선 그 점이 마음에 들었다.

이만한 열기가 있다면 무엇인들 해내지 못하랴. 나는 미소를 띠우면서 말했다.

"날 어떻게 알고 찾아왔소?"

"서울에서 들었습니다. 사나이다운 분이라고요."

그날로 그는 현지에서 이등병으로 입대를 시켰다. 이때 나는 본부중대장을 겸한 대대부관직을 수행하고 있었으므로 인사권이 있었다.

후에 들은 얘기지만 그는 일본 관동군의 정보계통의 하사관으로서 대공첩보의 업무를 맡았었다는 것이었다. 해방이 되자 김창룡은 북한에서 잡혀서 무서운 고문을 당하고 사형언도까지 받아 형장에 끌려가는 길에 교묘하게 살아 남았다는 것이다. 그 길로 월남하여 방황하다 나에게 찾아온 것이었다.

초면에 벌써 그의 특색인 집요하고 무서운 강기(剛氣)가 여지없이 번뜩이는 것이었다.

그 후 그가 더듬어 간 길은 너무나도 잘 알려진 길이다. 한 개인의 편집광적(偏執狂的)인 오기가 가장 무서운 형태로 변한다는 것을 잘 보여 준 그의 역정은 비극의 종말을 가지 않을 수 없었을 것이다. 우리는 그를 통하여 인간의 본심을 무한히 방치하고 통제하지 않는다면 무서운 결과를 자초한다는 교훈을 얻을 수 있을 것이다.

부대 근무를 통하여 나는 우리 위에 군림하고자 하는 미국 군인들과의 의견 대립이 심화되었다. 사소한 충돌에서부터 시작한 미군과의 관계는 급기야 내가 참을 수 없는 지경에까지 왔다.

나는 7월 4일에 미련 없이 사표를 내던졌다. 그러자 그들은 깜짝 놀라면서 간곡히 만류하는 것이었다. 그러나 나는 완강하게 고집을 부려 그날로 부대를 뛰쳐나와 무작정 어디론가 사라졌다.

며칠 후 나는 군복 차림으로 을지로 6가 원용덕 참령 집으로 찾아갔다.

솔직한 내 심정으로는 사표를 내던졌지만 군을 아주 떠날 생각은 없었다. 젊은 혈기로 미군에게 경고의 일격을 가한 것 외에 군에 대한 근본적인 문제와는 연관이 없었기 때문이다.

원용덕 참령은 상경한 나를 보더니 삐죽 웃으면서 말하는 것이었다.

"왜? 또 비위에 거슬린 일이라도 있었나?"
"시시해서 그만둘까 합니다"
"왜?"
"이것 저것 비위에 안맞아서 ……"

원용덕 참령은 웃음만 띄울 뿐 별다른 말이 없었다. 그날 저녁 그의 집에서 밥을 먹고 잠도 같이 잤다.

우리는 오래간만에 조국이 가는 길과 군의 장래에 관해서 많은 얘기를 주고받았다.

"이부위는 어떻게 생각하나?"
"무엇을 말입니까?"
"세상 돌아가는 것 말야."

나는 나의 소신을 솔직하게 털어놓았다.

미·소 관계에서부터 시작하여 이승만, 김구 등 지도자 문제에 이르기까지 생각한 것 그대로를 털어놓았다. 한참 내 말을 경청하더니 내 말을 끊고 원용덕 참령이 말했다.

"그럼 자네는 이승만 박사 지지파로군."

나는 서슴없이

"그렇다 마다요. 그 밖에 어떤 길이 있다고 생각하십니까?"

"글쎄 나도 모르겠어. 골치 아픈 일이야."

원참령은 그렇게 말하면서도 결국은 내 의견과 같은 것을 확인할 수 있었다.

"그럼 이부위는 우리 군의 현황에 관해서 어떻게 생각하나?"

이 물음에 나는 열을 올려 말하였다.

"조만간 벌어질 좌우익 투쟁은 입싸움을 벗어나서 실제화할 것입니다. 벌써 두어 달 전부터 공산당은 지하로 숨어들지 않았어요? 그들이 왜 숨어들었겠습니까. 뻔하지요. 혼란은 대중적으로 확대될 것이고 그 틈을 타서 폭력혁명을 꿈꾸고 있을 것입니다. 비록 탄생한 지 얼마 안되었지만 우리 군은 공산주의자의 책동에 대비해야 할 것입니다."

"그렇다면 이부위는 왜 사표를 냈어?"

원참령은 야유하듯 묻는 것이었다.

나는 대답을 않고 묵묵히 있었다. 차마 젊은 혈기였노라고 실토할 수 없었다. 그러나 그는 내가 사표를 낸 이유를 꿰뚫고 있는 것 같았다.

이튿날이었다. 충무로 일식집에서 같이 점심을 하고 들어가니 이리에서 미군 장교가 올라와 있었다. 그는 나를 두고 훌륭한 장교이니 놓쳐서는 안된다고 펄펄 뛰는 것이었다.

"이부위, 그러지 말고 사표를 거두라고. 저렇게 애걸하는데."

원참령의 말에 나는 오후까지 재고하겠노라고 말하고 결국 사표를 거두기로 했으나 단 이리에는 다시 내려가기 싫으니 다른 곳에 전속시켜 달라고 하였다.

이렇게 하여 나는 육군사관학교(당시 남조선 국방경비사관학교)의 교관으로 가게 되었다.

당시 교장에는 이형근 참령이 보직되어 있었고 교수부장은 장창국이었다. 나는 교관 겸 학생대장직을 맡았다.

얼마 안있다가 원용덕 참령이 교장으로 부임해 왔다. 그 무렵 제2기생을 모집하고 있었고 여기서 다시 박정희씨와 상봉을 하게 된다. 그와는 만주군관학교와 일본육사에서의 동기생이었다. 을지로 5가의 어느 여관에 있다 하여 가 보았다. 그는 오래간만이라 하면서 매우 반갑게 맞아 주었다. 군대라는 것이 어떤 곳인지 알아 보려 올라왔다고 은근히 말하는 게 육사에 지원할 마음이 있었던 것 같았다.

"되도록 빨리 들어오게. 시골에 틀어박혀 이때까지 뭘 했나?"

"세상 구경했지. 아무리 보아도 세상 돌아가는 것이 수상한걸."

이 무렵 이미 좌익 세력이 본격적으로 민중 속에 침투하여 뻗어 나가고 있었고, 대학생들도 소위 국대안(國大案) 반대로 좌선회의 조짐이 심상치 않을 때였다.

"그래 시골은 어때?"

다시 내가 묻자 박정희씨는 조금 시무룩해지면서

"난장판이야. 어떻게 되어 가는 꼴인지 알 수가 없군. 하여간 서울 구경도 할 겸 올라왔는데 아무래도 군에 들어갈 생각이 내키는군."

"어서 들어오게. 잘 생각했네. 나는 그 사이 이북 이남을 두루 다 살펴보았는데 이 길밖에 없겠어. 지금 공산당들이 들끓고 있기는 하지만 이북 세상 되어 가는 꼴 보니까 형편 없어. 거긴 일사천리야. 사전에 딱 정해져서 밀고 나가더군."
이런 대담을 나눈 뒤 그는 육사 2기생으로 입교했다.

 조국이라는 개념에 접근하는 나의 출발은 처음부터 온당한 것이었다. 나는 이미 내가 선택한 남한 속에서 나의 조국의 원형을 찾으려 하였다. 이것은 얼핏 편협하게도 보이지만 나 나름의 투시하는 안목으로 딱한 조국의 운명을 예감한 속에서의 나의 선택이었던 것이다.
 해방후, 감격과 흥분 속에서 조국을 두고 진행된 모든 의견의 경합은 사실상 태반이 객기의 소산이라 할 수 있다. 공산주의라는 것이 애초부터 우리의 오랜 관습이나 우리 민족의 전통적인 생활양식 속에서 거부반응을 일으킬 것이라는 것을 일찍이 나는 예견하고 있었다.
 또한 이땅의 좌파들은 처음부터 소아병적인 요소가 너무나 많았던 것 같다.
 나는 여기서 제1차대전 직전 프랑스 사회당의 지도자였던 쟌 죠레스의 다음과 같은 말을 음미해 보고자 한다.
 "사회주의란 조국을 저버리는 것은 아니다. 그렇기는커녕 도리어 사회주의는 이것을 변용시키고 확대시키기 위해서 조국 그것을 활용하는 것이다. 역사적 결합체 등의 조건을 무시하는 추상적 국제주의라는 것은 가장 부자연스럽고 시대에 뒤떨어진 공상에 지나지 않는다. 인류의 통일은 자치적 국가의 자유로운 연합으로서만 실현되는 것이다. 그것은 조국의 부정 내지 폐지가 아니라 조국의 향상과 순화이다. 조국은 그 독립과 그 독창성과 그 자유로운 재능을 잃음이 없이 인류애까지 높여지는 것이다."

이러한 여유에 비긴다면 이땅의 공산주의자들은 처음부터 추상(抽象)의 괴뢰였고 논리(論理)의 괴뢰였던 것이다.

물론 해방후의 남북 상황을 총괄하여 볼 때 좌익만이 모두 악이라는 논리에 동의할 수 없다.

정도의 차이는 있으되 우익 진영에도 이러한 객기가 전혀 없지는 않았다. 내가 이러한 우익의 객기를 허용한 배경적 근원에는 우리의 우리다운 정신적 유산이 처음부터 너무 빈곤한 데서 오는 어쩔 수 없는 결과였다고 볼 수 있기 때문이다.

남과 북을 샅샅이 관찰하면서 내가 내린 결론은 북쪽의 획일주의보다 남쪽의 자유주의가, 북쪽의 국제사회주의보다 남쪽의 민족주의가, 북쪽의 통제보다 남쪽의 느슨함이, 북쪽의 이질적인 요소보다 남쪽의 전통유산이, 북쪽의 종교 탄압보다 남쪽의 종교 자유가 더 좋았기에 나는 남쪽을 선택하였다. 따라서 남쪽의 혼란은 필연적인 것이고 북쪽의 혁명기도는 예측 가능한 것이기에 그 와중에서 군대의 역할은 조국을 수호하고 발전시키는 데 기간이 된다고 판단하였다. 따라서 험난한 줄 알면서도 국군에 입대하였다.

나는 대한민국을 조국으로 선택한 것이다.

제2장
격류를 헤쳐 나가며

6 경비대와 경찰과의 반목
       그리고 군내 좌익의 태동

미군정하에서 국방경비대가 창설되었지만 처음부터 많은 문제를 내포하고 있었다. 그 문제점의 원인을 생각한다면, 첫째 사회혼란, 특히 우익과 좌익의 사상 대립이 노골화되었던 시기였고 국가가 정식으로 탄생되기 이전의 군대 모집이었다는 점을 들 수 있다. 솔직히 말해서 국가의식의 결여된 군인이라면 존재가치가 분명하지 않다는 것이다. 더욱이 이질적인 두 개의 국가가 수립될 것이 거의 확실한 상황이고 보면 어느 한쪽에 더 애착이 가는 혼선이 잠재해 있다고 보아야 한다.

둘째로는 미 군정이 경비대를 정식 군이 아닌 경찰 예비대 역할로 창설한 것 또한 불화의 원인이었다.

경찰은 이에 따라 경비대를 경찰의 보조기구 정도로 얕잡아 보게 되었다. 그러나 경비대는 이를 수긍하지 않았다. 장차 수립될 우리 국가의 군이라는 생각으로 모여들었지 경찰 보조기구 구성원으로 입대한 것이 아니기 때문이었다. 특히 과거 일제하 군 우위의 사고방식 때문에 오히려 군은 경찰을 비하하여 생각하였던 것이다. 따라서 사상의 갈등 이전에 경비대와 경찰의 대립 관계는 미묘한 위험 요인을 품고 있었다.

그런 불화가 잠재해 있는 상태에서 미 군정은 어디까지나 경찰우위로 생각하고 있었다. 즉 해방후의 치안유지가 무엇보다 급했기 때문이고 문민우위의 그들의 사고가 작용하였던 것이다. 그 차별성은 미 군정의 장비 지급에서부터 나타났다.

경찰은 창설 직후부터 새 제복과 미제 칼빈 소총이 지급된 데 반해 경비대에는 일본군이 쓰다 남은 일본 군복을 입혔고 무기도 구식인 99식 소총과 38식 일본 소총으로 장비시켰다.

무엇보다 경비대 창설 직후 경비대원들의 분통을 터뜨리게 한 것은 경비대의 계급장이었다. 미 군정은 경비대 장교의 계급장을 제정할 때 별 아이디어가 없어 궁리 끝에 급한 대로 경찰모자의 귀단추로 쓰이는 무궁화를 계급장으로 정했다. 귀단추 하나가 참위, 둘이 부위, 셋이 정위였던 것이다. 영관급은 나중에 정하기로 미루었다.

경비대측은 경찰모자의 귀단추가 계급장이라는 데서 심한 모욕감을 느꼈다. 이 때문에 경찰은 경비대를 더 깔보았다. 이런저런 불화를 감지한 미 군정 당국은 1946년 2월 1일 군사국장 비쇼프 대령이 미군 계급장을 본따 새로 제정했다. 즉 위관은 4각형, 영관은 태극기, 장관은 별로 하고 하사관 이하는 미군 계급장을 거꾸로 해 사용토록 한 것이다. 그러나 계급장의 변경만으로 경비대와 경찰이 화해될리 없었다.

미묘한 갈등은 곳곳에서 빚어졌다. 경찰관은 주로 주말 외출 외박의 경비대원을 건드렸고 경비대는 다음 기회에 경찰관 파출소에 몰려가 보복을 하는 것으로 충돌이 시작되었다. 더욱이 경비대 안의 좌익세력은 경찰과의 충돌을 부채질함으로써 경비대와 경찰의 충돌은 더욱 확대되어 갔다.

군사영어학교 출신이나 경비사관학교 1기 출신의 각 연대 지휘관들은 초창기 경찰과의 관계에서 부하들의 사기 앙양과 평온 유지라는 두 가지 상반된 문제의 딜레마에 고민해야만 했다.

군·경 충돌의 가장 대표적인 사건이 전남 영암에서 일어났다.

1947년 6월 1일 이날은 일요일로서 대부분의 장병들이 외출 외박을 나갔다. 제4연대의 하사 김형남이 영암군 신북면의 고향집에 외박을 나왔다가 지서에서 지서장과 시비 끝에 경찰에 구속된 데서 발단되었다.

경찰에 구속된 김하사의 신병 인수차 김중위와 정중위 두 장교와 4명의 군기병(헌병)이 영암경찰서에 갔지만, 경찰 간부가 하는 말이 "경비대는 경찰 보조기관이고 경비대원은 임무 이외지에서의 범법은 일반인과 마찬가지로 경찰이 체포할 수 있다"면서 석방할 수 없다는 것이다.

김중위 일행은 하는 수 없이 저녁 무렵에 영암경찰서를 나오자 스리쿼터에 경찰 10여명이 칼빈총으로 무장하고 대기하다가, 신북지서 방향으로 달려가고 뒤에 김중위 일행이 부대로 복귀중 신북지서에 이르렀을 때, 스리쿼터로 먼저 도착한 경찰이 총을 발사하며 김중위 일행을 정차시킨 다음 군기병들에게 폭행을 가하기 시작했고, 또한 김중위와 정중위를 강제로 지서 안으로 끌어들여 시멘트 바닥에 무릎을 꿇으라는 것이었다. 이때 두 장교는 영암경찰서에서 경찰 간부와 시비를 하고 있을 때 군기병이 경찰서 보초 순경을 구타했다는 말을 비로소 들었다.

사병들이 출동하고 난 다음에 제1대대장인 최창언 대위가 들어와서 장교들을 소집하여 심하게 책임을 추궁하였다.

한편, 연대장인 나는 밤중에 연대고문관인 데루스 대위의 방문을 받고 같이 연대본부에 도착하였다. 그때는 이미 7대의 차량으로 사병 300여명이 출동한 후였다. 나는 부대를 수습하기 위하여 영암으로 새벽에 도착하였는데 피차간에 산발적인 사격전이 벌어지고 있었다.

경찰은 망루대의 기관총으로 사격하는데 경비대는 99식 단발소총이고 실탄도 모자라 여기저기서 희생자가 발생하고 있었다. 나는 비장한 각오로 경찰서에 접근하면서 사격중지를 요청했다. 그러나 경찰관들은 막무가내였다. 이때 경찰에서는 연대장인 나를 목표로 수류탄을 던졌다. 불행히도 이때 나를 호위하던 병사가 1명 죽고 1명이 부상하였다. 나는 사태의 심각성을 인식하고 영암군수를 불러 사건 수습을 위해 협조를 요청한 후 경찰서에 같이 들어갔다.

비로소 경찰의 사격이 중지되었다. 나는 경찰서장, 경찰 미 고문관, 제4연대 미 고문관 등과 함께 사건의 수습을 위해 원만한 협의로 매듭을 지었다.

이때 전남 도경에서는 영암경찰서 지원을 위해 기동경찰대를 출동시키고 있었다. 인솔자는 정래혁 경감으로 경찰에 있다가 군사영어학교를 거쳐 경비대 참위로 임관, 이리에서 제3연대 창설 작업중 미 고문관과의 마찰로 경비대를 나와 경찰에 복귀했다. 그가 상황이 끝난 후 나타났기에 망정이지, 하마터면 군사영어학교 동기생끼리 총부리를 맞대는 격전을 벌일 뻔했다.

이 사건으로 하여 제4연대에서는 사병 6명이 죽고 10여명의 부상자를 냈다. 경찰측은 유리한 위치에 있었기 때문에 희생자가 없었다.

나는 이 사건을 수습하기 위해 위험을 무릅쓰고 경찰서로 향했지만 이 사건에 대한 책임을 지휘관으로서 느끼지 않을 수 없었다.

6월 2일 저녁에 광주에는 미 군정청 치안담당 총책임자와 이응준 대령이 급보에 접하고 서울에서 왔는데, 사건 수습을 잘 했다고 군정장관의 표창장을 나에게 주었다. 지금도 그 표창장을 가지고 있지만 나는 그 표창장을 볼 때마다 만감이 교차한다. 나에게 던져진 수류탄에 의해 나를 호위하다 숨진 병사와 그날의 희생된 부하 병사들을 생각하면 가슴이 아프다. 젊은 혈기가 빚어낸 해방후의 혼돈의 하나였지만, 그런 사건이 비일비재하였다.

나는 그때 27세의 소령이었다. 그때 내 혈기 왕성한 젊음으로 경찰에게 전면공격을 가하는 것도 한 방편이었지만, 동족간의 유혈을 방지한다는 차원에서 굴욕을 감수하는 길을 선택하였다. 지금도 그때의 결정을 잘 했다고 생각하고 있다.

좌익 우익간의 싸움에 더하여 우익 내에서 군과 경찰이 충돌한다면 이는 우리나라의 독립에 치명적인 장애가 된다고 생각했었던 것이다.

내가 제4연대장으로 부임하기 이전인 1946년 12월 이후 대구에서 근무할 때도 그런 사상적 혼돈과 갈등을 경험하였였다. 지휘관 자신이 몸담고 있는 군을 부정적으로 보고 자유민주주의에 대한 공공연한 비판 등을 할 때마다, 계속되는 폭동, 충돌 등이 일어나는 원인을 알 수 있었다. 그러나 나는 분명한 내 철학과 가치관을 확립하고 있었다. 공산주의가 어떤 것이라는 것을 직접 내 눈으로 확인하고 체험으로 파악한 이상 어떤 경우에도 자유민주주의를 수호해야겠다는 생각, 그리고 비록 군이 어수선하다고 하지만 이는 어디까지나 과도기적인 것으로 이해하고 철저히 그리고 계속적으로 강군 육성을 위해 내 젊음을 바쳐야 되겠다는 굳은 결의였다.

군내에 좌익세력이 존재하는 현 상황하에서 나는 그들에게 공산주의가 어떤 것이고 자유민주주의가 왜 우리에게 필요한가를 교육시키면서 부하들을 사상의 굴레에서 벗어나도록 하는 것이 나의 소임이라고 생각하였다.

내가 대구에서 근무하는 동안 소요, 파업, 테러 등 좌익분자의 불상사는 끊이지 않고 계속되었다.

어디 그뿐이랴. 지휘관과 부지휘관 사이에도 사상적 대립이 노골화되는 경우도 있었다.

"여보 이형, 나를 꽤 따르는 것 같은데 안 그렇소?"

나는 약간 긴장했다. 평소 좌익 성향이 분명한 그의 말들이 떠올랐기 때문이다. 나는 잠시 할 말을 잊고 주춤하였다.

"어떻소. 날 어떻게 생각하우."

"그야 좋은 분이지요. 형님 같은 사람이라고 생각합니다. 나이로 보나 세상 경륜으로 보나."

그는 조금 무안한 듯한 표정으로 웃었다.

"솔직한 얘기요?"

"그럼, 무슨 필요가 있어서 거짓말을 하겠습니까?"

이렇게 대답은 하였지만 사실은 마음에 없는 소리였다.

"대관절 이형은 어디요? 북이요? 남이요?"
 비로소 그는 본색을 드러냈다. 나는 단도직입적으로 나오는 그를 보고 전율을 느꼈다. 그러나 나는 단호하게 대답해야겠다는 생각으로 굳혔다.
 "나는 북쪽에서 이리로 넘어온 사람입니다. 알만 합니까? 그쪽에서 이쪽으로 넘어왔다는 얘깁니다. 최형은 북쪽을 좋아하는 모양인데 나는 거기서 이쪽 남쪽을 선택해서 내려왔다는 말입니다."
 술에 취한 탓도 있겠지만 지휘관이 부지휘관에게 하는 꼴이 말이 아니라는 생각이 되어 연대장이라는 호칭도 안쓰고 대뜸 최형이라고 불렀다. 나는 계속하여 또렷한 말씨로 말을 이었다.
 "지금 우리가 그런 얘기를 할 때는 아닌 것 같은데요. 군 지휘관으로 들어온 자체부터가 이미 자명한 선택이 아닙니까?"
 "어허, 어허, 그렇소?"
 그도 술이 취해 더 이상 구체적인 토론으로 들어가지 않았다. 그가 불러 술을 마셨고 그의 물음에 대답을 했지만 나는 속이 후련하였다.
 이런 일이 있은 후부터 우리는 점점 사이가 멀어져 갔다. 한 번 상대방이 틀렸다고 생각하면, 매우 완강한 편인 나로서는 하루인들 그와 같이 있다는 것은 참을 수 없었다. 하루 빨리 그의 곁을 떠났으면 하는 것이 나의 생각이었다.
 이 무렵의 중앙의 사정을 살펴보면, 1946년 4월 30일부로 전년 12월에 창설되었던 군사영어학교는 장교 110명, 군정관리 100명을 배출하고 폐교되었고 6월 14일부로 초대 감찰감에 정령 이응준을 보직하고 있었다. 그리고 6월 15일에는 제1기 사관후보생 40명이 원용덕 총사령관 참석하에 졸업을 했다.

7월에 들어서는 보급부대와 법무처가 설치되고 8월에는 조달보급과, 정보처, 감찰처 등이 설치되는 등 본격적인 경비대 증편이 계속되었다.

특히 9월 12일에는 미 군정을 남한 과도정부로 이양함에 따라 초대 통위부장(統衛部長 : 국방장관)에 유동열 장군이 보직되었다. 그리고 9월 28일에는 이형근 참령이 제2대 총사령관으로 취임하였다. 12월 23일에는 다시 이형근 중령이 전출되고 제3대 총사령관에 송호성 중령이 보직되었다.

이 무렵은 계급명칭 변경, 진급, 보직 변경, 기구 창설 등 여러 분야에 러시를 이루는 급변하는 군을 보여 준다.

1947년 1월 말 대구에 내려온 송호성 총사령관은 대령이 되어 있었다.

"요즈음은 어때? 좀 잔잔한가?"

혼란하고 복잡했던 대구지방의 움직임이 궁금하여 묻는 말이었다.

"글쎄 저는 별 관심이 없습니다. 우선 부대훈련부터 잘 시키는 일에 전념하고 있습니다."

내가 웃으면서 이렇게 대답하자, 송사령관은 내 어깨를 치면서 잘 한다는 표정을 지으며 치하를 하는 것이었다.

"짧은 시일내에 이만큼 만드느라고 수고가 많았겠군."

그날 저녁 대구 문화극장 안에서 실시한 송사령관의 강연 요지는 지금 잘 생각나지 않으나, 대강은 무엇인가 고무적인 이야기를 한 것 같다.

7 아내 송순옥과의 첫 만남
명동 성당에서 결혼식을 갖고

이 무렵 나는 여기저기서 혼담이 들어오고 있었다. 그것은 이미 이리 생활에서부터였다. 그러나 나는 막연히 결혼할 나이를 28세로 잡고 있었다. 뭐 특별한 이유가 있어서가 아니라, 이런 나이에 흔히 있을 수 있는 목표의 하나였던 것 같다.

나는 성격상 정서나 낭만과는 인연이 먼 편이었다. 따라서 여자와의 교제라는 것도 그리 달가워하지 않았다. 연애라는 것은 나의 경우 실감이 나지 않았고 그저 무뚝뚝한 성격이라 어떤 한계를 '엄격히 지키는 생활을 하고 있었다. 이래서 도리어 어떤 면에서는 여자편에서 더 적극적인 경우가 허다하였다. 좀 외람된 이야기 같지만, 나는 어지간히 남성적인 특성을 지녔다고 자부하는데, 정작 여자와의 교제에 있어서는 아기자기하지가 못하고 덤덤한 편이었다. 그리고 퍽 여자를 보는 눈이 까다로웠던 것 같다.

내가 만주에 있을 때 나는 어떤 여자 의학도를 남 몰래 혼자 사모했던 일이 있었다. 그것도 열을 내고 혼자 고민하는 정도가 아니라 연정을 곧 실제 국면으로까지 생각하고 있었다.

내가 성공한다면 이 다음에 저 여자를 아내로 맞으리라고 구체적으로 계획까지 세워 놓고 있었던 것이다. 그런데 그 여자는 그 후 폐병으로 세상을 떠났다. 그것은 나에게 커다란 충격이었다.

그 여자는 살결이 곱고 퍽 청순하게 보여 여러 모로 여성다운 매력이 풍겼었다. 그 이후에도 그 여성의 이미지가 내 마음 한구석에 자리하고 있었다.

내가 이리에서 근무할 때 그 근처에 여자 의학도가 한 명 있었다. 그리하여 소극적이지만 교제를 시도하였다. 나는 곧 그녀로부터 실망하였다. 그녀는 여성으로서의 가냘픈 매력이 없었고 중성과 같은 무뚝뚝함을 발견했기 때문이다. 나는 곧 단념하였다.

그러나 끈덕지게 여기저기서 혼담이 몰려 오는데 전혀 마다 할 수도 없는 일이었다.

결혼에 대한 호기심이 차츰 고조되기 시작한 것을 느꼈다. 그런 이 무렵 어느 날 나는 무슨 일이었는지는 기억에 없지만 서울로 올라갈 일이 생겼다. 그러자 벌써부터 졸라대던 오랜 선배 한 분이 적극적으로 혼담을 꺼냈다. 아주 좋은 규수가 있는데 하여튼 슬쩍 만나 보기만 하라는 것이었다. 그리고 만나고 싶든 안만나고 싶든 일단 자기 집에 놀러 오라는 것이다.

나는 약간의 호기심을 가지고 이발을 한 후 그 집으로 놀러 갔다. 여기서 처음으로 지금의 내 아내 송순옥을 만났다.

후에 안 일이지만 그때 송순옥은 결혼 운운하는 사전 예비지식이 없이 왔었다는 것이다.

그 선배는 우리 둘만 남겨 두고 자리를 피해 주었다.

나는 역시 성격상 덤덤할 수밖에 없었다. 그러나 그녀를 보는 순간 전혀 세상 때가 안묻은 청순한 인상이 우선 내 마음에 들었다.

무척 수줍어하고 있었으나 한눈에 속이 깊고 단단한 여인이라는 생각이 들었다.

나는 상세히 구체적으로 살피는 눈이 반짝이었다. 두루 살피는 그녀는 교양미가 풍기는 것 같았다. 나는 난생 처음으로 상기되는 야릇한 기분을 느꼈으나 역시 시종일관하여 흐트러지는 모습을 보이지 않았다.

그녀는 그때 남자 치고는 좀 지독하고 아기자기한 멋이 없는 사람으로 보았을지 모를 일이다. 그때 무슨 얘기를 주고받았는지는 지금 기억에 없다. 다만 과자 같은 것을 집어 먹어가며 어색한 분위기가 방안 가득하였던 기억이 날 뿐이다.

송순옥은 좀처럼 과자를 먹으려 하지 않아 자꾸 내가 권했던 것이 생각이 난다. 내가 만일 그녀가 마음에 안들었다면 과자를 권하기는커녕 그대로 집 밖으로 나왔을지도 모른다.

내 성격에 안먹겠다는 과자를 억지로 먹으라고 다구쳤던 것만 보아도 그녀는 나에게 합격점을 받은 것이었다.

저녁이 되어 송순옥은 집으로 돌아가고 나는 곧 선배에게 단도직입적으로 내일 송순옥을 한번 더 만나 보고 싶다고 말했다.

그 선배라는 사람은 씽긋이 웃으며

"어때? 마음이 동해? 글쎄 그 이상 가는 여자는 온 천지를 찾아도 없다니까."

고 자신만만하게 호들갑을 떨었다. 내 눈치를 보고 좋아하는 듯하니까 자신이 생긴 탓이리.

나는 처음으로 여자 문제 가지고 부끄러운 감정을 느꼈다.

그날 밤 나는 밤새 한잠도 이루지 못했다. 이상하게 딱이 흥분된 것도 아닌데 머리속이 투명해지고 눈만 말똥말똥해지는 것이었다. 그녀의 얼굴 모습이 자꾸만 떠올랐다. 나는 마음속으로 나의 아내는 송순옥이다 라고 정하니 벌써 날이 밝아 오는 것이었다.

나는 내 나이 또래의 친구와 얘기하면서 송순옥과 만난 이야기와 그녀와의 결혼 의사를 밝혔다.

그 친구는 싱겁게 웃으면서 왜 순진하고 청순한 여자를 선택하느냐고 나무라는 것이었다. 이젠 사회적인 지위도 그만큼 되었으면 더 훌륭한 여자가 허다하지 않겠느냐, 좀 더 사회적으로 깨고 활동적인 여자를 찾는 것이 낫지 않겠느냐고 좀 씨가 덜 먹은 소리를 하는 것이었다.

어차피 이런 경우 당사자인 내 자신 외에 누가 이 마음을 알랴. 나는 이것 저것 따지기 이전에 벌써 내 감정은 결정되어 있는 것이었다. 그것은 이미 요동할 수 없는 나의 선택이었다.

좋고 나쁘고 유익하고 무익하고 따지는 문제야말로 무엇이 득이 되겠는가. 내 감정이 이미 기쁨으로 충만한 이상 더 생각할 필요가 없는 것이다. 나는 공자의 말이 생각났다.

"식자는 좋아하는 자를 못따르고, 좋아하는 자는 즐거워하는 자를 못따른다."

사실 나는 공자의 말처럼 내가 좋아하고 즐거워하는데 뭣을 따지랴 싶었다.

마음에 좋으냐, 즐거울 수 있느냐 하는 점이야말로 공자에게 있어서는 근원적인 문제였던 것이다. 그것이 가장 현실적인 것이 아니겠는가.

나는 처음부터 첫 만남에서 즐거울 수 있었던 것이다.

이튿날 송순옥은 다시 찾아왔다. 역시 어제와 같은 인상이었고 그 청순함 그대로였다. 그러나 나를 보자 따뜻하게 인사를 하며 웃는 그 모습에서 이미 어지간히 익숙해진 사람끼리의 정감이 흘렀다. 그녀도 분명히 나를 좋아하고 있다는 확신을 느꼈다.

나는 다짜고짜 내가 내린 결정을 말했다. 지금 생각하면 어떻게 그렇게 대뜸 말할 수 있었는지 알 수가 없다.

"저하고 결혼할 의사가 있습니까? 저는 결혼하기로 작심했습니다."

송순옥은 내 말이 떨어지자 얼굴을 새빨갛게 붉히면서 머리를 푹 숙였다. 어쩔 줄 몰라 하는 모습이 참으로 가련하게 보였다. 그녀의 모습과 표정으로 이미 나의 제의에 동의했음이 밝혀졌다고 나는 확신하였다. 얼굴이 붉어졌다는 것만으로는 확신이 서지 않는 것일지 모르지만 푹 숙인 고개, 어쩔 줄 몰라 하는 그 움직임에서 나를 수용하겠다는 응답을 확실히 받은 것으로 결론을 내렸다.

"고맙소. 당신을 행복하게 해 주도록 노력하리다."

연애하던 사이도 아니고 선배 소개로 두번쨋날 만남에서 이렇게 빨리 결혼의 약속이 이루어지리라는 생각은 나도 의외였고 그녀도 아마 놀랐으리라.

좀 싱거운 일인지 모르지만 이렇게 하여 두 사람끼리의 결정이 매듭지어졌다.

다음날 송순옥의 집에서는 장모, 처남 될 식구들이 우ㅡ하고 몰려왔다. 나는 몸 둘 바를 몰랐다. 그 가족 사이에 아내 될 사람이 없는 것을 보고 "왜 순옥씨는 안데려 왔어요?" 하고 투정 섞인 말로 입을 여니 모두 손뼉을 치며 웃어댔다.

얼마 안 있다가 송순옥이 왔다. 여전히 다소곳하고 침착하였다.

장모 될 사람은 다짜고짜 사주와 궁합을 본다고 생년 생일 생시를 물었다. 나는 그런 쓸데없는 것은 필요 없다며 고집을 피웠다.

결국 이렇게 정혼을 하고 나는 다시 대구로 내려왔다. 내려와서도 역시 대구에는 마음이 붙지 않고 서울쪽만 마음이 갔다.

이럭저럭 1947년도 밝아 3월 말경 나는 춘천으로 발령을 받았다. 당시 춘천에는 제8연대가 주둔해 있었고 연대장에는 원용덕씨가 있었다. 그러니까 원용덕씨와 교체를 하게 된 셈이었다. 특히 제8연대는 10·1 대구사건 이후 울진 방면에 폭거가 있어 전년 11월 3일 장호진 이하 1개 소대를 주문진에 파견하고 그 주력으로써 완전 진압한 후 원대 복귀한 부대였다.

대구에서는 송별회가 벌어졌다. 대구의 경북도청 뒤 음식점에서 이루어졌는데, 나는 처음부터 마지막까지 최남근 연대장과 얘기를 나누지 않았다.

그와는 결국 그 날의 회식장에서의 만남이 마지막이 되었다. 그 후 그는 적색분자로 체포되었다.

나는 4월초 서울에 올라갔다가 곧 춘천으로 취임하였다. 부연대장은 강영훈씨였고 박정희씨가 이 곳의 일선 소대장으로 근무 중이었다.

4월 30일 나는 결혼을 하게 되었다. 그래서 일주일간 결혼 휴가를 받았다. 이 결혼 휴가는 내 첫 휴가인 동시에 1953년 휴전 직후 휴가 받았던 것이 두번째 휴가였다.

일주일 동안 비로소 아내 될 사람과 같이 여러 곳을 둘러 보았다. 창경원, 덕수궁으로 고궁을 보고 처음으로 음식도 같이 하는 시간을 가졌다.

서먹서먹한 사이가 한결 부드럽고 아지자기한 사이가 되었다. 나는 무척 행복하다고 생각했다. 흔히 아내 자랑과 자식 자랑은 못난 사람의 짓이라고 하지만 나는 지금에 와서 생각해도 아내는 역시 잘 만났다고 생각하고 있다.

50년 가까이 살아 오는 동안, 첫째 아내는 정숙했고 참을성이 있고 성실하였다. 긴 세월을 통해 사리와 분수에 어긋나는 일이 없었다고 생각된다.

내 성격이 지나치게 자기본위였고 독선적인 면이 있었는데도 아내는 다 견디고 사랑으로 감싸 주며 더욱 더 자상하게 가정을 가꾸어 왔다.

우리는 명동 성당에서 엄숙하게 결혼식을 올렸다. 이때 들러리에는 정일권씨가 서고 많은 선배 친지들이 모여 축하해 주었다.

중화요리점 아서원에서 피로연을 갖고 우리는 유성 온천으로 신혼여행을 떠났다.

8 광주 제4연대장 시절의 고충
그리고 어머니의 월남

4월 30일 결혼한 나는 며칠 후 5월 초순의 여름이 시작되는 신록의 싱그러움을 헤치고 스리쿼터에 신접 살림을 싣고 아내와 함께 임지 춘천으로 향하였다.

아내는 처음부터 모든 일을 꼼꼼히 그리고 참을성 있게 내조를 해주어 한결 즐거운 마음이었다. 차를 타고 가면서 아내는 나에게 하는 말이, 사실은 자기는 군인이 아니라 외교관이나 실업가를 꿈꾸었노라고 말하면서 정말로 군인의 아내가 되리라는 생각은 추호도 없었다고 말하면서 웃는 것이었다. 우리가 춘천에 도착하자마자 곧 사령부에 출두하라는 사령부의 명령을 받았다. 무슨 급한 용무인가 궁금해 하면서 부랴부랴 서울로 다시 올라왔다.

사령관 송호성 장군은 나를 맞이하자 대뜸 말을 시작하였다.

"어떻게 신혼 재미는 괜찮은가?"

"글쎄 말입니다. 재미 좀 보려는데 또 이렇게 소환하시는군요."

웃으면서 이렇게 대답하니 송사령관은 쓴웃음을 띠며
"소환 정도가 아니야."
하고는 잠시 멈칫하더니
"광주에 좀 내려가 주어야겠네."
"아니, 광주라니요. 무슨 출장을 갔다 오라는 말씀입니까?"
"아니야, 광주에 가서 아주 눌러 있으라는 얘기야. 광주 연대장으로 부임하라는 게지. 미안하네."
"네?"
나는 어안이 벙벙했다. 춘천 연대장으로 본격적인 근무도 시작하기 전에 또 전속이라니……
"양해하게. 그쪽 사정이 꽤 급해졌어. 단단하고 강직한 사람을 물색중인데 아무리 생각해도 자네밖에는 없을 것 같아. 신접 살림 차리기도 전에 미안한 일이지만 큰 안목으로 양해하게나."
"네, 알겠습니다. 명령에 따르겠습니다."
이렇게 대답은 했지만 아내를 춘천까지 끌고간 것이 어제인데 또 옮겨야 할 판이니 아내에게 미안한 생각이 떠올랐다. 그리고 이제 혼자 몸이 아니라는 사실이 비로소 실감 있게 느껴졌다.
광주라면 제4연대이다. 이 연대는 그때부터 벌써 말썽이 많았다. 그 후 소위 여수 순천 반란사건이라는 것도 이 연대에서 갈라져 나간 제14연대에서 벌어지게 되는 것이다.
결국 그날 나는 다시 춘천으로 내려와서 짐을 꾸렸다. 아내는 무슨 영문인줄 모르고 묵묵히 짐을 챙기고 있었다. 나는 어찌나 미안한지 아내 얼굴을 똑바로 볼 수 없었다. 아내를 데리고 상경한 나는 아내를 친정에 맡겨 두고 단신 광주로 향하였다.

광주 연대는 그때 벌써 분위기가 흉흉했고 군대와 경찰의 빈번한 충돌이 야기되고 있었다.

당시 제4연대는 광주시내에서 약간 외떨어진 광산군 극락면에 자리잡고 있었다. 조암, 임선하 소령 등이 있었고 미군 고문관으로 데루스 대위가 있었다.

나는 부임할 때 부연대장으로는 박병권 소령을 데리고 갔다. 그리고 부임하자마자 맨먼저 험한 분위기에 놀랐다.

사회 전반에 걸친 격동과 불안은 군 내부에까지 침투되어 그것이 차츰 악성 종양으로 번져 가고 있었다.

당시의 사정으로서는 대담한 수술 방안이라는 것은 아직 엄두도 못낼 시기였다. 그 첫째 이유는 군대내에 이미 조직적인 적색분자가 침입되어 있다는 점이었다. 게다가 그 당시는 누구와 누구가 적색분자라는 것을 번연히 알면서도 손을 쓸 수 없었다.

그것은 광주뿐만 아니라 중앙도 마찬가지였다. 미 군정 자체가 민주주의하의 자유통치 방식에 따른 결과로 결사의 자유가 보장된 데 원인이 컸던 것이다.

이러한 당국의 모호한 태도로 적색분자들은 마음 놓고 활동할 수 있었다.

남한내 공산주의 분자들은 처음부터 이 점을 기묘하게 이용하여 계획적으로 군내에 침투시켜 군을 와해시켜 사실상 무력하게 만드는 공작을 계속하고 있었던 것이다. 그 전형적인 예가 여수 순천 반란사건을 들 수 있다.

다음으로 간접적인 방법으로서, 경찰에 대한 민간인들의 복수심을 군내 일부 분자들이 떠맡고 나오는 사례였다. 이로써 군과 경찰의 이간을 획책하고 경찰을 고립시키자는 것이었다. 이것도 기묘한 양태로 나타났다. 당시 국민의 경찰에 대한 원성은 대구

10월 폭동사건 이후 급속도로 전국적으로 확대되어 갔다. 그리고 그런 혼란 속의 사회내 질서를 감당해 간다는 것은 경찰로서 큰 부담이 아닐 수 없었고 게다가 국민의 불만과 원성에 대하여 더욱 감정적으로 대하게 되는 사례로 발전되어 갔다.

그런데 군내 구성원이라는 것은 바로 그러한 민간인 속에서 모집했고 간혹 경찰에의 원한으로 그 화풀이를 하기 위하여 군에 투신하는 경우도 없지 않았다.

그 동기가 지극히 개인적이고도 우연한 것이지만, 일단 군대에 들어와서 적색분자들과 어울리게 되면 그들의 마수에 휘어감기는 꼴이 되는 것이다.

경찰은 결국 고립무원 속에서 거의 우익 진영을 지탱하는 순교자적 구실을 한 셈이었고, 군은 큰 윤곽으로는 우익의 보루이지만 실제적 국면에서는 그 지역에 따라 일반 국민의 경향을 농축하여 지니고 있었던 것이다. 따라서 군의 경찰과의 충돌은 일종의 개인적 울분의 발산이나 소영웅주의의 만족을 위한 몸부림으로 볼 수도 있었다.

또 원인을 근본적인 면에서 파헤친다면 최초 경찰과 군을 조직하던 때의 미 군정의 정책적 결함을 들지 않을 수 없다.

그들은 처음부터 군과 경찰의 긴밀한 연계의식을 전제하지 않았고 그저 막연하게 같은 사령부내에 군무국과 경찰국을 설치하였다가 후에 각기 업무의 이질성에 비추어 경무국을 국방사령부의 감독지휘로부터 떼어 독자적인 업무를 담당케 하였었다. 그리하여 경찰은 처음부터 미증유의 혼란을 떠맡으며 만신창이가 되어 갔지만, 군은 업무의 이질성이라는 것을 내세워 국방에 전념한다는 구실로 안주하다 보니 혼란을 막아내는 역할이 아니라 혼란의 주역이 되는 경우가 생겼던 것이다.

군은 처음부터 그 자체를 뒷받침할 만한 분명한 이념이 없었기 때문에 그 정신적 기조가 소박한 일반 민중의 영역을 벗어날 수 없었다. 따라서 그 본질은 지극히 유동적이고 충동적인 민중 심리를 그대로 반영하고 있었다. 이러한 점은 자연 민중과 대치되고 있는 경찰에의 소박한 적의(敵意)로 발전되어 가는 것은 당연한 결과였는지 모른다.

이런 연유로 하여 손을 쓸 수 없을 정도로 혼돈 상태로 되어진 것이 바로 제4연대였던 것이다.

나는 제4연대장으로 취임하자마자 이러한 사정을 알고 있는 이상 불길하고 불안한 마음을 떨쳐 버릴 수 없었다. 그러나 취임 후 냉철하게 연대내의 움직임을 살펴본 결과 아직 전체의 분위기는 그러한 외래적 요소에 주체적 의사로써 편승할 것 같지는 않았다. 아직은 개개 병사들의 개인적인 울분이나 객기 발휘

국방경비대 제4연대장 시절(1947년 광주시)

이상의 선을 넘지 못하고 있는 것으로 판단하였다.

그들은 경찰을 미워하고는 있었으나, 왜 미운가, 어떤 점이 못마땅한가, 민중과의 관계는 어떻게 되는가, 하는 구체적인 문제에는 접근하려 들지 않고 그저 막연하게 경찰을 증오하는 상태였다.

그러나 경찰도 경찰 자체의 악감정을 무마하려 들지 않고 자기들에 대한 군의 불만을 묵과하지 않았고 군에 대한 보복심을 키워 갔다.

경찰은 노골적으로 군을 경멸했고 휴가병에 대한 불심검문이나 위협 공갈을 노골화하고 있었다.

먼저 기술한 영암 군경 충돌사건만 보아도 연대장인 나에게 대어든 경사를 경위로 특진시키는가 하면, 우리에게 적대행위를 적극적으로 가한 자들에 대한 대대적인 논공행상은 군을 마치 적으로 간주하고 있는 경찰의 태도라 볼 수 있다.

사실상 1개 경찰서를 점령 못한 것은 연대의 능력이 없어서가 아니라 부하의 사상에도 불구하고 동족간의 유혈은 백해무익하다는 내 피맺힌 인내의 결과였음을 밝히지 않을 수 없다.

자 이런 점을 어떻게 수습하고 어떻게 해결지을 것인가. 나 혼자 감당하기에는 너무나 커다란 근원적인 장벽이 가로 놓여 있었다.

내 주변은 항상 위험스러운 요소로 둘러싸여 있었기 때문에 아내가 광주에 오는 것을 만류하였다. 그런데 어느 날 저녁녘 장모와 아내는 기어이 내려왔다.

여인 둘이 서울에서 찾아왔다기에 관사로 가 보니 장모와 아내였던 것이다.

스리쿼터가 내려오는 편이 있어서 그것을 이용했다고 하는데 하루 종일 자동차에 시달려 얼굴은 새빨갛게 그을리고 뽀얗게 먼지를 뒤집어 쓴 채였다.

아내는 오지 말라는데 온 탓으로 미안한 표정을 지었으나 나는 내심 무척 감사하게 생각했다.

드디어 6월 1일에 접어들자 상술한 영암사건이 발생하였다. 영암사건은 내가 부임한 지 3주일도 채 안돼 일어난 셈이었다. 나는 영암사건으로 하여 많은 교훈을 얻었다. 시일이 흘러 영암사건이 일단락이 된 이후 군내에 침투한 적색분자의 횡행은 날로 심해 갔다.

당시 광주 제4연대에는 제1대대장에 조병건, 제2대대장에 오일균이 있었는데, 이 무렵부터 당시에는 신무기라고 할 수 있는 M1 소총 및 칼빈 소총 그리고 기관단총, 카키복 등이 지급되어 모두 새로운 기분이었다. 그러나 안으로는 더 곪아가는 종양을 막아낼 길은 없었다. 왜냐하면 그것은 일정한 형체를 갖춘 것이 아니라 무형의 침투였고, 얼핏 누가 어느 편이고 누가 어느 편인지 구별해 내기가 힘든 까닭도 있었지만, 설사 안다고 하더라도 그 자체가 거세시킬 수 있는 구실이 될 수 없었던 것이다.

부대내에는 가지가지 흉흉한 유언비어와 데마가 돌았다. 그것은 경찰에 대한 울분의 소산이었지만, 치안을 담당하는 경찰에 대한 민중의 울분을 그들은 교묘하게 역이용하고 있었.

공산당이 지하로 잠복된 이래 그들의 비합법적인 투쟁은 그만큼 더 가공한 것이었다.

이것은 나 개인의 힘으로는 도저히 수습할 수 없는 성질의 것이었다.

이 당시 광주 제4연대내에 가장 적극적인 좌익분자는 제1대대 부관 홍순석과 제1대대 정보관 김지회였다. 바로 이들이 후에 여수 순천 반란사건의 주동 인물이었던 것이다.

김지회는 흥남 태생으로서 퍽 성미가 급하고 과격한 성격이었는데, 그가 어떻게 공산주의자가 되었는지는 그리 확실하지 않다. 본래 다혈질이고 반골형으로 영암사건에서 부상을 입은 병사들과 같이 한때 광주 도립병원에 입원해 있었고, 홍순석도 생김생김은 선병질형이었고 폐병을 앓아 늘 골골했으나 격정적인 성미였던 것은 김지회와 마찬가지였다.

나의 주어진 이러한 여건 속에서의 기본방침은 최소한 현상유지였다. 대국적인 정세의 귀추에 따라서 발본색원하는 특단 조치가 있지 않고서는 해결할 수 없는 성질의 것이고 보면 설불리 잘못 건드려 도리어 역효과를 낼 염려가 크기 때문이다.

나는 근본적으로 군은 정치에 간여하지를 말고 자주적인 군 본래의 사명을 명심해야 한다고 역설하곤 하였다. 그러나 이 논리는 자가당착적인 요소가 없지 않았다.

일정한 정치풍토가 형성되고 정치의 형태가 정해진 속에서는 군의 정치에서의 중립이라는 명제가 통할 수 있는 것이지만, 당시의 정치정세 속에서는 나의 이러한 주장은 실속 없는 공염불이었을 것이다.

나의 이러한 훈시에 그들은 곧잘 질문을 해오곤 했다. 그리고 그렇게 질문하는 자들은 한눈에 보아도 하나의 그룹을 이루고 있었고 그들은 때와 장소를 가리지 않고 연대장의 권위와 위신을 떨어뜨리려고 하였다. 왜냐하면 그들은 처음부터 나를 완강한 우익으로 인식하고 있었기 때문이었다.

얄팍한 인텔리 냄새를 풍기는 야유조의 질문을 곧잘 던지는 것이었다.

나는 본래 이런 경우 격해지기 쉬운 성미였지만 이를 악물고 참아야 했다. 차분차분하게 설득을 했다.

나의 설득은 대개 다음과 같은 내용으로 집약된다.

"물론 자네의 질문도 일리가 있고 그러한 의문은 자유스러운 것이기도 하다. 그 점은 우리나라 양식 있는 젊은 청년들이 한 번쯤은 깊이 생각해 볼 만한 문제이긴 하다. 그러나 나나 자네가 군을 선택해서 군의 일원이 된 이상 제1차적인 문제는 그 문제가 아니다. 우선 군인으로서의 기본훈련을 완벽히 하고 일단 유사시 상부의 명령에 좇기만 하면 된다. 군에 들어와서 군인 각자가 심리적으로 그렇게 우왕좌왕한다면 군의 기본질서가 어떻게 되겠는가. 큰 의미에서 본다면 우리 국민의 현재 당면한 불안과 혼란은 뿔뿔이 흩어져서 깊이 없는 천박한 정치적 경향에 휩쓸린 데서 더욱 고조되고 있는 것이다. 이 점을 냉정하게 생각해서 자중해 주기 바란다."

그러나 붉은 물이 들어 있는 그들은 내심 연대장인 나의 이러한 말을 귓등으로도 듣지 않으려는 눈치였다. 참으로 답답하고 고통스러운 나날이었다.

이 무렵 이북에 있던 가족이 내려왔다. 어머니와 누이동생 둘이 이제 한데 모여 안정된 생활을 하게 된 것이다. 나는 바쁜 틈에서도 어머니와 두 누이동생을 생각했다. 특히 결혼식날 어머니에게 송구스러운 마음 때문에 잠까지 설쳤다. 아니나 다를까 어머니는 자기 없는 사이에 내가 결혼한 것을 못내 섭섭해 하셨다. 그러나 처음부터 며느리에 대해서 만족하게 생각하시는 것 같았다.

"이북은 요새 어떻세요? 어머니."

내가 이북 사정을 묻자 어머니는 두 손을 설레설레 흔들었다.

"말두 말아라. 암흑이고 지옥이다. 성당에까지 빨갱이가 몰려와서 탕을 치고 있으니 말세지 그게 사람 사는 곳이냐?"
짐작은 했었지만 듣고 보니 여간 험한 눈치가 아니었다.
"네가 일찍 내려오기 잘했어. 천주님께서 도우셨지. 만일 네가 거기 남아 있었더라면 어떻게 될지 모를 뻔했어. 농촌 지주들은 몰수를 당하고 마구 내어쫓구. 농촌, 도시, 학교 할 것 없이 빨갱이들이 샅샅이 들어박혀서 꼼짝을 못해. 성당에 나가는 집안은 날로 감시가 심해가구 신부님들은 잡혀가구. 성당 안에서 해괴망칙한 지랄을 벌이지 않겠니?"
어머니와 누이동생들은 이북 사정을 침이 마르도록 낱낱이 들려 주는 것이었다. 그리고는 어머니가 물으셨다.
"그런데 일단 남한에 나왔으니 안심은 된다만 여기두 평안한 것 같지는 않은 것 같구나. 대관절 세상이 어떻게 되어 가는 것이냐?"
물론 이 물음에 나인들 자신 있는 대답을 할 수는 없었다. 그러나 일단 가족들을 안심시키기 위해서 이제 모두 잘 될 것이라고 말했다.
가족과의 이야기는 몇 날을 두고두고 이야기를 했지만, 정말로 하느님께 감사한 것은 우리로 하여금 남쪽을 선택하게 허락하신 하느님의 계시였다.

연대내에서는 적색분자들이 연대장인 나를 해치려는 몇번의 시도가 있었지만 하느님의 보호하심으로 그때 그때 위기를 넘기고 있었다. 세상에 어느 나라 어느 군대가 부하에게 죽임을 당할까 긴장하는 경우가 있겠는가를 나 자신에게 반문하며 나는 오늘의 현실이 개탄스러웠다.

그들은 나를 해코지 하려다 실패에 그치자 이번에는 은밀히 연대장 축출운동을 벌이고 있었다. 어떻게 해서라도 내쫓을 구실을 찾아내려고 애쓰는 것이었다.

대대장 조병건, 오일균 그리고 그들의 주요 참모들인 홍순석, 김지회 등이 한 패가 되어서 연대장의 고립화를 노리고 있었다. 나도 이 기미를 눈치채고 있었다.

이 무렵 송호성 사령관이 순시차 광주에 내려왔다. 조병건, 오일균 등은 나를 제거시킬 음모를 더욱 노골화시켰다.

그들은 송사령관을 따라 송정리역에서 기차 출발시 내리지 못하였다고 구실을 대어 전북 이리까지 동행하면서 연대장 제거 상신을 하였던 것이다. 그러나 나는 이에 반하여 나의 조치에 의하여 서울에 위치한 타부대로 전출시켰다.

나는 그리하여 근본적인 수술책은 나 독단으로만 강구할 성질이 아니라는 생각을 더욱 굳게 하였고 때를 기다리기로 하였다.

이러한 혼란을 겪는 가운데에서도 국군의 전체적인 윤곽은 날로 확장을 거듭하였고 저변으로부터 탄탄한 질서를 이루는 근간이 마련되어 갔다.

1947년 11월 5일부터 8일까지 4일간에 걸쳐 경남 김해에서 군의 창립 이후 최초로 대야외연습을 실시하게 되었고 11월 15일에는 경남 진해시에 통신학교를 창설, 12월 1일에는 제1, 제2, 제3여단의 창설을 보게 된 것이다.

9 반공이면 반공이고 찬공이면 찬공이지 누구 무서워 할 얘기 못하는가

테러리즘은 나치당이나 뭇소리니당과 같은 큰 배경을 지닐 수도 있지만, 해방후 우리나라에서처럼 사건 하나하나가 얼핏 독자성을 띄우는 경우는 특이하다. 그만큼 혼란이 광범위하다는 것을 의미한다.

히틀러나 뭇소리니는 1920년대의 제1차대전 전후의 피폐와 혼란 속에서 급속하게 비대하였던 구라파 전역에서의 좌파혁명의 물결이 거세 가는 과정 속에서 자본주의체제의 퇴조와 함께 태동한 새로운 물결이었다.

그들의 집권 과정은 폭력을 중심으로 하였지만 집권 이후의 여러 가지 형태의 강권책동도 일종의 테러리즘이었다. 그러나 합법성을 가장하였다는 점에서 서구적 질서의 전통을 이어 갖고 있었다는 그들대로의 파시즘 철학을 지니고 있었다. 그러나 우리나라의 경우 처음부터 혼란의 질은 우리 사회의 카오스적 성질이 그러한 합법성을 갖지 못하게 만들었다. 좌우투쟁이라는 것은 남한내의 공산주의 세력의 지하 잠입과 함께 그들이 비합법적 투쟁을 선언해 나오면서 사실상 합법적인 여지를 송두리째 무너지게 만들었다.

설사 좌파 탄압에 나선 남한의 미 군정 당국이 합법성을 지니고 있었다고는 하지만, 그것도 알고 보면 절대적인 작용은 할 수 없었고 격동하는 사회 각처의 분파는 제각기 제 논리대로 곳곳에서 무법적인 충돌을 일삼았다. 그리고 그것은 곧 테러리즘으로 나타나게 된 것이다.

정치에 있어서의 페어플레이는 굳건한 정치적 모랄이 역사적으로 형성되지 않고 있는 실정 속에서는 근본적으로 기대할 수 없다. 적어도 의회제도가 제 몫을 하지 않고서는 불가능한 것이다.

영국의 정치나 미국의 정치에서 보이고 있는 페어플레이의 논리는 오랜 연륜을 쌓아 이루어진 전통에서 얻어진 결과라고 보는 것이 타당한 것 같다.

　오랜 봉건주의와 외세의 침략하에 있었던 우리의 정치풍토에 갑자기 몰아닥친 새 물결은 방향을 바로잡기에도 벅찬 어려움이 잠재해 있다고 선의로 이해할 수도 있으나, 한편 당쟁에 찌들고 주권 없이 침략자에 의지하는 정치만을 경험했던 폐습이 말 그대로 후진성의 테두리를 벗어나지 못하는 무능 탓으로 볼 수도 있을 것이다. 그러므로 자파 이외의 다른 파벌에 대해서는 무조건 타도해야 할 악으로 매도하는 극단현상이 발생함으로써 테러리즘이 횡행한다고 보아야 할 것 같다.

　모든 사람은 일단 정치의 마당에 들어서면 바로 그날로부터 많은 적을 주위에 갖게 마련인 것도 그러한 연유에서 오는 것이라 하겠다.

　정치를 하는 것은 곧 자파 이외의 모든 파를 깨어 부수는 일이 능사로 되어 버린 것이나, 해방된 지 거의 반세기가 지난 오늘까지 그 폐습이 부분적으로 답습되어 오는 것은 우리 민족의 비극이라 할 수 있을 것이다. 특히 이북의 공산정권에서는 이러한 테러리즘을 국가적인 차원에서 계획하고 집행되어 왔다는 사실은 더욱 더 후진국의 후진성을 나타내는 본보기라 할 수 있을 것이다.

　해방후의 송진우씨의 암살로 시작된 일련의 계속되는 암살의 진행은 해방후 남한의 정치정세나 사상문제가 얼마나 갈등 속에서 후진적이었나를 보여 주는 좋은 예라고 할 수 있겠다.

　이러한 계속적 테러리즘은 정치적 현실의 궁극적 해결책이 되지 않음은 물론, 정치 도덕적으로는 최악의 폭거임에도 암살 당사자의 이러한 폭거가 마치 굉장한 애국적인 행동이나 한 것처럼 착각하고 있었다는 사실도 암흑의 정치 부재에서 나온 해프

닝이라 볼 수 있다.

　독립을 쟁취하기 위한 침략자에 대한 응징은 당당한 국권 회복의 전쟁이나 다름없는 것이므로 안중근, 윤봉길, 이봉창 등의 거사는 애국적 충정행위로 결론지을 수 있을 것이다.

　1948년에 접어들면서 남로당의 전 남한내에서의 대대적인 파괴행위는 요원의 불길처럼 퍼져 나갔다.

　그러나 그러한 혼란과 병행하여 국군은 비약적인 발전을 계속하였다.

　4월 1일에는 처음으로 항공부대가 창설되었고 4월 27일에는 충북 청주에 제4여단을 창설하여 초대 여단장에는 채병덕 대령이 보직되었다. 또 같은 날 전남 광주에 제5여단을 창설하여 초대 여단장에 김상겸 대령이 보직되었다. 이어서 각처에서 연대급 창설이 줄을 이었다.

　이 당시의 가장 특징적인 것은 앞으로 있을 총선거에 대비하기 위한 일련의 조치를 진행시키고 있었다는 사실이다.

　새로 탄생할 정부를 뒷받침할 근간의 국군을 강화하여 총선거 방해와 남한내의 정치적 사회적 교란을 노리는 적색분자의 발호를 억제하기 위한 조치였다.

　당시 국군의 확장 과정과 적색분자의 도량양태는 대조적인 면이 있었다. 국군은 아직까지도 질적인 면보다 양적인 확장에 치중했고 적색분자는 행정력이 미치지 못하는 산간지역이나 변방지역에서 준동을 꾀하였다는 것이 그것이다. 그러므로 조만간 어느 선에 이르면 본격적으로 부딪칠 필연성이 내포되고 있는 위험이 잠복하고 있었던 것이다.

　당시의 부대 창설 과정을 보면 퍽 소박한 형태로서 역시 초기 창설방식과 똑같이 현지 조달방식을 택하고 있었다. 즉 각처의 기성 연대가 부풀어 올라서 여단으로 승격을 하면 그 내부의 어느 지휘관으로 하여금 기간요원 몇 명을 붙여 보내서 새 연대병력을 현지에서 모집하였다.

광주의 제4연대에서 여수의 제14연대가 떨어져 나간 과정을 더듬어 보면 이런 과정은 명백해진다.

제4연대내의 불순한 움직임은 1948년에 접어들면서도 여전하였고 어느 면에서는 더욱 심해갔다. 인근 마을에까지 적색분자들이 도량해 가면서 우리는 차츰 고립감 같은 위기의식을 느끼게 되었다.

그러나 이를 돌파하기 위해서는 눈에 띄지 않게 각개 격파작전을 펴서 좌익 사상을 가진 간부 하나하나를 딴 곳으로 보내는 방법에 착안하였다. 핵심 간부를 분리시키는 것만이 그들 불순한 조직을 와해시키는 방법이라고 판단하였기 때문이다.

먼저 기술한 바와 같이 두 대대장을 전출시키고 안영길 이영순 유정택 오창근 등 건전한 사상을 가진 자로 배치하고 서서히 부대 안의 혁신에 착수했다.

그러던 가운데 겨울 어느 날 무전대를 설치하여 얼마 안되어 그 곳에 원인 모를 화재가 일어났다. 추측컨대 적색분자 하사관들이 방화한 것 같았다. 상부와의 연락로를 파괴하기 위한 술책이었다. 그 방화사건이 발생한 이후로 우리는 더욱 경각심을 높이고 연대내 질서확립에 적극성을 띠게 되었다.

누차 언급했지만 당시로서는 적색분자라는 이유 하나만으로서는 숙청이 불가능한 것이었다. 따라서 지휘관의 재량이 허용되는 범위 안에서 부대의 이니시어티브를 잡고 헌신적인 노력과 투철한 지휘능력이 절대 필요한 경우라 하겠다. 김지회, 홍순석

제2장 격류를 헤쳐 나가며 99

을 비롯하여 몇몇 골수 적색분자들은 더욱 집요하게 버티고 있었다.

그러나 1948년 4월 말경 총사령부 명령으로 증편명령이 내려왔다. 제4연대에서 일부를 떼어 여수에 제14연대를 신설하라는 내용이었다.

그 신설 연대장으로는 우리 연대 부연대장으로 있는 이영순 소령이 임명되었다.

이영순 소령은 작달막한 몸집에 퍽 낙천적인 성격을 가진 홍안 소년과 같은 모습이었다. 그 어려운 환경 속에서 서로 믿고 정들어온 터에 외지로 보내려니 어쩐지 자식을 키워 딴 살림을 차려 내보내는 듯한 여린 마음이 들었다.

당시의 소박한 내 마음으로서는 이렇게 무작정하게 군을 확장만 하면 무엇 하는가, 우선 현재의 규모를 유지하면서 완벽하게 내실을 다지는 것이 급하고 각개 군인이 정신무장과 불순분자의 숙청 정화가 급하지 않는가 하는 생각도 없지 않았다. 그러나 상부는 상부대로 무슨 뚜렷한 목표 아래 진행하고 있으려니 하고 양해하는 마음으로 상부의 지시대로 열심히 일했다.

그날 저녁 이영순 소령을 은밀하게 불러서 여러 가지 현안에 대해 진지하게 의논을 했다.

이영순 소령은 영전을 기뻐하기 전에 맡은 바 임무가 너무나 중요함을 느끼고 있는 탓인지 매우 긴장한 표정이었다.

"어떻게 해낼 것 같소?"

"그게 무슨 말씀입니까? 어떻든 맡은 일이니 해내야지요. 못한대서야 어디 사내 대장부라 할 수 있겠습니까?"

홍안의 표정으로 농담 섞인 대답을 했지만 역시 불안한 표정이 역력하게 엿보였다. 그러나 그가 타고난 그 낙천적인 면 때문인지 시종 일관하여 얼굴에서 밝은 표정을 지으려 애쓰는 모습이었다.

"하여튼 이왕에 일이 이렇게 되었으니 새 살림이니만큼 좀 똘똘한 아이들을 주셔야 합니다."

"그러게. 그럼 누가 좋겠나? 부연대장 깜으로."

"안영길로 주세요."

"안영길?"

"네."

하고 이영순 소령은 대답하고는 진지하게 꼭 안영길을 달라고 했다.

나는 그대로 승낙하였다. 찜찜한 구석이 있었지만.

안영길은 나와는 왕년의 동기생으로서 침착하고 소탈한 장교였다. 퍽 능력이 있는 사람이었지만 인정이 많고 줏대가 단단하지 못한 것이 흠이라면 흠이었다. 긴 안목으로 깊은 신념을 가지려는 대신 그날그날의 삶에 정신을 쏟는 점이 없지 않았고 전체의 흐름에 가는 대로 따라가는 성품이었다.

이영순 소령이 안영길을 원하는 것은 그 소탈한 성품과 인정이 많은 것에 호감이 가서 요구한 것이지만, 제14연대 창설이라는 막중한 임무를 고려할 때 역시 염려스러운 인물이라고 생각했던 것이다. 그러나 쓸 사람이 필요하다니 줄 수밖에 도리가 없었다.

이영순 소령은 기간요원과 제1대대 병력을 인수받아 가지고 여수로 내려가 항공부대 자리에 제14연대를 창설하였다.

한편 광주에 창설된 제5여단은 여단장 김상겸 대령이 지휘하고 참모장으로는 좌익 혐의가 짙은 김종석 중령이 보직되어 있었다.

그는 벌써 광주 방송국 건너 마을의 일부 적색분자와 종종 연락을 하고 있는 눈치였다. 결국 그는 훗날 여단장 재직시 적색분자임이 판명되어 제거되었다.

여단장 김상겸 대령은 그때 이미 60세가 넘었었고 과거 백러시아군 장교로 있었다고 하는데, 결단력은 없지만 소탈한 호인형이었다. 나를 퍽 자식처럼 사랑해 주었다. 나는 그를 적극적으로 보좌하였다. 이미 나는 이곳 생활이 1년 정도 되었으니 사정도 잘 알고 있었기 때문에 여단에 도움을 줄 수 있었던 것이다.

이미 초기에 소극적이고 조심스러웠던 태도를 일신하여 적극적인 업무수행을 할 때였으므로 일은 착착 우리가 원하는 방향으로 접근하여 갔다.

"방법은 다른 것이 없습니다. 부대 조직의 중추신경이라 할 정보참모와 감찰부장을 우리 편으로 단단한 사람을 배치하여 부대내 사정을 샅샅이 파악하셔야 합니다. 그것이 제일 중요한 일입니다."

"그러니 글쎄 그렇게 하자면 어떻게 해야 좋은가."

연세 탓인지 여단장은 모든 것 하나하나에 관해서 자문을 구했다.

"제가 대구에 있을 때 같이 근무하던 최훈섭이라고 있습니다. 아주 틀림없고 단단한 사람입니다. 그를 정보참모를 시키고 감찰부장으로는 김대위가 있습니다."

"그럼 자네 조언대로 그렇게 하지."

측은한 생각이 들었다. 어쩌라고 저렇게 연세가 많은 분에게 여단 창설의 과중한 일을 맡겼을까 하고 불만스러운 생각도 해 보았다.

그 무렵 적색분자들의 발호는 더 기승을 부렸다. 더욱 치밀한 계획을 세워 모략과 중상 그리고 해괴한 사건을 조작하고 있었다.

심지어 나 이한림을 공산당으로 몰아 축출할 음모까지 꾸미고 있었다.

어느 날 목포에서 적색분자들의 전복소동이 벌어지고 있다는 소문이 들려왔다. 곧 사람들을 보내어 알아 보았으나 헛소문이었음이 판명되었다.

나는 심상치 않은 분위기를 감지하고 일단 유사시를 대비, 식량의 저장을 준비시켰다.

또한 여단장에게 건의하여 적색분자의 축출을 건의하였다. 그러나 여단장은 역시 우유부단하여 강경책을 선뜻 택하지 않았다.

"차츰 상부에서도 군대내 각 간부들의 성분을 파악하고 있어 조만간 본격적인 정화는 착수하겠지만 그 전에 우리가 할 수 있는 한도내에서 우리의 재량에 따라 부대의 정화를 서둘러야 할 것입니다."

"그러니 어떤 방법이 있겠는가. 아무렇게나 내쫓을 수도 없고."

"그냥 두면 더욱 악화만 될 것은 뻔하지 않습니까? 미리 내쫓을 길밖에 없습니다."

"그건 안되지."

여단장은 여전히 반대했다. 그냥 두고 수습책을 마련하자는 것이었다.

"우리의 재량도 한도 문제지, 우리 마음대로 내쫓을 수는 없지 않는가?"

"그거야 어려울 것 있습니까? 상부에 사정을 보고하고 그 자들을 총사령부에 소환시키든지 딴 곳으로 보내어 조직을 차단하면 됩니다."

"글쎄 그런 일이 마음대로 될까? 할려다 안되면 도리어 부작용이 염려되고 ……."

"그걸 못해 만약에 저들의 음모에 휘말리면 여단장님이나 저나 어떻게 된다는 것을 모르십니까?"

여단장은 묵묵부답이었다. 나는 슬그머니 화가 났다.

"그럼 좋습니다. 그거 못하시겠다면 제가 물러 가겠습니다."

"물러 가다니? 어디로 간단 말인가."

"그냥 눌러 앉아 있다가는 변을 당할 것이 뻔한데 어떻게 좌시할 수 있습니까?"

내가 강하게 나오자 여단장은 좀 수그러졌다.

"그건 안되지, 안돼. 자네가 가는 날엔 하루 아침 사이에 뒤집어지네."

"여단장님. 그러니까 미리 대수술을 감행하자는 게 아닙니까."

"대수술은 위에서 해야지 우리 마음대로 어떻게 하나."

아무리 얘기해야 납득하지 않았다. 납득하지 않는 표현보다 오히려 용기와 결단력이 없다고 표현해야 할 것 같았다. 나는 차마 인정상 이 노인을 두고 뜰 수 없었다.

얼마 후 나는 여수의 제14연대를 방문했다. 새로 창설하는 연대이므로 지원해 줄 일이 없나 하는 노파심으로 찾은 것이다. 한 달에 한 번씩은 방문하는 것이 내 책임인 것처럼 느꼈기 때문이다.

이미 여수 근처의 동향도 흉흉했다.

남로당 조직이 깊이 뿌리박고 있었고 학생들의 동맹휴학 소동이 벌어지고 있을 때였다.

제14연대는 날이 갈수록 외양은 갖추어 가고 있었지만 어딘가 모르게 불안한 구석을 감출 수 없었다.

어느 날인가 동맹휴학을 벌이고 있는 학생들에게 강연을 해달라는 의뢰가 왔다. 나는 당당히 얘기해 줘야겠다는 생각으로 즉각 강연요청에 응했다.

나는 학생들 앞에 나서서 솔직담백하게 내 소신을 밝혔다. 요지는 다음과 같다.

"학생들이 정치에 관심을 갖는 그 기본정신은 애국충정으로 좋은 것입니다. 그러나 오늘날 우리의 불행은 본질적으로 말해서 어린 아이에서부터 어른에 이르기까지 설익은 정치가들이 너무 많다는 점입니다. 그것은 동기 자체는 순수할지 모르지만, 결과에 있어서 더욱 잡음을 낳고 사회의 혼란에 박차를 가하고 있고 불순세력의 편승을 허용하고 있습니다."

대개 이런 내용으로부터 시작하여, 학생들은 우선 본분인 학업에 충실하고 시민은 각자가 생업에 전념하고 군인은 본연의 임무에 충실하는 길만이 조국에 이바지하는 길임을 강조하고, 학생들의 학업 중단과 동맹휴학 소동이 백해무익하다고 강조하였다.

"우리가 정치에 참여하는 길은 우리 각자가 제1의 본분을 통해서 해야 합니다. 그것을 망각하고 정치에 참여한다는 것은 곧 3천만 민족 개개인이 모두 정치가라는 뜻이며, 그런 경우 과연 이 나라는 어떻게 되겠습니까?

냉정한 이성을 되찾아 우리는 각자가 자기 입지와 조건을 명심해서 기본적인 사회질서 유지에 힘을 써야 하는 것이며, 그런 질서가 없는 곳에는 어떤 정치도 있을 수 없습니다."
반응이 좋든 나쁘든 나는 내 생각 그대로 이 나라를 위해 연설을 끝냈다. 박수도 우렁차게 나왔지만 한쪽에서 야유하는 듯한 괴성이 들려오는 것으로 보아 전원에게 납득시키지 못했다는 것을 느낄 수 있었다.

그날 저녁 제14연대장 숙소로 돌아온 나는 부연대장 안영길에게서 해괴한 충고를 들었다. 그는 나를 아낀다는 뜻으로 하는 말이었지만, 그 말이 그의 속심을 그대로 노출시키는 것이었다.

"연설 다 잘 했는데 동맹휴학 얘기하고 반공 얘기는 틀렸어요. 그런 얘기는 말아야 하는 걸 그랬어요."

나는 발끈하였다.

"아니 무슨 소리요. 그럼 반공 얘기를 않으면 찬공 얘기를 했어야 한단 말이오?"

"아니 내 얘긴 그게 아니라 이곳의 분위기를 보아서 적당히 부드럽게 했어야 한다는 얘기지요."

"적당히 부드럽게라니? 반공이면 반공이고 찬공이면 찬공이지 누구 무서워 할 얘기 못하는가? 도리어 그런 희미한 자세가 그들의 기운을 더 솟구치게 하고 점점 파국으로 몰아가게 하는 거요."

그 후 안영길이 더듬어간 길은 결국 이 때의 그 얘기를 그냥 그대로 반영시키고 있었다. 그는 부대용달을 맡고 있던 강재순이라는 만주 간도에서 나온 자에 넘어가 좌익으로 전향했다가 여수 순천 반란사건 이후 5년 징역형의 선고를 받았다.

10 한국군 최초의 도미 유학
새로운 군사사상에 눈을 뜨다

해방후의 격동하는 세월은 유수같이 흘러 1948년을 맞는다. 이 해 1년간에 벌어지는 사건 하나하나는 그간 축적된 모든 것이 결국 판가름이 나고 결론으로 치닫는 해라고 비유하여 지나치다고 할까.

결실로 말할 수 있는 이 해의 의미는 두 가지로 요약할 수 있다.

첫째로는 민주정체(民主政體)의 한정된 지역에서의 정부 수립을 위한 질서의 편과 파괴적인 수단과 방법을 다하여 그것을 가로막으려는 편의 두 세력의 양분과 그 극렬한 피투성이의 투쟁.

둘째로는 어떤 난관을 돌파하고라도 민족의 전통과 세계 자유민이 지향하는 민주주의 단독정부 수립의 강행.

사실상 위 두 경우 모두 이북의 공산집단의 짧은 기간이지만 그 시행착오와 공포 분위기에 염증을 느끼고 월남한 피난민들의 증언과 그들의 반영하는 반공운동은 남한에 거주했던 모든 사람들에게 상당히 설득력 있게 작용하여 공산주의의 적화통일보다 남한만이라도 민주주의를 구현해야겠다는 공감대가 형성되어 갔다.

따라서 빨갱이라는 단어의 어감은 이미 남한 주민의 대다수에게 거부감으로 발전하였다.

더욱이 좌익계열의 테러와 극렬한 조직활동에 남한의 대다수는 어떤 결정을 내려야 했다. 결론은 '빨갱이는 안되겠다'는 것으로 집약된다.

이러한 상황하에서라면 미적지근한 타협세력이나 애매한 중간파들은 발판을 잃게 되는 것은 뻔한 일이었다. 그 판가름의

해를 나는 1948년으로 보는 것이다.

이렇게 빠른 속도로 공산주의에 대한 혐오감이 남한에 팽배해진 원인 가운데 하나는 남한내의 공산주의자 스스로가 자초하였다는 사실을 간과할 수 없다.

이땅의 공산주의자들은 처음부터 비합법적인 폭력투쟁을 능사로 하여 왔기에 사회에 불안을 조성하고 파괴와 폭력으로 공포 분위기를 조성하는 데 기여한 꼴이 되었다.

그들에게 있어서의 진보라는 대명사는 폭력에 의한 기성질서와 민족 전통의 파괴와 전복이었다.

남한에서의 파괴공작은 바로 러시아 혁명시의 그것을 그대로 모방한 것이었다.

이 점에 처음부터 문제가 있었다. 소련을 종주국으로 생각한 것도 국민정서에는 전혀 받아들일 수 없는 이질적인 요소였다.

이 해 5월 10일의 총선거는 많은 사람들이 염려를 했지만 비교적 평온한 자유 분위기에서 끝났다. 좌익의 끈질긴 방해공작에도 불구하고 전국의 유권자 788만명중 91%가 투표에 참가하였다.

그 후 6월 3일에 헌법, 정부조직법의 기안에 착수, 7월 2일에 통과시켰는데, 헌법의 내용은 첫째 국호는 대한민국, 국회는 단원제, 정부형태는 대통령 중심제, 대통령은 국회에서의 간접선거 하도록 되어 있었다.

7월 17일에는 국회의장인 이승만 박사는 헌법을 공포하기에 이르렀다. 새 정부조직법에 의거 국회는 대통령으로 이승만 박사를 선출, 마침내 8월 15일 해방의 날을 맞아 대한민국은 드디어 독립을 선포하기에 이르렀다.

한편, 북한 당국은 9월 9일 김일성을 수반으로 하는 소위 조선민주주의 인민공화국을 선포했다.

이로써 한반도에는 두 개의 정부가 수립됨으로써 민족의 비극의 씨앗이 배태되기에 이른 것이다.

이 해 말에 가까워지자 38선 곳곳에서는 크고 작은 충돌이 벌어지기 시작하였고, 38선을 월경한 남침 게릴라들은 산맥과 계곡을 따라 남한 각처의 행정력이 미치지 못하는 곳에서 폭거를 일삼았다. 따라서 국군은 이러한 공산분자의 침투에 대처하는 한편, 국군내의 숙청작업이 당시 정보국장이던 백선엽의 주도하에 이루어져 갔다. 특히 이 무렵부터 김창룡이 그 특징을 유감없이 발휘하여 적색분자 색출에 앞장서기에 이른다.

군 내부에 속속들이 박혀 있는 적색분자를 일거에 잡아낸다는 것은 여간 어려운 일이 아니었다.

어차피 군의 정화는 당면하게 닥친 일이기는 하지만 간부진에서 아래로 하사관 병사에 이르기까지 음성적으로 침투되어 있는 적색요소를 불식하고 남로당의 세포조직을 파괴하는 일은 처음부터 많은 부작용을 각오해야 했다.

우선 중앙에서부터 대대적인 숙군에 착수, 일대 검거 선풍이 불어 닥쳤다. 세에 몰린 적색분자들은 10월 여수 순천 반란사건을 일으키고 그 뒤를 이어 지방 조직의 적색분자 검거가 국군 수사기관에 의해 착수되었다. 늦은 감이 없지 않았지만 그래도 숙군의 발동은 민주주의의 유지라는 측면에 크게 기여하였음은 두말할 나위 없다.

7월 말에 상경한 나는 송호성 총사령관에게 전남의 상황에 관하여 자세한 보고를 했다.

"그렇게 험한가?"

송호성 총사령관은 놀라는 표정으로 되물었다.
"험한가가 뭡니까? 말이 아닙니다. 적색분자들이 곧 조직적인 폭동으로 나올 잠재력이 있습니다."

나는 상경할 때만 해도 제4연대장 자리를 꼭 뜨자는 생각은 아니었다. 그러나 총사령관과 얘기하는 사이에 그곳이 몸서리치게 싫어지는 것을 느꼈다.

나는 그간 광주에서 할 만큼 일했으므로 이제 딴 부서에서 근무하게 해달라고 건의했다.

"그럼 자넨 어딜 원하는가?"
"작전계통에서 근무하고 싶습니다."
"고급부관 자리가 있는데 생각이 없나?"

나는 그 직위가 내 성미에 맞지 않아 그 자리에서 거절하였다. 그 날은 보직에 대해 결정을 못하고 서울에서 하루 쉬는데 다시 총사령부에서 급히 들어오라는 연락이 왔다.

총사령관실에 들어가자마자 대뜸 말했다.
"자네, 미국 유학 생각 없나?"
"네?"

나는 두 눈이 휘둥그레졌다. 한밤중의 홍두깨라더니 너무 뜻밖의 질문이었다.

"준비하게. 제1차 도미 유학이니까 괜찮을걸세."
나는 엉겁결에 다시 거절했다.
"못가겠습니다."
"왜?"
"영어도 못하는데 가서 뭘 배운다는 겁니까?"
"그러니까 1년이 아닌가. 1년 하면 영어도 배울 수 있겠지."
"네? 1년이요?"

나는 신혼중에 미국으로 떠나고 싶은 생각이 없었지만 일단 구미는 당겼다. 견문을 넓힌다는 점에서 앞으로의 군 생활에 도움이 되리라 생각하였다. 나는 결국 응낙을 하였다.

후에 알고 보니 이미 5명의 후보자를 정했는데, 그 중 박병권이 폐가 나빠 갈 수 없게 되자 내가 선발이 되어 있었다는 것이었다.

그 때 1차 미국 유학에 선발이 된 사람은 장창국, 민기식, 임선하, 이형근, 액튼 김(2세로 미국 영주) 그리고 나였다.

그 당시 미국 유학이란 꿈도 꾸지 못할 때였으므로 미국 유학이 결정되자 무척 흥분하였다. 호기심과 함께 견문을 넓힐 수 있다는 면에서 상당히 고무되었다.

나는 부연대장인 박기병 소령에게 자세히 인계사항의 설명과 함께 적색분자에 대한 명단도 전달했다. 특히 적색분자의 동정과 앞으로의 대책 등을 상세히 알려 주었다.

광주에서 올라온 아내에게 미국 유학을 가게 되었다는 것을 알렸다. 전혀 뜻밖의 일이라 눈을 두리번거렸다.

"미국에 얼마 동안 가 있는데요?"

"1년이요."

"네? 1년씩이나 ……."

신혼생활중에 다시 헤어져야 하기 때문에 섭섭한 것 같은 표정을 지었다. 그러나 남편의 뜻이라고 생각한 탓인지 작은 목소리로

"잘 되었네요."

하며 밝은 웃음으로 내 장도를 축하해 주었다.

나는 내가 없는 사이의 일들을 자세히 부탁하고 감격의 정부 수립을 앞둔 8월 7일 미국으로 향했다. 우리나라와 군에 많은

현안이 남아 있는데 편안하게 1년씩이나 미국에 가 있을 생각을 하니 웬지 미안한 생각이 들었다.

　우리 일행은 동경 알래스카 시카고를 거쳐 죠지아주 아트란타에 닿았다. 지금 같으면야 미국을 보고 놀랄 일도 없겠지만 그 당시 우리의 눈에는 별천지였다. 우리나라에서 제일 높은 건물이라고 하는 것이 지금의 롯데호텔 자리에 있던 8층의 반도호텔이었던 것을 생각한다면 미국 큰 도시의 고층건물이야말로 신기스럽지 않을 수 없었다.

　"오, 이 세상에 이런 곳도 있었구나."

　일행 누구나가 다 느끼는 감탄이었다. 그리고 그 굉장한 광경에 경이로운 눈초리를 쏘았지만 금새 머리속에서는 불쌍한 조국의 모습이 떠올랐다. 초라하고 가난하고 조그만한 땅에서 매일 곳곳마다 동족간에 찢고 싸우고 할퀴는 상황을 떠올리니 몸 둘 바를 모를 정도로 부끄러웠다. 기차로 몇 날을 달려도 끝이 보이지 않는 대륙 모든 도시는 한결같이 고층 빌딩이 즐비해 있고 깨끗한 거리에는 유선형 세단이 꼬리에 꼬리를 물고 다니는 장관, 교통 신호등에 따라 사람이 보지 않고 뒤따라 오는 자동차가 없는데도 푸른 신호를 기다리는 자동차, 고속도로 위를 달리는 무서운 속도의 자동차, 모든 것이 신기롭고 부럽기만 한 것이었다.

　아, 내가 몰라도 너무나 몰랐구나. 만주의 도시나 일본의 동경을 미국의 시카고나 뉴욕에 비한다면 마치 도시와 시골을 비교하는 것 같은 차이가 연상되었다. 이 거대한 나라 미국에 도전한 일본을 생각할 때 정말 나와 같이 '몰라도 너무 몰랐구나'는 생각이 들었다.

　최종 목적지인 포트베닝에 도착하자 미군 대위가 세단을 몰고 마중나와 있었다. 우리 일행은 곧 그의 안내를 받아 미리 준비해 두었던 캠프로 갔다. 여기서 1년간 교육을 받게 되는 것이다. 첫날부터 감탄과 감격 그리고 흥분이 교차하는 들뜬 마음으로 교육이 시작되었다.

미국에서 배운 것은 전술학이나 참모학 등 군사학이지만, 우선 미국이란 나라에서 보고 듣고 생활하는 데서 얻어지는 민주주의 국가의 실체를 체험하는 견문이 보다 값지다고 생각하였다.

우리나라의 경우 모든 국민이, 남과 북이 합심하여 뛰어도 잘살기가 까마득하고 선진국 미국과의 격차를 좁힌다는 자체가 불가능할 정도인데, 남과 북이 완전히 적과 나의 관계로 갈라지고 더구나 남쪽 안에서도 사회는 사회, 군은 군, 학생은 학생대로 적과 나의 관계로 대립되고 있는 형국은 정말 비극이라고 생각하지 않을 수 없었다.

나는 미국에 와서 여러 가지를 보고 배우고 느끼면서 새로운 세계에 대한 눈을 떴다. 그것은 실로 새로운 세계에의 적극적인 개안(開眼)의 1년이었다.

미국에서의 군사학이라는 것이 이미 진부한 훈련 위주에서 학과 중심으로 되어 있는 것이 선진 제국의 추세인 것을 알았다. 일반적인 교양의 넓이와 부피 있는 인격의 도야, 과학적이고 합리적인 두뇌 회전이 필요한 지휘관이고 보면 미국의 군사교육 방식의 타당성을 알게 한다. 언제나 어디서나 무엇이든 넓게 사유(思惟)하고 탐구하는 자세야말로 현대전을 수행해야 할 지휘관의 덕목이 아니겠는가. 그 과정에서 새로운 전략전술이 솟아날 수 있다는 폭 넓은 이해를 미국 유학에서 체득한 것이다.

유학중 가장 충격적인 소식은 1949년 6월 어느 일요일 아침 김구 선생의 피격 사건이었다.

아침에 교회로 미사를 드리러 나가는데 한 안면이 있던 미국인 신부가 신문 한 장을 보이는데, 놀랍게도 김구 선생의 피격 소식이었다. 나는 그의 다음과 같은 말이 떠올랐다.

"내가 국가민족의 이익을 위해서는 일신이나 일당의 이익에 구애되지 아니할 것이오. 오직 전민족의 단결을 달성하기 위함에는 3천만 동포와 공동투쟁할 것이다. 이것을 위하여는 누가 나를 모욕하였다 하여도 염두에 두지 아니할 것이다.

나는 이번에 인도의 간디에게서도 배운 바가 있다. 그는 자기를 저격한 흉한을 용서할 것을 운명하는 그 순간에 있어서도 잊지 아니하고 손을 자기 이마에 대었다 한다."

실로 하나의 거성(巨星)이 또 떨어진 것이다.

조국의 세찬 회오리바람은 그 위대한 인간이 서고 있는 자리조차 마련해 주지 못하고 있는 것이다.

그 후의 소식에서 공판석상의 안두희 소위의 이야기를 듣고 더욱 나로 하여금 마음을 무겁게 하였다.

피고 안두희는 공판이 진행하는 동안 김구 선생을 반역자라고 말하면서도 가장 숭배하는 위대한 인간이라고 했다는 것이다. 그렇게 말하고 있는 안두희의 사정도 낱낱이 파악이 되는 것이었다. 그러나 이 문제는 해방후 조국이 걸어온 혼란의 길에서 여러 가지 복합적인 의미를 갖고 있다고 보아야 할 것 같다.

우리는 1949년 9월에 귀국하였다.

그리고 이 때는 조국은 가장 위급한 고비를 넘겨 남로당은 철저하게 와해되고 있었고 조국은 비로소 사회 전반에 걸쳐 기본적인 안정을 되찾고 있었다.

나는 곧 태릉의 육군사관학교 부교장으로 임명되어 교장 김홍일 장군 밑에서 일하게 되었다.

나는 그 때 육사의 제도개선을 건의하면서 선진 제국과 같이 4년제 정규 사관학교 제도로 발전시키기 위한 원대한 계획에 착수하였다.

11 우리 동포를 향하여 부르짖는다
결코 결코 독재정치가 아니 되도록

김구 선생 살해범 안두희. 그는 지금쯤 당시의 일들을 회고하면서 어떠한 감회에 잠길까.

모르긴 해도 일종의 허망감, 정치에의 열혈한적(熱血漢的) 관심에서 깨어났을 때의 허무감, 정치적 정열의 덧없음을 후회하고 있지 않을까.

이 점에 바로 정치적 테러리즘이라는 것의 객관적인 의미가 함축되어 있다 하겠다.

그러나 여기서 중요한 것은 그러한 감상적인 명제가 아니다. 김구의 죽음은 당시의 가장 전형적인 상황을 액면 그대로 구현해 보여 주고 있고 여러 문제들을 지니고 있다는 데 중요한 의미가 있다.

이승만 노선과 김구 노선의 추이야말로 당시 남한 정치정세의 가장 이질적이면서 가장 대조적인 두 갈래라고 보지 않을 수 없다.

이 두 길의 비교검토는 곧 당시 정세의 함축성 있는 축도가 될 것이며 또한 정치가의 자질면에서 두 패턴에 대한 이해도 가능할 것이다.

그리하여 나는 주로 이 두 사람이 걸어가는 길과 걸어온 길, 그 의미 그리고 이승만 노선이 겪지 않을 수 없었던 숙명적 요소와 김구 노선의 민족주의라는 것의 실체 등을 생각해 보지 않을 수 없다.

해방후 5년간에 걸쳐 우리나라에서 진행되어 온 사태는 이미 분열을 따르지 않을 수 없는 국면에 이르렀다.

이러한 전제하에서 새로운 출구를 현실적으로 모색해 가려던 사람이 바로 이승만이었다.

그에 반하여 끈덕지게 조국의 통일정부 수립과 외세 배제, 순수한 한국인의 한국을 부르짖었던 사람이 김구였다.

이 두 사람은 조국 광복의 원로로서 처음부터 전국민의 기대와 희망 속에서 귀환했던 것이 사실이었다. 그러나 이승만은 비교적 당시 남한땅에서 실권을 잡고 있었던 미 군정의 본국에서 현실적 배경을 가지고 귀국했지만, 김구는 중경 임시정부라는 엄연한 법통과 망명정부의 관계를, 그리고 이미 어느 정도 뿌리를 지닌 한독당을 이끌고 입국하였으나 조국의 대세를 결정지을 실질의 열쇠를 쥐고 있었던 국제적인 배경은 지니지 못하고 있었다.

특히 김구의 취약점은 중경 임시정부가 국제적으로 승인을 받지 못하고 있다는 점이었다.

해방을 2년 앞둔 1943년 4월 22일 미국 의회는 중경 임시정부를 승인하고 상원의원 코넬리 명의로 당시 국무장관 코델헐에게 '78차 상하 양원 합동회의의 결정문 49호'로 '미국 의회는 대한민국 임시정부를 승인하기로 결정했다'는 문서를 보냈다.

그러나 미국 정부는 한국 독립운동 단체가 분열되어 있는데다 인도의 독립운동을 우려한 영국의 강력한 반대 등 여러 가지 외교적 정세를 이유로 임시정부를 승인하지 않고 미 의회의 결정문을 묵살했던 것이다.

이 사실은 김구의 불행인 동시에 우리 민족의 독립운동사에 취약성을 남긴 오점이 되었다.

심지어 미국의 일각에서는 안중근, 윤봉길의 의거를 통하여 김구를 테러리스트로 보는 시각도 있었으니 미국으로서는 이승만 편이 되지 않을 수 없는 입장이었다.

두 원로 독립운동가는 자유와 민주주의, 즉 민족진영의 역량을 각각 나누어 지니고 있었지만, 처음부터 이승만은 현실적인 냉혹한 정치감각과 현실적인 세력관계에 예민해 있었던 반면에, 김구는 인도의 간디를 퍽 흠모했던 점에서도 나타나는 것처럼 도의적이고 원칙주의적이고 이상주의적이었다.

"나의 정치이념은 한마디로 표시하면 자유다. 우리가 세우는 나라는 자유의 나라라야 한다."

"나는 우리나라가 세계에서 가장 아름다운 나라가 되기를 원한다. 가장 부강한 나라가 되기를 원하는 것은 아니다. 내가 남의 침략에 가슴이 아팠으니 내 나라가 남을 침략하는 것을 원치 않는다. 우리의 부력(富力)은 우리의 생활을 풍족히 할 만하고 우리의 강력(強力)은 남의 침략을 막을 만하면 족하다.

오직 한없이 가지고 싶은 것은 높은 문화의 힘이다. 그것은 우리 자신을 행복되게 하고 나아가서 남에게 행복을 주겠기 때문이다."

이상의 김구의 언행에서 보는 것처럼, 김구의 이상은 원칙적인 경지에서는 고매하고 옳은 것이었다. 그러나 정치의 현실이라는 것은 원칙적이고 고매한 경지가 통할지는 의문이다. 특히 우리나라의 정치 풍토에서는 의문이 더 커질 수밖에 없다.

역사를 훑어 보면 간계한 사람이 대세를 이끌었고 현실적 술수나 힘이 국권을 좌우했다. 우리나라 근대사를 보더라도 장장 32년간이나 군부통치가 이어졌다는 것은 충분히 그 논리의 반증이 된다.

일찍이 마키아벨리는 다음과 같이 설파하지 않았던가.

"새로운 체제를 도입하는데 있어서 지도역을 맡은 일처럼 손대기 어렵고 실행하기 위험하고 성공 여부가 불확실한 일은 없다. 왜냐하면 혁신을 하는 자는 구체제하에서 잘 살던 자들을 전부 적으로 돌림과 동시에 새 조건하에서 잘 살 수 있을지 모르는 사람들부터도 미적지근한 지지밖에 얻지 못할 것이기 때문이다.

따라서 이 문제를 철저히 논하려고 희망한다면, 혁신을 꿈꾸는 자들이 자기 힘으로만 이룰 수 있느냐, 아니면 타에 의존해야 하느냐 하는 것을 미리 밝혀 둘 필요가 있다. 즉 그 계획을 이루기 위해서 기도하는 정신에만 의존하느냐 아니면 힘을 이용할 수 있느냐 하는 점이다. 첫째의 경우 그들의 진행은 실패할 것이고 그들은 아무것도 달성할 수 없을 것이다. 그러나 그들이 자기 힘을 믿을 수 있으면서 그 힘을 이용할 경우에는 위험에 빠지는 일은 드물다. 따라서 일체의 무력을 지니고 있던 예언자는 정복하고 있고 무력을 갖지 못한 예언자들은 멸망한다. 또한 위에서 말한 이유 이외에 민중의 성질이란 늘 변덕스럽고 변해지기 쉬운 것이어서, 그들을 설득하는 것은 용이한 일이지만 그 대신 그 설득을 그들의 마음속에 고정시키기는 어렵다. 따라서 그들이 이미 믿지 않을 경우에는 힘으로써 그들을 믿게 하도록 하는 수단을 취할 필요가 생기게 된다."

마키아벨리는 16세기 이탈리아의 정치학자이다. 1513년 정계를 물러나 저술생활에 몰두하였다. 마키아벨리즘이라면 국가의 이익을 위해서는 수단과 방법을 가리지 않고 정무를 처리해야 한다는 국가지상주의를 말하며, 한편으로는 응용하여 목적을 위해서는 수단과 방법을 가리지 아니하는 권모술수로 통용된다.

마키아벨리의 말은 정치라는 것의 현실적 역학관계를 명백하게 밝힘으로써 정치가 얼마나 냉혹한 것인가를 암시하고 있다. 따라서 '정치는 힘이다'라는 등식이 성립된다.

그러한 의미에서 관조한다면 이승만은 힘의 배경이 있었기 때문에 대통령이 되었고 김구는 이상주의자로서 비극을 맞은 것이다.

김구의 죽음이 알려졌을 때 전국민이 통탄해 마지 않았던 것은 우연이 아니다. 그분이야말로 당시 우리 민족의 깊은 양심을 체현(体現)하고 있었고 민족의 꿈과 이상을 한꺼번에 지니고 있었기 때문이었다.

두 원로는 신탁통치 반대의 공동전선까지는 반목이 없었다. 그러나 북한 공산주의자의 분열 책동에 따라 남북이 분단할 수밖에 없었던 상황의 변화에서 서서히 반목이 싹텄다.

1946년 6월, 이승만이 남한 단독정부 수립계획을 발표했을 때부터 두 원로 사이에는 금이 가기 시작하였다. 그 후 진행된 조국의 현실은 이승만의 논리를 뒷받침할 만한 방향으로 발전해 갔다.

이승만은 이에 알맞는 그 나름의 방법을 모색하였으니 그 결실이 바로 남한만의 단독정부 수립이며 공산주의자와의 협상 배제, 남한의 실력 양성이었다. 그 실력 양성의 결실이 국군의 증편 강화로 나타난 것이다.

이러한 사정을 감안할 때 근본적으로 당시의 국군이 차지했던 정치적 의미와 안두희가 지니고 있던 경우의 의미도 자연적으로 파악된다 하겠다.

김구의 애국충정은 우리 국민이 공감하는 정서였다. 그러므로 김구의 호소는 우리 국민의 가슴을 울렸던 것이다.

1948년 2월, 남한만의 단독정부 수립이 굳어 갈 무렵 김구는 "조국의 위기에 임하여 3천만 동포에게 읍고(泣告 : 눈물로써 고함)함"이라는 애절한 호소를 하고 있는 것은 지금 보아도 우리의 심금을 울리고 구구절절이 절실하다.

"미군 주둔 연장을 자기네의 생활 연장으로 인식하는 무지몰각한 도배들은 국가민족의 이익을 염두에 두지도 아니하고 박테리아가 태양을 싫어함이나 다름이 없이 통일정부 수립을 두려워 하는 것이다. 그리하여 그들은 음으로 양으로 유언비어를 만들어 내어서 단정단선(單政單選)의 노선으로 민중을 선동하여 유엔 위원단을 미혹(迷惑)하기에 전심력을 경주하고 있다."

"우리는 첫째로 자주독립의 통일정부를 수립할 것이며 이것을 달성하기 위하여 먼저 남북 정치범을 동시 석방하여 미·소 양군을 철퇴시키며 남북 지도자 회담을 소집할 것이니 이 철과 같은 원칙은 우리의 목적을 관철할 때까지 변치 못할 것이다. 우리는 불변의 원칙으로서 순식만변(瞬息萬變)하는 국내의 정세를 순응 극복하여야 할 것이다."

위의 김구의 호소는 본질적으로 당시 우리 정세의 어쩔 수 없는 정황에 대한 외침이지만, 한편 이승만에 대한 정면 도전 성격의 선언문이라 할 수 있겠다. 김구의 주장은 옳지만 그것은 어디까지나 원칙적이고도 이상주의적이라는 데서 문제가 있는 것이다.

이미 북한 당국은 철두철미하게 공산당 조직으로 똘똘 뭉쳐 있고 그들이 말하는 반동 대다수는 월남하거나 숙청되었으므로 공산정권 유지에 방해 요소란 존재하지 않는 실정이고 바로 배후에는 중공과 소련이 있으므로 만약 김구의 호소대로 미·소 양군을 철수하는 것을 실현했다면 6·25와 같은 동족상잔의 비극이 일찍이 닥쳤을 것은 뻔한 일이었을 것이다. 따라서 김구의 호소는 당시의 남북관계로 보아 한낱 이상에 불과했다는 결론을 내리지 않을 수 없다. 그것은 그 후 두 달이 지나서 남북지도자 회담이라는 것이 어떻게 끝장이 났는가 하는 점에서 입증적으로 나타나고 있다.

민족의 요원한 장래를 걱정하고 통일을 갈구하고 분열을 막아 보려고 혼신의 힘을 다하여 애를 쓰고 민족의 구원을 절절하게 호소한 김구가 그 당시 소박한 국민의 눈에는 사심 없고 가장 지도자다운 지도자로 흠모의 정을 일으켰던 것이지만, 그가 당면한 모든 여건은 그에게 불리했다는 점은 우리나라의 숙명적 비극이 아니었는가 생각된다. 이 점은 두고두고 생각할수록 아쉬운 일이며, 공산주의라는 북쪽의 급진주의는 처음부터 이나라 민주정체에 숙명적인 병폐를 안겨 준 채 출발하고 있었음을 알게 한다.

민중에 있어서의 자유의 확대와 지도자에 있어서의 권력의 집중은 원래가 상호 견제작용을 하게 마련이다. 자유의 확대 속에서의 기술적인 권력의 운영이야말로 이상적인 민주정체가 아닌가 한다. 그러나 우리는 처음부터 이승만에게의 권력집중을 위해서 김구조차 거세하지 않을 수 없을 만큼 불우했던 셈이다.

이러한 불우스러운 출발이야말로 바로 제1공화국의 불우한 종말과 함께 이승만 개인의 불우로 연계되었다. 이것은 바로 마키아벨리의 정치논리가 분명히 한계가 있다는 것을 시사하는 교훈이 될 수 있을 것이다.

위대한 지도자로 출발한 아시아의 여러 나라들이 그 위대한 자도자로 말미암아 불우한 종말을 맞이하지 않을 수 없는 사례를 우리는 보아 왔다.

그 모든 실패한 지도자들이 마키아벨리의 논리를 신조로 삼았기에 스스로 망명하지 않으면 안되는 비극을 자초한 것이다. 어디 아시아 제국 뿐이랴. 우리나라의 박정희, 전두환, 노태우 등도 알고 보면 권력지향으로 스스로 불행을 자초한 경우라 할 수 있겠다.

현실주의가 없는 이상주의는 무능이며 이상주의 없는 현실주의는 부도덕하다는 정치철학을 생각하게 하는 국면이리라.

"나는 어떠한 의미로서든지 독재정치를 배격한다. 나는 우리 동포를 향하여 부르짖는다. 결코 결코 독재정치가 아니 되도록 조심하라고. 우리 동포 각 개인이 십분의 언론자유를 누려서 국민 전체의 의견대로 되어 가는 정치를 하는 나라를 건설하자고……

일부 당파나 어떤 한 계급의 철학으로 다른 다수를 강제함이 없고 또 현재 우리들의 이론으로 우리 자손의 사상과 신앙의 자유를 속박함이 없는 나라, 천지와 같이 넓고 자유로운 나라, 그러면서도 사랑의 덕과 법의 질서가 우주자연의 법칙과 같이 준수되는 나라가 되도록 우리나라를 건설하자고."

김구의 이 절규는 누가 한마디라도 거역할 수 있겠는가. 이는 김구의 절규인 동시에 인류 민주주의의 가장 명징(明澄)한 헌장인 것이다. 또 이 절규는 민주주의를 사랑하는 인류의 위대한 서사시인 것이다. 어디 이렇게 진실한, 이렇게 정의로운, 이런 아름다운 글이 이 세상 어디에 있단 말인가. 나는 늘 조국을 의식할 때면 이 글을 읽는다.

그러나 "결코 결코 독재정치가 아니 되도록 조심하라"고 했음에도 불구하고 우리는 거의 반세기 동안 독재정치에서 헤어나지 못했다. 더욱이 북녘땅에는 독재정치라고 말하기에도 송구스러운 인류 최악의 인격말살정치가 반세기 줄곧 계속되고 있는 것이다. 김일성은 사망했지만 언제 남쪽 수준의 민주주의가 찾아올지 지금으로서는 예측하기조차 겁난다.

나는 1946년 군에 입대할 때 이미 이러한 극렬한 상황으로의 확대를 예견했다.

"우리 민족으로서 하여야 할 최고의 임무는, 첫째로 남의 견제도 아니 받고 남에게 의뢰도 아니하는 완전한 자주독립의 나라를 세우는 일이다. 이것이 없이는 우리 민족의 생활을 보장할 수 없을 뿐더러 우리 민족의 정신력을 자유로이 발휘하여 빛나는 문화를 세울 수가 없기 때문이다. 이렇게 완전 자주독립의 나라를 세운 뒤에는, 둘째로 이 지구상의 인류가 진정한 평화와 복락(福樂)을 누릴 수 있는 사상을 낳아 그것을 먼저 우리나라에 실현하는 것이다."

그러나 김구의 이 꿈은 오늘에 이르도록 아직 우리들의 꿈으로 머물러 있고 최소한의 첫조건 "남의 견제도 아니 받고 남에게 의뢰도 아니하는" 것도 이루지 못하고 있다.

그렇다면 이것은 무슨 까닭인가. 원론적으로 말하여 우리는 아직 해방 직후 정세의 그 유형에서 지양됨이 없이 같은 차원의 연장선에서 맴돌고 있기 때문일 것이다.

"내가 원하는 우리 민족의 사업은 결코 세계를 무력으로 정복하거나 경제적으로 지배하려는 것이 아니다. 오직 사랑의 문화, 평화의 문화로 우리 스스로 잘 살고 인류 전체가 의좋게 즐겁게 살도록 하는 일을 하라는 것이다.

어느 민족도 일찍이 그러한 일을 한 이가 없었으니 그것은 공상이라고 하지 말라.

일찍이 아무도 할 자가 없길래 우리가 하자는 것이다. 나는 우리나라의 청년 남녀가 모두 과거의 조그맣고 좁다란 생각을 버리고 우리 민족의 큰 사명에 눈을 떠서 제 마음을 닦고 제 힘을 기르기로 낙을 삼기를 바란다.

젊은 사람들이 모두 이 정신을 가지고 이 방향으로 힘을 쓸진댄 30년이 못하여 우리 민족은 뜻을 이루게 될 것을 나는 확신한다."

역시 김구의 말이다. 누가 이 뜻을 거역하랴. 이것은 우리의 궁극적인 목표가 아닐 수 없다.

김구의 말에는 평화주의, 문화주의, 민족주의, 도덕주의의 색채가 찬연하다. 30년이 지나면 뜻을 이룰 것으로 예측한 그의 판단은 결코 우리의 퇴행으로 성취시키지 못했지만 우리는, 우리는 명심해야 할 것 같다.

제3장
38선에서 낙동강까지

12 북한 공산집단의 음모
남침의 칼날 세우다

김일성은 1949년 신년사에서 다음과 같은 연설로 그의 실상이 드러나기 시작하였다.

"우리의 인민군은 조국과 인민을 팔아넘기려는 반동세력을 분쇄하고 조국 산하의 안전을 보장하기 위하여 항상 준비되어 있어야 한다. 우리 조국을 식민지화하려는 미 제국주의자의 정책과 조국 및 민족을 팔아넘기려는 남조선의 친일파 및 민족 반역자들의 괴뢰 정부를 타도하고 분쇄함으로써 가까운 장래에 국토의 회복과 자주독립을 쟁취하게 될 것을 확신한다."

김일성 신년사의 내용을 잘 해석해 본다면, 첫째 미국과 남한에 대한 적의(敵意)가 분명하고, 둘째 인민군으로 하여금 남한을 격멸케 하여, 셋째 적화통일을 하겠다는 침략 의도가 분명한 것이다.

김일성은 이 계획을 실천하기 위하여 소련의 스탈린과 중공의 모택동으로부터의 지원을 약속받는 한편, 북한내 여론의 조성과 함께 군사력 건설과 침략 준비에 박차를 가했다.

1949년 7월 15일에는 조국보위 후원회를 조직하였다. 그리하여 무기를 헌납케 하는 민중운동으로 확대하여 전체 인민으로 하여금 인민군 강화에 대한 공동유대를 맺게 했다.

그 결과 6개월간에 걸쳐 막대한 분량의 귀금속, 현금, 곡물 등을 헌납받아 군비 확충에 투입하였다. 말이 헌납이지 일제시대의 헌납 양태보다 더 악랄하고 야비한 방법으로 착취나 다름없는 방법으로 긁어 모은 것이었다.

인민군의 장비는 북한 당국의 전폭적 재정 투입에다 인민의 강제 헌납, 그리고 소련의 군사 원조에 의하여 조달되었는데, 그 장비는 전부 소련제 일색이었다.

소련에서 도입한 많은 장비중에서 대표적인 것은 전투기, 폭격기, 전차, 야포 등으로서 당시 우리 국군에는 단 한 대의 전투기, 폭격기, 전차가 없었을 뿐만 아니라, 인민군의 포병 주력인 야포(中砲 이상) 또한 단 일문도 없었다. 이렇게 북한 당국은 남침 준비를 착착 진행시키고 있었음에도 불구하고 김일성은 딴 전을 피우는데 교활성을 유감없이 발휘하고 있었다.

외교 채널을 통해 혹은 보도를 통해 평화통일과 평화공존을 앵무새처럼 외쳐댔고, 남한은 그 선전 책동에 말려 들어가 북한의 남침 능력을 과소평가하기에 이르렀다.

1949년 10월 1일, 중국대륙에 공산당 정권인 모택동의 중화인민공화국이 수립되었다. 중국의 장개석 국민당 정부를 축출하고 천하통일을 달성한 것이다.

김일성과 이의 추종 세력들은 여기에 고무되어 "1950년은 조국통일의 해"라고 부르짖으며 무력 적화통일에 대한 세부계획을 짜는 일에 착수하였다.

1949년 말부터 시작한 북한군의 전력증강 현황은 불과 6개월 동안에 약 2배로 병력이 늘어난 한편, 항공기 1백96대, 전차 1백50대, 야포 6백문 등 최신장비가 급속히 증가하였다.

1949년 12월 6일, 조선노동당 비밀회의에서 김일성은 마침내 마각을 드러냈다.

"조국의 통일은 무력수단에 의해서만 가능하다. 따라서 우리는 모든 노력을 집중하여 군사력 건설과 철저한 훈련으로 공격태세를 갖추어야 한다. 통일의 가능성은 중화인민공화국의 수립과 함께 성숙되었다."

이 선언으로 북한 당국은 전면남침을 기정사실화하였다.

김일성은 다시 1950년 신년사를 통하여 무력 남침계획을 공언하기에 이르렀다.

그는 1949년을 회고하면서

"미 제국주의자와 이승만 도당의 반동에 의하여 1949년에는 우리의 사명인 조국의 통일을 실현시킬 수 없었다. 이런 주변정세는 우리로 하여금 조국통일의 기반을 구축하기 위하여 강력한 기지를 북반부에 건설하게 되기에 이르렀다."

고 통일을 위한 남침 군사력 구축이 완성되었음을 선언하는 한편,

"새해에는 인민군, 국경경비대, 보안대 등 모든 전투역량은 전투체제를 정비하여 언제든지 적을 격멸할 수 있는 각오를 하지 않으면 안된다. 승리는 통일과 조국의 자유, 그리고 민주

주의를 위한 정의의 투쟁을 수행하는 전체 인민에게 있을 것이다. 따라서 1950년이야말로 조국통일의 해가 될 것을 확신하는 바이다. 전체 조선인민이여, 영광 있으라. 통일조선 만세."

하고 그는 미친듯 외쳐대며 1950년을 '필승과 통일의 해'로 선포하기에 이르렀다.

한편, 1950년 1월 12일, 미국의 국무장관 애치슨은 '아시아의 위기'라는 연설에서 "미국의 아시아 방위선은 알류션 열도, 일본, 오키나와 그리고 필리핀을 연결하는 선이다"라고 하면서 한반도가 미국의 방위선 밖임을 밝혔다.

이런 과정을 통하여 미국 방어선에서 남한이 제외되자 김일성과 그의 추종자들은 환호성을 올렸다. 그들이 구상한 전략과 일치되었기 때문이다.

김일성은 때때로 참모들과 환담하는 가운데 '미군의 군사 개입'을 제일 염려하였던 것이다. 그런데 그 가장 큰 걸림돌이 제거되었으니 김일성으로서는 쾌재를 부르지 않을 수 없었다.

김일성은 1월 22일 노동당 중앙위원회 비밀회의에서 다음과 같이 연설하였다.

"마침내 미국이 남조선을 포기하였소. 따라서 박헌영 동지가 말한 국제전쟁으로의 유발은 염려하지 않아도 되게 되었소. 군사작전의 성공은 고도의 비밀 유지가 전제되었을 때 달성되는 것이오. 따라서 여기에 참석한 자는 일체 이 사실을 입 밖에 내지 말고 훈련과 연습이라는 명목으로 전쟁 준비에 임해 주기 바라오."

북한 당국자들은 적화통일이 눈 앞에 전개된 것처럼 들떠 있없고 남침하면 승리할 것이라는 확신을 가지게 되었다.

1950년 5월 17일, 이른바 조선민주주의 인민공화국 부수상 겸 외상 박헌영, 민족보위상 겸 인민군 총사령관 최용건, 내무상 박일우, 그리고 김일, 무정, 허정숙, 강건 등 실력자와 사단장 이상의 전체 지휘관이 참석하여 이른바 '조국의 평화통일 달성을 위한 회의'를 모란봉 극장에서 열었다.

남침 6월 25일까지는 불과 38일. 모든 전투 준비와 부대전개를 완료한 시점에서 평화통일을 주장하고 있는 북한 당국의 기만성과 야비함을 보여 주는 국면이 아닐 수 없다.

이 해 5월 30일, 그러니까 남침 개시일 한 달도 안되는 그 시점에서 김일성은 너스레를 떨었다. 남한의 제2대 국회의원 선거가 실시되었을 때 다시 남한측에 연막전술을 편 것이다.

평화통일 방안으로서 남북을 통한 총선거를 8월에 실시하자고 제안한 것이 바로 그것이다. 전쟁 도발의 구실을 만들고 전면 공격에 대한 국제 여론상의 불리점을 타개하기 위한 속셈으로 유엔 감시하가 아닌 한국인 자결원칙에 입각한 남북 총선거안을 내놓은 것이었다. 어디 그뿐이랴. 이어서 6월 8일에는 대남 방송을 통하여 다음과 같은 결의문을 발표하였다.

"1949년 6월 28일에 우리가 조국의 평화적 통일안을 제시하였음에도 불구하고 지금까지도 그 제안이 실시되지 못한 책임은 남조선 당국자에게 있다. 조국의 평화적 통일을 방해하는 자는 미제와 인민의 의사를 거역하는 이승만 도당들이다. 그러므로 우리는 다음과 같이 다시 제안하는 바이다.

1. 1950년 8월 5일에서 8일까지 통일 입법기관을 설치하기 위한 총선거를 전국적으로 실시한다.
2. 1950년 8월 15일, 서울에서 신설 입법기관을 개회한다.

3. 1950년 6월 15일에서 17일 사이에 해주 또는 개성에서 남북 조선 대표가 회합한다. 이 회의에서는 평화적 통일을 위한 여러 조건과 선거를 관리하는 중앙위원회 설치 등을 토의한다.

4. 조국 통일을 방해한 분자(이승만 계열과 민국당 계열)들은 민족반역자로서 제외되어야 하며 유엔 한국위원회의 개입과 간섭을 용납치 않는다."

이상의 발표문은 남한에서 받아들일 수 없는 내용임을 그들이 뻔히 알고 있으면서 국제여론의 환기, 그리고 전쟁 기도의 은폐, 전쟁 발발시 발발 책임 전가 등을 위한 기만책으로 감행된 것이다.

바로 다음날인 6월 9일에는 소련 외상과 중공 정부대변인이 "이번에 조선인민공화국의 발표한 결의문은 조선반도의 평화와 민족의 통일을 위하여 가장 합리적인 내용"이라고 그 엉터리 성명의 합리성을 궤변하였다.

북한 당국은 그것으로 그치지 않았다. 이번에는 그 결의문을 유엔 한국위원회와 반이승만 계열 인사 및 반김성수 계열의 정치인들에게 전달하기 위하여 특파원 3명을 6월 11일 10시에 남파하겠다고 발표하였다.

일부러 시일과 남파 경로를 발표함으로써 체포당하게 하여 세계인에게 평화통일의 훼방자는 남한 당국이라는 것을 선전할 속셈이 깔려 있었다.

그들이 예측한 대로 한국 정부는 그들 남파 특파원 3명을 체포하고 이를 보도하자, 여봐라는듯이 다음날부터 모든 언론매체를 통해 비난과 욕설을 퍼붓기 시작하였다.

6월 13일에는 조국통일 중앙위원회의 이름으로 다음과 같은 요지의 방송을 하면서 '특파원의 구명을 위해서 모종의 행동'을 할 것이라고 위협했다.

"전체 조선인민의 염원인 평화통일을 미제와 그의 앞잡이 이승만 도당은 묵살하고 오로지 무력에 의한 폭력적 동족상잔만을 획책하여 조국의 평화통일을 끝내 좌절시키려는 야만적 행위야말로 용서받지 못할 것이다. 이에 전체 조선인민의 이름으로 우리가 보낸 특사의 구명을 위해 강력한 조치를 전개할 것을 선언하는 바이다."

그들은 하나하나 남침의 구실을 만들고 있었다.

그런데 김일성은 이것으로도 성이 안찬 탓인지 다시 기만책을 내놓았으니 그것이 이른바 '요인교환 제의'이다. 즉 북한이 감금하고 있는 민족지도자 조만식을 볼모로 하여 남로당의 지하공작 책임자인 김삼룡과 이주하 양인을 38선상에서 교환하자는 것이었다. 이 문제만은 정부에서 심각하게 고려하지 않을 수 없었다.

왜냐하면 하찮은 남파 간첩을 민족 지도자 조만식 선생과 교환하자는 것이니 우리 측에게 이로운 것으로 해석한 것이다.

그러나 북한은 우리의 화답에도 불구하고 슬그머니 질질 끌고 있었다. 6월 19일과 22일을 우리가 교환일자로 제시하자 북한은 묵묵부답이었다.

뒤이어 24일에는 우리 정부가 "26일 14시부터 16시 사이에 황해도 토성 북쪽 6km 지점의 리현역 남쪽 38선 근처에서 교환하자"고 재차 제의하였으나 역시 아무런 회신이 없었다. 그도 그럴 것이 6월 24일이라면 이미 전체 인민군 병력이 계획대로 38선에 전개 완료한 상태였고 지금까지의 모든 기만책이 성공하였다고 판단했기 때문이다.

김일성과 그의 추종세력들은 회심의 미소를 머금으며 몇 시간

남지 않은 남침 시간을 향해 카운트다운을 시작하고 있었다.

당시 우리 대한민국과 국군측의 동향과 대비책은 무엇이었나. 지금 이 시간에 그것을 생각한다면 참으로 한탄스럽고 분통이 터질 지경이다. 우리는 북한의 남침 기도를 전혀 알지 못하고 있었을까. 천만의 말씀이다. 많은 뜻있는 장교들이 북한군의 증강과 남침 기도를 염려하였다. 남파 간첩 또는 귀순병을 통하여 북한군이 남침할 것이라는 사전 첩보를 가지고 있었다.

나는 당시 육사 부교장으로 있으면서 육사 교장인 김홍일 장군과 여러 차례 그 문제에 대해서 언급한 일이 있었다. 그리고 대비책에 관하여, 즉 후방 3개 사단의 전방에의 추진 문제라든가, 국군 장비의 개선책 등을 요로에 알렸었다. 그러나 관계 당국과 책임자들의 반응은 예상 밖으로 차가웠다.

1950년 4월말 현재 국군의 정보판단에 의하면, 인민군의 병력은 17만 5천명으로 보고 있었다. 이는 실제 6월 25일 현재 인민군 10개 사단 병력을 위시한 육·해·공군 병력 16만4천3백80명에 비하면 놀라울 정도로 정확한 편이다. 약간 초과했지만 내무성 보안군까지 합한다면 실제는 더 많아진다.

또한 우리 국군에게 없었던 전투기나 전차 그리고 야포(中砲 이상)를 보유하고 있고 이들의 배치와 장비로 보아 공격 가능성이 농후하다는 판단을 내리고 있었다.

그러나 국군의 수뇌와 국군의 훈련과 작전을 감독하고 있던 주한 미 군사고문단(KMAG)은 전혀 딴전을 피우고 있었다.

"북한군의 병력은 한국군이 과장한 것으로 17만5천명이 아니라 실제 병력은 11만7천3백57명으로 판단하고 있다. 그들이 비록 전차나 야포(中砲 이상)를 장비하고 있으나 모두 구식이다. 북한군이 공격해 온다 해도 한국군이 격퇴시킬 수 있다."
고 반론을 제기하였다.

특히 주한 미 군사고문단에서는 국군이 적 전차로부터의 위협에 대비, 미군 전차의 지원을 요청하자 "원래 전차는 광활한 유럽의 평야지대에서 효과적으로 사용하는 것으로서 한국과 같은 지형에서는 무용지물이다"라고 단칼에 거부했다.

그렇다면 적 전차를 파괴할 수 있는 무기, 즉 새로 미국이 개발한 3.5인치 로케트포나 구경이 큰 무반동총 등의 지원을 요청하자 "적 전차 파괴는 한국군이 가지고 있는 2.36인치 로케트포로 충분하다"고 묵살했다. 그러나 2.36인치 로케트포는 동란 초기 무용지물로 전차 파괴 능력이 전무하였음이 실증되었다.

우리의 비극은 이 고문단에 의해 확대되어 갔다. 주한 미 고문단에 의한 이러한 견해, 즉 전혀 실상과 맞지 않는 적에 관한 상황이 미 극동군 사령부와 워싱턴 당국에 보내져 그 내용 그대로가 미국 정부의 공식 군사력 판단이 되어 버린 것이다.

한편, 일부 미국의 정보기관을 통해 비교적 정확한 인민군의 실세판단이 보고되었으나 워싱턴 당국은 어떤 이유에서인지 묵살했다.

한 예를 든다면 다음과 같은 경우가 있다.

맥아더 장군이 지휘하는 동경의 미 극동군사령부의 정보참모였던 윌로비 소장은 그의 회고록「맥아더와 한국전쟁」에서,

"나는 여러 차례에 걸쳐 북한군의 실세에 대한 보고를 하면서 남침위협이 있다는 것을 워싱턴 당국에 경고했지만 워싱턴 당국은 개의치 않았다. 오히려 워싱턴 당국은 '한국은 지금 세계에서 일곱번째로 위험할 뿐이다'라고만 말하는 것이었다."

고 기술하고 있다.

이에 대하여 당시 미국 대통령인 트루먼은 그의 회고록에서,

"맥아더가 한국군은 북한군의 공격을 능히 견뎌낼 수 있다고 보고해 왔고 한국군의 훈련 수준도 만족한 상태에 있다고 보고해 왔기 때문에 5백명의 고문단만 남기고 철군을 단행하였다. 한국에 대한 군사원조의 강화는 공화당의 반대로 뜻이 이루어지지 않았다. 우리들은 만일 북한군이 전면공격을 개시한다면 이승만 정권이 위험에 처하게 될 것을 알고 있었다."

고 자신들에게도 잘못이 있었음을 시인하고 있다.

여하간 국군이나 미군 당국이 정세판단에 혼선이 있었고 그 대비책에 관해 방심했음은 누구도 부인할 수 없을 것이다.

설마 창립한 지 얼마 되지 않는 오합지졸이 전면공격을 해 올 리 없을 것이다라는 현실에 안주하는 쪽의 판단을 내린 것 같다.

그에 비해 북한 당국은 남한의 군사력과 정세판단을 정확히 파악하고 있었다. 남한에는 북한에서 남파한 공작원과 지하조직의 남로당원, 국회 안의 푸락치, 군 내부의 좌익분자가 도사리고 있었기 때문에 남한의 어떤 정치 및 군사정보도 그들로부터 보호받을 수 없이 글자 그대로 방치 상태에 있었다.

특히 보병 제8연대의 2개 대대가 제1대대장 표무원 소령, 제2대대장 강태무 소령의 지휘하에 집단 월북하였고 제6사단의 송연암 소령, 국방부 정보장교 등 외에도 1백여명이 넘는 내통자에 의해 국군의 상황이 샅샅이 북한 당국에 보고되고 있었다.

북한은 이러한 정보를 바탕으로 효과적인 남침계획을 수립할 수 있었던 것이다.

북한은 남침계획을 수립함에 있어서 애치슨 미 국무장관에 의

하여 확인된 미군의 한반도 불개입을 전제로 하였다.

김일성과 그 군부 수뇌들은 미군이 개입하지 않는 확신하에 남조선 해방이 약 17일간이면 달성될 수 있을 것이라는 가정하에 모든 계획을 진행시켰다.

정예 보병사단과 국군에 없는 전투기, 전차로 기습공격을 가한다면 서울 탈취 3일, 대전선 진출 5일, 대구선 진출 5일, 부산 탈취 4일로 남조선 해방이 가능한 것으로 판단하였던 것이다.

그리하여 주공을·철원을 거쳐 서울로 이르는 축선에 두고 고랑포—서울과 화천—춘천—수원에 이르는 축선으로 포위하여 수원 북방에서 국군의 주력을 섬멸하고 남진하면서 각 지역에서 봉기할 남로당원 30만명과 함께 평정사업을 벌이면서 전진속도에 맞추어 인민공화국 행정체제를 달성해 나갈 채비를 해 두었다.

제2단계 공격계획은 주공축선을 1번국도인 서울—부산간 국도에 두고 동해안 도로, 중앙 도로, 호남 도로 등은 조공으로 하여 주공축선과 속도 균형을 유지하면서 전진케 할 계획이었다.

그리고 특히 김일성은 박헌영의 말을 믿고 남로당원 30만명에게 큰 기대를 걸었다. 공격 진행중 남한 곳곳에서 호응세력이 봉기한다면 미군은 물론, 어떤 외국군도 국내문제로 간파하여 원병을 보낼 수 없을 것이라는 확신을 갖고 있었다.

김일성은 비밀회의 때마다 늘 강조하였다.

"박헌영 동지가 조직한 남로당원 30만명은 우리 인민군에게 있어 1백만 대군에 버금가는 군사력임을 잊어서는 안된다. 남조선 각지에서의 산발적인 봉기만으로도 미군의 군사 개입을 억제할 수 있다.

미국의 극동전략이 애치슨에 의해 표명된 것처럼 조선반도가 그들 방위선 밖에 있다고 했지만, 조선반도에 지원 가능한 미군이 일본에 주둔해 있음을 우리는 알아야 한다. 일본에는 미군 4개 사단이 주둔해 있고 공군력, 해군력 또한 막강하다."

김일성의 주장은 정말 정곡을 찌르는 판단이었다. 아마 적화통일의 실패가 이로 말미암았음일 것이라는 가정도 성립될 수 있을 것이다.

박헌영이 북한에 건너가 자기의 위치를 확고히 하기 위하여 터무니 없이 남로당의 조직을 과장한 것이다.

처음에는 50만 남로당 운운했다가 슬그머니 30만으로까지 즐어든 것이지만, 북한 당국의 누구도 박헌영의 말을 의심하지 않았다.

한 통계에 의하면, 김일성은 1948년 말부터 1950년 남침 직전까지 약 2천4백명의 유격대원을 남한에 침투시킨 것으로 되어 있다.

여수 순천 반란사건, 그리고 대구 반란사건의 실패로 국군내의 좌익세력이 조직력을 잃게 되자, 남로당에 지령했던 무력공작을 남파 유격대원에 의한 유격전으로 전환시켰던 것이다. 이 무렵 부분적이나마 남로당원의 전폭적 봉기에 대해 회의론이 대두되기 시작했다는 것이다.

유격대원의 남파는 남로당원과의 접선보다 유격전의 기지 마련에 더 중요성을 두었던 것도 사실이다. 그리하여 전면 남침이 개시되었을 때 이들 유격대와 연결하여 보다 신속한 평정사업에 이바지하려고 시도했다.

초기의 침투부대는 약 2백명으로 양양-오대산-정선 방면에 침투시켰으나 제8연대 토벌대에 의하여 격파되고 일부가 도주, 깊은 산에 숨었다.

다음 두번째 남파시에는 약 5백명으로 증원, 오대산 방면에 투입시켰다. 이어서 강원도, 경기도 지방의 깊은 산속에, 급기야는 경북 영일군 일대까지 침투시켜 산간지방에서 국군에 대한 교란작전을 펴고 있었다.

특히 남침 직전인 1950년 3월 말경에 오대산맥에 침투시킨 약 1천명의 유격대원들은 시기적으로 보아 전면 남침에 대비하기 위한 것으로 평가되며, 국군의 군사역량에 직접적인 타격은 주지 못하였으나 신경전 양상으로 불안감을 조성할 수 있었던 것은 그들의 성과로 평가할 수 있겠다.

이 무렵 남로당원들은 지하에 잠적하였으나 위장 활동하는 푸락치는 국회와 19개의 정당 및 단체, 법조계와 경찰, 심지어는 행정부 각 부서내에까지 침투, 각종 공작을 감행하고 있었다.

이들은 초기에 미군 철수를 주장하다가 미군 철수가 실현되자 공작목표를 바꾸어 미 군사고문단 철수를 들고 나왔다.

국회에는 부의장 김약수를 위시하여 상당수의 국회의원이 푸락치로 포섭되어 사사건건 대한민국의 이익에 반대되는 주장과 활동을 서슴지 않았다.

이런 급박한 정세인데도 불구하고 당시 신성모 국방장관과 채병덕 육군참모총장은 때때로 북진통일 운운하면서 실속도 없이 허세를 부리기도 하였다.

6월 24일 정오. 뜻밖에 비상경계가 해제되었다. 그리고 수도권 부대는 말할 것도 없고 심지어 전방 부대까지 외출외박이 실시되었다. 내가 소속해 있던 육군사관학교도 기간요원을 비롯하여 생도 1기생들이 외출외박을 나갔다. 다만 입교한 지 얼마 안되는 생도 2기생만이 영내에 남아 있을 뿐이었다.

오랫동안 비상경계 태세하에서 영내생활을 해야 했던 장병들은 한꺼번에 긴장이 풀리자 도시 곳곳의 환락가를 찾았다.

이날 밤은 육군에 있어서 경사스러운 날이었다.

육군본부에 장교 사교장인 육군구락부가 불에 탔다가 다시 개수하여 준공 기념 파티가 열리게 된 것이다.

참모총장 채병덕 장군 이하 육군의 수뇌들과 미 고문단장 로버트 준장 및 휘하 장교가 함께 하여 밴드의 감미로운 음악에 빠져 들었다.

그러나 이 모든 즐거운 일들이 벌어지고 있는 시각에 38선 바로 북녘에서는 공격준비의 칼날을 세워 공격개시 시간만을 기다리는 17만명의 눈빛이 무섭게 노리고 있었다. 이런 상황을 한국의 정보 당국은 물론 세계 최강의 미국 극동군사령부도 캄캄하였다.

13 4년제 정규 육사 생도의 탄생과 사멸
동란 발발. 제2사단장에 임명되다

나는 솔직히 말하여 북한군의 남침을 염려하면서도 내가 나설 수 있는 입장이 되지 못하여 교장 김홍일 장군 또는 미 고문관과 국가의 장래와 군의 발전에 대해 걱정하는 말을 주고받았을 뿐 별다른 역할을 할 수 없었다.

그리하여 나는 육사에서 국군의 간성을 양성하는 일에 온갖 정열을 쏟아야 되겠다는 생각으로 굳혔다.

'내 임무에 최선을 다한다'는 것이 내 의욕적인 마음가짐이었다.

어떻게 해서라도 이 육사를 가장 멋있고 동양 최고의, 아니 더 나아가 세계 제일의 육사를 이루어 놓으리라 굳은 결의를 다졌다.

그리하여 교육 전반에 걸쳐 편성을 새로운 개념에 맞추어 다시 하고 교육내용, 교과과정도 일대 혁신을 꾀하였다. 그것은 종래의 군사훈련 위주에서 선진국을 본따 일반학과 중심으로 개편하였다. 그리고 5개년계획을 세워 정규 4년제 사관학교로의 진입을 목표로 하였다.

나는 여기서 재미도 붙이고 또한 어지간히 의욕도 느꼈다. 김홍일 교장은 육사 발전계획에 대해 모든 것을 나에게 맡기고 뒤에서 지원을 아끼지 않았다.

"한국 장교 최초의 미국 유학도 갔다 오고 했으니 한번 의욕적으로 부교장께서 발전시켜 보시오."

나는 김홍일 장군이 기대하는 것만큼 꼭 성취시켜야 되겠다는 생각으로 열심히 일했다.

미국 유학에서 돌아오면 육사에 보직될 것이라는 예측에서가 아니라 일단 미국에 왔으면 미국의 간부 양성기관인 웨스트 포인트 미국 육사를 가 보아야겠다고 작정하고 혼자 방문했던 기억이 났다.

만주 군관학교나 일본 육사와는 달리, 미국의 육사는 자율성과 학문에 바탕을 둔 인격 도야에 교육목표를 두고 있음을 보고 많은 감명을 받았다. 조국에 목숨을 바친다는 군국주의 사고 방식과는 달리, 조국과 명예를 중히 여기면서 의무를 다한다는 책임의식의 강조가 그 특색을 이루고 있었다.

엄숙하고 무뚝뚝한 일본 육사생의 외형과는 달리, 즐겁고 활달한 자율 분위기의 미국 육사생의 생활양식에서 나는 새로운 군인관을 느끼게 하였다. 따라서 나는 시대의 흐름에 발맞추어 우리의 육사를 발전시킴에 있어서 미국의 웨스트 포인트 육사의 모델을 많이 참고해야겠다는 생각을 하게 되었다.

4년제의 정규 사관 양성을 위한 교육과정을 구상하기 시작하자 미 군사고문단측에서도 상당히 호의적인 반응을 보였다.

  최초로 모집한 생도 1기생(육사 10기로 개칭)을 모집하여 4년제 교육을 실시하려 했지만 4년제 실시에 따른 교수요원의 확보가 어렵고 교육시설과 교육자재의 불비 등 어려운 문제가 예상 외로 많이 발생하여 4년제 교육 실시를 생도 2기생으로 미루게 되었다.

  생도 1기생을 교육하는 과정에서 여러 가지 준비와 경험을 보완하여 어느 정도 자신을 가진 나는 상부에 건의, 마침내 "생도 2기생부터 4년제 교육을 실시하라"는 육군본부 확정지시를 받았다.

  이리하여 육사 교수진 및 모든 구성원의 의욕에 넘치는 준비과정을 거쳐 4년제 최초의 생도 2기생을 모집하게 되었다.

  1949년 현재 만19세 이상 23세 이하의 중학교(구제 6년) 졸업자 또는 동등 학력을 가진 자로 하여 1차 시험중 신체검사는 12월 22일~23일에, 학과시험은 국어, 국사, 영어, 수학, 지리, 화학, 물리, 논문 등 24일~25일 이틀간에 걸쳐 실시, 합격자를 선발하고, 다시 2차 시험을 거쳐 선발 과정을 마치고 1950년 4백49명의 합격자를 냈다.

  육군과 육사에서는 4년제 첫 출발을 감안하여 다시 우수한 정예를 선발해야겠다는 의도로 소양시험이라는 폭 넓은 학과 및 상식 시험을 치르게 하여 1백15명을 탈락시키고 최종합격자로 3백34명을 확정, 6월 1일 입교식을 가졌다.

  10대1의 치열한 경쟁을 뚫고 입교한 4백49명 가운데 다시 1백15명을 탈락시키자 탈락자들은 기진맥진하여 눈물을 흘리면서 시흥 보병학교 갑종간부 후보생으로 떠나는 안타까운 모습이 지금도 눈에 선하다.

  정예를 추리기 위한 목적도 있었지만 학교의 예산, 시설 등이 3백명선으로 적합하다는 결론이 나와 이런 어려운 고비를 넘겼던 것이다.

  얼마 후 6월 10일, 육사교장 김홍일 장군이 지금의 육군대학과 국방대학원 기능에 해당하는 육군참모학교 교장으로 전출하고 후임 교장으로 이준식 장군이 취임하였다.

  6월 24일, 토요일 저녁이었다.

  용산 육군장교 구락부 개수 준공 축하 파티에 초대되어 갔다. 요란한 행사였다. 화려한 분위기에 밴드의 음악 소리가 흥을 돋구었다. 모두 다 얼굴에는 즐겁고 행복스러움이 넘쳤다.

  그러나 나는 그 행사장에서 일찍 나와야 했다. 바로 다음날 외삼촌 결혼식이 있기 때문에 그 집에 갈 일이 있었던 것이다. 오랜만에 친척들과 담소를 나누었다.

  6월 25일 아침이었다. 정복을 입고 막 결혼식장을 향해 나서려 했는데 전화 벨 소리가 울렸다. 전화를 받은 아내가 수화기를 든 채 나를 부른다. 돌아보니 아내는 아무런 표정도 없다.

  "어디요?"

  "학교래요."

  아내는 다시 아무렇지도 않게 대답했다. 일요일인데 웬일일까? 가벼운 생각을 하며 수화기를 받아 들었다. 대개 이런 순간은 후일에도 분명하게 기억이 되는 것이지만, 조금 미간이 찌푸려지고 불쾌한 기분이었다.

  "여보세요. 이한림입니다."

  그러자 저편에서는 급했든가 제 성명도 대지 않고 당황하는 목소리가 흘렀다.

"저 비상소집입니다."

"뭐라고? 비상소집이라구!"

나는 놀라며 되물었다. 아내도 내 곁에서 심상치 않은듯 긴장의 빛이 비쳤다.

"일선에서 터졌습니다."

"뭐? 어느 쪽에서 터졌나?"

그 무렵 개성, 양양, 옹진 등 걸핏하면 충돌이 있었기 때문에 또 그런 것이겠거니 여긴 것이다.

"38선 전역에서입니다. 인민군의 전면적인 대공세가 시작되었습니다."

"뭐?"

나는 수화기를 놓고 약간 흥분이 되는 것을 감출 수 없었다. 곧 전투복으로 갈아 입고 권총을 찼다. 그리고 워커 부츠를 신고 학교로 달려갔다.

벌써 거리의 분위기도 들떠 있었다.

여기저기서 호루라기 소리가 나고 군용차량들이 바삐 움직이고 있었다.

가끔 군인들이 어디론가 구보로 달려가는 모습이 보였다. 이어서 스피커를 장착한 지프차가 부리나케 달리면서 "모든 군인은 즉시 원대복귀하라"고 외쳐댔다.

육사에 도착하니 학교 안이 소란스러웠다.

잠시 마음을 가라앉히려고 부교장실에 앉아 있었으나 당장 일선 소식도 알 수 없고 궁금증이 더할 뿐이었다.

이미 상부의 명령은 "전 생도부대를 편성해서 포천의 만세교리로 나가 적을 저지하라"는 것이었다. 퇴계원 저편으로 백여리가 넘는 곳이다. 그러나 적은 이미 만세교리를 통과하고 있었고 공격 속도는 늦추지 않았다는 소식이다.

나는 교장 이준식 장군과 상의하여 곧 교수부장 조암 중령을 전투대대장으로 임명하고 부대대장에 손관도 소령, 제1중대장에 송인율 대위, 제2중대장에 박응규 소령, 제3중대장에 이원엽 대위, 작전주임에 이승우 대위로 지휘편성을 마쳤다.

육사 교도대 3백여명은 이미 문산 방면에 출동했고 생도 1기생들의 외출외박 귀영이 늦어져 생도대대의 출동은 시간이 지체될 수밖에 없었다.

나는 그때 사관 생도들의 출동을 반대하는 입장이었다. 첫째 생도 1기생들은 7월 14일로 예정된 졸업임관을 앞둔 상태였기 때문에 그들을 출동시켜 희생시키는 것보다는 바로 임관시켜 소대장 요원으로 활용하자는 생각이었고, 생도 2기생들은 입교한 지 25일밖에 안된 4년제 정규 사관생도이기 때문에 후방 안전한 곳으로 옮겨 학업을 계속시켜야 한다는 것이었다. 이것이 곧 군의 장기계획에 이로울 것이라는 결론이었다. 교장 이준식 장군 또한 같은 생각이었다.

나는 육군본부에 교장과 나의 의도를 건의하여 다시 고려해 줄 것을 요청하였으나 채병덕 육군참모총장의 직접 명령이 이미 떨어졌다는 것으로 재고할 수 없다는 것이다. 그 이전에 육군본부 작전국장 장창국 대령은 자신이 일본 육사생도로 있던 태평양전쟁 말기 일본이 패전을 눈 앞에 두고도 사관생도들을 출동시키지 않았던 사례를 들어 이에 재고 건의를 했지만 오히려 채 총장의 분노만 사고 말았다 한다.

딱하지만 할 수 없는 일이었다. 입교 25일. 10대 말의 소년이 대부분인 사관생도. 영점 조준사격 외의 사격은 물론 각개전투 훈련도 받지 않은 그들을 전장에 내보내는 내 심정은 참으로 형용할 수 없는 아픔을 느꼈다.

15시경 생도 1기생 2백62명, 생도 2기생 2백27명(잔여 일부는 학교 및 용산역 경비요원으로 파견), 기간장병 80명의 병력이 집결 완료했다.

생도 1기생들은 대부분 소대장, 분대장, 반장 또는 자동소총수 등으로, 생도 2기생들은 대부분 소총병으로 편성되었다.

공용화기로는 교도대가 사용했던 박격포, 기관총을 사용하기로 하고 소총병은 모두 개인당 56발의 실탄과 함께 M1 소총이 지급되었다.

1950년 6월 25일 20시 20분, 소나기가 내리는 가운데 생도대대는 징발된 민간 트럭을 타고 출동하여 퇴계원-금곡-광릉 입구를 거쳐 북진하다가 날이 어두워지자 도로 양편으로 능선이 뻗어 있는 부평리에서 하차했다.

생도들은 도로 동쪽 372고지 일대에 도로 쪽으로부터 1, 2, 3 중대순으로 방어 정면을 분담받아 각각 공용화기진지와 개인엄체호 구축에 들어갔다. 비는 계속 억수같이 쏟아졌다. 호 구축에 전혀 상식이 없는 생도 2기생들은 생도 1기생에게 현장 지도를 받으며 호를 팠다.

26일 새벽. 적은 생도대 진지를 향해 다가왔다. 적 포탄이 낙하하기 시작하면서 여기저기 비명이 들려왔다.

생전 상상도 못한 생도 2기생들은 포탄 작렬음에 놀라고 여기저기서 비명이 들려오자 거의 정신을 잃은 상태였다. 그러나 생도 1기생의 독전으로 모두 앞을 노리고 이윽고 나타나기 시작한 적병을 향해 소총사격을 퍼부었다. 그런데 웬일인가. 자동차의 묵직한 엔진 소리와 함께 나타난 것은 적의 전차였다. 적 전차 한 대는 직사포로 생도대 진지를 강타했다.

우리 쪽에서도 박격포탄이 적측에 날아가고 있었지만 적의 강도에 비하면 아주 미미한 저항이었다. 생도들의 약점은 역시 탄약 부족이었다. 적을 눈 앞에 보고도 실탄이 없어 사격을 할 수 없으니 발만 동동 굴렀다. 또다시 전차의 위력이 생도들 앞에 나타났다. 사상자는 자꾸만 늘어갔다.

이때 제7사단이 의정부에서 후퇴함으로써 육사 생도대대도 부득이 후퇴하지 않을 수 없었다. 오후 6시경 생도대대 본부로부터 전생도에게 후퇴명령이 하달되었다. 여기서 후퇴하는 즉시 태릉의 학교로 집결하라는 간단한 구두명령이었다.

생도들이 학교에 도착한 것은 21시경부터이다. 용케 트럭을 탈 수 있었던 생도들은 그래도 고생을 덜했지만 도보로 뒤쳐졌던 생도들은 다음날까지 이어졌다.

생도대대는 27일 오전에 불암산과 육사 부근에서 적의 공격을 저지하라는 상부의 명을 받고 92고지 일대에 다시 방어진지를 구축하였다.

계속 적은 전진하여 마침내 적의 포탄에 의하여 육사의 시설물들이 속속 파괴되어 갔다. 그러나 육사 생도들은 "명령 없이는 후퇴할 수 없다"는 각오로 계속 진지를 지키고 있었다.

그러나 서울 시내에 적이 진입했다는 소식을 들은 육사 생도대대는 더 이상 버티고 있다가는 전멸을 자초하는 일이고 서울이 함락되었는데 태릉 일대에서 버티고 있다는 것이 무의미하다고 판단한 나는 "혼란을 피하여 침착하게 한강을 넘어 광장리에 집결하라"는 명령을 내렸다.

생도들의 대다수는 망우리를 거쳐 광장리로 나왔는데, 교량이 이미 파괴된 후였으므로 나룻배들을 모아 비교적 질서 있게 강을 건넜다.

나는 강 남쪽에서 생도들을 수습하며 생도들이 도착하는 대로 긴급편성으로 구릉지대에 병력을 배치하여 광나루를 넘어오는 피난민을 검색하게 하여 적 게릴라 색출 지시를 내렸다.

이때 수원으로 옮겨가 있던 육군본부는 김홍일 장군의 지휘 아래 시흥지구 전투사령부를 편성하여 한강선 방어에 전념하도록 조치했다.

29일 맥아더 장군의 한강방어선 시찰 소식과 함께 미 지상군의 참전설이 전해지는 가운데 아군은 필사의 지연전을 준비하고 있었다.

6월 30일 하오, 육군본부에서 육사 생도들의 수원 집결 명령을 받았다. 나는 곧 생도대대에 지시하여 징발 트럭을 이용하여 수원 고등동 벽돌공장에 집결하도록 조치하고 생도들과 함께 수원에 도착했다.

나는 이 경황 속에서 비로소 가족 생각이 났다.

25일 아침 집에서 나오고는 선혀 아무런 소식을 전하지 못했다.

가족들은 여전히 나만을 믿고 기다리고 있을 것이 뻔했다. 미안한 일이지만 어쩔 수 없었다. 어머니, 아내, 누이동생 어린아이 하나, 게다가 아내는 임신중이었다.

26일 저녁, 그때 용산세무소에 근무하고 있던 처남 송창무에게 가족을 좀 돌보아 달라고 부탁을 했으나 마음이 놓이지 않았다.

또 수원에서 생도들에게 들은 얘기로 생도들이 산산이 흩어져 후퇴하는데 생도대대를 지휘한 조암 중령이 큰 길로 지프차를 타고 나오다가 적에게 잡혔다는 것이다.

생도들을 수습하여 인원을 점검해 보니 전사자와 행방 불명자가 의외로 많았던 것을 확인할 수 있었다. 나는 지금도 그때 잃은 사관생도들을 생각하면 가슴이 아프고 그 영령들에게 미안한 생각을 거둘 수 없다.

못난 선배를 만나 세계 전사상 유례 없는 정규 사관생도의 전선 투입으로 희생되었으니 누구에게 그 억울함을 호소하랴.

사관생도 투입 결정을 내린 당시 채병덕 참모총장도 얼마나 당황하고 다급했으면 사관생도까지 투입했겠느냐고 그를 또한 이해도 하고 싶다.

그러나 분명히 밝혀 둘 것은 이러한 아둔한 조치는 앞으로 절대로 있어서는 안된다는 역사적 교훈으로 꼭 후대에 남기고 싶다. 그리고 특히 생도 1기생은 육사 호칭을 10기생으로 받았지만 생도 2기생들은 육사 호칭까지 주지 않는 우를 다시 육군본부는 범하였다. 생도 2기생을 생각하면 그들의 명예를 회복시켜 줄 방법이 없을까 하는 연민의 정이 느껴진다.

7월 1일 새벽, 우리의 한강 이남의 진지 전면에 적의 공격이 개시되었다. 당시 육군본부 인사국장이었던 신상철 대령도 전선으로 독전을 나와 있었다. 전투는 점차 치열해졌다.

9시가 되자 전보 한 장이 나에게 날아왔다.

육군본부 명령으로 제2사단장으로 부임하라는 것이었다. 제2사단은 원래 대전에 있었지만 의정부 전선에 축차 투입되어 산산조각이 난 후 다시 재건하여 관악산에서 지금 교전중에 있다는 것이다.

육사부대를 떠나 탄우를 헤치고 내려오는데 조덕 대위가 허벅지에 관통상을 입고 넘어져 있었다. 그를 내 차에 싣고 달렸다. 그는 후에 내가 보병학교 교장 때 휼병부장으로 있었고, 우리는 이따금 당시의 일을 회고하였었다.

　얼마간 달려 육군본부에 닿아 "2사단이 어디 있습니까?" 하고 당시 참모부장 김백일 대령에게 물으니, 그는

　　"취임하는 것도 급하지만 우선 육사부대 쪽이 취약하니 병력을 데리고 인계해 주고 가시오."

라는 것이었다. 나는 할 수 없이 곧 예비대를 데리고 육사부대에 돌아오니 불과 그 사이에 뒤에 쳐져 있었다. 적은 계속 전진하는 추세이고 아군은 전사자가 속출하는 불리한 전황이었다.

　나는 병력을 인계해 주고 곧 수원에서 2사단을 향해 떠났다.

　사단사령부는 관악산 아래 과천 냇가의 면사무소에 자리잡고 있고 전임 사단장은 임선하 대령이라 한다. 나는 작전참모로 김홍규 대위와 부관 김승천 소위를 데리고 떠났다. 그런데 가는 도중 안양에서 꺾어지는 산길로 접어들자 무스탕 전투기가 우리에게 기관총 사격을 가하는 것이 아닌가. 미군기가 우리를 공격하다니……. 나는 어이가 없었다. 그러나 순간 김승천 소위는 미군기 총탄에 맞아 숨졌다. 참으로 원통한 일이 아닐 수 없었다. 그는 평북 태생으로 육사 9기생이었고 성적도 우등생이었다. 육사 부교장을 할 때부터 나의 전속부관을 하였는데 명랑한 성격이면서도 용감하였다. 더구나 6·25 발발 2주일 전에 결혼까지 한 몸이었다. 그런데 적과 싸우다 전사한 것도 아니고 우군 비행기 총에 맞아 숨지다니……. 너무나 슬펐다. 그러나 비통에만 잠길 수 없는 일이라 산 모퉁이에 대강 묻어 주고 표시를 해놓았다. 그 후 나는 5·16 전까지 해마다 떡을 해가지고 돼지고기와 술을 갖고 그 곳을 찾았다. 나는 그 곳에 충혼비까지 세워 주었다.

　5·16 후에는 국립묘지에 이장되었다.

저녁이 꽤 늦어서 제2사단 사령부에 당도했다.

당시 2사단은 문용채 중령이 지휘하는 16연대, 유해준 중령이 지휘하는 보병학교 연대, 박기병 중령이 지휘하는 20연대, 강태민 중령이 지휘하는 22연대, 이렇게 4개 연대로 구성되어 있었고 작전참모에 이석봉 소령, 정보참모에 이세호 소령, 군수참모에 박원근 소령 등이 있었다. 사단 사령부는 부락의 한 집에 자리잡고 있었고 전화기 한 대가 가설되어 있을 뿐이었다. 이미 해가 저물어 부대 파악은 곤란하였다. 그러나 사단 참모장 김동빈 중령과 함께 부대 시찰에 나갔다. 사병들은 계속된 전투에 참가하느라 피로하여 그런지, 일선에 배치되어 있음에도 불구하고 근처 학교에 내려가서 자고 있지를 않나 군기가 엉망이었다.

이날 저녁 야음을 이용하여 벌써 흑석동, 상도동, 여의도로 도하한 적은 한강에 교두보를 설치하고 가교 가설, 철교 보수작업에 착수하여 있었고, 한편 김포 비행장 부근에는 적 기마대, 장갑부대, 포병 보병의 혼성부대 1개 사단이 도하에 성공하여 김포 부평 가도를 제압하고 있었고, 난지도로 도하한 적은 약 1개 연대의 병력으로 신용산 정면으로 진출하여 있었다.

7월 2일이 되자, 적은 강력한 포병 엄호하에 더욱 대량으로 도하하여 왔고 아군은 이에 저항, 고전을 계속하고 있었다.

이튿날, 즉 7월 3일에는 반격전을 전개하려 하였으나 기대하고 있던 공군 지원이 전혀 없었고 도리어 적기 편대가 노량진, 영등포 방면에서 반격하는 아군에 대하여 폭격과 기총소사를 퍼붓고 있었다. 적은 전차를 선두로 공격을 가하고 있었고, 소사 방면의 아군도 부평으로부터 남하한 적 1개 사단의 내습으로 경인가도 이남으로 철수하면서 저항을 시도하였다. 제7사단과 수도사단도 적의 압력에 밀려 삼막동 부근에 철수하고 있었고, 우리 제2사단은 2개 대대로 하여금 과천 남쪽 만현리 웅봉간에 배치하여 과천으로부터 남하하는 적을 경계하면서 주력은 호계리, 명학리에 배치하였다.

7월 4일이 되자, 아침 일찍부터 적은 전차 12대를 선두로 삼막동 수도사단 정면과 양지리의 제5사단 15연대 정면 그리고 내가 지휘하는 제2사단 일부 정면에 각각 공격을 가하여 와서 10시경에는 명학리에 자리잡고 있는 제2사단 부근에까지 침입해 왔다.

시흥지구 전투사령관 김홍일 장군은 이미 9시에 전투사령부를 수원으로 이동하고 계속 적에 저항하면서 수원 방어에 최선을 다하고 있었다.

11시에는 육군본부가 평택으로 이동했다.

전선 상황은 매우 불확실하여 우리 공군기가 우리 부대를 공격하는 일이 잦았고, 적과 아군은 서로 얽혀 군단명령이 수원까지 철수하라고 했을 때는 벌써 적은 시흥 남쪽 교량을 전차가 넘어오는 형편이었다.

특히 우리 국군은 잘 싸우다가도 전차만 나타나면 겁을 먹고 철수하는 해프닝도 있었다. 또 가슴 아픈 일은 내가 전에 4연대장 시절 법무관으로 있던 김무수 소령이 전사했다. 그는 일본 중앙대를 나와 2사단 법무관으로 있었다.

나는 김승철 소위 후임으로 육사 8기생인 이억송 중위를 부관으로 임명했다. 매우 영리하고 용감했던 장교로서 그는 후에 나와 남매지간이 되었다.

고개를 넘으니 기마대가 내려가고 있었고 군수참모 김태하 소령이 차를 끌고 올라오고 있었다. 그것을 빌려 타고 수원으로 내려갔다. 이리하여 후퇴의 길이 시작된 것이다.

14 미군의 본격 지상전 개입과 지연전
그리고 계속되는 혈전

서울을 탈취한 북한의 인민군은 거리마다 전차를 앞세우고 무력시위를 전개하고 있었다. 지하에 숨어 지내던 전색분자, 서대문 형무소에서 풀려나온 죄수, 좌경의식에 젖어 있던 일부 시민까지 가세하여 서울은 온통 붉은 깃발의 홍수를 방불케 했다.

김일성은 '조선인민군과 서울시민에게 보내는 축하 연설'을 통하여 '조국의 수도 서울의 해방에 즈음한 담화'를 발표하였다.

"전체 조선인민은 전쟁을 조속한 시일내에 승리로 종결시키기 위하여 모든 역량을 다하고 있는 인민군에 적극 협조해야 합니다. 그리고 미해방 지구의 인민은 빨치산 활동으로써 후방을 교란하여 도처에서 인민의 봉기로써 국군의 군수물자 후송을 방해할 것이며, 해방된 서울시민은 민주질서를 속히 수립하여 수도의 복구사업을 촉구함으로써 반동에 의해 해산 당하였던 우리들의 정권기관 및 인민위원회를 급히 복구, 인민군을 적극 원조해야 할 것입니다……"

위와 같은 요지의 김일성 성명은 박헌영이 호언장담한 남한내의 30만 남로당원의 봉기에 기대를 걸고 그에 불을 당기는 효과를 노리기 위한 것이었다.

김일성과 그의 추종자의 남한 침공계획의 차질은 여기서부터 출발한다. 애당초 3일 예정의 서울 탈취는 예정대로 되었으나 국군 궤멸을 위한 포위작전인 춘천-수원 진출 부대가 예상외로 국군 제6사단의 선전으로 고전을 면치 못하자 한강 도하를 늦춘 것이다. 또 서울 탈취에 현혹되어 '서울 탈취는 곧 대한민국의 붕괴'로 과대 평가하여 벌써 곳곳에서 오만의 기미가 보이기 시작하였다.

 국군은 이 기회를 최대로 이용하였다. 한강 남단에서 효과적으로 적의 조기 도하를 저지하는 데 일단 성공한 것이다. 그리하여 한강 남단 노량진 국군 진지에서 쌍안경으로 북쪽 대안을 보는 맥아더 장군은 미군의 투입을 결심하게 된 것이다.

 만약에 서울 탈취 즉시 그 여세를 몰아 한강을 도하하여 대전 축선을 향해 치달았더라면 미군의 한국전 개입은 물론 국군은 재편성할 기회를 잃고 궤멸의 비극을 맞았을 것이다.

 김일성의 전략은 이 초기에서 실패한 것이었다.

 또 김일성은 물론 박헌영 등은 인민군이 공격하면 남로당원은 물론 불만세력들이 일제히 봉기하여 인민군 편에서 투쟁을 전개하리라 예측했던 것이 불발에 그치자 당황하였다.

 김일성보다 박헌영은 더욱 사색이 되었다. 왜냐하면 자기가 장담한 것이 이 모양이라면 모든 자기의 말은 거짓으로 되어 버리지 않을까 하는 염려 때문이었다. 남한 곳곳에서는 국군에 자원 입대하는 바람이 거세게 불었다. 대학생은 물론 고등학교 학생(구제 6년제 중학교 고학년)들, 더욱이 일본땅에 있는 교포 학생까지도 지원병으로 군에 입대했다.

 북한 당국이 당황하기 시작한 것은 7월 2일경부터였다. 일주일이 넘어도 수원 탈환이 안되는데다 인민의 봉기도 전혀 없자 조급해진 것이다. 특히 1950년 1월 12일 애치슨 미 국무장관의 선언으로 미군이 한국전에 불개입하리라 철석같이 믿었는데, 전쟁 초기 벌써 미군기는 물론 호주의 신예기인 제트기가 날아와서 인민군 전투기를 격추하는가 하면 진로까지 방해하고 있으니 김일성 이하 전쟁지도부 구성원들은 한 줄기 암흑 같은 불안감이 다가오는 것이었다.

6월 28일에는 유엔 안전보장이사회에서 한국에 대한 참전 결의를 하는가 하면, 6월 30일에는 미국이 지상군의 한국전선 투입을 결정하였다.

7월 1일에 이미 부산항에 미 지상군 선발대가 도착하였다는 소식을 김일성은 접하였다.

김일성은 더 지체할 수 없다고 판단하였다. 이미 호기는 놓쳤으나 지금이라도 빨리 한강을 도하해야 한다고 독전에 들어간 것이다. 국군은 그 여세에 몰려 한강 방어선이 붕괴되어 갔다. 그러나 7월 3일까지 한강선에서 국군이 선전했다는 것은 곧 국군의 재편성을 보장할 수 있었다는 의미 외에 대한민국의 붕괴를 막았다는 각별한 역사적 의미가 있는 것이다. 특히 이 한강선 방어작전에 내가 지휘하는 육사 생도대를 주축으로 한 육사부대의 공헌이 있었음을 역사 앞에 밝히는 바이다.

나는 이러한 격동의 시점에서 제2사단장으로 임명되었던 것이다.

나는 제2사단장으로서 후퇴의 길에 오르면서도 결코 실망하지 않고 언젠가 다시 공격으로 선회할 것이라는 확신을 가지고 있었다.

이미 1기에 해당하는 작전에서 보여진 것처럼 적의 중화력(重火力)과 몇배에 해당하는 병력에도 불구하고, 국군은 그들이 애초에 기대했을 것에 틀림없는 자연와해의 비참한 꼴을 당하지 않고 악착같이 저항하면서도 부대를 이탈하지 않았다.

장교나 하사관, 병사 가릴 것 없이 각자는 위급한 고비에서 부대질서가 흐트러지더라도 다시 꼭 자기 부대를 찾아 모여들었다. 그들은 모두 스스로가 개개인의 운명을 부대의 운명과 동일시하겠다는 군인정신이 충만해 있었던 것이다.

이것은 최소한 우리가 선회점(旋回点)을 마련할 수 있는 보장이며 우리 국군의 기본적인 우수성을 입증하는 것이었다. 그들 장병들은 각자가 거의 본능적으로 공산주의가 무엇이며 그들의 본체가 무엇이냐 하는 것을 근 5년간 경험으로 체득하고 있었다.

그들은 어떻게 하든 남하의 길만이 살 길이며 그 어느 날 되올라갈 수 있으리라는 믿음을 지니고 있었다.

이런 굳센 신념이 어디서 온 것일까. 물론 여기에는 유엔의 참전 결의와 미 지상군의 투입 결정 등이 작용되었으리라고 보지만, 근본은 조국을 선택한 현명한 각자의 판단에 기초하였다고 보는 것이다.

그러나 당장 매일과 같이 최전선에서 적의 압력에 저항하면서 내려오는 사병들에게 있어 인간이 갖는 취약성, 즉 편한 곳으로의 도피 같은 것도 있을 수 있다고 생각되지만 결코 그런 나약한 장병이 없었다.

각자가 자기의 운명을 패퇴하고 있는 군대에 위탁하고 있는 현상은 그 군이 갖는 응집력과 대의명분이 승승장구하는 인민군보다 우월하다는 반증이기도 하다.

나는 패퇴의 길에서도 결코 실망하지 않고 꼭 승리할 수 있다는 신념을 그들 장병으로부터 얻었던 것이다.

평택까지 후퇴하여 평택 입구의 학교에 제2사단 간판을 내걸었을 때 어디서 나타났는지 잠시 동안 놀랍게도 무려 3천 여명이 모여들고 있었다.

7월 1일 내가 사단장으로 취임할 때의 병력이 1천7백명밖에 안되었는데도 불구하고 이것은 실로 감격적인 일이 아닐 수 없었다.

마침 저녁 무렵 딘 소장 휘하의 미 제24사단의 선발대가 들어서고 있었다.

그 광경은 참으로 금시 구원이나 받은듯이 마음 든든한 것이었다.

우리가 좌측 산의 국민학교에 자리잡고 있는데 미 제24사단 병력은 우측에 자리를 잡았다. 그때 그 든든하던 마음은 글로 표현하지 못할 정도로 감동적이었다.

한강 도하작전을 감행한 적은 여전히 주력으로써 경부선을 따라 남하해 왔다.

적 제1사단은 수원-이천선으로, 적 제3사단과 제6사단은 경부본선축으로, 그리고 전차 105사단은 경부본선과 수원-안성선을 따라 남진했다.

적 1개 대대와 전차 6대는 인천을 7월 3일 밤에 점령하고 수원도 이날 중으로 점령해 버린 것이다.

중부전선에서는 춘천을 점령한 적 제2사단이 가평-청평으로 남진, 적 제12사단은 홍천으로 하여 7월 3일에 원주 시내로 침입하였다.

동부전선의 적은 강릉으로 침입한 제5사단이 상륙부대와 연결, 삼척을 거쳐 급속히 남진을 계획하고 있었다.

바로 이때 일본에 주둔하고 있는 워커 중장 지휘하의 제8군은 한국전선에의 투입 준비를 하고 있었고, 부산으로 공수된 제24사단의 일부 선발대가 포진하게 된 것이다.

이미 우리에게 스미스 특수임무부대로 알려진 이 대대는 7월 5일 오산 죽미령에서 인민군과의 첫 교전에서 참패를 당했다.

바로 그날 국군의 제5사단과 제7사단을 해체하여 수도사단, 제1사단, 내가 지휘하는 제2사단을 보강했다.

미군 제1진인 미 제24사단 제21연대 제1대대장 스미스 중령은 북한 인민군과의 첫 교전에 대해 다음과 같이 회고를 했다.

"잠을 자고 있는데 한국에의 출동명령이 내렸다. 사단장 딘 소장은 나에게 '스미스 중령, 나는 당신에게 지시할 것이 거의 없소. 내가 아는 전부는 당신 앞으로 공산군이 전진하여 오고 있으리라는 것뿐이오. 여하튼 부산에 내려서 아무와도 연락이 안되면 경부선을 타고 북상하여 공산군과 부딪치는 곳에서 그들을 스톱시키시오.' 명령은 그것뿐이었다. 우리 4백6명은 C-54 수송기로써 일본으로부터 부산으로 수송된 다음 경부선을 급상하여 오산 근처의 구릉에 포진하였다. 그날 밤 우리는 도로를 가운데 두고 양편 구릉에 진지를 구축하였다. 이튿날 새벽 먼동이 트자마자 적의 공격을 받았다.

총수 33대의 적 전차는 2, 3대씩 짝이 되어 파상적으로 공격하여 왔다. 그들은 시속 4 내지 5마일 속도로 장비된 총포를 발사하면서 우리 대대의 한복판을 뚫고 지나갔다. 우리는 구릉에 있었던 것이 천행이었지 만일 평지에 있었더라면 기갑장비가 없었던 우리는 그들에게 완전히 짓밟혔을 것이다. 전차가 우리에게 준 피해라고는 전선의 절단뿐이며 수신기는 강우가 망쳤다.

우리는 적 전차에 유효탄을 보낼 수 있는 75미리 무반동총 4문을 가지고 있었으며 그것으로 적 전차 2대를 파괴하였다. 포병대는 4문의 105미리 곡사포로 적 전차 4대를 직접 조준사격으로 격파하였다. 나머지 27대의 T-34 전차들은 그대로 남진하였으며 어디로 갔는지 나는 알 수 없었다. 그러나 최후의 전차가 지나갔을 때 그 뒤에 길이 1.5마일이나 되는 군대 수송 트럭 대열이 나타났다. 우리는 그대로 구릉에 남아서 그 트럭 대열이 천미터 정도 가까이 왔을 때 일제사격을 개시했으며 적은 막대한 사상자를 냈다. 그들은 곧 전개하여 박격포 사격을 가하며 공격해 왔다. 우리는 일단 적을 저지하였으나 이 인원으로는 진지를 방호할 수 없었다. 오후 1시경, 나는 도로 동쪽의 중대를 철수시켰으며 이로 말미암아 도로 지배권을 적에게 빼앗겼다. 적은 우리의 탄약과 차량에 사격을 가해 우리는 탄약 보급이 두절됐다. 오후 2시 반, 우리의 장비는 모두 파괴되고 기관총탄도 끊어졌다. 많은 사상자를 내면서 적의 포위를 뚫고 나가느냐 그대로 남아서 전원 전사하느냐의 두 가지 길만이 남았다."

이것이 첫 참전했던 미군의 모습이었다. 그리고 이것이 이땅에서 미국 시민이 희생을 보게 되는 그 첫 스타트였던 것이다.

여기서 상세히 그의 말을 인용한 배경부터 설명해야겠다.

당시 미국을 비롯한 서방국가에서는 군사 전문가나 군사 전문가가 아닌 사람도 북한 인민군을 한낱 바지 저고리로 업신여겼다. 한 지방의 민병대쯤으로 보았다. 그런데도 한국군이 연전연패하자 한국군에 대한 비평은 비참할 정도였다. 저명한 미국의 군사평론가까지도 한국군을 뉴욕에 있는 경찰관보다 못한 전투력을 가지고 있을 뿐이라고 매도했다. 연일 외국 신문에는 한국군이 패퇴하는 처참한 광경이 크게 실렸다. 따라서 스미스 특수임무부대가 배치되면 일단 적의 남진을 얼마만이라도 저지할 수 있을 것이라는 희망을 가졌었다. 그러나 스미스 부대의 참패 소식이 외신을 통해 알려지자 한국군에 대한 시각도 차츰 변해 갔다. '어려운 전쟁' '힘든 전쟁'이라는 어휘가 생기기 시작하였다.

따라서 서방 각국은 북한 인민군의 전투력이 예상외로 강한 것을 깨닫고 그때서야 놀라는 것이었다.

적 주력은 여전히 경부선축을 따라 남진을 계속했다. 이 주력의 진격과 함께 조공부대가 진천-청주선과 온양-공주선을 남진했다.

이천에 침공한 적 제1사단은 여주를 통과하여 충주로 향하고 용인, 수원으로 남하한 적 제2사단은 진천 방면으로 진출하고 있었다.

주공부대인 적 제3사단과 제6사단이 대전을 목표로 하여 우리의 금강 방어선으로 급속히 육박하여 왔다.

미군 당국의 견해, 즉 '한국 지형은 산악이 많고 전차 기동이 어려운 논이 많아 전차가 필요 없다' '유럽의 광활한 평원에서나 필요한 전차' 등의 주장은 금강선까지의 작전 추세만 보더라도 얼마나 무식한 판단인가를 입증하고 있있다. 적의 전차는 곳곳에서 결정적인 역할을 하고 있었다. 전차는 그 무서운 기동력과 화력 그리고 충격행동으로 국군이나 미군을 가리지 않고 유린하고 있었던 것이다.

금강선 방어에서 비로소 국군은 미군 부대와의 본격적인 협동작전에 들어갔다.

미 제24사단은 경부선을 포함한 그 서쪽 지역의 금강선을 방어하고 그 동쪽은 우리 국군이 담당하였다. 국군 방어 담당은 내가 지휘하는 제2사단과 제1사단이 청주를, 수도사단이 진천으로 진천-음성선을 방어하였다. 미군이 조치원에서 점차 후퇴하여 옴에 따라 국군도 전선을 정비하여 청주-은행리-미원리-문경선으로 후퇴하였다.

전투를 계속하면서 어려운 전쟁판이라는 말이 붙어 있었듯이 후퇴의 길은 참으로 피곤하고 처량하였다. 도중에 이합집산(離合集散)이 이루어지고 행방불명되었던 사람이 불현듯 나타나기도 하여 기묘한 해후도 때로는 있었다.

청주 동북의 괴산 쪽에 내려가 있을 때였다.

임시 지휘소 앞에 이상한 병력 5, 60명이 우굴거리며 내려오고 있었다. 우군과 같은 차림이었다. 결국 확인한 결과 윤충근 중령이 인솔하는 아군이었다.

"아니, 윤중령 어찌된 거요?"

그러자 윤중령은 새까맣게 그을은 얼굴에 비죽이 웃으면서

"글쎄 내니 알겠소. 하여간 만주 벌판에서 토벌 경험은 있었으니 그렇게 호락호락 당하기야 하겠소."

이렇게 익살을 던지고는 관악산까지 마지막으로 교전하다가 후퇴하려니 벌써 적은 아득하게 밀려 내려오고 있어 할 수 없이 며칠 밤낮을 산만 타고 걸어서 내려왔다는 것이다. 피차 기가 막혔다. 참으로 그만해도 다행이라고 우리는 서로 손을 마주 잡았다.

"헌데 육군본부는 어디 있소?"

"대구로 간 모양이더군."

"아이고 그렇게 내려가기만 하면 장땅인가? 어느 목에서든 이젠 막을 도리를 취해야지."

그는 투덜투덜하면서 불만을 토해냈다.

"미군이 정식으로 참전했소."

그러자 윤중령은 대뜸 심각한 표정이 되어

"음? 미군이? 그럼 문제는 좀 달라지긴 달라지겠는걸."

역시 그는 낙천적으로 받아 넘기는 것이었다. 이런 역경 속에

서도 굴하지 않는 유머와 익살은 그의 큰 그릇을 알게 하고 또 부하들의 사기에도 도움이 될 것이라고 생각했다.

근처 냇물에서 미역을 감았다. 아무리 험한 고비에서도 잠시 잠시 이런 여유 있는 시간도 있을 수 있구나 하고 약간 감상적으로 되는 것이었다.

나는 부관 및 운전병과 함께 몸을 씻으면서 내가 눈에 띄게 쇠약해진 것을 스스로 깨달았다.

잠을 자지 못한 탓일까? 얼굴과 피부에는 수포가 생겨 있었고 많이 여웠다고 느껴졌다. 그리고 그때서야 비로소 가족 생각이 났다. 까마득히 잊고 있었던 가족들의 얼굴이 하나 하나 떠오르는 것이었다. 그들이 피난길에 나서지 못했을 것이라는 생각이 들었다. 그렇다면 서울 공산치하에서 안전할 수 있을까 걱정이 줄을 이었다. 어찌된 운명인지 고향을 두고도 만주 땅에서 이북 땅에서 이남땅에서 이렇게 위험 속에만 헤치고 다녀야 하나를 생각하니 우리의 세대가 격랑의 세기라는 생각이 들었다.

여기까지 내려오기 전 수원에 있을 때 근처 교회의 낯익은 김철규 신부를 만나 가족에 대한 안부를 각처에 차문해 보았으나 소식은 감감하였었다. 그러나 이러한 사소한 개인 문제는 이런 경우 차라리 사치에 속한다. 나는 머리를 설레설레 저었다. 그리고 새로이 굳은 결의가 용솟음쳐 오르는 것을 역력히 느낄 수 있었다.

7월 5일 밤, 또 적의 공격을 받았다. 우리는 진지를 굳게 지키며 일진일퇴의 격전을 치렀다. 능히 버틸 만하다고 생각했다. 그러나 상부의 명령에 따라 후퇴해야만 했다. 미군과의 전선 균형을 잡기 위함이라는 것이었다. 이미 미 제24사단 주력이 대전 북방 금강 방어선에서 상당히 고전을 겪고 있다는 슬픈 소식이 들어왔다.

미군만 참전하면 전세가 극적으로 달라져 북진의 기세로 전환할 것으로 희망했던 많은 국군 장병에게 실망을 안겨 주는 소식이었다.

결국 7월 13일 청주가 떨어지고 계속 전장 곳곳에서 승전보는 들어오지 않고 좋지 않은 소식만이 이어지는 것이었다.

7월 14일, 미 제24사단의 주력부대는 금강 방어선을 적에게 내주지 않으면 안되었다. 우리가 기대했던 것은 금강 방어선에서 적 남진을 저지, 전력을 정비하여 공세이전(攻勢移轉)으로 실지를 회복했으면 하는 기대를 가지고 있었다. 또 그것이 전혀 불가능한 것만이 아닌 것은 우리 국군 전선은 적의 남진을 견제할 만한 상태였었다. 그러나 워낙 미 제24사단 정면의 적의 전력은 주공이니만치 강력한 것이었던 것 같다.

7월 20일 아침에는 벌써 적의 일부 병력이 대전 시내에 진입했으며, 오후에는 대전 남방으로부터의 공격까지 받아 미 제24사단은 포위 상태라는 것이었다. 이때 최초로 등장한 3.5인치 로케트포로 적 전차 7대를 파괴하는 개가를 올렸지만 역시 역부족이었다.

더욱이 놀라운 일은 사단장 딘 소장이 실종되었다는 소식이었다. 제24사단은 대전에서 막대한 피해를 내고 산산조각이 났다는 것이다. 북한 인민군은 이 전투를 통하여 미군의 전투력이 별것이 아니라는 확신을 얻었으며, 적은 미군으로부터 식량을 비롯한 많은 보급품의 조달을 하게 되었다 한다.

내가 지휘하는 제2사단은 회인 단발령에 배치되고 개인 오막집에 사단의 전투지휘소를 개설했다.

밤이 되자 적은 야간공격을 가해 왔다. 그 일부는 사단 전투

지휘소 근처에까지 침투해 있었다.

피아간 치열한 혼전이 계속되었다.

나의 예하 제16연대, 제20연대, 제22연대는 적과 악전고투하면서 적과 맞섰다.

적은 우위의 전투력과 우세한 병력으로 아군 진지 곳곳에서 결사적으로 달려들었다. 그러나 어쩔 수 없이 또 8km 후퇴했는데 병력은 6천여명선에서 5천명선으로 줄어들었다.

이보다 앞서 회인에서 당시 정일권 참모총장과 직접 전화 통화를 하게 되었다. 정총장으로부터의 격려 전화였다. 나는 그의 격려를 받고 궁금하여 물었다.

"지금 전반적인 전국이 어떻습니까?"

"괜찮습니다. 적의 공세가 점점 둔해지고, 우선 미군이 대량으로 올라오고 있으니 안심하시오."

"네, 감사합니다. 우리도 열심히 싸우고 있습니다."

짧은 전화이기는 하나 한결 마음이 놓였다.

그런데 지금 적의 강타에 의해 많은 희생을 당하고 보니 상부에 미안한 생각이 들었다.

이 무렵 상부 명령으로 일선의 모든 지휘관은 비겁한 행동을 한 자를 직접 즉결처분할 수 있는 권한을 부여받게 되었다.

비겁한 행동이란 상관의 허가 없이 전장을 이탈한 자, 명령 없이 후퇴한 자를 말한다.

다시 우리는 적에 의하지 않고 상부의 명령에 의하여 황간선까지 후퇴하게 되었다.

그 곳에서 일부 병력과 함께 민가에서 밥을 해먹고 있는데 후퇴해 오는 미 제24사단 병력이 옆으로 지나가고 있었다.

이역 땅에서의 그들이 고생하는 것을 보니 정말 가슴이 아팠다.

 교외의 사당 같은 건물에 사단 전투지휘소를 정하고 있는데 마침 육본 작전참모부장이던 김백일 대령이 전투 상황을 보러 왔다.

 그도 적의 진격이 훨씬 둔해졌다고 말하며 적 후방의 교란작전이 진행되고 있으니 조만간 역전될 것이라고 낙관하고 있었다.

 이 무렵 내가 지휘하던 제2사단이 발전적 해체가 되고 그 주력으로 대구지구 방위사령부가 창설되었다.

 나는 사령관으로 부임하게 되었다.

 제2사단의 나머지 병력으로 제7사단에 대한 재편성이 대구에서 이루어졌다.

 또한 새로 한국에 도착한 미 제25사단과 미 제1기갑사단은 금강 남방선에 급파되어 여기서부터 국군의 4개 사단과 미군 3개 사단의 강력한 지연작전이 전개되기 시작하였고, 이 방어선으로부터 우리 측의 지연작전은 본궤도에 올라섰다.

 적은 결사적으로 그들의 전형적인 작전 형태인 야간 침투작전과 후방에서의 교란 및 포위작전을 전개하였지만, 전과 달리 한·미 양군으로부터 출혈을 강요당하고 있었다.

 적의 진격은 현저하게 늦어졌다. 적은 추가적으로 제8사단과 제13사단 및 제15사단 등 3개 사단을 일선에 투입했다. 이들 사단들은 각각 예천과 문경 및 괴산 방면으로 증강되었다.

 7월 25일에 맥아더 장군은 전선 상황에 대한 작전회의에서, 전선은 반드시 안정될 것이라고 선언하고, 유엔군은 계속 증강되면서 낙동강 선으로의 지연작전을 천명하였다.

맥아더의 작전 구상은 필요 없는 출혈을 억제하고 효과적인 방어와 공세이전(攻勢移轉)에 대비하기 위한 최선의 방어선으로 낙동강 선으로 결정한 것이다.

한편, 금강을 도하한 적 부대는 거의 무방비 상태나 다름없는 호남 일대를 일시에 석권하였다. 그러나 그 여파로 보급선이 길어짐에 따른 고통도 감내해야 하는 어려움을 겪어야 했고, 너무 광활한 작전지대로 말미암아 지휘의 단일화에 상당한 차질을 빚고 있었다.

경부 본선축을 남하하는 적 제3사단은 지연작전을 전개하는 미군을 따라 7월 28일 영동 김천을 거쳐 대구를 지향하고, 적 제10사단은 7월 30일 무주를 거쳐 창녕 방면으로 진출하고 있었다.

중부에서는 적 제1사단이 문경 함창 군위를 침공하여, 주력은 대구를 향하고 적 제13사단은 상주를 통과, 다부동으로 향했다. 괴신의 적 제15사단은 상주 의성 정송을 경유, 영전으로 치달았다.

동부전선의 적 제5사단은 영덕 포항지구에 침공을 시작했다.

이리하여 전체적인 전국(戰局)은 차츰 우리의 뜻대로 압축되고 있었고, 우리는 운전의 선회점을 향하여 계속 적에게 출혈을 강요하는 데 최선을 다하고 있었다.

적은 진격을 계속할수록 소모가 많아지는 한편, 보급선의 연신으로 보급품 조달에 큰 차질을 빚기 시작했고, 해공 주도권이 봉쇄되어 사방이 막혔다.

아군의 해공군의 위력은 날이 갈수록 작전 전반에 걸쳐 결정적인 기여를 하게 되었다. 특히 전선지대가 아닌 북한 전역의 기지와 군수공장에의 맹타격은 북한의 전쟁 지속 능력을 현저히 약화시키고 있었다.

　적이 예상했던 8월 15일까지의 전쟁 종료와 함께 서울에서 전쟁 승리 기념행사와 전국의 공산화 통일에의 축제를 열기로 한 그 거창한 계획은 차츰 물거품이 되어 가는 꼴이었다.

　바야흐로 크라우제비츠가 설파한 '전쟁에 있어서의 최량의 전투방식은 방어'라는 명제는 낙동강 선에서의 방어작전에 임하려 하는 맥아더의 전략과 일치하려는 예언 같은 감을 나에게 주는 것이었다.

　속속 미군 뿐만 아니라 자유 우방군의 한국 도착으로 유엔군의 군사력은 공세이전으로 지향할 수 있는 조건 하나하나를 구비해 가고 있었다.

15   지연전은 이제 끝났다
　　　후퇴는 없다

　나는 7월 말, 회인 전투후 대구지구 방위사령관으로 임명되어 전진을 털고 대구로 내려왔다.

　대구 시가지를 걷는 나의 마음은 몹시 착잡하였다.

　대구 시민은 바로 앞에 적을 두고서도 평시처럼 흥청거리며 살고 있었다. 나로 하여금 잠시나마 감상에 젖게 한 것은 그 무엇인가 끈질기고 집요한 그 일상생활의 논리였다. 험하고 위태로운 오랜 후퇴의 여정, 지옥의 아비규환과 다름없는 전투 속을 헤쳐 나오면 바로 언덕 넘어 여기에는 여전한 삶의 꽃밭이 피어 있었다. 그들은 모두가 이 엄청난 민족의 수난을 숙명처럼 받아들이고 하루하루를 소박하게 보내며 전선과는 다른 망각의 논리에서 삶을 꾸려 갔다.

　전선에서 잠깐 후방에 들른 장병 가운데 열혈한 성격의 소지자는 후방의 삶에 대해 분노하고 개탄한다지만, 나는 그런 것으로 바로 전쟁에 승리해야 하는 당위성으로 수용하고 싶다.

 전선이 아비규환의 삶과 죽음의 결투장일진대 후방까지 아비규환의 민생이라면 무엇 때문에 전쟁에서 이기려 하느냐는 것이 내 논리였다.

 나는 늘 가족을 찾아야 할 운명인가 보다. 나만이 아니라 많은 한국인이 나와 같은 경우이고 보면 얼마나 비극의 민족인가.

 나는 임무를 수행하면서 틈이 나면 가족의 소식을 알려고 애썼다. 그러나 나의 가족은 대구에도 없었고 훨씬 남쪽에도 없는 것 같았다. 아마 나의 가족은 내 임무만 아는 그런 성격의 불찰로 저 산 너머 강 너머 언덕 너머 적지 속에서 신음하고 있을 것이다라고 생각했다.

 그들은 살아 있을까. 죽었을까. 어쩐지 외로움과 함께 서러움이 복받쳤다.

 대구지구 방위사령관. 그렇다 나는 최소한 이 고장만이라도 지켜야 한다. 대한민국은, 그리고 내가 설 자리는 바로 이렇게 엄청나게 축소된 속에 아직 버티고 있고 집요하게 살아 남아 있다. 이 곳까지 놈들에게 짓밟히울 수는 없다.

 나는 지난날 대구의 제6연대 대대장 시절 우리 대대본부가 자리잡고 있었던 어망공장 사장집으로 찾아갔다. 그때 대대장 관사였던 집은 사장이 살고 있었다. 마침 그는 집에 없었다. 들어오면 시내 어디어디로 찾아왔으면 좋겠다고 이르고 나는 돌아왔다. 저녁에 사장은 헐레벌떡 찾아와 얼싸안듯이 내 손을 잡는 것이었다. 그리고 입을 열었다.

 "어떻게 됐습니까? 언제 내려오셨습니까? 참 가족들은

모두 어떻게 됐는기요?"

나는 그의 말에 가족은 적지에 그냥 남아 있다고 말했다.

그러자 그는 순수한 그리고 소박한 표정을 지으며 눈물을 글썽이었다.

"저런, 어찌 그런 일이 다 있습니껴. 같이 데리고 나오지 않고예."

그의 호의가, 따뜻하고 인간미 넘치는 착한 마음씨가 고마웠다.

"어떨 것 같습니껴. 대구는 괜찮겠지예. 모두들 걱정 없닥 하긴 합니다만……"

솔직한 얘기가 이것은 난들 확답을 할 처지가 아닌 것 같다. 대구가 어떻게 될 것인가. 이 점은 대구지구 방위사령관인 난들 확실히 말해 줄 수 없었다. 그러나 최소한 할 수 있는 말은 최후까지 지켜야 한다는 나의 각오뿐이었다.

나는 비죽이 웃으면서 내가 사실은 대구지구 방위사령관이라고 알려주었다.

그는 대뜸 놀라는 표정을 하면서 금새 밝은 얼굴로 정색을 했다.

"어, 그렇습니까. 그럼 굉장합니다. 대구의 운명이 바로 선생님 손에 달려 있는 셈이 아닌가요. 믿겠습니다, 선생님만." 하면서 거푸 내 손을 쥐고 흔들어댔다.

"그런데 선생님 얼굴이 좀 못됐습니다. 무척 고생이 많았던가 보지예."

사실 나는 이때 위궤양으로 시달림을 받고 있었다. 음식을 먹을 수 없을 정도였다. 연일 잠을 못자며 작전을 지휘하다 보니 쇠약할 대로 쇠약해진 것이다.

나는 그에게 살아갈 형편이 어떠냐고 물었다. 그는 고개를 설레설레 흔들며 말이 아니라고 했다. 대구시내에 있는 누군들 어렵지 않은 사람이 있겠는가. 수많은 피난민으로 꽉 찬 대구는 글자 그대로 피난도시가 되어 있었다. 밥 한 끼 정도 굶는 것은 예사였던 그런 고생이 생활처럼 여겼던 시절이었다.

나의 병은 날로 심해 갔다. 극도의 역경을 헤매느라 정신 없이 건강 문제는 생각할 수 없었는데, 마음이 안정되고 편해진 탓인지 정말 고통스러운 나날이었다.

나는 이런 경우 입원도 생각할 수 있었지만, 도저히 내 양심으로는 전상도 아닌데 병원을 찾을 수 없었다. 마침 작전참모 이석봉 소령의 부인이 의사였고 대구에 체류중이어서 그 집에 다니면서 치료를 했다.

이런 때 지난날 광복군에 있었다는 수염이 덥수룩한 노인이 어느 날 저녁 무렵 술병을 들고 찾아왔다.

호탕하며 얘기가 많은 노인이었다. 그는 한잔 들자 한시를 읊고 흥을 돋구어 옛노래까지 부르는 것이었다.

"보시오. 평생 외방으로 돌아다니고 빼앗긴 조국이 억울해서 만주 중국 등지를 방랑을 해서 가정 하나 갖추지 못했지만, 보시오 이제 마지막 죽을 자리를 택하리다."

나는 그 노인의 말에 어쩐지 섬뜩했다.

일제하에서 평생 고생을 했다는 이 노인을 이렇게 죽게 하다니 말이 되는가. 그러나 이것도 나 개인의 힘으로는 어쩔 수 없는 이 나라의 숙명 탓인지 모른다.

노인은 술에 취해 중국의 옛시를 읊었다.

그날은 그와 헤어졌다. 얼마 후 그 노인은 게릴라 부대에 가담하여 포항에 상륙해서 전사했다는 기별이 왔다.

내가 대구에 있을 때 이와 같은 기막힌 사연들을 많이 접했다. 참으로 가슴 아프고 안타까운 시대에 우리가 살고 있구나 하며 슬픈 생각에 젖었다.

그 후 대구에서 조암 중령을 만났다. 태릉 육사 뒤 92고지에서 후퇴할 때 행방불명이 되었는데 느닷없이 나타난 것이다. 어느 구석인가 처음부터 예감이 좋지 않았다. 그는 안정감이 없었고 뭔가에 쫓기는 듯한 표정이었다. 그는 내 눈 흐름을 포착한 탓인지 "지프차를 타고 후퇴하다가 적에 잡혀 포로수용소에 있다가 탈출을 하였다"는 것이었다. "달밤에 용감하게 도망쳐 나왔다"는 것이다.

나는 다행이라는 말만 하고 더 이상 말을 하고 싶지 않았다. 얼마 후 그는 극형에 처해졌다는 말을 전해 들었다. 북한군의 지령으로 간첩활동을 하다가 발각되었다는 것이었다. 역시 천박하고 자기 철학이 없는 약삭빠른 타산가의 비참한 말로가 아닐 수 없었다.

같은 죽음이지만 한시를 읊던 노인과 비교하여 얼마나 차이가 나는 죽음인가를 깊이 생각케 했다.

또 한 사람의 죽음도 잊을 수 없다. 그의 이름은 장철부. 육군 소령이었다. 그는 일찍이 중국의 황포 군관학교를 나온 장사형 위인으로, 체구도 크고 목소리도 걸걸 하여 호걸 타입이었다. 한때 육사 교관으로 있었고 전형적인 투철한 정신의 소유자였다.

나는 대구로 부임하던 길에 대구 경마장에 부대본부를 둔 기갑연대 본부 앞을 지나게 되어 차를 세우고 장철부 소령을 찾아 들어갔다. 그때 그는 대대장이었다. 그는 저녁 식사를 대접하겠노라고 하여 부득이 식사를 같이 하기로 했다. 장소령에 대해서는 평소부터 존경하고 있었던 터였기 때문에 거절치 못했다. 그는 술을 무척 좋아했다. 그날 따라 술을 폭음을 하는 것이었다.
 "이대령님. 이거 어디 답답해서 견디겠습니까. 생각 같아서는 단신 적진 속에 뛰어들어가 공산당 놈들을 갈기갈기 찢어놓고 짓부수고만 싶습니다."

그는 좀이 쑤셔 못견디겠다는 표정으로 술을 쭉 들이키더니 말을 이었다.

"옛적 싸움이 더 멋있었지요. 그냥 맞붙어서 적의 눈알을 똑바로 마주보면서 해치웠겠으니 얼마나 통쾌했겠습니까?"

나는 최근에 영화 「엘시드」를 보면서 문득 장철부 소령을 떠올렸다.

그는 나와 헤어지고 얼마 후 제1군단 청송전투에서 기갑연대 기마대대장으로서 적진에 뛰어들어가 전투를 계속하다가 장렬한 전사를 했다 한다.

그는 술자리에서 호언하던 대로 적진에 뛰어 들어갔던 것이다. 그의 장렬한 전사 광경은 충분히 짐작이 갔다. 마지막 방어선에서 그는 대한민국을 지키기 위해 몸을 바친 한 군인이 된 것이다.

그 후 그의 동생 장대위는 형이 전사했다는 근처 산을 몇날을 두고 헤맨 끝에 시체 더미 속에서 형의 금니를 확인하여 시신을 찾았다. 그 후 내가 보병학교 교장시 동래고등학교(당시 보병학교) 뒷산에 이장을 하고 학교장으로 장례를 지내 주었다.

나는 다시 전방을 지원하여 유재흥 소장이 지휘하는 제2군단 부군단장 겸 참모장으로 취임했다. 그때 2군단은 하양에 있었다.

군단의 좌측은 다부동의 백선엽 준장 지휘하의 1사단이 맡고 있었고, 중앙에는 김종오 대령 지휘하의 6사단, 우측은 최덕신

제2군단 부군단장 겸 참모장 시절. 영천 서쪽 표고 540m의 유봉산에서(1950년 8월)

대령 지휘하의 8사단이 배치되었다.

그리고 인사참모에 유근창, 정보참모에 신재식, 작전참모 이주일 등의 면면이었다. 그러니까 우리 2군단이 맡은 지역은 칠곡 다부동에서부터 오른쪽으로 대구 북방 팔공산, 그리고 신영 영천 경주에까지 이르는 선이었고, 경주에서 포항까지의 동부전선은 김백일 소장 지휘하의 1군단이 맡고 있었다.

이때 미 제8군은 이제 지연작전은 끝나고 더 이상의 후퇴는 없다고 선언하였다. 그야말로 철통 같은 방어선이었다. 초조한 적은 8월 15일에 대구를 점령하고 그 기세로 일거에 부산을 공략하려는 계획하에 8월 초부터 대구 정면에 병력을 집결하기 시작하였다. 그리하여 대구 정면으로부터의 공세를 꾀하면서 포항지구와 마산지구에도 압력을 가해 왔다.

특히 마산 방면으로부터의 적의 압력은 부산 교두보에의 중대한 위협이 되었다. 유엔군은 이 지역에서 8월 7일부터 10일에 걸쳐 서남부에 대한 반격전을 실시하였다.

이 작전에 참가한 부대는 미 제25사단의 제35연대, 제5전투단,

미 제1해병사단의 제3해병여단이었으며, 이 부대들은 4일간에 적을 13마일이나 퇴각시켰다. 적은 개전 이래 최초의 중대한 후퇴를 맛보면서 부산 측면공격의 기도를 좌절당하고 말았다.

한편, 포항지구에서는 적 제5사단의 강습으로 포항이 적 수중에 들어가고 8월 13일에는 포항 비행장의 전 자재를 철수하였는데, 전차부대의 반격으로 다시 탈환, 그 여세를 몰아 동부에서의 적의 중대한 압력을 격퇴시키는 데 성공하였다.

대구 정면, 즉 적의 주공축선에서는 8월 5일 도하에 성공한 일부 정예부대가 8월 10일에 이르는 동안 왜관에 교두보를 설치하고 유엔군 후방에 소수 병력을 침투시키면서 대공세의 준비에 분망하였다. 유엔군은 이 중대한 위기를 미연에 방지하고자 드디어 8월 16일 B-29 폭격기 99대로 하여금 왜관지구의 적 집결지에 2차세계대전 이후 최대의 폭격을 실시하여 적의 기도를 좌절시켰다.

그러나 적은 집요하게도 이튿날 8월 17일 4개 사단을 수습하여 군위에서 북으로부터 대구에 대한 총공격을 개시하여 18일에는 대구 북방 13마일 지점까지 육박하였다. 이리하여 정부는 부산으로 옮기고 대구시에도 소개령이 내리는 등 한때 중대한 위기에 처해 가고 있었다.

그러나 이미 적은 강건 참모총장 자신이 이 작전지휘 도중 전사당하고 있었던 것이다.

양측 모두 결전의 순간이었다.

미 해병사단과 미 제24사단으로부터의 응원군이 국군 제1사단과 미 제1기갑사단, 영국 제27보병여단의 방어진지로 급파되었다.

적은 여기서 저지되고 뒤를 이은 우리의 진격작전은 8월 20일까지에 적 공격부대 전부를 격퇴하게 되는 것이다.

이렇게 적의 이른바 8·15 대공세가 실패된 다음 8월 하순을 통하여 전전선에서는 소규모의 전투만이 이어질 뿐이었다.

대구 정면 공격에 실패한 적은 2차 협공작전을 계획, 동부의 국군 방어진지와 서남부의 마산지구에서 공격을 개시하였다. 적은 최후의 힘을 긁어모아 단말마적인 결사 옥쇄 공격이었다. 그러나 적의 사기는 이미 극도로 저하되고 강제 징집된 신병들의 전투력은 보잘것이 없었다.

국군은 물론 유엔군도 결사 항전의 결의로 "지역전은 이제 끝났다. 후퇴는 없다"는 각오로 전투에 임했다. 승리의 여신은 우리 쪽에 서서 이제 그대들이 승리할 수 있다고 판정을 내리는 것 같은 양상이 곳곳에서 이어졌다.

이 기간중 국군과 유엔군에는 용감히 싸워 발군의 공을 세운 전쟁영웅이 속속 탄생하고 있었다.

16 좌절에서 웅비. 인천 상륙작전과 북한 인민군의 패주

후퇴하는 전쟁에서는 후퇴하는 방법과 요령이 필요한 것처럼, 진격하는 전쟁에 있어서도 방법과 요령이 필요할 것이다.

그리고 후퇴시의 군의 사기와 진격시의 군의 사기가 전혀 이질적으로 다를 것이라는 것은 자명한 일이다.

따라서 이 두 경우에 있어서의 지휘관의 지휘 방법과 통솔 요령이 달라질 것은 당연한 이치이리라.

후퇴하는 경우, 자칫 잘못하면 붕괴의 위험과 전투의지의 상실이라는 두 전제하에 지휘관이 신경 써야 하므로 엄격한 기강과 부대질서의 유지가 필요할 것이다.

진격의 경우에는 사기가 자연발생적으로 고조됨으로써 부대 각 구성원의 활달한 생명력은 한정을 모르고 부풀어 오르기 마련이므로 후퇴시와는 또다른 지휘관의 감독과 통제가 요청된다. 특히 질서 유지에 있어서 사회적 책임과 함께 도덕적 정신의 구비는 필수적이라 하겠다.

오만과 방심, 욕구와 방탕은 경계해야 할 요체이다.

여기서 이 무렵 국군의 지휘관과 사병들의 일반적 특성을 살펴보기로 하겠다.

6·25 당시의 군 지휘관은 군 창설 과정에서의 모집 현상에서 보아온 것처럼 처음부터 잡다한 인적구성으로 이루어졌다. 대개가 상하를 막론하고 전투경험이 희소하였고 나이 어린 청년장교로 구성되어 있었다.

국군의 급작스러운 증편과 확장 과정에서 어쩔 수 없는 일이었다. 1951년을 기준으로 장성의 평균연령을 보면 34세이다. 게다가 각기 일본군, 만주군, 중국군 등 출신 성분이 다르다. 즉 이질적인 요소가 너무 강하다는 것이다.

특히 경비사관학교나 그 후 개칭된 육군사관학교에서의 교육 기간이 짧아 군제(軍制)의 통일과 군사사상의 공통성을 주입시키기에 매우 어려운 문제였다.

이와 같이 출신 성분이 다르고 경험요소가 구구한 청년장교들에 의하여 군의 요직들이 배분(配分)되다 보니 보이지 않는 갈등과 지휘의 통일이라는 전쟁원칙 중 가장 중요한 요체에 문제가 있었음은 어쩔 수 없는 일이었다.

특히 젊은 탓으로 주색에 탐닉하는 경우 당국은 제동을 걸 아무런 통제력이 미치지 못했기 때문에 군이 이동할 때마다 뜻밖의 민원을 사게되는 경우도 없지 않았다.

　게다가 소대장급과 중대장급 장교의 많은 손실로 계속되는 장교 보충이 문제되고 있었다. 따라서 단기교육이지만 사명감에 불타오르는 젊은이를 모아 우리들이 양성한 순수한 초급장교의 출현은 군에 신선미를 불어 넣었다. 전시 장교 보충기관이었던 육군종합학교와 그 뒤를 이은 육군보병학교의 OCS 과정 이수자가 그들이다. 또 전시에 있어서 부족한 초급지휘관의 보충을 위하여 우수한 하사관 중에서 지휘능력이 있다고 인정될 때 육군 소위로 현지 임관시킨 것은 말단 전투력 발휘에 큰 역할이 되었다.

　사실상 전란중이지만 이들 초급장교의 대폭 진출로 통제력을 잃을 수도 있는 고급장교들에게 방탕과 무절제에 대해 견제 역할이 되었던 것도 사실이다.

　한 문제가 해결되면 다음 문제가 야기되는 것처럼, 우리 국군의 간부에 있어서 전란중의 잡다성과 무통제의 폐습이 사라진 대신에, 상당한 기간 정치군인의 폐해가 지속되었음은 참으로 슬픈 현상이 아닐 수 없었다. 권력과 부패, 절대권력은 절대 부패하기 마련이라는 논리처럼, 이들 정치군인에 의한 부패 현상이 사회 전반에 걸쳐 만연된 현실은 역사상 미증유의 비극이 아닐 수 없다. 부패 소탕을 부르짖으며 총칼로 정권을 잡은 군인들이 곧 그 전의 부패보다 몇 배 아닌 몇 십배의 부패로 이어지는 악순환을 우리는 보아 왔다. 지금도 그들의 영향력은 정치적 사회적 각 분야에서 대단한 위력을 발휘하고 있음을 우리는 주시해야겠다.

　한편, 당시 사병의 성분과 특성은 어떠했는가.

전란으로 인한 급속한 군의 확장은 역시 사병의 경우도 피할 길이 없었던 것 같다.

당시 사병 가운데 문맹자가 무려 50%를 훨씬 초과했다는 것만 보아도 알 수 있었을 것이다.

6·25 동란 발발 전만 해도 군 자체는 주로 전투배치가 아니라 경계배치에 불과한 상태였다. 이러한 상태에서 적의 강타를 받았으므로 서전에서 대단한 충격과 함께 사기가 저하되었던 것은 어쩔 수 없는 일이었다. 심신의 누적된 피로는 한강 이남에서의 지연전 과정에서 극대화되었다. 이렇다 할 결정적 저항을 하지 못하고 늘 수세에서 후퇴만 거듭하니 그들의 피로와 사기 저하는 설명할 필요가 없는 것이다. 그런데도 불구하고 의식적 도주나 부대이탈 없이 강타당하면 헤어졌다가 다시 집결지에 모이는 반복을 되풀이하면서까지 전투력을 유지할 수 있었던 것은 뭐니뭐니 해도 반공정신이었다. 해방후 불과 5년간 보고 듣고 느낀 빨갱이에 대힌 지항의식이 국군의 난결과 전부력 유지에 기여했던 것이다. 이 점을 본다면 근간에, 소위 '한총련'이다 '남총련'이다 하는 대학생들이 북한의 공산주의자 편에 서서 그들을 대변하는 언동을 할 때면 어떻게 무엇으로 해석해야 할지 막막해진다.

"미 제국주의자들의 또 다른 노예가 되어 버린 이땅을 해방시키기 위해 조국해방전쟁을 벌인 지 44년"

이 무시무시한 선언문은 북한 당국의 발표도 아닌 사랑하는 대한민국의 대학생들의 소위 '한총련'이 광주집회를 열면서 '제2기 출범선언문'으로 공개된 것이다. 이 얼마나 무지한 내용인가.

우리가 어떻게 하여 얼마나 많은 피를 흘리며 막아냈던 공산 침략자가 발발한 동족상잔 6·25 남침을 "미 제국주의자들의 또

다른 노예가 되어 버린 이땅을 해방시키기 위한 조국해방전쟁"
이라니. 분노하지 않을 수 없는 현시국에 대해 우리는 다시 각
성해야 할 것이다. 공산종주국 소련이 붕괴되고 동구권이 줄줄
이 무너져 이제 20세기 최대 실패작인 공산주의를 떠받드는 도
배들이 대학민국 땅에 있다면 이는 민족의 이름으로 지탄받아
마땅하다.

 그러나 한편, 이런 주장을 하는 청년들이 이땅에 있다는 사실
에 대해 더 깊이 생각한다면 책임의 일단이 위정자에 있다는 것
을 생각할 수 있다.

 쿠데타의 연속에 따른 군부 장기집권, 부정부패, 부정불법으로
부동산 투기를 한 자만이 한 차원 높은 경제적 부를 누리고 있
는 현상, 그리고 이들 상당 부분이 권력까지 향유하고 있다는
사실에서 그에 대한 불만의 한 표현이 확대된 결과. 그러나 그
것으로 명분이 설 수는 없다. 왜냐하면 공산주의, 특히 북한의
모순과 비리에 비하면 빙산의 일각에 지나지 않기 때문이다. 북
한의 근대사는 허위와 날조로 조각된 모조품이다. 모든 역사적
사실을 김일성 부자의 미화에 초점을 맞추어 각색된 픽션이나
다름이 없다. 특히 6·25 남침을 "미제의 사주를 받은 국군의 북
침"이라고 그들의 전사 제1장에 언급한 것을 보면 정상적인 사
고력을 가진 사람으로서는 도저히 이해가 가지 않는다. 나는 극
도의 우익 성향에 대해서도 비판적인 시각을 가지고 있지만, 북
한의 역사나 현실에 직면할 때면 말문이 막힌다.

 어쩌다 우리 민족이 이 지경에까지 오염이 되었는지 한탄스럽
다.

 당시 전투병력의 과다한 소모는 전투중 보충되는 신병이 M1

소총도 사격할 수 없을 정도로 훈련이 안된 병력이 많았었다는 점에서도 알 수 있다.

1950년 8월 1일에 첫 발족한 제1훈련소의 신병 훈련 기간을 보면 이 사정은 분명해진다.

첫 두 달간에 배출한 신병은 불과 3일간부터 7일간이었고, 다음 3개월간은 1주에서 3주, 다음해 봄까지는 4주간, 그 이후는 8주에서 12주의 훈련을 받았다.

이러한 몇가지 불비한 조건 속에서의 우리 사병들의 특성은 다음과 같이 요약할 수 있다.

첫째, 대다수가 농가 출신이어서 문맹자가 많았으나 육체적으로나 정신적으로 인내력과 지구력이 강하여 어려움을 극복하는 데 용이했다.

둘째, 창의력은 없었으나 복종심이 강했다.

셋째, 훈련 부족으로 전투 실패시의 사기 저하가 현저하고 재수습이 늦어졌다.

넷째, 특권층의 일부 자제가 징병 기피 사례가 알려져 불만이 많았다.

위에 열거한 사병들의 특징으로 장점을 살리고 약점을 보완하는 테크닉은 순전히 지휘관의 통솔력에 달려 있었다.

통합적인 측면에서 볼 때, 가장 자랑스럽게 느낀 것은 사병 하나하나가 공산당과 싸워 꼭 이겨야 되겠다는 확고한 신념으로 무장되어 있었다는 점이다.

만약 이런 사상 무장이 없었더라면 이 전쟁이 어떻게 되었을까를 상상한다면 참으로 끔찍한 생각이 들곤 했다.

이승만 대통령은 7월 14일 국군의 작전지휘권을 유엔군 사령관에게 이양하는 조치를 취했다. 그리고 7월 17일에는 한국 육군의 작전통제권을 유엔군 사령관으로부터 미 제8군사령관에게 이양했다.

유엔군의 적극적 참전이 결정되고 미국으로부터의 군사 원조에 의해 유지되고 증편되어 가고 있는 상황 속에서는 어쩔 수 없는 고육책이라고 본다.

이 사실은 전반적인 국군의 지휘통솔면에서 영향을 미치겠지만 당시의 전황하에서는 지휘의 통일이라는 면에서 전반적인 작전에 유리하게 작용했던 것은 부인할 수 없다.

지휘의 일원화는 군사작전에서 필수적인 요체이다. "두 명의 현명한 장수보다 한 명의 우둔한 장수가 좋다"고 한 나폴레옹의 경구가 그대로 들어맞은 셈이다.

또한 전투 경험이 부족한 국군의 고급장교 및 참모들이 현대전 수행상 필요한 지휘법을 유엔군 조직을 통해 습득할 수 있는 기회도 장점으로 꼽을 수 있겠다.

이러한 대국적인 장점에도 불구하고 부분적인 부작용이 없지 않았던 것도 숨길 수 없다.

우선 미군을 주체로 한 외국군 지휘하의 한국군 부대 지휘관의 자존심 문제도 있겠고 언어 습관 전통 등의 차이로 겪는 불편 등이 그것이다.

끝으로 역사적 관점에서 본다면, 외세에 의존하던 옛 조상들의 결점을 다시 맞는 독립국가 군대로서의 고뇌이다. 휴전이 된 지 거의 반세기에 가깝게 진입한 오늘날까지도 미 제8군사령관에게 작전통제권이 쥐어져 있다는 것은 그때부터 이어 온 의존심의 연장이라 볼 수 있다. 한반도의 특수성에 의해 미국과 우방국의 지원이 필요하다 하더라도 평시 작전권만은 의당 우리가 찾아야 독립국가의 체면이 서는 것이다.

　낙동강 방어선에서의 피차간 티격태격식의 공방전은 시간이 흐를수록 유엔군측에 유리해진 반면, 북한 인민군은 쇠퇴되어 갔다. 막강한 미 공군기의 폭격과 포병 화력의 집중은 하루하루 병력 손실이 심해 갔다.
　특히 병참선이 멀어진 적은 현지조달도 제한된 처지이고 보면 거의 기아선상에서 고통을 감내해야 했다.
　수세에만 허덕이던 미군과 국군은 비로소 전승의 기쁨도 맛보는 승전보가 들려 왔다.
　국군 제7사단과 제8사단이 9월 10일 영천지구에서 적 제15사단을 공격하는가 하면, 제1사단 또한 팔공산 지구에서 적 제1사단을 공격했다.
　곳곳에서 미군 또한 공세태세를 갖추고 적을 선제공격을 감행하였다.
　1950년 9월 15일. 이윽고 유엔군은 그간의 수모를 청산하고 총반격 작전에 들어갔다.
　미 제10군단 예하 미 제1해병사단과 우리 해병대 및 미 제7사단과 우리 17연대는 해·공군의 맹렬한 지원하에 적 후방 깊숙이 인천상륙작전을 감행한 것이다.
　이 작전에는 7개국 군함 2백61척이 참가하고 총지휘는 맥아더 장군이 맡았다.
　인천상륙작전이 세계에 알려지자 북한 당국은 물론, 소련과 중공측의 공산 진영과 유엔군 파견국 쌍방이 모두 놀랐다.
　그러잖아도 사기 저하와 굶주림에 시달리고 있었던 북한 인민군에게는 결정적인 타격을 입히게 된 것이다.

이 전격적인 인천상륙작전은 제2차세계대전시에 구사된 미군의 한 전략의 패턴으로서 적 주력 후방에 가장 타격을 두려워할 요지를 강타함으로써 일선에 배치된 적 주력을 고립 무력화시키고 전세의 주도권을 잡자는 전략적 의미를 갖는다.

맥아더의 의중은 바로 적중하였다. 인천 상륙과 함께 수도 서울에의 진입과 경부본선의 후방 차단은 낙동강선에 배치된 적 주력에 공포를 유발하기에 충분하였다.

김일성을 위시한 적측 전쟁지도부에서 유엔군이 상륙작전을 감행할 것이라는 예측은 하고 있었다.

그러나 상륙 가능 예상지역이 너무 광범위한지라 그 대비책을 마련하기에는 역부족이었다.

더욱이 유엔군은 인천상륙작전을 기만하기 위하여 동해안과 서해안 일대에서 함포사격을 가하는가 하면 소규모 군산·영덕 등의 상륙작전 또한 병행함으로써 인천상륙작전 보안 유지에 힘썼다. 특히 적측은 인천항의 간만의 차가 심해 상륙 가능 예상지역에서 그 우선순위를 낮춘 것 또한 인천상륙작전 성공을 보장케 하는 데 도움이 되었던 것이다.

이 작전에 참가한 함선은 미국, 한국, 영국, 캐나다, 오스트레일리아, 프랑스 등 7개국으로서 한국전쟁의 특징, 즉 연합군에 의한 공동전선이라는 이미지를 부각시키는 데도 성공하였다. 승리의 기쁨을 미국만이 아닌 주요 참전국에 고루 나누어 갖게 한 것이다.

인천을 점령한 미 제1해병사단 및 우리 해병대는 북쪽과 동쪽으로 각각 진격하여 북진부대는 17일 오후 김포비행장을 점령했고 동진부대는 소사에 돌입하였다.

또한 미 제7사단은 18일 인천에 상륙하여 그 일부는 영등포로 동진케 하고, 다른 일부는 수원으로 남진하여 북상 예정인 미 제1기갑사단과 연결, 적 주력부대의 퇴로를 완전 차단함과 동시에 적 증원군의 투입을 저지하는 작전을 세웠다.

아군이 인천에 상륙하자 김일성은 민족보위상 최용건을 서울방위사령관으로 임명하고 적 제18사단과 인천 경비여단, 제31여단 등 합계 약 2만 병력으로 서울 방어 최후 저항을 시도하였다.

그러나 사기 충천한 연합군의 공세를 당할 수 없었다.

9월 28일, 유엔군은 마침내 수도 서울을 완전히 탈환하는 데 성공하였다.

한편, 인천에서 수원으로 남진한 미 제7사단의 선발대는 북상하는 미 제1기갑사단의 선두 부대와 9월 27일 서정리 부근에서 연결되어 호남지구에서 도주하는 적 퇴로를 차단하는 한편, 계속 적 궤멸 작전에 들어갔다.

낙동강 방어선의 국군과 유엔군은 인천상륙작전의 성공과 병행하여 9월 16일 총반격 작전을 감행하였다.

아군이 총반격 작전을 개시하자 적은 일제히 퇴각을 시작했다. 아군의 쾌속 진격에 놀란 적 주력은 김천, 영동, 청주 부근의 태백산맥에 숨어들어 38선 이북으로 패주하는 한편, 일부는 지리산, 대덕산, 회문산 일대에 은거, 유격전을 시도할 준비를 시작했다.

호남 일대의 적도 추풍의 낙엽처럼 무너져 내렸다. 북쪽으로 퇴각로를 잃거나 퇴로 차단으로 북상이 안된 적들은 심산유곡으로 피해 들어갈 수밖에 없었다.

북한 인민군이 남진할 때는 그래도 국군이나 미군과 전투다운 전투를 하면서 진격의 형식을 취했지만, 낙동강선에서의 북한 인민군의 퇴각은 전투다운 전투 한번 못해 보고 글자 그대로 패주(敗走) 또는 줄행랑이었다.

우리 국군들은 그 동안에 맺혔던 체증기가 일시에 확 풀리는 통쾌한 하루하루를 맞았다.

모두 남북 통일의 달성이라는 희망찬 기대감으로 벅찬 감격 속에서 북진 대열에 섰다.

참으로 자랑스러운 순간의 연속이었다.

참패당하는 북한군의 퇴로에는 미 공군기를 위시한 한국 공군기, 호주 공군기 등 그리고 동해, 서해의 함포들은 적의 퇴로 차단과 적병 섬멸을 위한 대대적인 폭격과 함포사격이 이어졌다.

이 무렵 미 극동군사령관이며 유엔군사령관인 맥아더 장군은 적 사령관 김일성에게 항복을 권고하는 선언문을 발표하였다. 김일성은 이에 대한 회답 대신 38선 이남의 모든 인민군에 대하여 "가능한 한 무기를 휴대하고 이북으로 후퇴하라"고 명령하였다.

여기에 발을 맞추어 중공 외상 주은래는 "한국군을 제외한 유엔군이 38선을 돌파시 중공군이 개입할 것"이라고 경고하였다. 이날은 10월 2일. 그러나 이미 10월 1일에는 국군 수도사단과 제3사단이 38선을 돌파하여 양양을 탈환하였다.

제4장
한국전쟁과 보병 제9사단장

17 북진 서울에 진주하다가
헤어졌던 가족을 다시 만나다

유엔군은 전세가 호전되자 전쟁 재발을 근원적으로 봉쇄하고 한반도의 통일을 성취시키기 위하여 북한군 격멸을 위한 38선 돌파 총반격 작전을 개시하였다. 10월 1일부터 10월 11일간에 군단별로 각각 38선을 넘었다.

미 제1기병사단, 한국군 제1사단, 미 제24사단, 영연방 제27여단으로 구성된 미 제1군단이 주공으로서, 서부 지역의 개성—사리원—황주를 경유하여 평양을 목표로 진격하고, 한국군 제1군단은 중동부 전선 및 동해안 지역에서 원산 방향으로 공격하며, 한국군 제2군단은 중부에서 철원—평강—양덕을 경유하여 청천강선으로 진격하고, 미 제10군단은 원산에 상륙한 다음 그 일부를 서진시켜 서부전선의 미 제8군과 연결하는 기동계획이었다.

이때의 북한 인민군은 서해안 방어사령부와 전선사령부가 38선 북방에 방어선을 치고 한국군과 유엔군의 북진을 저지하면서 그들의 철수부대를 수습하고 있었고, 평양과 원산에는 평양방어사령부와 원산방어사령부를 두어 후방 지역을 방어하고 있었다. 그러나 그 전력은 빈약하여 조직적인 방어대책도 수립되어 있지 않은 상태였으므로 한국군 및 유엔군의 진격은 순조롭게 진행되었다.

국토 통일에의 꿈을 불태우고 있는 한국군은 10월 1일 제3사단이 38선을 넘어 10월 2일에는 양양, 간성, 10월 4일에는 고성, 10월 9일에는 이미 원산의 남단에 이르렀다.

한편, 한국군 수도사단은 제3사단과 병행하여 인제를 거쳐 10월 9일에는 신고산에 도달, 양 사단은 10월 10일 원산을 탈환 점령한 후 10월 11일부터는 원산 비행장을 사용할 수 있게 됨으로써 공군기 사용에 획기적인 전기가 되었다.

또한 중부전선의 한국군 제2군단은 제7사단, 제8사단이 화천, 금화, 평강, 이천을 거쳐 계속 순천을 향해 진격하고 제8사단은 덕천을 향해 진격을 계속했다.

제6사단은 화천을 거쳐 양덕 방면으로 북상하였다.

미 제1군단에 배속된 한국군 제1사단은 평양 탈환을 위한 설레임을 간직한 채 전진 또 전진을 계속하는 것이었다.

10월 19일, 한국군 제1사단을 선두로 하는 미 제1군단은 마침내 평양을 탈환 점령하였다.

중부의 한국군 제2군단은 10월 18일에 양덕을 점령한 후 평양 탈환작전에 기여하기 위하여 성천, 강동으로 서진하였다가 다시 북상하여 10월 23일에는 청천강선인 회천까지 도달하였다.

이때 미 제10군단의 원산 상륙계획은 그 시행이 지연되어 원산 외항에서 상륙 준비를 하고 있었다.

청천강선에 도달한 한국군 및 유엔군은 10월 24일에는 그 곳에서 한·만 국경선을 향한 총공격 작전을 개시하였다.

한국군과 유엔군은 당시의 패퇴 붕괴 상태의 북한군의 전투력으로는 유엔군의 진격을 저지할 수 없다고 판단했으며 북진을 단행, 38선을 넘을 때 우려했던 소련이나 중공의 개입이 그때까지 징후가 포착되지 않고 있었으므로 북진시 설정한 군사적인 목표를 무난하게 달성할 수 있을 것으로 판단하였었다.

그러나 10월 24일, 즉 국경선을 향한 총공격 작전 개시 다음 날인 25일, 한국군과 유엔군이 박천, 운산, 온정리, 희천을 연하는 선까지 진출하였을 때 불의에 중공군의 공격을 받게 되었다.

이것은 완전한 기습이었다. 그리고 한국군 및 유엔군 공격부대의 후방을 차단하기 위해 은밀히 침투해 오고 있었다. 한국군과 유엔군은 이러한 중공군의 참전이라는 새로운 국면에 직면하게 되자, 공산군 지역에 대한 공중공격을 강화하는 한편, 후방으로부터 미 제9군단을 청천강선에 추가로 투입하여 미 제8군의 전력을 보강한 다음 11월 24일을 기해 다시 총공세를 감행하였다. 이때까지만 해도 한국군과 유엔군은 중공군의 참전 규모와 그들의 기도를 정확히 판단하지 못하여 당시에 출현한 중공군을 제한된 병력으로 국지적인 작전임무 수행 정도로 오판하고 있었다.

낙동강선에서의 총반격 작전시의 내가 소속되어 있는 제2군단의 이야기로 되돌아가겠다. 나는 먼저도 말한 바와 같이, 군단의 참모장직과 부군단장직을 맡았는데, 이는 내 활동 범위를 넓히기 위한 것이었다. 즉 참모장직은 참모기능으로 예하 사단에 대한 감독이라든가 지도 기능이 없다. 그러므로 부군단장직을 겸한다면 지휘 기능이 첨가되어 예하 사단을 지도할 수 있는 권한이 생긴다. 그 편의를 위해 두 직책을 가지게 되었던 것이다.

총반격 작전이 시작되자 제2군단은 육본명령 제191호에 의거 주공 방향을 도화동, 함창, 충주 축선을 따라 진격하였다. 진격은 일사천리라는 말에 맞게 쾌속조로 이루어졌다.

군단 지휘소를 안동으로 옮기고 다시 진격을 계속하여 군단 지휘소를 원주에 옮겼을 때는 우리 주변에 적의 포로와 패잔병이 득실거렸다. 특히 우리 사병 한 사람이 수십명의 포로를 몰고 오는 경우도 생겼다.

나는 본부중대 병력을 시외 도립병원으로 배치했기 때문에 초저녁에 그 곳으로 가 보았다. 마침 그 곳에서 들으니 시내 쪽에서 산발적인 총소리가 울리는 것이었다.

나는 곧 부관을 시켜 군단 지휘소인 경찰서로 가 보게 했던바 잠복중의 패잔병들의 기습임을 알았다.

패잔병이라지만 사실 이들은 그 동안 우리들을 괴롭혀 왔던 김무정 휘하의 적 제2군단 주력이었던 것이다. 이것은 그야말로 전격적인 아군의 진격에 따른 부산물로서 주력은 그 뒤를 따라 한가하게 후퇴해 가는 기형적인 현상이었다.

결국 혼전이 벌어졌지만 군단 사령부의 병력만으로는 어림없었다. 곧 군단 사령부를 바깥으로 옮기게 하고 나는 마침 제6사단 부사단장이었던 오덕근 대령과 같이 그의 차를 이용하여 빠져나왔다.

문막동의 지서에 다시 군단 지휘소를 정했다. 그리하여 그날 밤 다시 사태를 수습하여 이튿날에야 후퇴한 적을 쫓아 원주로 나왔다.

여기서 미 고문관이 자다가 살해당한 사고가 발생하였고 수석 고문관은 밤중 한 구석에 숨어 있다가 아침에야 나왔다.

이것은 패주하는 적을 너무 얕잡아 보고 고급사령부가 적보다 앞서서 나가다가 생긴 불상사였던 것이다. 이 사고의 배경에는 당시의 그 전격전의 특징이 잘 들어나 있다. 즉 국군은 전진로 상에 부딪치는 산발적인 적을 무찌르면서 전진해 나갔지만, 적의 주력은 부분적이기는 하나 주력으로서의 질서를 유지한 채 소위 게릴라 활동을 하면서 중부의 산악지대로 북상, 중부지역에 집결해 있다가 중공군이 밀려 나오면서 그들과 합류, 다시 남하작전에 참가하게 된 것이다.

10월 3일, 우리는 광나루 쪽으로 해서 서울에 입성, 보성고등학교에 군단 지휘소를 정하였다. 그리고 나는 서울에 이르자 가족들의 소식이 궁금해지기 시작하였다. 사람들이란 가장 급한 고비를 넘기면 결국 맨 처음으로 떠오르는 것은 가족인가 보다. 따라서 나는 서울 도착후 여러 가지 손을 써가며 가족의 행방을 찾았다. 그러나 전혀 가족 소식을 알 길이 없었다.

신당동의 집은 인민군이 쓰고 있었는데, 그들이 패주후에는 친척이 들어가 살고 있었다. 그 친척의 말로는 "어느 산 속에 들어간다고 떠났는데 어느 산인가를 모르겠다"는 것이었다.

폐허가 된 서울은 그야말로 을씨년스러웠다.

곳곳에서 3개월간 지하에 숨어 지내던 친구들이 텁석부리 얼굴을 하고 하나 둘 나타나고 있었다. 그 광경은 감개무량하기도 했지만, 한편 전쟁의 피해라는 것이 얼마나 비참한 것인가를 깨닫게 해 주었다. 이때 적과의 접촉은 아직 서울-춘천 가도와 의정부 북쪽에서 산발적으로 진행되고 있었기 때문에 서울 거리의 광경은 감격과 함께 아직 긴장감이 감돌고 있었다.

특히 그때 충무로의 한 단골 다방에 들렀던 기억은 지금도 생생하게 남아 있다.

전투복에 철모 차림으로 다방으로 들어가니 낯익은 마담은 힐끗 한 번 보고 외면을 하는 것이 아닌가. 이상한 일이었다. 3개월 적 치하에서 완전히 적색 세뇌를 받았을리도 없는 것이고 쌀쌀하게 외면할 처지가 아닌데 말이다. 나는 가까이 다가가서 왜 외면을 하느냐고 물었다. 그러자 마담은

"어머나"

하고 한 손을 입에 대며 깜짝 놀라고는

"어머나, 어머나 웬일이에요? 살아 계셨군요. 어머나, 어머나 ……."

놀라기도 하고 반가워하는 빛을 보이면서 어쩔 줄을 몰라했다.

그리고는 호들갑을 떨며 무슨 말부터 해야 할지 모르는 당황한 모습이었다.

"아니, 그럼 마담은 내가 죽기를 은근히 바랐소?"

마담은 정색을 하며 그냥 내 얼굴을 뚫어지게 쳐다봤다.

"하여튼 앉읍시다. 너무 청천의 벽력 같아서 그래요. 꿈인지 생시인지 알 수 없군요."

마담의 얘기를 듣자 하니 마담이 놀라는 것도 무리가 아니었다. 6. 28 이후 나에 대한 다음과 같은 소문이 돌았다는 것이었다. 즉 육사 뒤의 92고지에서 마지막까지 용감히 싸우다가 결국 포로가 되었는데, 인민군에게 반항하다 그 자리에서 총살당했다는 것이다.

"글쎄 너무 놀라서 정말 귀신이 나타났나 했다니까요."

이렇게 말하며 비로소 마담은 반가워 눈물을 글썽이었다. 역

시 여자들의 인정이란 그 따뜻한 맛과 눈물을 빼놓고는 느낄 수 없는 모양이었다. 나도 묘하게 가슴이 뭉클해 오는 것을 어쩔 수 없었다.

서울에 닿고 2, 3일 후 문중섭 중위가 자기 가족들을 데리고 찾아왔다. 원래 정보장교로서 6사단에 소속되어 문산에서 전투를 하다가 낙오되어 결국 3개월 동안 서울에서 숨어 있었다는 것이었다.

나는 곧 군단 정보처에 배속시켰다.

이렇게 바쁜 일정을 보내고 있으면서도 가족들에 대한 궁금증은 잠시도 멎지 않았다. 도대체 어느 곳에 가 있는 것일까. 나타날 만한 때가 되었는데 안나타나는 것이다. 알 만한 사람들에게도 물어 볼 대로 물어 보았으나 "산골로 들어간다고 하더라"는 막연한 말밖에 입수되지 않았다. 나는 나대로 불길한 생각까지 들었다. 마음이 몹시 불안했다.

그러던 가운데 드디어 5일후에 처남인 송창무가 나타났다. 얼굴이 까맣게 타고 마르기는 했지만 알아볼 만했다. 그 반가움이란 이루 말할 수 없었다.

"아니, 대관절 어디들 가 있나?"

나는 가슴이 울렁거리는 즐거움 속에서도 이제야 나타나 준 것이 화가 은근히 나서 그렇게 물었다.

"청평 뒤 용문산이라구 숯 굽는 데 있었습니다."

"아니, 그렇게 멀리까지?"

나는 그렇게 말하고는 제 김에 웃어 버렸다.

처남도 몹시 기쁜듯 만면에 웃음을 띠었다.

그러니까 이런 북새통에 나의 아내는 둘째 아들을 낳은 것이었다. 나는 우선 소식을 들은 안심스러움과 함께 어서 가족을 만나고 싶은 초조감이 다급하게 엄습해 오는 것을 참을 수 없었다.

처남은 아직 나를 만난 흥분 속에 잠겨 제대로 차근차근 말을 잇지 못했다. 이 얘기 했다가 저 얘기 했다 하는 품이 안정이 안되는듯 싶었다. 가족이 있는 그 일대는 지금도 총성이 들려 교전중이라는 것이었다. 그 사이를 용케 뚫고 나왔노라고 하며 마치 무용담 하는 것과 같은 생색을 냈다. 처남의 말 가운데 또 놀란 것은 가족들도 내 전사 소식을 들었다는 것이다. 그래서 지금도 가족들은 내가 전사한 것으로 알고 비통한 심정으로 하루를 보낸다고 했다.

다만 아내에게만은 차마 얘기할 수 없어 극비에 부치고 있다는 것이었다. 그만도 다행이라고 생각했다.

"그래서?"

"그랬는데 오늘 아침 일선을 뚫고 국군 선발대한테 이한림이 전사했다는 소문이 있는데 그게 사실인가 하고 물었더니......"

나는 비죽이 웃으면서

"뭐라든?"

"여보시오, 지금 진급해서 장군이구 2군단 부군단장으로 서울에 진주하고 있습니다. 이러지 않아요? 그야말로 또 한번 기절할 일이지. 그래서 그 다음은 곧장 어떻게 뛰어왔는지...... 하여간 매부 뭐 점심이라두 먹고 얘기합시다."

마음은 또 새로이 바빠졌다. 어떻든 가족을 빨리 데려 내려와야 할 일이 급한 것이다.

이미 그 날 오후에는 청평 북쪽의 적도 도주하여 그 지역은 아군 땅으로 되어 있었다. 곧 처남에게 이것저것 먹을것을 사서 맡기고 차편을 마련해서 떠나 보냈다.

다음날 저녁 일찌감치 신당동 집을 찾았다. 벌써 집 앞에 닿자 따뜻한 가족의 훈김이 느껴졌고 그렇게도 그리워하던 아내가 현관문을 열자마자 반갑게 마중하여 주었다.

나는 무심결에 어쩐지 화가 난 것처럼 퉁명하게 물었다.

"언제 왔소?"

나는 이런 경우 아내에게 애정 표시를 기술적으로 못하는 흠이 있다. 무뚝뚝할 수밖에 없는 성품이었다.

"아까 왔어요."

아내는 내 모자를 받아 들면서 부드럽게 웃어 주었다.

큰방에는 가족들이 전부 모여 있었다. 어머니는 또 눈물부터 글썽이시는 것이었다. 아들이 죽었다는 소식을 듣고 비통해 있다가 이렇게 멀쩡하게 살아서 장군이 되어 돌아오니 감개가 무량하신 것이었다.

내 맏아들은 3개월 동안에 전혀 다른 아이로 변해 있었다. 밤낮 강냉이만 먹어서 위가 확장되어 배가 팅팅 불러 있고 게다가 눈까지 쑥 들어가서 몰라볼 지경이었다.

나는 그렇게 달라진 아들의 모습을 보며 새삼 적에게 적개심을 느꼈다.

"어머니, 그 사이 고생이 많으셨습니다."

내가 인사를 올리자 어머니는 곧장

"우선 네 방에부터 가 보아라."

하신다. 나는 짐작이 가는 일이 있어 일어나자 바로 내 방으로 가서 방문을 열었다. 거기 새로 낳아 십여일쯤밖에 안된 둘째가 누워 있었다. 콧등에는 아직 솜털이 보송보송했고 아기인데도 야위어 있어 영양 실조가 완연하였다.

나는 아기를 가만히 들여다보며 묘한 감상이 떠오르는 것이었다.

다시 한 가족이 모두 한 방에 모였다. 모두 제각기 흥분하고 있었던 탓인지 말들이 그칠 줄 몰랐다.

이제 흘러간 고생의 역정은 추억담으로만 남은 셈이었다. 나는 다시 한번 대구 거리에서 느꼈던 이 나라 본래의 백성 모습을 보는 것과 같은 서글픔을 느꼈다.

하나하나의 희노애락의 일상을 가장 소박한 일상으로 받아들이고 있는 이 착한 백성에게 전쟁이란 어떤 명분의 것이든 도저히 용납될 수 없는 것이라는 생각이 절실해지는 것이었다.

아내는 시종 그 성격이 원래 그러했던 것처럼 아무 소리 없이 웃기만 하고 혹은 주로 얘기를 듣기만 했다.

"뭐니뭐니 해두 애 어미가 제일 고생이었다. 처음 피난길 떠날 때부터 그 고생은 말루 다 못한다. 게다가 그런 속에서도 니에 대한 정성은 ……"

어머니는 더 이상 말을 잇지 못하고 글썽이었다.

사실이었다. 그런 어려움 속에서도 내 사물, 양복, 카메라, 넥타이까지도 그냥 그대로 보관되어 있었다. 더구나 임신까지 한 몸으로 어려울 때면 곡식과 바꿀 수도 있었겠지만 굶주리면서도 물건 하나 손대지 않았던 것이다.

피난길 얘기를 서로가 보충해 가며 말하는 것을 들으며 밤이 깊어 가는 줄 몰랐다.

북한 인민군이 들어오자 우리 집은 당장에 반역자의 집이라는 딱지가 붙여지고 그들이 접수했다. 가족들은 수배 직전에 도망쳐 나와 신당동 성당 지하실에 숨어 있다가 아무래도 거기서는 언제라도 잡힐 것 같아서 남산동에 있는 친척 집으로 갔다. 그러나 그 집도 전부 피난을 가고 늙은 할머니만 남아 있었다. 거기서 같이 며칠을 묵었다.

그런데 마침 육사 8기생이었던 사촌동생이 문산 전투에서 부상하여 이 집에 숨어 있었는데 젊은이가 있다고 이따금 조사가 왔다. 겁이 나서 다시 서대문의 아는 집으로 피했다. 그러나 그 집도 벌벌 떨면서 아예 저희까지 피해를 입을지 모르니 들어오지도 말라고 문전박대를 당했다. 할 수 없이 한강 남쪽의 처가 친척 집을 찾았다. 그 집은 마침 빈 집이었다.

일주일쯤 거기 묵고 있는데 이번엔 근처에 미군기의 폭격이 심하여 다시 남산동으로 왔다가 강나루로 나가서 헌 배를 타고 결국 용문산 구석에 숨어들게 되었다는 것이었다.

"큰 애는 내가 업었지만, 애 어미는 몸이 무거우면서도 그 무거운 류색을 이구, 하여간 정성이라는 것은 보통 때 모르니라. 이런 환난을 당해 보아야 사람 된 분수를 확실히 알 수 있는 것이야."

어머니는 아내에 대한 칭찬을 입이 마르시도록 했다.

"하여튼 이제 다 지나간 일이니 악몽으로 돌립시다. 이젠 북진해서 통일까지 되겠으니 오래지 않아 고향 땅을 다시 밟을 수 있고 그런 지난 일은 정말로 옛 얘기가 된 셈이지요."

나는 그렇게 위로했다.

그러나 정작 그날 밤 아내와 단 둘이 되자 비로소 아내는 소리 없이 눈물을 흘리는 것이 아닌가. 나와 갓난아기를 번갈아 돌아다보며 눈물을 줄줄 쏟았다.

"당신 전사했다는 걸 어머니와 창무만 알고 있구 차마 저에겐 못 알렸었대요."

겨우 그 소리만 한 마디 하였다.

나는 아내의 그 울음이 정말 기쁨에서 나오는 눈물이라는 것을 알고 가슴이 뿌듯해 왔다. 그날 밤은 행복했다.

18 2천리의 쾌속 진격과 중공군 한국전 개입으로 통한의 후퇴

북한 땅에 진주하면서 느껴지는 감개는 좀 색다른 것이었다. 반격작전 초기만 해도 승리에의 도취가 진격에의 의욕으로, 이런 경우에 흔히 있을 수 있는 개선군의 흥분 속에 파묻혀 있었는데, 정작 38선을 넘자 이 흥분은 새삼스러운 비장감으로 짓눌려 오는 것이었다.

여기저기에서 가지가지 진풍경이 많이 노정되고 있었다. 산에 숨어 있던 사람, 남한으로 나가 있는 일가친척의 안부를 묻는 사람. 다만 한결같은 것은 정치에는 아랑곳없이 누구나가 태극 깃발 아래 진격해 오는 우리 국군을 진정으로 따뜻하게 맞이해 준다는 사실이었다.

이것은 결국 무엇을 의미하는가.

그들도 역시 대한민국 헌법 질서 속에서 보호를 받아야 할 대한민국 국민이라는 사실의 재확인이었다.

우리 제2군단은 포천을 지나 일부는 철원에서 중부 산악지대로 올라가 평양으로 들어가도록 하고, 일부는 신계로 빠져 황해도 쪽으로 평양에서 합류하기로 하였다.

평강에 닿자 나는 고향에 들러 보고 싶은 충동이 솟아 올랐다. 거기서 고향 석왕사면 금리까지는 불과 백여리밖에 안되는 것이다.

평강 비행장에는 다 파괴된 북한 공군기 야크의 잔해가 처참한 모습으로 널려져 있었다.

이미 가을에 접어들어서 근처의 산과 들은 단풍으로 곱게 물들어 있었다.

나는 부관인 이억송 중위를 데리고 경비행기로 일로 원산으로 향하였다. 원산 비행장이 다가오자 원산 시가지가 시야에 들어왔다. 그런데 놀라운 것은 원산 시가지가 완전히 파괴되어 폐허나 다름 없었다. 이 참혹한 잔해를 보면서 동족간에 전쟁을 해야 하는 이 서글픈 현실에 가슴이 뜨거워 오는 것을 느꼈다.

거기서 지프차로 갈아타고 다시 남하하여 안변으로 향하였다. 하나하나 낯익은 풍경은 옛 어린 시절을 회상하게 하였다. 넓은 안변 평야 그리고 그 한가운데를 가로 흐르는 남대천, 더욱 어린 시절의 편린이 그리운 모습으로 다가오는 것을 느꼈다.

세월은 흐르고 인정도 흐르고 그때의 세상은 주마등처럼 지나가 버렸지만 강산은 예나 지금이나 변함이 없었다. 그리고 그 강산과 더불어 그 속에서 삶을 이어 가는 우리네 소박한 백성들은 여전히 내일을 향하여 살아가고 있었다. 그 숱한 고통을 이겨 가면서 묵묵히 살아가는 백성들이 어느 사이에 세계 대세의 엄청난 물결의 희생물이 되고 있음을 깨달을 때 공산주의자에 대한 적개심이 솟아 올랐다. 김일성과 그 추종자들에게 분노의 불길이 훨훨 타올랐다. 지금 우리가 그 침략자를 무찌르고 북진 북진을 거듭하고 있는 이 현실을 나는 겸허히 받아들여 다시는 이런 비극이 일어나지 않기를 기원하는 것이었다.

나는 고향으로 접어들면서 이런저런 생각에 빠지고 있었다.

나는 원래 3대 독자여서 고향에 가까운 친척이 그리 많은 편이 아니었다. 가까운 친척이래야 8촌 형벌의 쾌림 정도였다. 자손이 귀한 탓이라 먼 친척이 있을 뿐이었다. 그러나 역시 고향은 고향이었다. 어린 시절의 추억이 향수로서 되살아나는 나의 마음의 안식처임은 두말할 나위 없다. 고향 금리 못미쳐 배화에는 고모가 살고 있을 것이다. 잠시 시간을 내어 오는 길이라 그곳에 들러 볼 시간이 없었다.

마침 배화 역전에서 한 소녀가 고모가 살고 있는 어언리에서 살고 있다는 것이다. 그녀에게 일러 몇 시경 배화 역전에 고모를 나와 달라고 부탁하고 나는 다시 고향 마을로 향했다.

그리던 고향에 도착하였다. 고향 마을은 하나도 변하지 않고 옛 그대로의 모습이었다. 꿈과 같은 광경이 지금 내 눈 앞에 벌어지고 있는 것이다. 고향의 친척들은 차례차례 몰려와 눈물을 글썽이며 나를 반겨 주었다.

태어나서 고향을 떠나 본 일이 없는 순박한 그들이 전혀 체제가 다른 남쪽 국군의 군복을 요란하게 입고 나타난 나를 눈물이 흐르도록 반갑게 맞아 주었다는 것은, 나 이한림이 그렇게 눈물겹도록 반가운 게 아니라 공산 치하에서 그 지긋지긋한 힉징에의 시달림 그리고 새로운 자유세계에의 동경이 한데 어울린 결과로 보고 싶었다. 일제 시대보다 더 혹독한 통제하의 삶과 자유라고는 손톱만큼도 없는 공산 치하에서의 악몽이 사라지는 그 순간에 느끼는 감동이 나로 말미암아 점화되었다고 생각한다.

나도 그들과 함께 눈물을 흘렸다.

"참으로 고생이 많았습니다. 이제 자유가 찾아와 모두 즐겁게 살아갈 수 있을 겁니다."

친척들은 내 말 한마디 한마디 놓치지 않을세라 시선을 집중시키면서 나에게 관심을 쏟았다.

나는 친척들과 함께 선산에 올라가 조상의 무덤 하나하나를 찾아 무릎을 꿇고 "조상님의 덕분에 제가 살아 고향에 왔습니다"고 귀향 인사를 올렸다.

나는 돌아가야 하므로 친척들과 작별한 후 약속 시간에 맞추어 배화 역전에 도착하니 과연 고모 내외가 기다리고 있었다.

고모님은 나를 보자 눈물부터 흘렸다. 그리고는 어머니의 안부를 묻고 막내아들이 인민군에 끌려 갔다고 하소연하였다.

"고모님 곧 전쟁은 끝날 것이니 염려하지 마세요."

나는 고모님을 위로하고 얼마간의 군표(軍票: 전시에 점령지에서 쓰는 임시 화폐)를 드리고 그 곳을 떠났다.

다시 원산에 들러 김백일 장군 휘하의 제1군단 사령부를 방문했다.

역시 그 곳 분위기도 술렁술렁하고 전진기지다운 활기가 넘쳤다. 지연전을 할 때의 우울한 분위기와는 달리 승리의 기쁨이 충만하는 축복의 광장이었다.

나는 한결 홀가분한 기분으로 비행장으로 가서 경비행기를 타고 이륙했다. 우리 비행기는 어둠이 서서히 다가오는 석양을 배경으로 하여 고향 마을 상공을 두 바퀴 돌았다.

소년과 같은 감상에 젖는 그 회전 비행기 속의 나를, 나는 지금도 가장 행복스러운 한때였음을 가끔 회상한다. 고향을 떠나 내가 선택한 조국 대한민국의 국군의 일원으로 출발, 6·25 동란의 참담한 패전의 연속 속에서 겨우 회생하여 공세이전(攻勢移轉)으로 북진의 영광을 맞고 국군의 장성이 되어 비행기로 내 고향 상공을 선회하는 그 기분은 여기 필설로 형용할 수 없는 감격이었던 것이다.

더욱이 그때 가을 고향 산하의 풍치는 한 폭의 풍경화보다 더 현란하였다. 어디 이 무딘 글로 그 장관을 옮겨 쓸 수 있으리.

나는 지금도 설악산이나 속리산, 내장산 등 우리나라 명산의 가을 풍경을 볼 때면 즉각 고향의 그 가을 풍경이 연상되곤 한다.
　그러나 그때 본 고향이 오늘 이 시점에서 마지막이 될 줄이야 정말 상상할 수 없었다. 44년이 지난 오늘까지도 그때 본 마지막 내 고향 모습의 그리움으로 나는 잠 못 이룰 때가 하루 이틀이 아니다.
　그때 고향을 잠깐 들렀는데 훗날 고향을 스쳐간 북진 후속부대 지휘관의 전언에 의하면, 마을 어귀에 '향토 출신 이한림 장군 만세'라는 현수막이 걸려 있었다는 것이었다. 그 고향 사람을 만날 날을 나는 손꼽아 기다리고 있다.
　그 2일후 우리 제2군단 사령부는 황해도 곡산으로 옮겼다.
　이미 산악지대를 타고 북쪽을 향해 가던 적 패잔병들은 서서히 위협적인 존재로 부풀어 오르고 있었고, 우리는 그들과의 산발적인 전투를 계속하면서 북상하였다.
　어느 날 곡산에 있을 때의 일이었다. 우리가 입성한 후 그 곳 주민들이 국군 환영대회라는 행사를 열어 주어 참석하였는데, 군중 틈에 웬 신부 차림을 한 50대 중반 되는 분이 서 있었다. 북한 땅에 진주하면서 처음 보는 신부의 모습이어서 나는 몹시 반가웠다. 사람을 보내어 좀 오시라고 알렸다. 그러자 그분은 조심스럽게 가까이 오는 것이었다.
　나는 공손하게 물었다.
　"신부님이십니까?"
　"네."
　"사실은 저도 천주교 신자입니다."
　비로소 신부는 미소를 머금고 안심하는 표정을 지었다.
　"좀 있다가 사무실로 오십시오. 얘기나 나눕시다."
　나는 그렇게 말하고 헤어졌다.

그 날 저녁 그 신부와 나는 마주앉아 청주를 마셨다. 나는 위궤양으로 대구에서부터 병원에 다녔기 때문에 아직 완쾌되지 않은 상태여서 많이 마실 수 없었다. 신부는 청주 한 되를 거의 혼자서 다 마시는 것이었다. 술에 취하자 신부는 지나온 얘기를 열심히 털어놓았다.

성당은 소위 민주선전실이라는 것이 되어 할 수 없이 뒷골목 지하실에 은밀히 미사대를 만들어 놓고 혼자서 5년을 견디어 냈다는 것이었다. 그 사이 고독감은 말할 수 없이 심했고 또 공포감 또한 겹쳐 사람이 산다는 의미가 무엇인지 죽지 못해 사는 삶이었다는 것이다. 그러나 그럴수록 천주님에의 집착이 더해짐으로써 어려운 고비를 넘겼다는 것이었다.

"혹시 서울로 가실 생각은 없으십니까?"

이렇게 묻자 신부는 조금 망설이는 표정이었다.

제2군단 부군단장 겸 참모장으로 북진중 평남 순천에서 잠시 휴식(중앙 앉은 사람이 필자). 1950년 10월.

"내일 서울 가는 스리쿼터 편이 있으니 바람이나 쏘일 겸 해서 다녀오십시오."

그러자 비로소 신부는 고개를 끄덕이며 고맙다고 했다. 참으로 신의 가호가 있었던 것일까.

그 이틀 후 우리가 북상한 다음에 근처의 인민군 패잔병이 곡산에 기습해 와 우익 인사들이 모두 살해되었다. 그 신부는 서울로 떠났기 때문에 화를 모면한 것이다. 이렇듯 점령지 내에서도 적 패잔병들의 행패가 끊이지 않고 있었다.

어느덧 제2군단 사령부는 성천에 자리를 잡았다.

성천은 평안남도의 동남부에 위치해 동북쪽은 맹산군, 양덕군, 서북쪽은 순천군, 서남쪽은 황해도의 곡산군에 인접한다.

제6사단은 원산에서 양덕을 거쳐 평양으로, 제8사단은 신계에서 성천을 거쳐 평양으로, 그리고 제7사단은 그 우익을 담당하였다.

당시 각 사단간에는 모든 군대가 그러한 것처럼 은밀히 경쟁이 벌어지고 있었다.

김종오 준장이 지휘하던 제6사단과 이성가 준장이 지휘하던 제8사단 사이에 평양 입성을 앞두고 서로 먼저 입성하려고 기를 썼다. 그리하여 그들은 양덕을 먼저 통과하려고 경쟁을 벌였다.

물론 좋은 의미의 경쟁이라고 할 수도 있겠지만, 거시적 안목에서 볼 때 냉정한 상황 인식이 요청된다 하겠다.

승승장구하는 전쟁에 있어서 가지가지 에피소드와 후대에 남길 만한 여러 가지 일들이 있다.

태평양전쟁에 있어서 미군의 유황도작전에 있어서의 3용사가 그렇고, 9·28 서울 수복시 중앙청에 태극기를 처음 게양한 국군 용사도 그런 범주 속에 든다. 그리고 적어도 이러한 요소는 장병 일반의 공통적인 명예욕이고 더 나아가 인간 공통 심리일 것이다.

더욱이 우리 국군은 비약적인 확장기에 있었으므로 승진이 빠르고 젊기 때문에 그 혈기 왕성한 경쟁심리가 유독 심하게 작용했다고 보는 것이다. 당시의 사단장 연령이 안정기인 지금의 대대장급 연령과 비슷했다는 점을 감안한다면 그때의 고급지휘관의 심리를 이해할 수도 있을 것이다.

그러나 전국(戰局)에 임하는 전체적이고 종합적인 통찰력, 침착하고 냉정한 상황판단의 결여와 오직 진격의 제1착이라는 지나친 명예욕이 당시 고급지휘관에게 있어서의 취약점임을 자인하지 않을 수 없다.

적 패잔병을 뒤쫓아 전진 전진을 거듭하다 보니 잔적 소탕이 안되어 전진부대 후방에서 빈번하게 일어나는 적의 기습 등은 우리들의 실책이었음을 밝히지 않을 수 없다.

더욱이 소탕을 면한 패잔병들이 지리산, 대덕산을 위시하여 중부 38선 북부의 산악지대 등 각처에 집결할 수 있게 한 것 또한 우리 전술의 미숙함을 드러낸 것일 것이다.

특히 중부 산악지대에서는 적 제6사단, 제7사단, 제9사단, 제10사단의 일부 병력 약 1만명 이상이 전선사령관 김책의 지휘하에 제2군단을 조직하여 중부지구 일대에서 유격전을 전개하고 있었다.

이러한 유격대들에는 본래부터의 유격대와 아군 탈환지역에서 도피하여 온 악질 공산분자들도 포함되어 있었는데, 이렇듯 아군 점령지구에 산재해 있던 이들 유격대 총병력은 무려 약 4만명으로 추계되었다.

이미 원주에서의 피습사건을 기술한 바 있지만, 그 후 적장

무정에게 인솔된 약 6천명의 1개 사단 규모 패잔병 집단이 묵호 일대에 침입하여 분탕질을 한 후 다시 강릉으로 북상, 주민에게 많은 피해를 입히고 주문진에 침입하여 후방을 교란하고 있었다. 연이어 10월 23일에는 피난민을 가장한 적이 고저에서 미해병대 1개 대대를 기습하여 막대한 손해를 입혔다.

이들 패잔병으로 구성된 유격대들은 중공군의 참전과 함께 그들의 전세가 호전되자 김일성 당국과 연락을 유지하면서 더욱 조직적인 후방교란 작전이 이어졌다.

11월에 들어서자 적 유격대의 활동은 더욱 기승을 부렸다. 화천에서, 양구에서, 심지어 청평과 춘천에까지 침입하였다. 이리하여 곳곳에서 아군의 수송대, 물자집결소 등이 피습 파괴되고 교통 통신망이 절단되었다. 어떤 곳에서는 미군의 155미리 곡사포 6문이 파괴당하기도 하였다. 따라서 아군의 전선은 전방 뿐만 아니라 후방에도 형성되는 형국에 이르렀다.

물론 우리가 압록강 두만강선까지 완전히 수복한 연후 후방에 대한 공비 소탕이 시작된다면 그들의 운명은 그것으로 끝나는 것인데, 하늘은 우리에게만 연속적인 행운을 주지 않았던 것 같다.

드디어 평양으로 들어갔을 때는 가을 한가위였다. 대동강변에 가을 해가 떨어지고 거리는 폐허로 변하여 살벌하기 한량없었다.

그러나 여기저기 고도(古都)임을 알려 주는 성터를 비롯 여러 가지 흔적이 남아 있었다.

나는 대동강변을 홀로 산책하면서 만감이 교차하였다. 그리고 지난 시절 만주에서 돌아왔을 때의 평양, 그리고 월남했다가 다시 평양에 왔을 때의 평양을 상기하면서, 이 파괴된 모습에서 민족의 슬픔을 통렬히 느꼈다.

외세에 의한 참담한 모습도 아니오 오로지 동족상잔의 결과라는 것을 되풀이 떠올렸을 때 공산주의자에 대한 분노가 치밀었다.

평양에서의 감회도 잠깐이고 다시 북상의 길로 올라 우리 제2군단 사령부는 순천을 거쳐 10월 20일경에는 군우리라는 곳에 들어갔다.

이 무렵부터 어쩐지 사태가 심상치 않았다. 나는 군단장에게 그냥 산발적으로 북상만 하지 말고 일단 부대 전체의 질서를 재정비하고 가능하면 진격중에 있는 전군단 병력으로 하여금 일단 정리를 한 후에 다시 진격하는 것이 좋지 않겠느냐고 건의하였다. 군단장은 나의 건의를 대수롭게 여기려들지 않았다. 물론 나

제2군단 부군단장 겸 참모장으로 평양에 입성, 을밀대에서(1950년 10월)

도 군단장이 생각하고 있는 바를 모르는 바 아니다.

현재 작전의 총지휘는 맥아더 장군이 맡고 있고 그 곳에서 작성된 전략에 따라 진행되는 것이니, 일선 군단에서의 소소한 문제가 무슨 소용이냐 하는 눈치였다.

"아니오 그냥 올라가야지요. 빨리 압록강에 닿고 볼 판이오."

군단장은 오직 전진에만 집착하고 있었다. 앞으로 닥칠 어떤 좋지 않은 예감 같은 것은 생각하기도 싫다는 태도였다.

중공군의 참전 여부는 국군의 고위층이나 미군 당국에서도 여러 가지 의견이 엇갈렸다. 그러나 먼저 언급한 중공 외상 주은래의 경고가 일종의 공갈일 것이라는 견해가 지배적이었다. 따라서 중공군은 감히 개입하지 못할 것이라는 여론으로 집약되어 있었다.

10월 26일 제2군단 사령부가 군우리에 도착하자 놀라운 정보를 입수하였다.

중공군 4만 병력이 10월 20일부터 한만 국경을 넘어 벌써 제1사단 및 제2연대와 접촉하여 격전중이라는 것이다. 그리고 제2연대의 상황은 지극히 불리하다는 것이었다.

10월 27일 아침 일찍 구장동에 자리잡고 있던 제6사단 지휘소와 제8사단 지휘소를 방문한 바 역시 심상치 않다는 것이었다.

28일에 들어서자 중공군과의 전투는 가일층 격렬해졌다. 다음날 태평동 전방의 상황은 이미 심각한 군단의 시련일 뿐 아니라 전체의 운명이 새로운 차원으로 접어드는 불운한 전조가 아닐 수 없었다.

결국 2천리에 걸친 쾌속의 진격은 그 종지부를 찍게 되고 오히려 방어가 아닌 후퇴의 국면으로까지 상황이 악화되고 있었다.

우리가 당면한 중공군과의 전반적인 전황(戰況)을 요약해 본다면 다음과 같다.

10월 26일, 제6사단 제7연대가 초산 북방의 압록강에 도달하자 돌연 5천명의 적이 제7연대를 포위하고 공격해 왔다. 이것이 중공군 공격의 효시였다.

한편, 온정 부근의 다른 제6사단 부대들도 중공군에게 포위되고 운산에서는 제1사단의 1개 연대가 7천명의 중공군에게 포위당했다.

또한 장진 부전지구에서도 제3사단은 강력한 중공군의 저항을 받았다.

중공군의 한국전 개입에 대해서 일찍부터 여러 가지 첩보가 있었던 것이 사실이었다. 그래서 미국의 국무장관 애치슨은 "중공군의 한국전 개입은 중공의 멸망을 초래할 뿐이다"라고 경고하였고, 이어서 러스크 미 국무차관보가 "미국은 한국내에 군사기지를 둘 의사가 없으며 인접국은 위협을 느낄 필요가 없다"고

평양에 입성하여 기자능에서(1950년 10월)

강조하여 중공의 개입을 미연에 방지하려고 노력하였다.

그리하여 미 공군기 및 기타 유엔군 공군기가 잘못하여 국경선을 넘을까 보아 엄중히 명령을 반복하면서 월경 사고를 방지하는 데 주력하고 있었다. 그러나 중공군은 이 모든 연합군의 개입 예방조치를 묵살하고 공산 동맹국 북한을 위해 대대적인 파병을 결정한 것이다.

얼마나 미국의 군사 당국이 정보에 무능했던지 초산에서 국군이 중공군에게 포위된 후인 10월 28일에도 "만주에 있는 한국인이 중공군의 훈련을 받고 입북한 것이다"라고 말하고 있었다. 바로 이 견해가 한국전을 총지휘하는 맥아더 극동군사령부의 견해이고 보면, 당시 미군의 정보 수집 능력이 얼마나 혼미하였나를 알게 하는 본보기라 할 것이다.

중공군 개입의 실질적 확인은 10월 25일 제1사단 제15연대에서 중공군 1명을 생포한 데서부터 시작하여 계속 중공의 생포가 이어지면서 10월말이 나 되어 미군 당국은 공식적으로 중공의 군사 개입을 확인하기에 이르렀다.

중공은 11월 7일에 이르러 비로소 "중국 의용군 2천명이 조선전쟁에 참전하였다"고 방송을 통해 발표하였다.

맥아더 장군은 11월 중순이 훨씬 지난 11월 24일 자신의 지휘하의 모든 한국군과 유엔군에게 총공격을 명령했지만 실패하고 만다. 이때까지도 미군 당국은 중공의 실세를 과소평가하고 있었다.

11월 27일, 중공군은 우리 제2군단의 방어선을 붕괴시키고 우리는 후퇴의 길에 들어섰다. 국군과 유엔군은 도처에서 중대한 손실을 입으며 청천강 남안으로 후퇴를 하지 않을 수 없었다.

12월 4일, "중공군 1백만이 북한에 집결중이며 새로운 전쟁이 시작되었다"고 맥아더 장군이 발표하였다.

　한국군과 유엔군은 지연전 없이 제1차로 임진강선까지 후퇴를 결정하였다.

　중공군의 대공세와 한국군과 유엔군의 후퇴작전이 진행되는 동안 북한 인민군은 병력을 수습하면서 부대 정비와 신병 훈련 등을 촉진시켜 전력을 강화한 후 차기 공세에 대비하고 있었다.

　중공군이 얼마나 빠른 속도로 남하했는지 12월 24일에는 고랑포에 나타났다.

　우리의 불운은 계속 이어졌다. 적이 고랑포에 나타나기 전날인 23일에 미 제8군사령관인 용장 워커 중장이 자동차 사고로 순직하였다. 그 뒤를 이어 리지웨이 중장이 임명되었다.

　급변하는 정세 속에서 위기를 감지한 미국을 비롯한 유엔 참전국들은 여러 가지 방책에 대해서 골몰하기 시작하였다. 중공군의 한국전 개입 규모가 너무나 큰 데 놀란 탓이다.

　최초로 한국전에 투입된 중공군은 제4야전군 예하 제13병단, 6개군, 18개 사단으로서, 이들은 1950년 10월 12일부터 10월말까지 압록강을 도하하였으며 총병력은 무려 18만명이었다.

　두번째는 제3야전군 예하 제9병단 3개군, 12개 사단 약 12만명이 11월 초순에 압록강을 넘었다.

　세번째는 1951년 2월에서 3월 사이에 제2야전군 예하 제3병단 3개군, 9개 사단과 제2야전군 예하 제19병단 3개군, 9개 사단 그리고 13병단 제47군 3개 사단 등 모두 21개 사단이 압록강을 도하한 것이다. 이때는 한국군과 유엔군이 중공군의 공세에 밀려 수도 서울을 다시 빼앗기고 평택－삼척선까지 후퇴하였다가 재반격 작전을 실시하고 있을 때였다.

　네번째는 1951년 6월에 화북야전군 예하 제20병단 2개군, 6개 사단과 제13병단의 1개군, 3개 사단 등 9개 사단이 개입하였다.

이때는 한국군과 유엔군이 재반격 작전으로 중공군을 38선 이북으로 격퇴하고 문산-철원-김화-간성을 연하는 선에서 상호 대치하고 있을 때였다.

다섯번째는 1952년 9월부터 1953년 1월간에 제3야전군 예하 제9병단 4개군, 12개 사단, 그리고 화북야전군 예하 20병단 1개군, 3개 사단 그리고 제13병단 1개군, 3개 사단 등 18개 사단이 참전했다. 이때는 쌍방이 휴전회담을 진행하면서 고지 쟁탈전을 벌이고 있을 때였다.

결론적으로 한국전에 투입된 중공군의 총규모는 27개군, 81개 사단 약 1백만명에 달한다.

이 숫자는 손실 보충과 교대를 위한 병력의 수는 포함하지 않았으므로 실제 한국전에 참가한 중공군을 약 2백만명에 달할 것으로 추계할 수 있다.

그 근거로 한국전쟁이 끝난 후 미 제8군사령부는 한국전쟁중 중공군의 손실을 전투 손실 97만명, 비전투 손실 27만명을 합하여 1백24만명으로 보고 있기 때문이다.

여기서 설명을 첨가할 것은 중공군의 '군'은 우리의 '군단'에 해당하며 우리의 '군'에 해당하는 호칭은 '병단'임을 밝힌다.

19 남쪽으로 후퇴하는 국군 따라 민족 대이동
퇴진하는 맥아더 장군과 정세의 변화

중공군의 한국전쟁 개입으로 말미암아 확대된 전국토의 초토화와 민족 대이동의 참상은 이 나라 역사가 시작된 이래 우리 민족이 겪은 최대 규모의 비극이었다. 따라서 한반도의 대부분의 민족은 싫건 좋건 자유민주주의 대한민국의 치하에서 짧은 시간이나마 겪게 되었고 북한의 공산주의 치하에서도 겪어야 하는 운명에 처했었다. 한반도의 남단 일부분과 북단 일부를 제외한 전국토가 양쪽 이데올로기의 출렁거림으로 그 실체를 체험하게 되었었다는 이치이다. 여기에서 우리는 주시해야 할 중요한 문제가 있다. 이 선택의 시기에 어느 쪽을 선택했느냐 하는 것이다. 그 결과는 민족의 전통을 이은 남쪽을 선택했다는 것을 알 수 있다. 즉 남한의 극히 일부, 즉 적색분자나 그의 연고자 외에는 북한군을 따라 월북한 자가 거의 없었던데 반하여, 북한의 주민은 국군을 따라 많이 남하했다는 사실이다. 이 과정에서 민족 대이동이라 할 만큼 한국행의 북한 주민이 많았다는 데 의미가 있다.

결국 우리 민족은 북한의 김일성을 버리고 느슨한 체제이지만 전통과 자유가 보장된 대한민국을 선택했다는 결론에 도달한다.

중공군의 한국전 개입으로 그 동안 혹독한 공산체제하의 북한 동포가 겨우 찾은 자유에서 다시 속박으로 전환하는 계기가 되자 북한 사회에는 혼란과 공포가 휩싸이게 되었던 것이다. 북한 인민 대다수는 이 혼란의 과정에서 사람답게 살아야겠다는 신념으로 남행을 결심하게 된 것이다.

대대로 삶을 이어 온 자기 고향 땅을 버린다는 것은 얼마만큼의 결단, 즉 사생결단의 의지 없이는 불가능한 것이다. 그런데도 북한 인민은 평양에서 청진에서 흥남에서 원산에서 남행하기 위한 인파로 아비규환의 지옥을 연상케 하는 혼란 가운데 남행을 소원하고 있었던 것이다.

이른바 1·4 후퇴로 연결되는 이 피난의 행렬은 산야와 계곡의 눈보라치는 혹한을 뚫고 강을 건너 들을 가로지르며 그 행렬은 끊이지 않았다. 차가운 바람이 휘몰아치는 청진, 흥남, 원산

항의 부두에는 유엔군의 배편을 기다리는 수십만의 인파가 뒤엉켜 있었다.

이 광경은 자유에의 갈구였다. 얼마나 북한 통치하의 그 사회가 혹독하였기에 이처럼 생사를 초월한 대한민국행을 소원하고 있었을까.

무려 남행을 결단한 북한 인민의 총수는 약 4백만명, 북한 총인구의 거의 반에 육박하는 상상을 초월하는 숫자이다.

이런 대규모의 민족 이동, 즉 자의에 의한 선택의 과정에서의 이동이 이처럼 커다란 파문을 일으킨 적은 인류 역사상 초유의 일이다.

12월초부터 시작된 북한 오지에서부터의 피난민의 사태는 빠른 사람은 빨리 나올 수 있었지만 늦은 사람은 중공군의 인파와 거의 같은 선상에서 휩쓸려 나왔고 많은 사람이 그 와중에서 희생되는 비운을 맞기도 하였다.

12월 4일의 평양 철수, 12월 7일의 원산 철수, 12월 14일의 흥남 철수, 그 아비규환의 지옥을 연상하는 참담한 광경은 민족의 혈사(血史)로서, 민주주의 선택의 위대한 민족의 선견지명으로 길이 이땅에 남을 것이다.

다음해 1월 3일에는 이미 적은 서울 동북방 의정부에 침입하게 되자, 4일에는 정부 각 기관이 철수하여 부산을 다시 임시수도로 정하게 되었다. 일반 시민은 다시 피난의 길에 오르게 되었다.

특히 이번 후퇴에서 언급해야 할 중요한 문제는 국민방위군에 관한 것이다.

10월중에 서울 시민을 비롯하여 각 지방민에게 시민증과 도민

증을 발부한 바 있다. 그런데 이. 증명서를 안가진 사람에 대해서는 엄중한 단속을 했다. 그리고 청장년에 대해서는 제2국민병이라는 이름으로 편성시켜 전원을 남쪽으로 강제 인솔하여 내려왔다. 너무 조급하게 편성했고 사전 대비책이 없었기 때문에 제반 준비시설이 잘 될리 없었다. 그 많은 청장년의 숙식 과정에서 많은 문제점이 발생하여 '국민방위군 사건'이라는 국민을 분노케 했던 커다란 불상사가 일어났다.

한편, 중공군 개입후의 전화의 확대는 유엔 각국에도 즉각적인 반응을 불러 일으켰다.

중공의 전면적인 한국전 개입은 그때 이미 종전에 가까워지던 한국의 전국(戰局)을 돌변케 하는 동시에 세계를 새로운 경악속으로 몰아 넣었다.

더욱이 전쟁 확대의 우려, 즉 세계제3차대전을 유발할 위기가 충분히 가능한 것으로 인식되었다는 데 강대국들은 관심을 곤두세웠다.

이 새로운 위기에 대처해서 미국이 취한 태도는 자못 강경하였다.

우선 1950년 11월 29일, 미 국무장관 애치슨은 방송을 통하여 "간악한 중공의 침략에 대하여 미국은 그 부하된 책임을 완수하지 않으면 안된다"고 선언하고, 이튿날인 30일 트루먼 미 대통령도 "여하한 사태가 오더라도 한국을 포기하지 않겠으며 경우에 따라서는 원자탄 사용까지도 고려하겠다"고 언명하였다.

계속 12월 1일 애치슨 미 국무장관은 "미국민은 최악의 경우에 대비하여 새로운 일대군비계획(一大軍備計劃)을 수립하여야 한다"고 다짐하면서, 유엔의 지지와 북대서양동맹 참가국 전지역을 통한 조직의 추진, 미국 및 그 연합측에 의한 군사력의 급속한 창설 등 6개 항목에 걸친 국민의 지지를 호소하고, 한편 같은 날짜로 트루먼 미 대통령은 국회에 대하여 1백78억5천만 달러의 국방비 추가예산을 요청하였다. 당시 그 액수는 지금의 화폐 가치에 비하면 상상을 초월하는 큰 액수이다.

 미국은 이러한 단호한 결의와 강경한 조치를 취했다. 제2차 세계대전을 승리로 이끈 미국의 자존심이 후진국 중공의 군사력에 밀려날 수 없다는 결의로 연결된 것이다.

 우리 대한민국으로서는 미국의 이러한 일련의 조치들이 우리를 살린 결과가 됨으로써 우리로서는 흡족한 일이 아닐 수 없었다.

 일단 자유의 이름으로 참전을 했으면 어떻게든 공산침략의 뿌리를 뽑아야 할 것은 당연한 것이라고 보지만, 전기한 바와 같은 고무적인 대 한국 지원책은 미국의 단호한 면모를 보여 주는 것으로서 우리의 마음을 든든하게 하였다.

 이러한 미국의 강경정책, 특히 트루먼 미 대통령의 원자탄 사용 불사 선언은 유엔 각국을 당황하게 하였다. 특히 영국은 크게 불안과 불만을 동시에 표출했으며 프랑스와 함께 미국에 압력을 가했다. 결국 미국은 영국과 프랑스의 제의에 대해 양해하는 선에서 원자탄 사용 문제는 없었던 것으로 결론을 냈지만, 영국과 프랑스의 적극적인 참여의 약속을 미국은 받아냄으로써 대 중공 대 북한 공동선언은 강화되었다.

 드디어 2월 1일 유엔 총회 60개국 정치위원회는 중공을 침략자로 규정하는 미국 결의안을 압도적인 다수결로 채택하였는데 그 결의안의 내용은 대개 다음과 같다.

 1. 중공은 유엔의 정전안을 수락치 않고 대규모의 침략을 계

속하고 있다.
1. 유엔은 한국내의 중공군을 철퇴케 할 것이다. 또한 유엔은 침략에 대항하여 계속 행동할 결의를 갖고 있다.
1. 유엔은 이에 대한 각국의 계속 원조를 요청할 것이다. 동시에 침략자에 대해서는 여하한 원조도 제공치 않도록 각국에 요청할 것이다.
1. 집단대책특별위원중에서 침략에 대비하여 추가대책을 긴급하게 고려할 특별위원회를 구성하도록 요구할 것이다. 또 한국의 정전과 평화를 달성하기 위하여 총회 의장은 자신과 회합하여 조정업무를 추진할 두 명의 인사를 임명함을 요구할 것.

유엔 기구내의 집단대책특별위원회와 의장을 포함한 3인 조정위원회는 위 침략자 규정안에 의하여 2월 중순경 성립된 것으로서 양자는 유엔의 한국전쟁에 대한 행동의 두 노선을 대표한 것이었다.

즉 제1노선은 침략군에 대하여 유엔 집단안보가 한국에서 확고부동한 행동을 계속한다는 그것이고, 제2노선은 평화수단에 의하여 전투를 종식시키는 노력, 다시 말하면 무력 충돌의 확대를 방지하고 정당한 타협적인 협정을 추진하는 노력이었다.

이 제1노선의 강화 방도를 연구하는 곳이 집단대책특별위원회였고, 제2노선을 수행하는 곳이 3인조정위원회였다.

여하간 미국과 유엔이 대한민국을 수호하고 침략자를 격퇴시키겠다는 의지가 확실히 표시되는 제반 결정은 우리 국군 주요 지휘관에게 어떠한 난관을 돌파해야겠다는 굳은 결의와 필승의 신념을 갖게 하였다는 면에서 중요한 의미가 있다.

나는 이러한 일련의 결정 과정 하나하나를 접할 때마다 결코 우리가 패배하지는 않을 것이라는 확신을 갖게 했다.

미국과 유엔의 굳은 결의가 다져지는 동안 우리의 전황은 어떠했는가. 이미 기술한 바와 같이, 12월초로부터 북한에서 철수하기 시작한 국군 및 유엔군의 후퇴선은 대체로 37도선에서 더 내려오지 않고 거기서부터 적을 반격하기 시작했다.

이 반격전은 1월 15일 서부전선에서부터 비롯되었다. 즉 이날 국군 및 유엔군은 돌연히 공격을 개시하여 보병 주력부대와 함께 전차와 강력한 충격력을 동반하여 오산, 김량장, 이천의 세 요지를 탈환하고, 이어 수원에 수차에 걸친 충격을 가하다가 1월 20일에는 그 곳을 완전히 탈취 점령하는 데 성공하였다.

중부전선에 있어서도 아군은 원주, 영월에 수차에 걸쳐 돌입전을 감행하다가 24일에는 대공격을 가하여 두 곳의 완전 탈환을 성공시켰다. 또 평창과 횡성도 탈환하였다.

1월 28일에는 여주지구의 적을 격퇴, 30일에는 동서 양 해안의 적 거점에 일제히 강력한 함포사격을 가하고 강릉에도 돌입하였다.

국군과 유엔군은 중공군 개입으로 입었던 자존심의 훼손과 좌절을 비로소 극복하는 계기가 마련된 것이다. 그 여세를 몰아 2월 9일에는 영등포, 김포, 인천 등지를 완전 탈환하였다.

2월 중순에는 서울 재탈환을 위하여 한강 남안 일대에 포진하게 되고, 2월 21일에는 리지웨이 장군 직접 지휘하에 중부전선의 총공격이 개시되었다. 당시 중공군의 주력이 중부전선에 있었던 관계로 이를 강타후 전선의 균형을 잡고 수도 서울에 진입하려는 작전 계획하에 이루어진 것이다.

서부전선에서는 3월 14일 밤에야 서울에 입성하게 되었다. 중공군 개입 이후 이때까지의 유엔군 전략은 지역 탈환에 역점을 두지 않고 적에게 출혈을 강요, 전투력의 약화에 따라 스스로 물러가게 하는 데 중점을 두었다. 그 전략이 주효하여 이미 중공군은 20만 이상의 인력 손실을 낸 것으로 집계되었다.

당시 공산군측의 전략은 서울을 포함한 서부전선을 확대시켜 국군과 유엔군을 서부지역에 묶어 둔 후 강력한 병력을 중부전선에 집결, 그 주공을 원주에 두고 유엔군 전선을 동서로 절단한 후 서부를 포위하는 데 있었던 것이다.

적의 계획을 포착한 우리측에서 서부를 역고착시켜 놓고 중부를 강타함으로써 적의 전략기도를 분쇄할 수 있었던 것이다. 그러나 이 과정에서 적의 강력한 저항으로 일시 아군이 횡성에서 철수하기까지 하고 국군 제3사단과 제8사단은 적지 않은 손실을 냈다.

이런 어려운 고비를 넘어 천신만고 끝에 38선까지의 실지를 회복하는 데 성공할 수 있었다.

이렇게 되고 보니 세계의 이목이 다시 38선에 집중되었다. 참고적으로 맥아더 장군 해임에까지 이르게 한 당시의 맥아더 장군이 전선을 시찰하고자 3월 24일 출발에 앞서 발표한 성명 내용을 적는다.

"이제 우리 유엔군은 남한에서 조직적인 공산군을 거의 소탕하고 있다. 중공이 수많은 희생을 내고 이 이상 전쟁을 계속하는 것은 공연히 한국 국민을 도탄에 빠뜨릴 뿐이다. 유엔군이 전쟁을 한국에만 한정시키는 관대한 노력을 중지하고 군사작전을 중국 본토에까지 확대한다면 중공은 곧 군사적 붕괴에 직면할 것이다. 중공 지도자가 의당 한국 문제를 해결

짓도록 노력하여야 한다. 나는 언제든지 전쟁의 종결에 관하여 적의 최고사령관과 전선에서 협의할 용의를 가지고 있다."

이 성명은 미국 정부를 비롯하여 서방 각국의 물의를 일으키게 된다. 맥아더는 계획대로 전선을 시찰중 "필요하다고 생각하면 언제든지 38선을 넘어도 좋다"고 말했다.

마침 대기하고 있던 동해안의 국군 보병부대는 이튿날인 25일부터 38선을 돌파하기 시작하여 양양을 재탈환하였다. 이에 중부전선의 미군부대도 호응하여 4월 4일 대거 38선을 돌파하였으니 다시 북한에의 진격이 본격화하게 되었다.

이 무렵 트루먼 미 대통령은 먼저의 맥아더 성명서 문제에 관하여 다음과 같이 메세지를 맥아더 장군에게 보냈다.

"정부는 장차 장군의 어떠한 성명서도 그 공표전에 워싱턴과 협의하기를 요청한다"

이렇게 최초에는 되도록 문제를 확대하려고 하지 않았다. 그러나 영국과 프랑스측에서 "군사령관이 정치문제를 논하는 것은 불가하다"고 강경한 항의를 했다. 또한 미 국회에서까지 들고 일어났다. 한 마디로 말해 문민 체제하에서의 군사령관으로서 건방지다는 것이었다. 그리고 맥아더를 그대로 두면 3차세계대전으로까지 확대된다고 으름장을 놓은 것이다.

4월 11일, 트루먼 미 대통령은 사방에서의 압력을 이기지 못하고 맥아더 해임을 발표하였다.

이리하여 맥아더 후임으로 리지웨이 장군을 임명하고 미 제8군사령관에는 밴플리트 장군을 임명하였다.

결국 이 인사조치로서 영국과 프랑스 그리고 미국의 일부 여론이 무마되고 소련과 중공에 대해서도 전쟁확대 의사가 없다는 것을 확실히 보인 셈이었다. 이에 대해 가장 실망을 하게 된 당사자는 우리나라이다. 남북 통일을 앞두고 제한전쟁을 선언한 격이니 얼마나 비통한 결정이란 말인가.

맥아더는 4월 19일 워싱턴에 도착하여 미국 국민의 열광적인 환영을 받으며 곧 상하 양원 합동회의에 출석하여 연설을 하였다. 그는 다음 네 가지를 주장하였다.

1. 중공에 대한 경제 봉쇄의 강화
2. 중국 본토의 해상 봉쇄
3. 중국 연안지구 및 만주에 대한 공중정찰
4. 대만에 대한 여러 제한의 철폐 및 국부군의 효과적 작전수행을 위한 보급상의 지원

나는 맥아더의 해임과 그의 연설을 통해 맥아더의 주장이 그 당시 상황으로서는 당연한 것이라는 생각으로 굳혔다. 중공이 백만이 넘는 대병력으로 한국과 유엔에 대해 정면으로 도전하는 마당에 제한된 제재조치는 오히려 온건한 편에 속한다고 생각했었다. 당시 맥아더의 주장대로 중공에 대한 제재가 이루어졌어도 소련이 개입하는 세계대전으로의 확대는 없었을 것이라는 현 러시아가 공표한 당시의 문서에서 밝혀지고 있다.

나는 지금도 아쉽게 생각하는 것은 그때 트루먼 미 대통령이 영국과 프랑스 그리고 일부 미국 여론의 압력에 굴복함으로써 우리나라의 남북 통일이 무산된 점이다.

그로 말미암아 당시 우리의 사기는 극도로 저하되었다. 북진의 능력이 있으면서도 북진을 할 수 없다는 국면에 접어들자 모두 맥이 풀렸다. 반면에 중공군과 북한 인민군은 쾌재를 불렀다. 그리하여 4월 22일에는 적의 이른바 춘계 제1차 공세가 개시되

었다.

 이리하여 공산군은 2, 3일내에 남한내의 4마일 지점까지 진출하였다. 적은 아군의 공군기와 포병부대의 맹렬한 공격으로 막대한 손실을 입으면서도 계속 진격해 왔다. 24일 하루 동안에만도 중부전선 지상전투에서 적에 가한 손해는 사상자 4, 5백명으로 추산되었다.

 4월말에 우리측은 중부에서 춘천을 포기하고 북한강 남안으로 철수했고, 서부에서도 임진강을 도하한 적은 의정부를 점령한 후 우이동 근교에까지 침입하였다.

 아군은 결사 항쟁의 결의로 우세한 항공력과 포병화력으로 적을 제압, 서울을 지킨 후 적을 격퇴시켰다.

 또한 서울 교외 수색까지 진격한 인민군 제8사단도 결국 공군기와 포병화력의 위력에 눌려 격퇴당했다.

 5월 3일부터 전면적인 반격에 들어간 아군은 의정부를 탈환하고 중부전선에서도 인제와 춘천에 돌입했다. 그러나 적은 끈질기게 다시 의정부에 침입하는 등 전전선에 걸쳐 일진 일퇴의 혼전이 계속되었다.

 이 춘계공세 기간중 적의 공군의 활동이 증가되고 있다는 사실에 주의해야 했다.

 신의주 및 압록강상의 공중전이 활발해지고 적 공군의 신예기인 미그기가 대량 나타나고 있다는 보고였다.

 또 한 가지 특기할 점은 중부전선에 있어서의 이른바 적의 '철의 삼각지대'이다. 적은 이미 제1차 춘계공세 이전부터 평강, 철원, 금화를 잇는 삼각지대에 견고한 진지를 구축하고 병력과 보급품을 집결, 그 곳을 중심으로 하여 서울과 춘천, 홍천 등에 대한 공세를 취하는 한편, 아군의 진격을 저지하는 거점으로 삼고 있었다.

 6월초에 이르러 아군은 화천, 양구를 탈환하는 동시에 그 여세를 몰아 철의 삼각지대를 탈취하기에 이른다.

 5월 16일부터 6월 10일까지의 적 손실은 사상 및 포로 도합 17만명에 달하였다.

 한편, 서부전선에서는 임진강선을 중심으로 강북에 진출하여 탐색전을 되풀이하였을 뿐 별로 진전이 없었다. 그것은 미군 당국이 이 방면의 전선을 더 확대시키지 않으려는 계획과 적 또한 개성지구에 견고한 진지를 구축하고 있는 상반된 의도가 맞물린 까닭으로 볼 수 있겠다.

 전선은 차츰 교착상태에 빠져 들어가는 모양새를 보였다.

 미국 및 영국, 프랑스 등 서방국들은 전쟁의 확대를 원하지 않는 눈치이고, 중공 및 북한 당국은 미군의 공군기와 포병화력으로 계속 막대한 손실을 입고 있기 때문에 더 이상의 확전을 원하지 않는 눈치, 즉 서로의 이해타산이 맞아 떨어진 현상으로 해석할 수 있겠다.

 이리하여 결국 1951년 7월 10일부터는 적측 제의에 의해 개성에서 정식으로 휴전회담이 열리기에 이르렀다.

20 전쟁중 군사교육기관의 확충과 진지 쟁탈전 속에 병행된 휴전회담

제2군단이 해체된 것은 1월 7일 대전에서였다.
  나는 총반격이 시작되기 전 가장 결정적인 대결이 계속되던 1950년 8월 13일 제2군단에 부임했던 이래 짧은 시일이지만 숱한 추억을 남긴 셈이다. 특히 북한으로의 진격시 북한 각지에서 느낀 민족의 비운에 대해 지금도 뼈저리게 아픈 회상으로 남아 있다. 그런 소용돌이 속에서도 북한 동포가 고향과 모든 재산을 버리고 국군 따라 피난의 길을 선택하고 있는 모습에서 나는 자유의 의미를 새롭게 깨달을 수 있었다.

나는 전진을 털고 육군본부 정보국장(지금의 정보참모부장)을 발령받아 임지인 대구로 향하였다.

1·4 후퇴와 더불어 다시 임시수도 부산으로 몰려든 각 기관과 남한 각지는 물론, 북한의 오지에서까지 밀려든 피난민 사태로 부산 거리는 번잡한 시장 거리처럼 북적대었다.

부산항 부두에서는 밤낮없이 24시간 군수물자의 하역작업이 벌어지고 있었고, 부산 앞바다에는 입항의 차례를 기다리는 수송선이 매일과 같이 임립(林立)의 장관처럼 바다를 메웠다.

나는 신성모 국방장관의 안내를 받아 당시의 이승만 대통령에

육군본부 정보국장으로 1951년 2월 동해안 제1군단 방문(전열 좌로부터 1군단장 김백일 장군, 육군참모총장 정일권 장군, 필자)

게 인사를 갔다. 백발에 노안인 대통령은 만면에 웃음을 띠면서 반갑게 맞아 주었다.

대통령과 대화하는 가운데 이것저것 두서 없는 이야기로 이어지는 듯했지만 역시 어딘가 강직하고 위압적인 면이 돋보였다.

"자네 몇살이랬지?"

이렇게 묻는데도 완연히 손자뻘이나 되는 사람에게 대하는 듯한 자세였지만, 어느 일면 인자한 애정을 느끼게 했다.

확실히 그가 부하를 다루는 솜씨는 투박한 외양 속에 고매한 실속이 들어 있는 것과 같이 압도하는 힘이 작용하는 것 같았다.

특히 군에 대한 신뢰와 군에 대한 육친적 애정 표현과 가지가지 심리적인 배려는 역시 그가 자신의 입지적 터전과 그 터전의 한계까지를 냉철하게 파악하고 있었다는 증거일 것이고, 이 점에서도 그의 현실적 안목을 엿볼 수 있었다.

이승만 대통령과 국군과의 관계, 바꾸어 말하면 한국 민주주의와 국군과의 관계가 되겠지만, 그의 강직성으로 하여 그의 강한 개성적 풍취가 그 짙은 철학을 내뿜으면서 사실상 한국 민주주의라는 것은 어느 의미에서 이승만 개인에 대치되는 것처럼 보였다.

이 과정에서 대공전선에서 담당한 본래의 사명을 완성하면서 한편으로 이승만의 권위에 의한 일종의 독재화의 길로 유도케 된 역할이 군이었다는 사실을 깨달을 수 있었다. 그의 배경에 군이 없었더라면, 그를 가부장적(家父長的) 존재로 군이 그를 떠받들지 않았더라면 그는 독재자가 되지 못하였을 것이다. 독재자 이승만을 나무라기 전에 그의 주변의 벼슬아치들의 행태를 참작했어야 한다고 생각해 보았다.

광주의 상무대의 발족은 교육에의 당위와 필연의 중대성을 표시하는 하나의 군 교육의 혁명과 같은 것이었다. 1952년 1월 6일 명명되어 발족한 상무대의 사령탑은 교육총감부였고, 그 예하에 육군보병학교를 주축으로 한 전투병과 학교들이 수용되었다. 또한 신병 양성기관인 훈련소 또한 이 곳의 감독하에 놓이게 되었다.

뿐만 아니라 1950년 6월 1일 사상 처음으로 발족한 4년제 정규 육군사관학교가 전쟁 발발로 휴교된 이래 그간 육군의 간부 양성을 위해 육군종합학교와 육군보병학교의 간부후보생 과정에서만 장교를 임관시켜 전시 소요를 충족하다가 드디어 1952년 1월 20일에 정규 장교 양성을 위해 육군사관학교를 다시 개교하기에 이르렀다.

한편, 고급작전지휘 및 참모업무의 교육을 위한 육군대학이 창설되었다.

바야흐로 한국 육군이 교육에의 대혁신을 이룩하는 중요한 계기가 되었다. 이 모든 교육기관의 창립은 미군 당국의 적극적인 지원이 있었으므로 가능했다는 것도 첨기해 두고자 한다.

또한 1951년 9월 12일부로 미국의 보병학교와 포병학교에 OBC(장교기본교육과정) 교육차 한국군 장교의 본격적인 대량 도미 유학이 시작되었다.

이렇듯 국군 전체의 질과 양 양면에서의 급속 성장은 대공전선의 제1선에 위치한 한국의 위상을 드높이는 결과가 되었다.

나는 육군본부 정보국장으로 취임해 있었으나 원래 정보업무 가운데 작전 및 전투에 필요한 정보가 아닌 정치정보는 내 성격에도 맞지 않는 직위였다. 형식상으로 정보국장은 특무부대장도

겸하고 있는 것인데, 담백한 군인정신을 근본으로 알고 있는 나에게 정보업무의 내용상 복잡하고 정치성 짙은 일이 내 마음에 들리 없었다. 특히 이승만 정권의 필요로 하는 정치정보의 내용을 살핀다면 더욱 군인정신과 상반되는 사유가 많았으므로 처음부터 어려운 문제에 당면했다.

바로 이런 시기에 거창사건이 폭발하였다.

거창사건은 양민과 적색분자를 정확히 가려낼 수 없는 복잡한 환경 속에서 일어난 학살사건이었는데, 인명을 경시한 그 당시의 작전 지휘관의 과오로 말미암았다고 판단했다. 지휘관의 젊음의 객기로서 경솔한 행동의 결과였다. 비단 거창사건 뿐만 아니라 공비 토벌하는 작전지역에서는 규모는 작지만 그런 유사한 사건들이 더러 발생했었다.

이 무렵 남한내의 공비 상황은 복잡했다. 9·28 당시 국군과 유엔군의 총반격 작전에 패주한 적의 패잔병 및 각지에서 입산한 악질 적색분자 등과 이북에서 직접 침투시킨 유격대원으로 구성된 공비들은 전남북 지방 소백산맥에 숨어들어, 특히 지리산, 회문산, 백운산, 덕유산 또는 부산과 대구 사이의 신불산 등지를 중심으로 후방의 치안 교란과 수송부대 습격, 군수물자 약탈 등을 감행하고 있었다.

나는 정보국장 업무가 도저히 맞지 않아 고심하여 오던 중 평소 내가 바라던 육군본부 작전교육국장(지금의 작전참모부장)에 임명되었다. 그러나 이 직책을 오래 맡지 못하였다. 왜냐하면 당시의 인사이동이 빈번했으므로 그 파장이 여러 곳에 미치기 때문이었다.

육군참모총장으로 발탁되어 올라온 이종찬 장군의 후임으로 육군보병학교 교장으로 전임되었다.

이때에 느낀 것이지만, 군대사회에도 당시의 혼란상의 여파가 미치고 있었다. 장관이나 참모총장이 바뀌면 뒤숭숭한 풍문과 함께 인사의 회오리 바람이 몰아 닥쳤다. 일정한 인사원칙이 없을 때였으므로 예상 밖의 인사들도 많았다.

육군보병학교는 원래 시흥에 있었는데 사변으로 부산에 내려와 동래고등학교에 학교본부를 두고 동래 내성국민학교에 학생연대를, 동래여자고등학교에 후보생 내무반 등을 두어 개교했지만, 초기에는 태릉에서 내려온 육군사관학교와 통합하여 육군종합학교로 출발했었다.

특히 육사 정규4년제로 모집했던 생도2기생들은 3백34명 가운데 6·25 동란 초기 포천전투를 비롯하여 한강선 방어, 수원전투, 포항전투 등으로 89명의 희생자를 내고 나머지가 종합학교

1951년말 광주 상무대 개설로 육군보병학교장에 전임. 시찰차 방문한 이승만 대통령 일행과 함께(지프차에 탄 앞좌석이 이대통령, 뒷좌석 왼쪽부터 필자, 육군참모총장 이종찬 장군, 미 제8군사령관 밴플리트 장군).

에 흡수되어 종합학교에서 단기 교육을 받아 임관하였다.

　육군종합학교는 1기에서 32기까지 약 7천여명의 육군 소위(해병 소위 포함)를 임관시켜 전선의 소대장으로 투입했다. 그 후 전선에 여유가 생기자 육군종합학교를 육군보병학교로 개칭하여 육군사관학교 기능을 분리, 진해에서 재개교했다.

　육군보병학교는 기성장교 재교육 과정인 초등군사반 과정과 고등군사반 과정이 있고 단기 장교 양성을 위한 간부후보생 과정 등이 있다. 즉 육군보병학교는 전투병과 보병장교의 요람이다. 따라서 전투의 승패는 곧 보병학교 교육의 결과가 좌우한다고 볼 수 있겠다.

　부산 동래에 피난 왔던 보병학교가 전남 광주로 옮기게 된 것은 전국의 안정에 따라 장기적이고 완전한 교육성과를 성취시키기 위한 미군 당국의 배려에서 이루어진 것이다.

　광주 상무대에는 교육총감부, 육군보병학교, 육군포병학교, 육군기갑학교, 육군항공학교, 육군병원 등 방대한 시설이 들어섰는데, 이 시설 공사는 미 제8군 예하의 공병대대가 맡았었다. 대부분 콘셋형 건물인데, 당시로서는 상당히 좋은 시설이었다.

　나는 동래에서 이동하기 전에 몇 번 상무대 공사현장에 가서 미군 공병들을 격려했는데, 그들이 땀을 흘리며 우리를 위하여 열심히 일하는 것을 보고 큰 감명을 받았다.

　광주로의 이동은 미 군용선을 타고 목포항에 도착, 목포에서 광주까지는 열차편을 이용, 송정리역에서 하차, 트럭편으로 상무대에 이르는 것이었다.

　나는 보병학교 교장으로서 장교 교육과 후보생 교육을 위해 정성을 쏟았다. 매우 보람 있는 하루 하루를 보낼 수 있었다.

전선은 일진일퇴의 공방전으로 커다란 변화 없이 시간을 끌었다.

휴전회담이 열리기 시작했지만 전국적으로 휴전반대운동이 벌어지고 있었다.

이승만 대통령을 비롯한 남한의 거의 모든 국민은 빨리 북진을 하여 남북을 통일해야 한다는 것이었고, 미국을 비롯한 서방국가들은 현전선에서의 휴전을 바라고 있어 우리 국민과는 상반된 생각을 하고 있었다.

1950년 6월 25일 전쟁 발발 당시의 남북 분단의 상태면 족하다는 생각을 갖고 있는 미국과 서방국가들에게 강력한 우리의 통일 의지를 보이고 불법 남침한 공산군에게 응징의 필연성을 강조하기 위한 국민운동으로 볼 수 있다.

결국 전쟁도 휴전도 당사자인 우리의 뜻대로 진행되고 있지 않다는 약소 국민으로서 느껴야 하는 비통함이 온 국민적 공감대를 형성하고 있었다. 특히 이승만 대통령은 더욱 완강하였다.

"이 기회를 놓치면 우리 민족은 통일을 성취시킬 수 없다. 미국이 반대한다면 우리만이라도 북진해야 한다."

는 것이 이승만 대통령의 확고한 생각이었다. 그러나 트루먼 미 대통령은 안팎으로 압력을 받고 있었다. "잘못하다가 세계대전으로 말려든다"는 우려와 함께 "이제 더 이상 우리의 아들들을 한반도에서 죽일 수 없다"는 여론이 퍼져 나가고 있었다. "한만국경까지 북진해야 한다"는 주장은 수세에 몰릴 수밖에 없는 국면이었던 것이다.

자유수호라는 공통의 명제는 전쟁의 확대 방지라는 목적하에 차츰 그 빛이 줄어들고 있었다.

휴전회담이 진행되는 동안에도 그것과는 전혀 관계 없이 전투

행위는 계속되고 있었다.

　적은 전선 산악지대에 견고한 진지를 구축하고 겉으로는 정전을 표방하면서도 계속 막대한 병력과 전투장비를 전선에 보강하였다.

　특히 소련이나 중공으로부터 지원받은 대구경포의 위력은 대단했으며 아군 방어진지에 큰 위협이 되었다.

　아군은 적의 그러한 조치를 간파하고 적의 병력과 장비를 소모케 하는 데 작전의 초점을 맞추었다.

　예부터 우리 조상들은 주로 산성(山城)을 쌓고 그 산성의 탈취를 곧 전투의 승리로 보는 경향이 있는 탓인지는 몰라도 이 시기에 있어서 쌍방은 고지 쟁탈전을 주로 감행하였다.

　1951년 5월부터 9월에 걸쳐 전개된 아군의 하계공세와 9월부터 10월에 이른 추계공세가 모두 고지 쟁탈전을 중심으로 적의 막대한 희생과 소모를 강요하였던 것이지만 우리도 많은 손실을 감내해야 했다.

　특히 아군 공세 가운데 중동부전선의 양구 북방, 문등리 동북 속칭 '피의 능선'과 문등리 '단장의 능선' 등의 쟁탈전 같은 것은 그 붙여진 이름만 보더라도 얼마나 치열했는가를 짐작할 수가 있다.

　'피의 능선' 전투는 18일간에 걸쳐 약 29만발의 포탄이 발사되고, 이로 말미암아 약 6천5백명의 적 사상자를 내고, 그렇게 하여 백병전 끝에 아군이 탈취한 문자 그대로 유혈의 능선이었던 것이다.

　'단장의 능선' 역시 한 달에 걸쳐 돌격 또 돌격, 사력을 다하여 탈취한 그야말로 단장의 고지였다. 이 '단장의 능선'을 완전 점령한 그 뒤를 이어 곧 공세를 취한 것이 유명한 '금성 공략전'이었다.

　금성은 금성강과 허다한 고지를 포함한 유리한 지점에 위치해 있는데다가 중공군이 장시일에 걸쳐 견고한 진지를 구축하고 막대한 병력을 투입하여 그야말로 난공불락(難攻不落)의 방어진으로 알려졌지만, 10월 13일 미명에 국군이 공략을 개시한 후 일주일 동안 아군의 초인간적인 맹공격에 의하여 적 3개 사단을 섬멸, 마침내 그 일대를 장악하는 데 성공하였다.

　이리하여 중부전선에 있어서 철의 삼각지대 이후 적의 가장 중요한 요충지였던 금성은 그 기능을 상실하고야 말았다.

　이러는 동안 서부전선에서도 역시 진지 쟁탈전이 반복되고 있었지만, 11월초부터 군사접촉선을 기초로 한 휴전선이 본격적으로 토의되기 시작하자 연천 서북방의 적은 더욱 인해전술, 특히 전차전으로 침투를 기도해 왔다. 이에 대하여 아군에서도 전차를 사용하여 치열한 대응전을 계속하여 끝내 적의 기도를 좌절시켰다.

　한편, 동부전선에서는 아군이 9마일 전진하고 중부전선에서는 북한강 유역을 탈환하고 있었다.

　이리하여 11월 27일의 휴전회담에서는 약간의 의견차를 제외하고 거의 의견의 일치를 보게 된 군사접촉선을 확보하게 되었는데, 그때 적이 제출한 접촉선은 동해안 고성 동남 16km 지점에서 서로 문등리 북방 5km, 금성 남방 10km, 금화 서북 4km, 철원 서북 10km, 판문점 서 1km, 개성 동남방 20km인 임진강에 이르는 선이었다.

　휴전회담에서의 의견 접근이 된 이후의 전투는 당분간 탐색전이나 포격전 정도의 접촉이 주로 계속되었다.

　특히 아군이 전면적인 대공세를 피한 것은 미국의 국내여론 및 유엔 참전국들의 의견을 감안한 점에서도 이유를 찾을 수 있지만, 전면 공세가 기대한 것만큼 큰 성과가 없고 희생만 많아진데 또다른 이유가 있었다.

그리하여 미군 당국은 적의 군사역량을 말살하기 위해 적 후방지역에 대한 대대적인 공중폭격과 함포사격을 감행하였다. 적의 피해는 참으로 막대했다. 발전소, 건물, 철도, 비행장, 교량, 차량, 함선 등 전쟁에 도움을 주는 목표는 거의 파괴되고 있었다. 그러나 적은 야음을 이용하여 전선으로의 보급을 계속하였다.

휴전회담은 처음부터 파란중첩 난항을 거듭했다. 모든 공산주의자와의 회담이 그러하듯 회담을 위한 회담이 아니라 회담을 이용하여 어떤 대가를 노리기 위한 위장행위의 연속이었다. 고의로 회담을 지연시키는 한편, 패퇴중인 전력을 만회하려는 음모에서부터 흐트러진 전열을 재정비하려는 시간을 벌기 위한 방편으로 회담을 이용했다. 이러는 동안, 즉 회담을 개시한 지 1년 후에는 적의 항공력과 병력을 증강하는 데 성과를 보았던 것이다. 따라서 적 후방 폭격에 참가한 미 공군기들은 새로 출현한 적 미그 제트기의 도전을 받게 되었다.

휴전회담중 난항에 봉착한 안건 가운데 비무장지대 설정을 위한 군사경계선 문제가 있다.

우리측은 비무장지대 설치에 관해 현전선을 기초로 할 것을 주장하였으나 공산군측은 38선을 고집하였던 것이다.

적측은 전쟁중 잃었던 영역과 전략적 요충지인 중부 '철의 삼각지대'를 회복하려고 고집을 피웠다. 그러나 아군측은 너무나 무리한 요구이기 때문에 처음부터 강경하게 반대했다.

이렇게 논쟁이 계속되는 동안 돌연 중공군의 회담 중립지대 침범사건이 발생했는데, 공산측은 거꾸로 아군의 중립지대 침범을 통고함으로써 회담을 중단시켰다. 전형적인 공산주의자의 뒤집어 씌우기 수법인 것이다.

그 후 공산측 제안에 의하여 개성 동남방에 있는 판문점을 새 회담장소로 정하고 회담을 재개했다.

우리측은 여전히 현재의 전선을 기초로 한 폭 4km의 비무장지대 설치를 주장하였다. 우리측 주장이 완강한 탓으로 적측은 비로소 우리 주장에 합의하였다.

그러나 경계선 합의만으로 문제가 해결된 것은 아니었다. 중립국 감시위원단 문제라든가 포로교환 문제가 난관에 봉착한 것이다. 특히 포로교환 문제가 난항을 거듭하였다. 우리측은 1대1 비율로 포로교환을 주장한데 반하여 공산군측은 전원 대 전원의 교환을 주장하였다.

당시 북한에 억류된 우리측 포로는 1만2천명인데 우리측에 수용된 공산군 포로는 13만2천명으로 무려 우리가 10배 이상이나 많은 포로를 수용하고 있었다.

더구나 우리측이 수용하고 있는 공산군 포로중에는 공산주의를 원하지 않아 자유를 찾겠다는 포로가 많았던 것을 감안한다면 그들의 요구를 우리가 들어 줄 수 없음은 너무나 당연하였다.

그 후 우리측은 타협안을 내놓았다. "공산군 포로중 귀환을 희망하는 자는 전원 송환할 터이니 북한에 억류된 남한의 민간인에게 귀환의 자유를 주라"는 제의를 한 것이다.

당시 우리가 공산군 포로를 심사한 결과 13만명중 귀환을 원하는 자는 7만명이었다. 6만여명이 자유를 선택하겠다는 것이었다. 공산측은 자기체제에 대한 위신도 있으므로 전원 교환을 고집하였다.

이렇게 포로 문제가 교착상태에 빠지고 있을 때인 1952년 5월 7일 거제도 포로수용소에서 포로수용소 소장 돗드 준장이 포로대표와 회담하다 그들에게 속아 납치된 사건이 발생하였다. 세계 역사상 그 유례를 찾아 볼 수 없는 해괴한 사건이 아닐 수 없다. 우리로서는 어지간히 창피한 일이다.

9월에 접어들자 전황은 급격히 변화를 보였다.

이는 2개월 반에 걸쳐 끌어오는 휴전회담의 정체상태가 마침내 결렬의 긴박성을 지니게 되었을 때 공산측이 개시한 대공세로부터 시작되었다.

9월초로부터 약 2개월간에 걸쳐 주로 중부 산악지대를 중심으로 하여 전개된 일련의 전투는 치열하고 처참한 것이었으며, 고지 하나하나를 다투면서 피아간에 반복된 쟁탈전은 시종일관 백병의 고귀한 피로써 물들여 놓고 말았다.

수도고지 전투로 불리우는 치열의 극에 달했던 금화 동북방 금성 동방에 위치한 전략적 요지에서의 전투는 서쪽에 지형능선과 함께 근처 일대를 지배할 수 있는 지형 일대에서 벌어졌다.

적은 이 곳에 대하여 무려 4만3천발에 달하는 기록적인 포격과 함께 공격을 개시, 마침내 이 곳을 방어하던 수도사단과의 사이에 9월중을 통하여 일진일퇴의 쟁탈전이 벌어졌던 것이다. 적은 한 치의 땅이라도 더 빼앗아야겠다는 생각으로 많은 희생을 무릅쓰고 전투를 강행했다.

그러나 적은 그 막대한 희생과 손실에도 불구하고 그 목적을 달성하지 못하게 되자, 10월에 들어서서는 다시 전투의 중심을 백마고지 저격능선에 걸치는 중부로 옮겨 소위 '철의 삼각지대'에 위치한 이 지역을 강타했다. 중공군은 이 전투에서 실로 1개 군 병력의 절반 가량을 희생시킨 저 유명한 저격능선 전투나 적 1개 사단 병력을 소모시킨 백마고지 전투가 모두 이 10월에 벌어졌던 전투였다.

10월중 적 손실은 3만2천명으로 추계되었다. 국군 수도사단을 비롯하여 제9사단, 제2사단 등은 이 일련의 전투에서 한국군의 강인성과 우수성을 세계 만방에 떨쳤다.

적은 계속하여 휴전에 대비, 한 치의 땅이라도 더 확보해 보려고 무진 노력을 집중시켰으나 아군을 더 이상 물러서게 할 수는 없었다.

1953년 3월 소련의 스탈린이 사망하자 적은 전의를 잃은 탓인지 마침내 3월말에 이르러서는 부상포로를 교환하자는 김일성과 중공의 팽덕회의 제안과 송환을 원하지 않는 포로를 중립국으로 이송하자고 한 중공 외상 주은래의 성명 등으로 일보 후퇴하는 듯한 제스처를 보내고 있었다. 휴전에 대한 급격한 타협 태도를 보이기 시작한 것이다.

21 보병 제9사단장으로 부임, 북진능선 작전과 금화지구의 방어전 등 두 격전을 치르다

국군의 급격한 확장과 국방간성으로서의 절대적인 역할의 증대로 차츰 한국의 정치, 경제, 사회, 문화 전반에 걸쳐 군의 영향력이 크게 작용하기 시작하였다.

또한 이것을 당시의 이승만 대통령은 교묘히 이용하여 자신의 권력에의 집착을 충족시키는 데 활용하고 있었다. 그리고 이런 기미를 알아차린 군 일부의 고위 장성은 오히려 그로부터 영달의 방편으로 역이용하는 추태까지 연출하고 있었다.

　반공이나 멸공이 곧 이승만 자신의 집권 유지라는 등식이 성립되고 보면, 자연히 군의 위상은 절대적인 역할을 할 수 있는 무소불위(無所不爲)의 존재가 되는 것이다. 따라서 군의 부패와 타락이 그로 말미암았다고 볼 수 있을 것이다.

　국민방위군사건이나 거창사건은 문제 자체도 문제이지만 그 수습 방안 자체에도 문제가 있었다. 그리고 이 무렵부터 이승만 대통령의 차기 집권 연장을 위한 보이지 않는 시도가 착착 진행되고 있었다.

　이것은 새로 부통령에 당선한 지 1년 만에 사표를 내던진 김성수씨의 1952년 5월 29일자 사임 이유에서도 웅변으로 나타나고 있다.

　"천하가 다 주지하는 바와 같이 신성모는 가장 비민주적인 권모와 술수로써 국정을 혼탁하게 하여 온 장본인으로, 서울 철수시에는 애국시민을 적의 호구(虎口)로부터 탈출하지 못하게 하였을 뿐 아니라, 심지어 한강을 건느려는 자를 총검으로 방해하였으며, 그가 국가 민족에 끼친 해독은 실로 죄당만사(罪當萬死)라 하여도 과언이 아닐 정도입니다. 그러하거늘 그에게 징벌을 주기는 고사하고 도리어 교외(交外)의 요직에 등용하여 국가를 대표하게 한다는 것은 민족의 정기를 살리기 위해서나 정부의 기강을 세우기 위해서나 도저히 묵과할 수 없는 일이었습니다. 그래서 나는 부당성을 고창하고 그 임명을 철회할 것을 극력 주장하였습니다."

　위의 글에서 나타난 것처럼, 이승만 대통령은 국방장관 신성모에 위탁하여 그의 권력에 대한 야망을 충족하는 데 활용하였던 것이다. 따라서 비정상적인 권력에의 접근과 야합은 사회 각계는 물론, 군 일부에까지 간교한 기풍, 개인 이기주의의 온상을 허용하게 하였다.

군 자체의 성격은 자명한 것이다. 민주체제하에서의 군의 한정은 군과 정치와의 엄정 중립에 있다. 군과 정치와의 상호 의존관계는 국가보위에 한정되는 것이지 더 이상 단 한 치도 넘어서는 안된다는 것이 평소 나의 소신이다. 따라서 군의 정치에의 관심이란 체제의식, 즉 민주주의 자체의 기본의식과 그의 보전과 관계되는 사명감으로 족하다. 군의 정치에의 참여, 즉 민주정치에의 참여하는 길이란 바로 민주체제 속에서의 군 자체의 냉엄한 입지를 엄격히 고수하면서 군 본연의 임무에 충실하는 것이다.

사실상 이승만의 노선은 이 무렵 거창사건 이후 부산 정치파동을 겪으면서 새로운 차원으로 접어들었고 그것은 노골적인 독재 성향을 띠기 시작하였다.

"질대 권력은 절대 부패한다"는 말과 같이 이승만의 권력이 초법적으로 강화되기 시작하자 그의 권력 비호세력들은 함께 부패의 길로 들어서고 있었다.

신성모 국방장관이 이기붕 국방장관으로 바뀌었지만, 결코 그런 정치성향의 패턴은 변하지 않았다.

나는 보병학교 교장으로서 사명감을 의식하며 교육에의 열의를 불태우고 있었다.

일선에서 장교들의 대량 손실이 계속되는 가운데 보병학교에서의 간부후보생 양성도 급속히 이루어졌다. 그야말로 보병학교란 잠시 들렀다가 사라지는 일종의 정류장과 같았다. 그러나 비록 단기간이라 할지라도 뚜렷한 목적의식을 주입시켜 놓고야 말겠다는 것이 내 소신이었다.

　매주 입교식이 있었고 매주 졸업식이 있었다. 실로 9개월 동안에 1천6백명의 장교를 양성해냈으니 그 사정은 대개 짐작이 갈 것이다.

　한국전쟁 당시 얼마나 많은 초급장교의 희생이 있었는지는 육군 소위의 별칭이 '소모품 소위'라고 했던 것만 보아도 알 만하다. 군에서 뿐만 아니라 민간인도, 심지어 어린이까지도 육군 소위를 소모품으로 불렀었다.

　그래도 이 사정은 전쟁 초기보다는 훨씬 좋아진 셈이었다.

　육군보병학교 발족 이전인 육군종합학교에서는 장교 양성에 소요된 시간은 불과 9주였다. 전선이 교착되면서 장교의 질을 높여야겠다는 자각에서 양성기간을 두 배로 늘린 것이 보병학교의 현실이었다. 우리 뿐만 아니라 미군 당국에서도 교육수준을 높여야 한다는 권고가 여러 차례 있었고 물심 양면의 지원도 아끼지 않았다. "교육에의 투자는 곧 전투력을 형성한다"는 것이 미군 지휘관들의 공통된 의견이었다.

　특히 보병학교 교관요원은 우수한 장교로 충원되었고 미국 유학을 마친 장교는 우선 보병학교 교관으로 충원한다는 방침을 미 고문단과 육군본부에서는 세웠다.

　이 무렵 나는 어느 날 대구 출장시 육군본부에서 이기붕 국방장관을 만났다. 나는 그 자리에서 반 농담으로 말하였다.

　"장관님, 요즈음 국방부에는 똑똑한 사람들만 모여 있는 모양인데, 저도 그 곳에서 근무할 수 없겠습니까?"

　그러자 장관은 내 이야기를 진담으로 들었는지 좋다고 쾌히 승낙을 하는 것이었다. 당시 육군본부 인사국장으로 있던 김종오 장군이 점심이나 하자고 나를 데리고 나왔다. 이런 연유로 나는 1952년초 국방부 정훈국장으로 부임하게 되었다.

나는 이미 정훈(政訓)이 지닌 적극적인 의미를 명심하고 있었다. 일종의 국군 사상교양인 셈이다. 그리고 이것은 군의 정신적 자세나 도덕성 함양에 그 목적이 있다고 해석하고 있었으며 바로 필승의 신념과 전투에의 승리에 직결되는 부서로 중차대한 책임임을 인식하고 있었다. 또한 정훈에 있어서 언론과 보도정책의 관리 및 통제도 중요하다.

따라서 군인정신이나 군의 도덕적 건전을 무장케 하는 근본 요소는 이 정훈 분야에서 책임져야 한다는 결론을 내리고 있었다.

원래 국방부 정훈국은 정부 수립후 국방부 제2국으로 발족하였고 '장병 사상의 선도와 정신무장'을 그 목적으로 삼았었다. 그러나 그 업무의 성격상 그리고 인적 물적 제약으로 그 본연의 업무 수행을 제대로 못하고 있었다. 그러던 가운데 제주도사건, 여순반란사건 등으로 국군의 사상적 혼미가 크게 문제점으로 떠오르자 정훈업무의 필요성이 증대되어 갔다. 이리하여 정훈국을 발전적 해체라는 명목으로 없애고 1948년 11월에 그 인원을 육군본부 정훈감실에 흡수케 하여 정훈업무를 수행하다가 1949년 10월에 다시 국방부에 정훈국을 두게 되었던 것이다.

당시 정훈에 대한 일반적인 인식은 문화예술인들의 협조를 얻어 일선 군인 위문공연이나 전시에 있어서의 건전한 전시문화의 고양이라는 극히 한정된 것으로 알려졌었다.

정훈의 목적은 말할 것 없이 공산 이데올로기에 대응할 수 있는 사상무장의 강화에 있는 것이지, 그런 문예활동은 부수적인 것에 지나지 않는 것이다.

휴전회담 한국군 수석대표로 회담장에 나온 필자(우열 우단. 필자 옆이 유엔군 수석대표 해리슨 중장. 좌열 좌단이 중공군 대표, 그 다음이 남일 북한군 대표)

나는 의욕적으로 정훈 강화의 제1선에 나섰다. 우선 당시 정훈국 사무실인 초량국민학교 교실을 재정비하고 그 해의 3·1 문화제를 전시이기는 하지만 대규모적인 전시문화의 한 진면목을 보여 주게끔 거국적으로 거행하였다.

그러나 정계의 흔들림과 이승만 대통령의 권력에의 집착 등 그 파문이 여러 갈래로 퍼져 군에도 그 영향을 미침으로써 고위직의 인사 교체 바람으로 나타났다.

1952년 4월에는 다시 국방장관이 신태영씨로 바뀌고 참모총장으로는 제1사단장인 백선엽 장군으로 교체되었다. 따라서 그 인사의 여파는 줄줄이 이어졌다.

나는 5월에 판문점 휴전회담 한국측 수석대표로 임명되었다. 나는 부산을 떠나 판문점 캠프로 가는 도중 미 제8군 사령관 밴플리트 장군을 방문하여 취임 인사와 함께 협조를 당부했다.

당시의 휴전회담이란 이미 유회의 연속이었고 밤낮 같은 일의 되풀이어서 답답하기 짝이 없었다. 서로 마주앉아 "종래의 주장에 새로 덧붙일 것이 없다"고 하면 적측은 한 치의 변화도 없는 주장만을 되풀이했다. 그러고 나면 "이만 폐회를 합시다"고 말하면 적측도 "그럽시다"로 끝나는 것이었다.

우리 대표들은 문산의 휴전회담 대표를 위한 캠프와 판문점과 서울을 오락가락 하였다. 어느 면에서는 하루하루가 단조로워 편했지만 참으로 좀이 쑤시는 생활의 연속이었다. 군인으로서 군인답지 않은 직책에서의 근무처럼 답답한 것이 없었다.

11월에 들어서자 육군참모총장으로부터 호출을 받았다. 그 자리에서 그는 육군본부 작전참모부장을 맡아 달라고 하였다. 그러나 나는 이미 후방에서 여러 가지 못된 것만 보게 되어 그에 대해 혐오를 느끼고 있는 터에 "차라리 가장 전투가 치열한 일선 사단장으로 나가게 해달라"고 말했다.

그러자 그는 놀리는 표정이있다.

1953년 2월 참모총장으로부터 제9사단장으로 갈 의향이 없느냐는 전갈이 왔다. 9사단이라면 이미 백마고지 전투에서 고참병 80%를 잃어버린 신병투성이인데다 가장 요소(要所)에 자리해 있는 사단이다. 나는 전신에 긴장이 순간 감돌았다. 그때 나와 백선엽 참모총장은 전화로 통화하고 있었다.

"9사단장으로 부임할 의향 있소?"

"의향 여부보다 가라면 가야지요."

나는 처음에는 약간 소극적으로 대답하였다.

"여하튼 부임할 의사가 있으면 그렇게 결정짓겠는데……"

"네, 조금 생각해 봅시다. 이따가 연락 드리겠습니다."

나는 일단 전화를 끊었다. 나는 당시 국방부 분실이 있는 명동에 있었다. 곧장 집에 돌아와 생각했다. 도대체 내가 왜 군인답게 받아들이지 않고 타산적인 생각을 떠올렸을까. 도대체 9사단의 형편과 위치에 대해 왜 내가 따진단 말인가. 내가 무의식적으로나마 그렇게 생각하고 있었다는 것이 그 동안 후방에서 쩔어든 좋지 못한 기풍에 물들었다고 반성했다.

사단을 선택한다는 것은 오로지 내 이기주의라고 생각하면서 즉각 참모총장에게 전화를 걸어 9사단장 취임 의사를 분명히 밝혔다.

이리하여 53년 2월 금화지구의 방어를 맡고 있는 제9사단으로 부임해 갔다. 물론 휴전회담 한국측 수석대표직을 겸하는 것이었다.

피아의 전투력이 일정한 균형상태를 이루고 있는 조건 속에서의 전투란 사기의 유지가 절대적인 요건이다. 그리고 그 사기란 지휘관의 통솔 방법에 달려 있는 것이다. 전투의 매너리즘을 털어내는 방법은 항상 공세적인 태세를 견지해야 한다.

전투란 지휘관의 경우 눈에 보이지 않는 적 지휘관과의 1대1의 대결태세가 형성된다. 이것은 전투의 기묘한 리얼리즘이다. 따라서 지휘관의 심리적인 약세는 전투의 약점으로 나타난다. 강렬한 지휘관의 자세는 그 부대의 강점으로 나타난다.

나는 부임하자마자 부대 분위기의 쇄신을 위해 나 자신의 숙명을 건 하나의 작전을 연출해내야 했다.

그리하여 나는 전략상의 요지인 아군 방어선상의 앞에 가로놓여 있는 저격능선상의 B고지에 대한 공격작전을 감행하기로 하였다. 이 고지의 확보야말로 당면한 목표였고 현안이었다. 이 작전은 과거에 몇번 시도했지만 이루지 못했었다.

나는 주위의 상황과 적정을 면밀하게 살피고 작전계획을 세우면서 유사지형에서의 작전연습을 반복하여 실시케 했다. 나는 그 과정에서 가장 우수한 대대장, 중대장, 소대장을 선발한 후 3월 3일 제28연대 제2대대장으로 하여금 공격을 실시케 했다.

맹렬한 공격준비 사격을 가한 후 연습한 대형과 요령에 따라 공격을 실시했는데 예상보다는 비교적 쉽게 B고지를 장악할 수 있었다. 그러나 밤이 되자 적의 공격이 시작되었다. 아군은 일단 7부 능선까지 후퇴하였다. 날이 새자 다시 공격을 개시하여 10시경에 고지를 재차 탈취하는데 성공하여 계속 B고지를 장악하게 되었다. B고지의 정상은 암석으로 뒤덮여 있어서 나는 이 일대 봉우리를 암석봉이라고 부르게 했다.

이번 B고지 작전 성공후 나는 어떤 전투라도 감당할 수 있다는 자신을 얻었다.

특히 이 전투에서 한 소대장을 기억하지 않을 수 없다. 그는 불과 22세의 동안의 청년이었는데, 가장 용감하게 적진에 돌입하여 공격의 성공을 주도했던 것이다.

나는 그를 사단 사령부로 불러 치하를 해주고 격려를 아끼지 않았다.

"고향은 어딘가?"

"함경도입니다."

"함경도? 언제 월남했나?"

"1·4 후퇴시 월남했습니다."

"1·4 후퇴시?"

나는 적지 않게 놀랐다. 6·25동란 발발시에 이북에 있던 젊은이가 불과 2년 사이에 국군의 장교로 임관한 것이다. 이러한 운명의 급전이야말로 이 전쟁에 대한 성격을 암시해 주는 것이다.

"가족은 다 월남했나?"

"가족은 모두 이북에 남아 있습니다. 혼자만 월남 했습니다."
"혼자서?"

나는 이상한 감개에 사로잡혔다. 그리고 생각했다. 이 소대장이 그렇게 용감할 수 있는 것은 적을 잘 알고 있고 고향으로 돌아가야겠다는 신념 때문이라고 결론지었다. 그러나 운명의 여신은 그 청년 소대장 편이 아니었던 것 같다. 그 며칠 후 그 소대장은 치열한 전투에서 장렬한 전사를 하였다.

나는 사단장의 직무를 수행하면서 되도록 많은 순시를 통하여 말단에서 고생하는 장병과 함께 있는 시간을 가졌다.

진지 시찰시 매일과 같이 적 포탄이 낙하하는 그 복판을 지나면서 그들과 함께 위험을 같이 하는 사단장이라는 인식을 심었

1953년 6월 제9사단장 시절 금화지구 전선을 시찰 온 (좌로부터) 이승만 대통령, 미 8군사령관 테일러 장군, 손원일 국방장관, 미 제9군단장 젠킨스 장군. 그리고 필자(오른쪽)

제4장 한국전쟁과 보병 제9사단장

다. 때때로 적 포탄 낙하로 위험한 경우도 있었지만 끝내 포탄은 나에게 위험을 가하지는 못하였다.

당시 고문관으로 있던 스파이서 미군 대령은 나와 함께 다니기에 "다리가 아파 죽겠소." "포탄이 우리를 피하는 것 같소." 등 곧잘 농담을 했다.

휴전 교섭이 최후의 단계로 접어들어 쌍방의 참모장교들이 휴전 경계선에 대한 구체적인 협의로 들어가자, 휴전후의 유리한 조건을 확보하기 위한 적의 대공세가 시작되고 있었고 다시 전선은 긴장 국면을 맞았다.

특히 중부 및 중서부 전선을 중심으로 한 중공군의 인해전술(人海戰術)은 중공군 개입 이래 가장 격렬성을 띠었다. 화천 저수지로 통하는 요로와 북한강 계곡 일대의 전략적 요지 그리고 서울을 위협하는 중서부 접근로 일대에서 강력한 압력을 가해 왔다.

적은 한때 화천 저수지까지 침투해 왔으나 아군의 치열한 반격에 의하여 극복되고 있었다.

한편으로 휴전을 부르짖으며 다른 한편으로 재침략의 전략기지 확보에 광분하는 적의 양면성에서 우리는 다시 결의를 다지는 계기가 되고 있었다.

당시 마샬 미 국방장관은 공산군의 이러한 공격을 이해하기 곤란하다고 말하면서, 전투의 격화를 원하지 않는다고까지 언명하였던 것이다.

무기 휴회에 들어갔던 휴전회담이 4월 6일 적측의 요구로 재개되기에 이르렀다. 미 제8군에서는 나를 한국측 수석대표로 요구해 왔으나 나는 반복되는 전투로 사단을 비울 수 없으므로 대표직을 사퇴하였다. 후임으로는 육군본부 행정참모부장 최덕신이 임명되었다.

적측이 휴전에 관심을 쏟자 급속도로 회담이 진행되었다. 그 동안 현안이었던 쌍방 부상포로 교환협정이 조인되고 이어 6월 8일에는 포로 교환협정이 성립됨으로써 휴전회담은 종결 단계에 들어가게 되었다.

적은 휴전에 대비, 한 치의 땅이라도 더 차지하려고 병력을 중동부 전선에 집결시켜 최후의 공세작전을 기도하여 왔다.

적은 전선의 소강상태를 깨뜨리고 5월 12일 중동부 전선의 우리 제2군단 관하의 외곽 진지인 일명 텍사스 고지 주변으로 공세를 폈다.

아군은 텍사스 고지 및 다른 2개의 고지에서 일시 후퇴하였다가 재탈환했으나 적은 다시 전세를 가다듬어 재공격해 옴으로써 격전이 전개되었다.

적은 이 밖에도 16일부터는 동부전선의 '단장의 능선' 및 중동부전선의 저격능선 일대에 대해서도 맹공격을 가해 왔다. 아군은 각 전선에서 19일까지 적을 격퇴시켰으나 28일 적은 또다시 중동부전선의 아군 10개 전초 거점에 공격을 가했다. 그러나 아군은 치열한 격전 끝에 이를 격퇴시켰다.

적도 한 치의 땅을 더 찾아 휴전하려고 했지만 아군 또한 한 치의 땅도 잃을 수 없다는 굳은 결의로 뭉쳐 있었으므로 전전선에서 선전을 계속할 수 있었다.

6월에 접어들자 적은 다시 동부전선의 아군이 장악하고 있는 11개 진지에 대하여 공격해 옴으로써 다시 전투가 전개되었다.

적은 10일부터 12일에 걸쳐 중동부전선에서도 공격을 개시했는데, 이들 일련의 적 공격에서의 특징은 막대한 양의 포탄을 아군 진지에 퍼부으면서 인해전술에 의한 최후 발악을 하는 단말마처럼 전역량을 집중하고 있었다는 점이다. 이런 공격은 전 전선에 걸쳐 계속 이어졌다.

내가 지휘하는 제9사단은 제28연대장 윤태호 대령, 제29연대장 문중섭 대령, 제30연대장 조연표 대령 등 역전의 우수한 장교 진영으로 구성되어 있었다.

휴전을 앞둔 적의 대공세의 목표로서 우리 제9사단이 빠질리가 없었다. 왜냐하면 금화지구의 중요성과 저격능선, 삼각고지 및 북진의 3개 능선 등 주요 지점에서 주저항선을 형성 방어하고 있었기 때문이다.

특히 북진능선은 오성산에서 700고지 900고지를 거쳐 뻗어가

제9사단장 시절 북진능선 전투의 전투 공로자에게 훈장 수여(1953년 6월)

다 K고지(380고지)를 매듭짓고 있는데, 동쪽과 서남쪽으로 개활지를 감제하고 있으므로 피아간에 중요한 지형이다.

6월 11일, 제29연대의 우일선인 김여림 중령이 지휘하는 제2대대, 좌일선인 박원관 중령이 지휘하는 제3대대가 주저항선에 배치되었다.

한편, 제30연대는 좌일선인 고병선 소령이 지휘하는 제3대대가 주저항선을 점령하고 있었다.

적은 자정이 가까울 무렵 모습을 나타내기 시작하였다.

나는 사태의 긴박함을 포착하고 이 시각에 제30연대 관측소에 위치하여 작전 지휘 태세를 갖추고 있었다.

중공군 제24군의 주공은 북진능선으로 집중될 것이며 4개 전진진지에 대한 이 시간 현재의 공격은 그 주공에 앞선 양공으로 판단하고 있었다.

특히 나는 사단장으로 부임하자 야간 작전에 대해 깊은 관심을 갖고 부하 지휘관들에게 강조했다.

"우리 국군은 야간작전에 취약하고 적은 야간작전에 강하다는 이야기가 있다. 그런 말이 나올 수 없도록 우리는 야간전투에 대비해야 한다. 우리가 보지 못하면 적도 보지 못한다. 누가 더 오래 인내하고 적을 먼저 포착하느냐가 승자가 되는 조건이다."

나는 그리하여 야간전투에 대비케 하는 여러 가지 지휘조치를 취했다.

중공군은 일제히 공격을 시도했지만 주저항선의 9사단 장병은 근접전투를 통해 적을 잘 막아내고 있었다.

6월 12일, 가랑비가 뿌리는 가운데 교전 첫날의 자정을 넘긴 4개 전진 진지의 전투는 이날 밤이 깊어지면서 더욱 치열해졌다.

　나는 전진 진지를 엄호하기 위한 지원 포병사격을 구사하여 적의 공격 강도를 줄여 주는 데 역점을 두었다. 또한 비가 멎는 것을 시발점으로 한 전장조명을 실시하여 아군이 적을 발견하는 데 도움이 되도록 했다.

　곳곳에서 적과의 근접전투가 벌어지고 있었고 곳에 따라 아군과 적과 뒤엉켜 백병전을 전개하였다. 적은 계속 인해전술로 축차투입을 시도했지만 번번이 좌절되고 있었다.

　6월 12일을 넘기고 13일이 되자 나는 적을 격퇴할 자신이 생겼다. 왜냐하면 적절한 포병화력계획으로 적을 무력화시킬 수 있다는 것을 이틀간의 전투에서 확인할 수 있었고, 보병 또한 야간을 두려워하지 않고 적을 근접시키면서 적절히 격멸하고 있었기 때문이다.

　이 작전에서 포획한 중공군들을 심문했더니 내가 판단한 것처럼 중공군 제70사단 주력이 북진능선에 대한 대공세를 준비하고 있다는 것을 알았다.

　적의 침투는 광범위하게 시작되었다. 나는 적으로부터의 공격 기세를 꺾을 방도를 모색하던 중 제28연대장 윤태호 대령으로 하여금 역습을 준비시켰다.

　이 계획을 알게 된 당시 우리의 작전 상급부대장인 미 제9군단장 젠킨스 중장은 이 역습계획에 적지 않은 의구심을 품고 있었다. 군단도 예비병력이 달리고 있는데 9사단 예비주력을 일거 야간에 적진에 투입한다는 것은 너무나 모험이라는 생각에서였다.

　그러나 나는 소신을 굽히지 않았다. "북진능선에 대한 적의 대공세는 사단 정면의 지형조건이나 적정판단에 비추어 중공군

제70사단의 주력으로써 취해질 것이 분명하므로 연대 규모의 역습이 아니고서는 가망성이 없어 보인다."고 주장하여 마침내 군단장의 동의를 얻었다. 사실상 이 역습은 역습이라기보다 적의 공격 기세를 꺾기 위한 파쇄공격(破碎攻擊 : Spoiling attack)과 같은 기동형식으로 매우 위험한 작전이고, 더구나 야간에 실시한다는 것은 성공 가능성이 없다는 것이 미군측 견해였다.

나는 제28연대장 윤태호 대령에게 04시에 실시하라는 명령을 내렸다. 나는 역습의 성공을 위하여 사단내 가용 화력의 최우선권을 이 역습부대 정면에 부여했다.

이윽고 지원포화가 포효하는 가운데 04시에 공격개시선을 출발한 역습부대는 적의 강력한 저항에도 불구하고 계속 적을 향해 전진을 계속했다. 날이 새자 역습부대는 더 좋은 포병화력의 지원을 받으며 마침내 역습에 성공, K고지를 완전히 탈환하여 주저항선을 회복하였다.

이 작전이 진행되는 동안 그 중요성을 인식한 탓인지 내가 30연대 제3대대 관측소에서 작전지휘하고 있는 동안 미 제9군단장 젠킨스 중장과 미 제8군사령관 테일러 대장이 제9사단 사령부에서 나를 기다리고 있었다.

이 작전의 성공은 첫째 연대장 윤태호 대령 이하 전 장병이 투철한 감투정신에서 이룩된 것이고, 특히 제2대대장 최창용 중령의 작전지휘가 돋보였다. 그리고 이 전투에서 부상한 제3대대장 고병선 소령도 선전했다. 둘째는 적 포로로부터의 심문내용을 분석하여 적정을 파악한 데서 상황판단의 기초가 되었고, 셋째 포병화력의 효과적인 이용, 그리고 끝으로 과감한 조치가 주도면밀한 계획으로 적중한 데서 기인했다고 평가하고 싶다.

북진능선의 방어작전의 성공으로 중공군 제24군 예하 제70사단은 심대한 손실을 입고 재편성에 들어갔다.

며칠 후 이승만 대통령으로부터 제9사단에 대한 대통령 부대표창을 받았다.

휴전회담이 무르익어 갈 무렵인 7월 2일이 되자, 갑자기 적은 지난 37일간에 걸친 계속적인 공격을 돌연 중지하였고 5일부터는 전선이 평온하였다. 그러나 적은 휴전을 대비하여 더 넓은 땅을 차지하려고 공격방향을 중동부전선에서 서부전선으로 이동하였을 뿐이었다. 적은 서부전선에서도 소기의 성과를 거두지 못하자 다시 호시탐탐 다음 공격 목표를 찾고 있었다.

내가 지휘하는 제9사단은 6월 14일 종료된 북진능선의 작전 이래 전진을 씻을 겨를도 없이 방어전력을 보강하면서 적의 재공격에 대비하였다.

사단으로서는 저격능선 및 삼각고지군에 대한 중공 제24군의 주공을 경계하였나.

적이 금화를 공략하려면 반드시 장악해야 할 요지요부이며 사단으로서는 금화지구를 방어하기 위하여 꼭 장악하고 있어야 할 거점지대이기 때문에 작전상 피아 공히 상충이 불가피하다고 판단했기 때문이다.

적은 7월 27일 휴전 성립을 목전에 놓고 최후 발악적인 전전선에 걸친 전면 공격을 감행하는 가운데 우리 제9사단에 대한 저격능선, 삼각고지, 북진 3개 능선에 대한 공격도 마침내 중공군 제24군에 의해 개시되었다.

7월 13일, 적의 대공세가 예상되는 가운데 나는 일부 주저항선 부대를 조정하기 위해 일몰전에 진지교대를 실시하도록 지시하였다. 미 제9군단장 젠킨스 중장은 "작전기도가 폭로될 우려가 있으므로 야간교대를 실시토록" 나에게 종용하여 왔다. 나는 그에게 다음과 같이 설명하였다. "적의 대공세가 급박한 시기에 한시 바삐 진지교대를 실시, 방어태세를 보강해야 한다. 적은 이 날 밤에 공격할 징후가 있다고 판단하는데, 만약에 일몰후에 진지를 교체한다면 인수인계 절차중에 준비 없이 공격을 받아 제대로 방어할 수 없을 것이다."

나의 강력한 제의에 미 제9군단장도 내 주장을 수긍하는 수밖에 없었다.

이리하여 나는 주간에 진지교대를 완료케 하고 진지 보강과 함께 방어진지 전방에 대한 지형분석을 지시하면서 화력계획을 점검케 했다.

이날의 날씨는 때마침 장마철에 접어들고 있었으므로 아침부터 때때로 가랑비가 내리더니 일몰이 되자 빗발이 굵어지고 마침내는 큰 비가 쏟아지기 시작하였다.

우측 인접사단인 수도사단은 중공군 제68군의 3개 사단으로부터 공격을 받고 주저항선이 전면 돌파당해 고전하고 있을 때였다.

적은 일제히 우리 주저항선 진지에 공격을 개시하였다. 나는 적의 계획된 공격을 예상하고 이미 주간에 정보참모 김정덕 중령과 작전참모 김경옥 중령을 대동하고 제28연대의 우측 대대 CP에서 밤에 이루어질 적 공격에 대비 부대교대의 실시, 예비대의 전방추진과 배치 또한 수도사단 좌측방 예상 돌파지점에의 보강을 완료하고 만반의 준비를 갖추었던 것이다.

첫날의 적 공격은 우리의 철통 같은 대비책으로 무위로 끝났다. 7월 14일에는 아침부터 비구름이 걷히면서 대체로 흐린 날씨를 보였으므로 항공지원을 받을 수 있었다. 미 공군의 정예기들이 적 진지와 적 집결지를 강타하는 장면이 통쾌한 영화 장면을 연상케 하여 주저항선 일대의 아군에게 크게 힘을 돋구어 주었다.

이날도 해가 저물자 중공군은 다시 공격을 개시해 왔다.

이날 낮에 잡은 포로로부터의 진술에 의하면, 우리 정면의 적은 중공군 제24군 예하의 제72사단임을 확인하였다.

밤이 깊어지자 다시 폭우가 쏟아지기 시작하였다.

수도사단은 이미 주저항선의 대부분이 붕괴되어 가고 있었다.

미 제9군단장 젠킨스 중장은 미 제3사단으로 하여금 수도사단의 전투지역을 인수케 하는 한편, 수도사단의 제9사단쪽 적 돌파구에 대한 내가 건의한 역습을 지시했다.

나는 조연표 대령이 지휘하는 제30연대로 하여금 수도사단쪽의 돌파구 확대를 저지하기 위한 역습을 명령했다. 수도사단의 돌파구가 확대되자 군단은 제9사단으로 하여금 수도사단의 제9사단쪽 방어선 일부를 제9사단에 부여함으로써 나는 전투지경선을 변경하여 우리 사단의 전투지역을 확대하였다. 따라서 제9사단은 수도사단의 돌파구 형성이 확대됨에 따라 부득이 철수작전을 감행하지 않을 수 없게 되었다.

나는 작전참모 김경옥 중령으로 하여금 사단 작전명령 제110호(7월 14일 20시부)를 하달하도록 지시했다.

이 사단 작전명령 제110호는 본 전투 뿐만 아니라 한국전쟁에 있어서의 마지막 작전명령이라는 것이 그 후에 밝혀졌다. 나는 지금도 한스럽게 생각하는 것은 이 작전명령이 공격명령이 아니고 철수명령이었다는 사실이다. 단장의 한을 남기는 명령이 아닐 수 없었다. 지금까지 피로써 지켜 왔던 저격능선과 삼각고지

군을 우리가 패배해서가 아니라 남의 패배 때문에 군단명령으로 철수케 되었다는 사실은 제9사단 전장병의 통분할 일이었다.

7월 16일이 되었다. 전면 철수를 거듭한 수도사단은 이날 현재 전투지역을 미 제3사단에 인계하고 후방에서 재정비를 하고 있었다. 이로써 우리 제9사단의 우인접 방어선은 미 제3사단이 담당하고 있었다.

역습으로 확보하고 있었던 돌출능선의 제30연대 진지는 미 제9군단 우익의 전면 붕괴를 끝까지 받쳐 주는 지주로서의 중요성을 더욱 지니게 되었다.

적은 일몰 직전 2개 연대 규모의 병력으로 제30연대의 주저항선 전면에 압력을 가하기 시작하였다.

나는 즉각 군단에 보고하여 군단의 모든 포병화력을 적 공격부대에 집중케 하는 한편, 긴급항공지원을 요청하였다.

잠시후 한국 공군의 F 51 무스탕 2개 편대와 미 제5공군 소속

제9사단장 시절 금화지구 방어전 전투공로자에게 훈장 수여(1953년 7월)

의 전폭기 3개 편대가 긴급출동하여 대지공격을 감행하였다.

그러나 적의 포격도 이에 뒤질세라 연대의 주저항선 일대에 3시간이나 포탄을 퍼부었다.

나는 더 이상 제30연대를 돌출능선에서 희생시킬 수가 없었다. 또한 돌출되어 있는 지점을 적 대병력으로 포위한다면 고립무원이 될 우려도 없지 않았다. 나는 미 제9군단장에게 건의하여 제30연대를 철수케 하였다.

본전투는 비록 제한된 철수로 끝났지만, 한국전쟁 말미를 장식하는 일전에서 인접사단의 치명적인 주저항선 진지 상실에도 불구하고 돌파구 확대를 저지하여 연쇄적인 붕괴를 막아 더 이상의 지역손실 없이 금화를 중심으로 하는 철의 삼각 요충을 완전 확보할 수 있었다는데 큰 의미가 있다. 이로써 군단 돌파구 형성의 위험을 예방할 수 있었다.

이 철수작전은 흐트러짐이 없이 질서 정연하게 다음 저지진지를 확보할 수 있음으로써 더 이상의 적 돌파구 형성을 허용하지 않은 점이 크게 평가된 것 같다.

이 작전이 끝나자 이승만 대통령은 국방장관 손원일, 미 제8군사령관 테일러 대장, 미 제9군단장 젠킨스 중장 일행을 대동하고 제9사단 사령부를 방문, 다시 대통령 부대표창의 영예를 안겨 줌으로써 한국전쟁 말미를 뜻깊게 장식하였다.

"이장군이 잘 싸워 주어서 우리 지역을 성공적으로 지킬 수 있었소. 군단장 젠킨스 장군 말에 의하면, 9사단이 저지해 주지 않았다면 큰일날 뻔했다는 거요."

이승만 대통령은 내 손을 힘차게 잡고 흔들면서 치하해 주었다.

거듭 밝히거니와 방어선에서 적을 맞아 싸우는 지휘관은 적을 잘 알고 적에 대한 약점을 포착, 치밀한 작전계획으로 과감하게 대시(Dash)하면서 적절히 포병화력을 운용한다면 적의 돌파를 저지할 수 있다고 생각한다. 나는 연대장 뿐만 아니라 작전기간중 유효적절하게 포병화력지원을 해준 포병단장 강태민 준장 이하 각 포병대대장에게 사의를 표한다. 그리고 지형의 능선, 북진 능선, 금화지구의 방어작전에서 적과 용감히 싸우다 전사한 전우 여러분에게 정중히 명복을 빈다.

오늘의 대한민국의 자유민주주의와 경제 발전에 따른 고도성장을 가능케 한 이면에는 이들이 목숨을 바쳤기에 달성할 수 있었다고 나는 굳게 믿고 있다.

그리고 끝으로 남기고 싶은 말은 작전기간중 미 제9군단장 젠킨스 중장을 비롯한 미군 장교 등의 적극적인 협조와 지원 그리고 그들의 도덕성과 인품에 대해 깊은 감명을 받았다. 이국 땅에서 고생을 하면서도 정도(正道)를 잃지 않고 헌신적으로 노력하는 그들로부터 나는 많은 것을 배울 수 있었다.

나는 이 전투에서 군인 최고의 영예인 태극무공훈장을 받았다. 또한 미국 정부는 나에게 은성훈장을 보내왔다.

제5장
정치와 군 그리고 나

22 통일과 멀어진 휴전의 성립과
그 이후 한국정치에 대한 개황

미국과 영국을 중심으로 한 자유진영에서는 일찍이 휴전을 시도하고 있었다. 1950년 12월 4일부터 8일까지에 개최된 트루먼 미 대통령과 애틀리 영국 수상과의 워싱턴 회담에서 한국전쟁을 평화적 수단에 의하여 종결짓기로 합의한 것을 계기로 1950년 12월 14일 유엔 총회에서 인도를 중심으로 이루어지는 3개국(이란·캐나다 포함) 협상단의 구성안이 통과되었으나 공산측의 반대로 결실을 보지 못하였다.

또한 1951년 5월 하순에는 미국 민주당 존슨 상원의원이 한국전쟁 발발 일주년이 되는 동년 6월 25일을 기하여 38도선에서 휴전을 하도록 하자는 결의안을 유엔에 제출하였으나 이 역시 공산측의 묵살로 아무런 진전을 보지 못하였다.

한국전쟁을 평화적 수단으로 종결짓기 위한 자유진영의 시도는 공산측의 거부로 모두가 무위로 끝난 것이다.

그러던 가운데 1951년 4월과 5월의 두 차례에 걸친 중공군의 춘계공세가 좌절되고 전세가 국군과 유엔군측에 유리하게 전개되자, 공산군측은 더 이상 전투를 계속할 능력을 잃게 되어 유엔군과의 휴전협상을 통한 정치적 모색을 시작한 것이다.

유엔 주재 소련 대표 말리크가 유엔 방송의 「평화의 대가」라는 프로를 이용하여 비로소 휴전협상을 제의하였으며, 미국은 소련의 제의를 받아들여 리지웨이 유엔군 사령관으로 하여금 현지에서 공산군측과의 휴전협상의 가능성 여부를 타진하도록 지시하였다.

전쟁 당사국이며 피해국인 한국을 제외한 열강들의 움직임은 한반도를 6·25 직전의 상태로 회복하는 선에서 휴전협상을 모색한다는 정책적 결정을 하게 된 것이다.

이러한 정책결정의 의미는, 첫째 소련을 위시한 공산권 국가들이 남한을 무력으로 점령하겠다는 생각을 포기한 것으로 간주한 것이며, 둘째 미국을 위시한 유엔 자유진영에서도 북한에 더 이상 진격하지 않겠다는 결정으로 공산측에게 통고하는 형식이 되어 버린 것이다.

이로써 '한국전쟁을 통하여 북한 땅을 군사적으로 점령하여 한반도의 정치적 통일을 시도'하였던 유엔의 통합결의는 사문화(死文化)되고 말았다. 그 결의는 1950년 10월 7일에 이루어진 것인데, 우리는 그 결의로 남북 통일의 꿈을 키워 왔었다.

전쟁 당사국 대한민국이 배제된 열강들의 움직임을 포착한 당시 이승만 대통령은 완강하게 거부 의사를 표명하고 심지어 항거하는 형식으로까지 강렬한 통일 의지를 표출했지만 역시 무위로 끝났다.

여기에서 내가 느끼는 감회는 국가가 국가다운 역할을 하려면 경제력이든 군사력이든 힘이 있어야 한다는 냉혹한 국제사회에 대한 현실 인식이었다.

우리가 이니시어티브를 잡지 못하고 있는 것은 힘이 없기 때문이고, 미국이 한국 문제를 마치 자기 떡 주무르듯 제 마음대로 하는 것은 힘이 있기 때문이다.

한국의 대통령이 아무리 성명서를 내고 선언을 해도 전혀 먹혀들지 않는 것은 한국이라는 국가가 힘이 없기 때문인 것이다. 냉혹한 이 힘의 논리는 비단 현대 국가사회에서만 적용되는 것이 아니라 고대국가에서도 마찬가지였다.

나는 당시 실지 회복을 위한 북진을 주장하고 토론하며 미군 고위 장성들에게 호소한 바도 있지만, 그들은 한결같이 "우리는 정치 문제에 관여할 수 없다"는 것이었다. 사적인 대담에서도 문민통제에 대한 철저한 인식을 미군 장성들은 가지고 있었다.

이런 연유로 하여 1951년 7월 10일 우리가 원하지 않는 휴전회담이 개시되면서 '전쟁과 협상'을 같이 하는 두 바퀴의 괴상한 국면으로 접어들었다.

그 후 1953년 7월 27일 휴전이 정식으로 조인되기까지 만 2년 17일간 유엔군측은 공산군측과의 협상 과정에서 온갖 우여곡절을 겪었던 것이다.

나는 유엔군측 휴전회담 한국대표로 휴전회담에 참여한 바 있었지만, 아무런 권한 없이 보고 듣는 역할만을 할 뿐이었다. 약소국의 서글픔을 느껴야 하는 고통스러운 긴 시간이었다.

이러한 기나긴 휴전협상 과정을 통하여 유엔군측은 공산군측과의 협상이 얼마나 어려운 것인가 하는 것을 깨달았다. 이들과의 타협은 전세가 유리하거나 그 어떤 저력이 없는 한 거의 불가능하다는 교훈을 다시 한번 확인하게 된 것이다.

1953년 7월 27일 22시, 바로 휴전으로 총성이 멎은 시간이다. 나는 그때 보병 제9사단장으로서 전장의 한복판인 천불산에서 나의 부관 심흥주 대위와 운전병과 함께 북녘 고향 하늘을 바라보고 있었다. 만감이 교차하였다. 휴전이 되었지만 오히려 서글픈 것은 어찌된 까닭일까. 혹시 통일이 완전히 멀게 되는 것은 아닐까. 나는 우두커니 바보처럼 저 산 너머 고향 쪽에서 시선을 뗄 수 없었다.

나는 근래에 남북을 왕래하면서 여러 번 북한 당국과 회담을 하는 정부 당국에 대한 생각도 그때와 별로 다르지 않다. 즉 성공을 기대하지 않았다는 것이다. 북한 당국은 힘의 논리에 따라 움직이는 기계라는 사실을 주목해야 한다. 대의명분이라든가 협조 및 양보 따위의 단어는 그들로부터 찾을 수 없다는 것이 내 생각이다.

핵 문제 가지고 지금 엎치락뒤치락 하는 북한과 미국과의 회담 논리도 지난날과 하나도 다를 바 없는 것이다. 북한이 경수로 지원 요청 등으로 치사하기 이를 데 없는 짓을 하는 것처럼 우리는 보고 있지만 그들은 철면피인 것이다. 자기 이익을 챙기기 위해서는 무슨 짓이건 강행하는 것이 공산당의 생리이다.

나는 한국이 맞는 이런 수모를 겪어 가면서 휴전회담에 참석할 때면 국력의 신장이라는 문제에 내 사유세계는 번민하고 있었다.

오늘날에 와서 그래도 이만한 정도로 국력이 신장되었기에 클린턴 미 대통령이 김영삼 대통령과 핫라인을 설치하고 전화로 상의라도 하지, 만약에 그 당시와 같은 국력 그대로라면 어림도 없다. 이제 구소련에 이은 러시아까지도 우리와 관계가 개선되었으니 얼마나 다행인가.

나는 지금의 조국을 보는 눈이 구석구석 염려되는 곳이 많이 잠재되어 있는데도 자랑스럽게 생각하고 있는 것은 그 당시의 내 고뇌를 연상하기 때문이다.

나는 또 그 어려운 시기에 이승만 대통령이 정치적 과오에도 불구하고 애국적인 몸부림을 한데 대해 높이 평가하고 싶다.

이승만 대통령은 당시 어떠한 희생을 치르더라도 북한 공산당의 남침을 응징해야 하며 한반도의 통일을 기어이 달성시켜야 한다는 굳은 신념을 가지고 있었다.

신념보다 오히려 신앙에 가까우리만치 그의 뜻은 확고했던 것이다.

그러나 여의치 않아 대안을 제시하기에 이르렀다.

이승만 대통령은 휴전 문제에 대한 성명을 통하여 "우리 정부는 유엔군과 공산군이 일시에 한국에서 철수하되 이를 실시하기 전에 한·미 양국간에 공동방위조약을 체결할 것이며, 이 공동방위조약에 다음 조건을 포함시켜야 함을 강조한다"고 선언하며 다음 조건을 제시했다.

1. 한반도를 타국이 침략할 때에는 미국이 한국과 즉각 합동방위에 임할 것.
2. 미국은 한국에 병기 및 탄약과 병참물자를 보급하여 미국군의 참전 없이도 한국이 국방을 담당할 수 있도록 할 것.
3. 미국의 해공군은 현재의 주둔지에서 적군이 재침략을 시도할 수 없도록 한국의 국방을 지원할 것.

"이상의 조건을 수락할 수 없다면 우리는 민족자결주의의 권리를 행사하여 전투를 계속할 것을 결정할 것이다."
라고 주장하면서 그의 입장을 밝혔다.

그러나 미국은 이승만 대통령의 말에 귀를 기울이지 않았다. 한국민의 의사와는 관계 없이 휴전회담이 마무리되어 가자 이승만 대통령은 이에 대한 항거로 당시 유엔군이 수용 관리하고 있던 공산군 포로 가운데 북으로의 송환을 거부하고 있던, 이른바 반공포로 3만4천9백명 중 2만7천명을 1953년 6월 18일 독단으로 일제히 석방하였다. 반공포로의 석방은 포로수용소의 경비를 지원하고 있던 한국군 경비병력에 의해 이루어진 것이다.

이와 같은 반공포로의 한국 독단적인 석방은 일시에 세계의 이목을 집중시켰다.

미국은 "한국이 유엔의 권한을 침범했다"고 엄중 항의를 제기했고, 북한 당국과 중공은 "한국군과 유엔군이 공모하여 석방하였다"고 비난하며 "석방자 전원을 재수용할 것"을 강력히 요구하면서 타개되어 가던 휴전회담을 무기한 연기시켰다.

당시 미국은 한국에서의 조속한 휴전 성립이 가장 주요한 정치과제로 대두되어 있을 때인 만큼, 이 포로 석방은 불에다 기름을 뿌린 것이나 다를 바 없는 충격을 주었다. 그러나 미국은 한국에 대해 더 이상 압력을 가할 수 없었다. 왜냐하면 미국은 이승만 대통령이 미국과 미국인을 너무나 잘 알고 있기 때문에 그에게 넣는 압력은 별 효과가 없을 것이라는 판단을 내렸다. 또 이승만의 고집을 꺾을 만한 인물이 없다고 결론지은 것이었다.

따라서 이승만 대통령을 달래는 방법을 강구하고 있었다. 이리하여 6월 25일 미국은 대통령 특사 로버트슨을 파한하였다.

이날 이승만 대통령은 또 비밀리에 국군 지휘관으로 하여금 북쪽에 대한 공격을 명령했다.

그리하여 같은 날 국군 제1사단은 연천 서북방 퀸·박고지 쟁탈전을 전개했고, 국군 제7사단은 화천 북방 938고지 쟁탈전을 개시했으며, 국군 제3사단은 화천 북방 관망산 쟁탈전을 전개했다.

따라서 특사 로브트슨과의 협상의 주도권은 이승만 대통령에게 있는 국면이었다. 로버트슨은 미국 대통령의 뜻을 전했다. "이대통령의 독단은 매우 무익한 것이며 만약 사리에 맞는 태도를 취한다면 미국의 힘을 빌려 줄 것을 보장한다"고.

이승만 대통령은 이 기회에 확실히 받아낼 것은 받아내고 따질 것은 따진다는 식으로 시종 고자세로 로버트슨과 맞섰다.

이렇게 하여 우리는 미국으로부터 다음과 같은 것을 보장받게 되었던 것이다.

1. 휴전후의 긴밀한 협조 관계의 확대
2. 포로의 자유의사 보장
3. 한·미 상호방위조약의 체결
4. 정치, 경제, 방위 문제의 협력 증진
5. 통일 한국의 실현을 위한 상호 협력

이렇게 하여 7월 12일 한·미 양국은 휴전 성립을 위한 합의에 도달했다.

나는 이 모든 과정을 지켜보면서 이승만 대통령의 의지와 애국심 그리고 고집 불통의 끈기를 확인할 수 있었다. 미국의 고위 장성들도 대체로 이승만 대통령을 나와 비슷한 시각에서 보고 있었다.

1951년 7월 10일에 시작된 휴전회담은 1953년 7월 21일에 끝이 났으며 7월 27일에 휴전이 이루어지게 되었다. 이로써 만 2년 12일 만에 그 긴 협상 여정에 종지부를 찍었다.

7월 27일 10시에 판문점의 제159차 본회의에서 유엔군측 대표 해리슨 중장과 공산군측 대표 남일은 모두 18통으로 된 협정문서에 서명함으로써 한국전쟁은 명분 없는 휴전으로 탈바꿈하게 되었다.

이 협정문서는 문산의 유엔군 전방사령부로 보내졌으며, 이날 13시 클라크 대장이 서명을 마쳤다. 그리고 이 문서는 판문점으로 되돌려져 평양으로 보내졌으며, 북한군을 대표하여 김일성이, 중공군을 대표하여 팽덕회가 각각 휴전협정에 확인 서명한 다음 그 중 영문으로 된 6통의 문서만 유엔군측에 되돌아왔다.

이날 22시를 기하여 전전선에서는 모든 전투행위가 일제히 정지되고 한국전쟁은 끝났다.

전쟁이 시작된 지 3년이 넘는 긴 동안 승자도 패자도 없이 결말 없는 전쟁의 종식이었던 것이다. 전쟁이 끝나면 축제 분위기가 조성되는 것이 보편적 경향이지만, 우리나라에서는 오히려 초상집 분위기처럼 무거움만이 감돌았다.

이 전쟁으로 국군 14만9천여명, 유엔군 5만7천여명, 경찰 3천5백명, 민간인 37만3천여명 등 총 58만2천여명이 사망했고 국군 71만7천여명, 유엔군 11만5천여명, 경찰 7천여명, 민간인 23만여명 등 1백6만9천여명이 부상했다. 또한 우리측 1만5천여명이 포로가 되었고 35만여명이 실종되었으며 민간인 8천4백여명이 북으로 납치되어 모두 2백16만9천여명의 엄청난 인명 피해를 냈다. 어디 그뿐이랴. 3백62만명의 전재민이 생겼고 50만여명의 전쟁미망인과 10만여명의 전쟁고아가 가정 파탄의 비극 속에서 몸부림쳐야 했다.

전국토내의 약 반에 해당하는 민가, 시설물, 발전시설 등이 잿더미로 변했다.

3년 동안 미국은 1차세계대전 때와 맞먹는 200억 달러의 전비를 썼는데, 지금의 달러 가치로 환산하면 약 2,000억 달러 규모이다.

그리고 미국이 공식적으로 발표한 군사장비의 손실만 보더라도 유엔군측 항공기 1,992대, 전차 777대가 파괴되었다.

한편, 북한측 피해까지 합산한다면 약 500만명의 인적 피해를 입음으로써 전체 한민족 3천만명의 6분지1에 해당하는 인구가 전쟁 피해를 당했다.

이는 우리나라 역사상 가장 막대한, 글자 그대로 미증유의 참상이었던 것이다. 더욱이 대륙세력이나 해양세력 등 외세에 의한 전쟁도 아니요 동족상잔일진대 그 전쟁의 발발 장본인들은 이미 이세상 사람이 아니다. 김일성, 스탈린, 모택동 등 주동자 모두가 사망했다.

또한 아직도 북한 공산주의자는 그때 그날의 남침 야욕을 버리지 않고 있다는데 문제의 중요성이 있다. 그들은 역사까지도 변조하여 "미제와 미제의 앞잡이의 북침"임을 주장하고 있다.

더욱 한심스러운 것은 소위 주사파(主思派)라고 하는 대한민국내의 좌경세력의 작태이다. 이제 공산주의자나 사회주의자를 진보세력으로 부를 때는 지났다. 이제 그들은 역사의 뒤안길에 흘러간 퇴보세력이다.

자유민주주의 이땅에 그런 엉뚱한 젊은이들이 기생할 수 있었던 정황에 대해 우리 모두 책임의 일단이 있다고 나는 생각하고 있다.

고도 성장의 그늘에 가려졌던 악의 근원들이 그들의 눈에는 모두 타도되어야 할 이즘(주의)으로 보인 것이다. 악의 근원을 뽑아야 할 책임은 우리 모두에게 있다. 따라서 주사파와 같은 착각의 무리들을 제거할 수 있는 길은 그들을 격리시키는 데 있는 것이 아니고 우리 집안의 청소에 있다. 과감한 개혁만이 해결책이다. 김영삼 정부, 한편 문민정부라고 불리우고 있는 집권 세력이 '신한국 창조'라는 기치를 들고 서슬이 퍼렇게 개혁을 외쳐댔던 초기와는 달리 지금은 '신한국 창조'라는 구호조차 듣기 어렵게 되었다. 개혁 또한 무딘 칼로 변했다. 또 두루뭉수리인가.

'진실을 모르는 자는 단순한 바보에 불과하나, 진실을 알고도 거짓을 입에 하는 자는 범죄자이다'라는 명구가 있다. 우리의 주변에 특히 권력자들은 진실을 알고도 못본 체한다. 그렇다면 그들은 바보인가 범죄자인가. 솔직히 말해서 진실을 외면하는 자는 진실을 모르는 자나 진실을 알고도 거짓을 입에 하는 자보다 더 나쁘다. 진실을 알고도 거짓을 입에 하는 자는 변명을 하고 있는 상태이지만, 진실을 알고도 못본 체하는 자는 완전한 직무유기이다. 타락이다. 범죄자이다.

'위정자의 무능은 역사의 범죄로 남는다'는 서양 격언을 상기한다면, 위정자는 다시 진정한 정치를 위해 개혁을 해야 한다. 개혁과 변화가 수반되지 않는 정치는 정치가 아니라 행정이다. 정치가는 영어로 스테이츠맨(Statesman)이라고 하지만 폴리티시안(Politician)이라고도 한다. 후자는 정상배나 정당정치가를 일컫는 좋지 않은 뜻으로도 사용한다. 그러나 이 두 정치가란

뜻의 단어를 묘하게 구분한 학자가 있다. "스테이츠맨은 다음 후손을 걱정하는 정치가이고, 폴리티시안은 다음 선거만을 걱정하는 정치가"라는 것이다. 한편 웃음이 나오는 구분이지만, 어쨌거나 우리나라에는 스테이츠맨은 없고 모두 폴리티시안 뿐인 것 같다. 김영삼 정부가 개혁에 주춤하고 구시대의 악의 전력이 있는 정치가를 모조리 포용하고 있는 것도 바로 스테이츠맨십이 아니라 폴리티시안십이기 때문이다.

정치란 개혁의 기술이고 변화의 마술이다. 개혁이 없고 변화가 없는 정치는 물이 오래오래 고여 썩는 것과 마찬가지로 결국은 쇠퇴한다.

그 무시무시한 힘을 자랑하던 소련의 공산주의가 눈이 녹아내리듯 순식간에 붕괴된 것도 새 문명의 변화에 따르지 못했고 새 정치에의 개혁 없이 정체했기 때문이다.

우리나라의 경우, 역대 대통령 누구나가 다 출범 초기에는 개혁과 변화를 외쳤다. 이승만 대통령을 비롯하여 장면, 박정희, 전두환, 노태우 모두 개혁의 나팔을 불었다. 그러나 일정기간이 지나면 슬그머니 구두선에 그친다. 즉 스테이츠맨십에서 폴리티시안십으로 옮기는 과정을 겪는다.

나는 김영삼 대통령만큼은 투사 기질과 신앙심이 있기 때문에 끝까지 스테이츠맨십을 발휘할 줄 알았다. 웬걸 슬그머니 폴리티시안십으로 옮기는 속도가 다른 이들과 별 차이 없다. 반짝 광 내는 데 능한 것은 변화의 기술이 아니고 변화의 후퇴이다. 끝까지 지구성을 발휘하지 않는 개혁이나 변화는 그 의미가 없다.

서강대 박홍 총장의 용기 있는 발언을 구세주의 선언쯤으로 처음에는 알다가 시일이 지나니까 증거까지 대라고 야단들이다.

박홍 총장의 경고로 주사파의 윤곽이 밝혀졌으면 그 증거 포착은 국가기관이 해야 한다. 그 기술은 정치에 있어서의 개혁의지로 달성되는 것이다.

개혁에는 경제개혁이 중요하며 금융실명제에로의 단안은 잘 한 것이다. 그러나 그 마무리를 강력하게 하지 않으면 안한 것이나 별 차이 없게 된다. 김영삼 대통령은 가진 자와 없는 자와의 화해를 위해 더 적극적으로 나서야 한다. 주사파가 생성되는 원인도 바로 부패와 불평등 및 불공정이 심화되었기 때문이다.

나는 집권 당국자들에게 로바 크리브랜드의 1888년 미 의회에서의 대통령 연설 내용을 알려 주고 싶다.

"자본집중의 결과를 조사해 보면 거기에는 트러스트(Trust : 독점적 기업합동) 혹은 기업의 결합이나 독점의 존재가 발견된다. 한쪽에서는 시민들이 뒤에 쳐져서 이것들과 힘 없이 싸우고 있거나 그렇지 않으면 구두의 철뒤축 밑에서 밟혀 죽어 간다. 법률에 의해 주의 깊게 정성껏 키워 놓은 생물체이며 국민의 봉사자야 할 주식회사는 바야흐로 빠른 속도로 국민의 주인이 되려고 하고 있다.

태고의 공룡은 지구의 환경 변화로 사멸되었으나 현대의 공룡은 계속해서 구두의 철뒤축으로 국민 위에 군림을 계속하고 있다."

나는 휴전후 일련의 정치상황을 보면서 오늘에 관조해 본다. 모두 우리가 잘 되기 위한 나의 회상인 것이니 당국자는 쓴약쯤으로 받아들였으면 좋겠다.

23 휴전후 강군을 위한 지휘 통솔 소고. 그리고 당시 정치 사회정세의 계속되는 혼미

아무리 암담한 속에서라도 암담한 대로 살아나가는 길이 있다. 그것이 인생이고 사회이고 또는 국가이다. 어찌 자기가 원하는 곳에서 바라는 뜻대로 살아갈 수 있겠는가. 그러므로 우리는 희망을 잃지 않고 개척하고 도전하며 살아가야 한다.

격동의 전란을 헤치고 이땅에는 다시 남아난 사람들의 살아 나가는 소리가 들리기 시작하였다. 포성과 포탄의 작렬음으로 시끄러웠던 전장도 무기미한 정적을 유지하고 있었으니 새로운 진지 구축과 재정비에 분망하고 후방은 후방대로 살아갈 길을 찾아 새로운 전후시책들이 마련되어 가고 있었다.

휴전후 내가 지휘하던 제9사단도 다른 일선 사단들과 마찬가지로 훈련에 분망하였고, 교육자료의 정비, 진지편성 등 전쟁 뒷

1953년 12월 휴전 성립후 금화지구전선 연대장 이상 사단 간부의 모임(좌로부터 다섯번째가 필자. 오른쪽이 사단 수석 고문관)

마무리와 앞으로의 대비책 마련에 열중하고 있었다.

나는 이제 휴전후 세계 대세와 관련된 우리의 조건을 너무나 허망한 생각을 하느니보다는 우리의 조건을 조건대로 받아들이는 가운데 우리 자신이 할 일이 무엇이냐 하는 점에 신경을 쓰기로 마음먹었던 것이다. 근본적으로 그것이 군인정신이 아니겠는가. 그러한 냉철한 한정(限定)과 그러한 한정 속에서의 하루 하루의 분명한 목표, 그 목표를 향한 분명한 태세나 행동만이 문제인 것이다. 이러한 전제 속에서 나는 나 특유의 그 열정과 나의 일에 대한 무서운 집착 속으로 나 자신을 몰아 갔다.

1953년 어느 날, 우리 사단에서 보초가 병사한 사고가 일어났다. 그리고 그 사고라는 것이 영양실조로 인한 부황증과 심장마비라는 것이다. 이 사실은 나에게 큰 충격을 주었다. 곧 조사 결과 이런 영양실조 환자가 굉장히 다수라는 것을 알게 되었다. 그리고 그것도 특히 사병간에 많았다. 후에야 그 증상이 오랜 전투 속에서의 과로와 영양 불균형에서 오는 것이라는 사실을 알아냈고 곧 이에 대한 구급책을 마련했다.

우선 급히 사단보육대라는 것을 설치하고 각 연대에서 가장 쇠약한 병사들을 골라서 약 1개월간씩 교대로 휴양을 시키기로 하였다.

이렇게 한번에 2백명씩을 잘 꾸민 온돌 시설에 수용하고 음식도 그 칼로리를 평상의 두 배로 증가시켜 먹였다. 그리고 냇가에는 보트장과 각종 운동시설도 마련해 주고, 이렇게 수용기간에는 가슴에 '保'자를 붙이게 함으로써 대번에 누가 보아도 알 수 있게 해주었다. 이렇게 하니 아무리 약하던 병사들도 4주간만 휴양하고 나면 건강을 회복하여 갔다.

후에 이 제도는 전군에 보급되어 전쟁 직후의 사병들의 보호와 그들의 사기 향상에 적지 않은 자극이 될 수가 있었다.

어느 의미에서 보자면 가장 피비린내나는 전투 속에서만 몇 년 살아 온 군인들로서 전쟁이 없는 곳에서의 일선생활은 미칠 지경으로 심심한 것이었다. 그리고 그런 조건 속에서의 병사들의 사기를 앙양시키고 그들의 만일에 대비한 긴장을 유지해 간다는 것은 특별한 배려가 있어야 하고 적절한 통솔 방법이 적용되어야 일상생활 속에서의 활달한 기운과 생명감을 유지시킬 수 있다고 나는 생각했다.

그러자면 그들의 가장 당면한 요구가 무엇이며 가장 즐거운 일이 무엇인가 하는 것을 포착해야 하는 것이다.

그것은 우선 그들의 가족과의 만남이 아니겠느냐는 생각을 했다. 나는 곧 트럭을 개조하여 '백마 버스'를 만들어 교대로 외출도 시키고 면회 온 가족과의 만남을 주선하였다. 이런 일이 있고난 후에 부대 분위기는 우울에서 화기와 활달한 기운으로 충만해 갔다.

평화시의 군대란 사기 앙양책에 신경을 써서 신선한 바람을 불게 함과 동시에, 엄격하고 철저한 훈련을 병행함으로써만이 강한 군대로 유지할 수 있다고 생각한다. 그러나 어느 한쪽에 치우치면 또 문제가 발생하기 마련이므로, 이 두 가지를 잘 안배하여 기술적으로 적응시킬 때 그 부대는 생명이 차 있고 그 부대의 지휘관은 유능한 통솔자가 될 수 있는 것이다.

사실상 지휘와 통솔이라는 것은 '일정량의 사람을 움직여 그 집단의 목적을 달성시키는 과정과 방식'에 지나지 않는 것이다. 그리고 그 내용이란 곧 인간관계이며, 자칫 그러한 관계에서 빚어지기 쉬운 적대감이나 불안을 최소한도로 억제할 수 있도록 서로의 정신적 사회적 유대를 이해하고 조정해 가는 과정이라고 할 수 있다.

흔히 지휘란 권위를 가지고 명령한다든가 지배 밑에 굴복시키는 것으로 알려져 있지만, 통솔법이란 지휘관의 그러한 목표 또는 목적을 타인에게 영향을 끼치도록 행사하는 방식을 말하고 이 방식은 곧 지휘관의 능력의 바로미터가 될 수 있는 성질의 것이다.

통솔법을 두고 다시 세분하면 독재적 통솔법과 민주적 통솔법으로 구분될 수 있다. 그리고 이 통솔의 개념은 매우 의미가 광범위한 것으로서, 인간생활의 모든 부면을 그 속에 포괄하고 있는 것이고, 어떤 개인을 인도하거나 감격시키는 것도 이런 범주 속에 둘 수 있다 하겠다.

독재적 통솔법의 특성은 독일의 히틀러의 통솔법에 잘 나타난다. 히틀러는 "힘으로 해결하여야 할 문제의 해결 방법은 돌격이 가장 우수한 방법이다"고 말한 데서도 보여지는 것처럼, 극렬적이고 독단적인 발상을 근본으로 하고 있다. 그리고 그 지도자와 피치자(被治者)의 관계를 보면 다음과 같이 예시할 수 있다.

1. 지도자의 의사와 소원은 공개적 비평 또는 이의 반항 등에 구애됨이 없이 독단적으로 그 사건을 지배한다.
2. 양자간의 무조건 협조 혹은 무조건 찬성이 전제되어야 하고 그러기 위해서는 심리적으로 약간의 착각, 맹신이 필수적이다. 따라서 지도자는 우민정책적(愚民政策的) 정치철학을 좇는 것이 상례이고 대중으로 하여금 무조건 따르도록 강요한다.

3. 타인에게 죄를 대신 지게 하는 트릭(tric : 속임수)이 일반적인 것이 되고, 지도자의 책임이나 애로나 역경은 타인에게 전가한다.

  4. 지도자는 유일한 탁월성과 신성시로써 우상화되고 능력은 절대적으로 과장된다. 그리고 여기에는 히틀러 밑에 있던 게펠스 선전상처럼 군중심리의 최면술적 조작이 요청된다.

  5. 이러한 통솔법은 그 방법 자체의 문제도 문제이지만, 본질적으로는 지도자의 이기주의가 그 근간이 된다.

  이에 반하여 민주적 통솔법의 특성은 개인의 가치를 존중하여야 하고, 따라서 그 집단 구성원의 개개의 경우나 처지와 밀접하게 결부되어야 하고, 따라서 그 개인들이 살고 있는 배경, 객관적 사회 환경과의 깊은 관련성을 기반으로 하는 것이다.

  이 점에서 더욱 어려운 문제가 야기된다. 즉 개개의 인간요소, 육체적 정신적 또한 도덕적 제능력과 각 개인의 능력한도와 지휘자의 목표, 의도의 건실성, 요컨대 합법적이고 타당한 피차의 이해와 이해(利害)의 일치가 요구된다.

  또한 그것은 민주적 생활양식과도 그대로 연결되는 것이다. 요는 민주적이고 위대한 지도자란 결코 단순한 지배의 달성이나 그 강렬한 행사에 있는 것이 아니라, 그 지도자의 하나하나의 능력이 부하들로 하여금 일종의 자기실현에 도달하도록 하여 피차의 사이에 깊은 신뢰를 이루어야 하고 그럴 수 있는 사람을 말하는 것이다.

  따라서 민주적인 통솔법이란 '인간행위를 감화 좌우하는 기술'이다. 바꾸어 말하면 '사람을 사람답게 대우하고 취급하는 기술'이라고도 할 수 있겠다.

우리가 민주사회를 지향하고 민주주의를 목표로 하는 이상 군 통솔법도 그에 알맞은 일정한 규범이 요청될 것은 당연한 이치이다.

지휘권이란 무엇인가. 그것을 세분하면 대개 다음과 같이 볼 수 있을 것이다.

1. 지휘권이란 군인의 계급과 직무에 의하여 예하 구성원에게 합법적으로 행사하는 권력이다.
2. 군에 있어서 지휘권은 각별히 신임과 신뢰를 내포하는 의무가 수반되어야 한다.
3. 행동, 제분야의 계획 수행, 감시 및 협조에 대한 지휘권, 이것이 군 지휘관 존재의 근본 이유이며, 따라서 지휘관은 선도와 전활동을 감시 감독할 책임을 져야 한다.

대개 지금까지 예시한 것과 같이, 통솔이라 함은 지휘자의 결심 목표 목적을 휘하 집단 혹은 부하에게 전달 부여시키는 기술이며, 따라서 이 통솔의 묘를 얻기 위해서는 몇가지의 기본 원칙을 들 수 있다. 교범에서 말하는 그 원칙 몇가지를 보면 다음과 같다.

1. '자기의 할 일을 알라'는 것이다. 웰링턴 장군의 좌우명은 사실상 '나 자신을 먼저 알라'라는 것이었다. 이는 즉 지휘관이 백과사전이 되라는 얘기가 아니라 다각도의 지식, 더구나 그 지식도 본연의 임무에 그대로 어떤 종류로건 관련을 짓도록 하는 실천적 지식을 가지라는 의미이다. 가능하면 만능이라는 칭호를

받는 지휘관이야말로 최상의 지휘관이라 하겠다.

2. '자기 자신을 알고 자신의 향상을 도모하라'는 것이다. 즉 자신을 평가하고 자기의 장단점을 자각하여야 하며 자기의 단점을 교정해야 하는 것이다. 그리고 꾸준히 새로운 학문에 도전해야 한다.

3. '자기의 부하를 알고 그들의 복지를 도모하라'는 것이다. 자기 부하와 고락을 같이 하며 부하의 고충에 접근하며 이를 돕고 그 복지에 주력해야 한다.

4. '모범을 보여라'는 것이다. 인간적인 면에서도 그렇고 해당 분야의 기술자로서도 모범이 되어야 한다. 자기는 편한 길만 걷고 부하더러는 험한 길을 걷도록 한다면 부하가 진정으로 따라올 리 없는 것이다.

5. '부하에게 단체적 협동심을 양성시켜야 한다'는 것이다. 단결을 이룩하라는 것이다. '팀워크'는 운동경기 뿐만 아니라 전투에서도 필수적인 요소이다.

6. '원칙적이며 적시에 적절한 결심을 하여야 한다'는 것이다. 명석한 두뇌와 빠른 판단 그리고 굳은 결심이야말로 중대한 고비에서의 운명을 좌우하는 것이다. 전투시 적시 적절한 결심을 못해 실패한 예는 많다. 적에게의 타격은 적시에 해야 효력이 있다. 이미 적이 사라진 후에 타격을 가한들 무슨 소용이겠는가.

7. '부하들의 책임을 구명하고 그 책임감을 발전시켜야 한다'는 것이다. 부하들의 책임을 연구하고 밝힌 다음 그 책임에 맞는 일을 할 수 있게 도와 주는 것은 민주적 통솔에 있어서 필수적인 방법일 것이다. 자신의 책임도 중요하지만 자신의 지시를 이행할 부하의 책임도 소홀히 하지 말고 감독 지도를 해야 한다.

8. '자기 부하의 실력을 알고 그에 알맞도록 부하를 지휘하여야 한다'는 것이다. 부하에게 너무 과중한 임무를 부여하면 그 실천이 불가능한 것처럼, 부하의 능력을 파악한 다음 그 부하의 능력에 맞게 임무를 부여해야 성공이 보장되는 것이다.

9. '자기의 행동에 대하여 책임을 져야 한다'는 것이다. 자기 잘못을 남에게 전가하는 것처럼 비굴한 짓은 없다. 종종 우리 주변에서 보는 인간의 추태이다. 자기 잘못을 시인하고 그 책임을 떠맡는 것은 용기의 하나다. 용기에 도덕심이 더할 때만 가능한 결단력이다.

이상과 같이 교범상의 원칙에 대해 내 개인의 의사를 더해 보았다. 이를 각별히 여기서 설명한 것은 가장 합리적인 통솔원칙이라고 판단했기 때문이다. 물론 이 원칙은 미군의 교범에서 연유한다. 세계 제1차대전과 2차대전을 겪으면서 연구 발전시킨 원칙으로 나는 항상 이를 염두에 두고 부대를 운용했었다.

나 자신이 이를 중히 여기면서 이의 실천에 만전을 기했다고는 보지 않는다. 어떤 것은 내 불찰로, 어떤 때는 내 능력 부족으로 소홀히 한 것도 있었다. 그러나 내 후대에 꼭 지켜 주었으면 하는 경구라고 생각하는 면에서는 예나 지금이나 추호의 변화도 없다.

또한 나는 내 자신을 돌보면서 통솔자의 특성이나 자질에 대해 깊이 생각을 해 봤다. 즉 '지휘관의 특성과 자질'이다.

다시 말할 것도 없이 모든 인간 사회나 집단에 있어서의 진보와 성공은 지휘통솔법의 질과 효능에 의존된다고 볼 수 있으며, 그러므로 위대한 지휘관은 참으로 그 민족, 그 국가, 그 사회의 보배라고 할 수 있다.

중국의 「손자병법」에서 말하는 장수의 5덕(五德)을 보면 '지(智)·신(信)·인(仁)·용(勇)·엄(嚴)'이다. 이는 곧 중국 고래의 장수도(將帥道)였던 것이다.

우리의 교범에서 말하는 지휘관의 특성을 살펴본다.

1. 경계심. 이는 곧 주의력의 지속, 침착, 치밀 등의 지성(智性)을 말한다.
2. 용기. 만사에 대한 바른 판단, 관용, 자신감 등의 이성(理性)을 말한다.
3. 결단성. 신속하고 정확한 결심과 권위 있고 명확한 사건의 처리를 말한다.
4. 모습. 모범이 되어야 할 지휘관으로서의 외모, 복장, 품행 등을 단정히 해야 하는 품성을 말한다.

제9사단장 시절 금화지구전선 시찰차 사단을 방문한 이승만 대통령을 영접(1954년초)

제5장 정치와 군 그리고 나

5. 신뢰성. 임무를 수행하는 데 있어서 감시받지 않고 자의(自意)로써 자기 직무를 수행하는 것을 말하며, 훌륭한 통솔의 결과는 부하 및 상관으로부터 신뢰를 받게 되는 덕성이다.

6. 인내. 육체적으로나 정신적으로나 과업을 완수하는 데 필요한 강인성을 말한다. 이는 꾸준한 추진력으로 발전할 수 있다.

7. 열의. 맡은 일에의 적극성과 사명감을 말한다. 지휘관의 열의는 솔선수범으로 나타난다.

8. 기력. 왕성한 자기 의지를 말한다.

9. 겸손. 교만하고 자만하는 지휘관은 실패하기 쉽다. 겸손은 지도자의 미덕이다. 그리고 신사의 도이다.

10. 인간미. 일상생활에서 상급자나 하급자로부터 정감을 느끼게 하는 정신적 인간관계이다.

11. 성실. 근면과 모든 행위에 있어서 인격의 미덕이다. 또 성실은 정신적 건강미라고도 할 수 있다.

12. 이치와 총명. 지휘관의 지성으로 부하로부터 존경을 받을 수 있는 논리적인 실력이다.

13. 판단. 현명한 결심을 내릴 수 있는 능력이다.

14. 공평. 신상필벌과 공정무사한 지휘력으로 나타낼 수 있는 지휘관의 덕성이다.

15. 동정. 직접 간접으로 관계되는 사람과 따뜻한 인간미를 나눌 수 있는 덕성이다. 상대방의 슬픔을 같이 할 수 있는 아량이 필요하다.

16. 충성. 군인의 기본 정신 덕목이다. 상관에게 충성할 때 부하로부터 충성을 받을 수 있다. 이런 충성의 총화가 국가에 대한 충성으로 승화된다.

17. 눈치와 요령. 한마디로 기지(機智)로 요약된다. 불쾌한 감

을 주지 않고 상하와 접촉하는 과정에서 민첩하게 처리한다.

 18. 비이기성. 타인의 희생의 결과로 자신의 안전과 이익만을 도모하려는 것은 피해야 한다. 자기에게 손실이 있어도 대의(大義)에 따라야 한다.

 19. 진취성. 부대 발전을 위하여 적극적으로 묘안을 안출하는 의욕을 말한다. 진취성이야말로 젊음의 약진이다.

 이상 19개 항목에 대한 지휘관의 특성을 살펴보았다. 어느 지휘관이나 이 모든 특성을 완전히 구비한 경우는 없을 것이다. 그러나 이 특성에 각각 접근하려는 노력은 지휘력을 발전시키는 데 큰 도움을 줄 것이다. 나는 군대시절 이 특성을 항상 의식하면서 노력하고 반성했다.

 중국의 병서에서 볼 것 같으면 '勇將不如智將이요 智將不如德將이라'고 하였다. 용장 위에 지장이 있고, 지장 위에 덕장이 있다는 뜻이다. 따라서 덕을 갖추면 다른 것도 갖추게 된다는 의미가 함축되어 있다.

 19개항의 특성이 모든 장점을 나열한 듯한 이상이 있지만, 그것으로 노력하기 위한 지표로 삼는다면 바로 덕장이 되는 길이라고 생각한다. 중국의 병서나 미군의 교범에 적힌 지휘관의 특성은 상세히 분석해 보면 공통점이 많다. 다만 민족성에 나타나듯 중국 병서는 암시적이고 미국의 교범은 구체적이라는 차이가 있을 뿐이다.

 우리는 3년의 전쟁 경험을 통하여 많은 것을 배웠고 시행착오도 했다. 그러나 그 모든 것이 교훈으로서 중요하다는 점은 말할 나위가 없다.

휴전이 되어 평시체제에서의 새로운 문제점에 나는 적극 대처하기 위해 스스로 찾아서 이치를 깨닫기 위한 노력을 독서에 불태웠다. 많은 독서야말로 나에게 귀중한 양식을 제공했고 지휘관의 특성을 하나하나 갖추어 가게 했다.

휴전과 평시체제에 몰아 닥친 지휘에의 장애요소는 하나 둘이 아니었다.

우선 최전선의 병사들은 거의 모든 시간을 잡역으로 허비하고 있었다. 막사 신축, 진지 구축, 화목 준비 등 일은 할수록 늘어갔다.

정신이 해이되면서 부정이 만연되기 시작하였다. 그 정도는 전방보다 후방이 더 심했다. 또 수사기관의 월권 등이 장병의 사기 저해 요인으로 부상하기 시작하였다.

이러한 만연되어 가는 악의 도전 속에서 나는 어떻게 해서라도 우리 부대만이라도 하나의 선(善)의 모델을 이룩하고자 전력을 다했다. 그때 그때 통솔 방법을 응용하면서 장병들의 사기 앙양과 복지 향상 문제, 그들 장병의 활달한 기상의 고양, 그리고 국민과의 근원적인 유대의식을 고취하는 데 힘썼다.

벌써 사단 지역에는 피난 나갔던 주민들이 들어오기 시작하였다.

나는 주민과의 유대를 강화하는 길이 장병 정서에도 좋은 영향을 줄 것 같고 주민에게 도움이 되리라 생각하면서 그들을 찾아 애로 사항을 묻고 해결해 주는 일에 시간을 할애했다. 부서진 집도 고쳐 주고 새로 짓는 집에는 자재도 원조해 주면서 그들과 고락을 같이 하기 위해 노력했다. 또한 공공 시설물, 즉 교량 따위 보수에도 사단의 공병을 보내어 도왔다.

그 무렵 우리 사회의 일반적 정세나 정치정세가 어떻게 돌아가고 있는가를 살펴보고 넘어 가겠다.

한마디로 요약한다면, 정치 상층부에 나타난 심한 혼란과 국민 생활의 피폐상으로 표현할 수 있겠다.

휴전 직후부터 암담한 문제들이 사회 각처에 산재해 있었기 때문에, 국민의 사회생활 일반을 효과적으로 지도해 나가야 할 책임이 있는 사람들이 오히려 그 혼란을 부추기는 작태가 벌어지고 있었다.

더욱이 집권 연장을 위한 갖은 추태와 혼란상은 국민의 마음이 정부로부터 이탈해 가는 판국에까지 이르렀다.

처음부터 국회내의 다수파인 야 세력과 행정부와의 타협은 쉽게 이루어질 수 없는 성질의 것이었다.

휴전 전에 전개되었던 소위 정치파동의 위기는 그 내부에 다각도의 모순을 내포하고 있었지만, 근본적 요인의 하나는 정부 및 국회내 여야 세력 분포의 불균형에 있었던 만큼, 이 문제가 해결될 때까지는 정국의 불안정은 어쩔 수 없이 계속될 형편이었다.

이 무렵 우리 국회내의 세력 분포에 반영된 정치 제 분파의 극심한 이합집산 양상은 세계에서 그 유례를 찾아보기 어려울 정도며, 상층 정치인들의 거취가 정치적 신념이나 내외 정세의 기본적 변화에 대한 주체적 판단의 소산이 아니라 개인의 이해 관계에 의한 결과로 작용하고 있었다. 이러한 국회내의 돌풍을 야기시키고 이땅 정치인의 약점을 이용하여 그것을 조장시킨 결과로 작용한 당사자가 바로 독재정권 확립에만 전념하던 이승만 대통령 바로 그였다. 그 구체적 사례는 여기에서 생략하기로 한다.

한편, 이러한 정국의 근원적인 불안정은 행정 부문에도 그대로 반영되어 더욱 어두운 그림자를 드리웠다.

이렇듯 이승만의 집권 연장을 위한 횡포로 야기된 정국의 불안과 이에 따른 사회 경제 전반의 혼란은 점차로 국민 대중의 진통을 빚어내기에 이르렀고 정계 각 정파간의 내분은 더욱 심해 갔다.

특히 휴전후 환도한 서울에서도 똑같이 내분은 연장선상에서 계속되고 있었다.

이미 휴전 전에 이승만 정치노선의 앞잡이로서 날치기로 등장한 자유당은 당내 내분을 겪으면서 이범석의 족청계(族靑系) 일색으로 덮히고 있었다.

족청계는 일종의 민족주의라는 뚜렷한 이념도 갖고 있었고 그 조직 양태도 매우 굳건한 것으로서, 이 세력의 자유당에서의 세력기반 확장은 그것 자체가 심리적으로 위협적 존재로 발전한 것이다.

항상 독재자는 자기를 지지할 우민집단(愚民集團)을 요구하는 것이지 일정한 이념과 진취적 기상이나 강렬한 조직성은 원하지 않는 법이다. 왜냐하면 그것 자체가 자기의 무덤을 파는 세력으로 일조일석에 전환될 수 있기 때문이다.

이렇게 볼 때, 족청계의 계속적인 비대는 사실상 정당정치 자체의 위협이 될 수도 있었을 것이다.

그러나 이승만 대통령이 족청계를 싫어한 것은 족청계 자체의 조직 속에서 어떤 위기의식을 느꼈기 때문이다.

족청계의 전성기도 시일이 흐를수록 퇴행기를 맞고 있었다. 국회내에서, 특히 자유당 안에서 족청계 거부 세력이 차츰 커가고 있었기 때문이었다.

환도 직후인 9월 12일, 자유당 총재인 이승만은 마침내 "파당

세력을 구축하여 온 족청계를 제거하라"는 내용의 성명이 발표되자 대세는 곧 기울어지고 말았다.

뒤이어 족청계로 알려진 진헌식 내무부장관의 파면처분이 단행되고 형세는 급전직하 족청계의 숙청으로 이어졌다. 어떤 구실을 붙여서라도, 어떤 사건을 만들어서라도 족청계 지도자는 곳곳에서 된서리를 맞고 있었다.

그 후 자유당 중앙당부에서는 1954년 10월 7일을 기하여 부장, 차장급이 총퇴진하는 등 전폭적인 세력 판도의 개편이 단행되기에 이르러 11월 30일에는 이기붕의 등장으로 그 여세가 이어졌다.

이와 같은 자유당의 대폭적인 당내 숙청에 힘을 얻은 민국당도 그 호기를 포착하여 새 발돋움의 계기가 되어 종래의 최고위원제를 폐지하는 동시에 위원장에 신익희, 부위원장에 최두선 김도연을 선출하였다.

1953년 후반기의 이러한 국내 정국의 움직임은 다음해의 5·20 총선거와 이에 병행되어 추진된 여당측의 개헌안을 중심으로 다시 재편과 이합집산을 보이게 되었다.

따라서 이기붕의 시대가 개막되어 갔다. 줄이은 정치파동은 국민을 혼미 속으로 몰아가고 있었다. 이것은 한국정치의 불안정한 개막을 보는 민족의 비극이었다.

24 제6군단 창설과 군단장 취임
군단장 시절의 군 발전을 위한 회상

자유당 정권의 그 비극적인 종말은 이미 자유당의 시발점에서부터 그 씨앗이 배태되어 있었다.

하긴 자유당이라는 것도 어느 시작이 아니라 하나의 과정의

산물이었고, 그것은 주로 정당이 지닌 본래적인 사명을 그 본분으로 한 것이 아니라 어느 개인의 한 '수단의 방편'으로 등장했다는 점에 많은 암시가 있었다.

이승만 정권은 이승만 노선의 한 표현이며, 이승만 노선은 반공산주의라는 극렬한 상황 속에서의 극렬한 수단의 노선이며, 그러한 처음부터 폐쇄적이고 방위적인 노선의 특징은 이승만 정권 자체의 모순 속에 그대로의 그늘을 내려 정치를 하나의 수단으로 타락시키는 숙명을 어찌 할 수 없었다.

'모든 나라의 국민은 자기가 지니고 있는 가치만큼의 정부밖에 가질 수 없다'라는 경구가 있고, '한 나라의 정치의 질(質)은 그 나라 국민들의 질의 총화가 결정짓는다'라는 명구가 있듯이 이 모든 정치적 혼돈의 책임을 이승만 개인에게 돌릴 수는 없다고 생각한다. 우리 국민이 역사가 흐르는 과정에서 외세에 시달리고 사대주의로 정권을 보전할 수밖에 없었던 쓰라린 과거를 완전히 청산하지 못한 업(業)으로 나는 생각할 때가 있다.

민주적인 제도나 그런 양태, 3권 분립의 외양은 하나의 외양 이상을 넘지 않았으며, 그것을 떠받들 수 있는 우리의 주체적인 정신적 풍토나 도덕적 배경이 없는 속에서는 이땅에 깊은 뿌리를 내릴 수가 없이, 어느 개인의 혹은 그 개인을 중심으로 한 파당의 이용물이 될 수밖에 없었다.

자유당이 바로 그러한 과정의 산물이었다는 것은 이나라 정치 풍토의 애초의 차원을 이해하는 데 매우 시사적이다.

모름지기 정당이란 그 본래의 모습에 있어서는 대중적인 어느 계층에 토대를 지니고 그 대중적인 계층의 이해를 대표해야 하는 것이다. 그것은 서구의 절대군주가 갖는 절대권의 제한 과정에서 정당의 출현을 보았다는 사정에서 보이는 것처럼, 그것은 각 계층의 한 정치적 표현 양태인 것이다.

　오랜 경험과 풍우 속에서 피차의 일정한 관계와 그 사회 속에서의 도덕, 습관, 전통 같은 것이 끼어들어 그 종합된 속에서 하나의 정치적 룰이 형성되는 것이다.

　따라서 민주주의란 오랜 세월 속에서 터득되는 하나의 독특한 정치형태라고 할 수 있다.

　우리에게는 그런 기회가 거의 없었다는 게 문제였던 것이다. 따라서 이승만 자신은 자기가 아니면 이나라가 유지되지 못한다는 우월의식에서 그 고집이 독재의 형태로 나타났던 것이다.

　이런 정치적 사회적 조건 속에서 군 자체는 군 자체의 위엄과 독자성과 그 비정치적 한계를 그대로 유지해 가기는 도저히 불가능했다. 왜냐하면 군이란 그 국가, 그 사회에서 단절될 수 없기 때문이다. 게다가 강한 조직력을 지닌 집단인 군에 이런 양태에 대해 어떤 호기심의 영향을 받지 않을 수 없게 될 때 정치가와의 야합 또는 쿠데타로까지 연장될 소지가 있는 것이다.

　비대해질 대로 비대해진 한국군은, 특히 그 가운데 육군은 일단 외양적으로는 정치와의 무관을 유지해 갔다. 그러나 내면적으로는 많은 결함을 노정시키고 있었으니, 그것은 바로 이승만 정권과의 관련된 그 부분이다. 따라서 군은 절대권력을 유지해 주는 대가로 개인 영달이라는 호기에 편승했다.

　구체적 정치군인의 출현은 이를테면 박정희, 전두환, 노태우 정권부터라고 상식화되어 있지만, 실제적으로는 이승만 정권 당시 군 상층부는 정치군인의 성격을 간직하기에 이르렀고, 그것으로 말미암아 구체적 정치군인이 산출되었다고 나는 보고 있다.

휴전후 국군의 증강을 더욱 서두르게 된 것은 미군의 대대적인 철수에 따른 국군의 방위전담이라는 점에 원인이 있었다.

원래 미군의 한국 철수는 아이젠하워 미 행정부가 수립한 뉴룩 전략(New Look military program : 1950년대 미국의 국방전략)에 의한 기동성 있는 전략적 재배치의 일환으로서 행해진 것이었다. 즉 미군은 지상군을 감축하는 대신에 해군, 특히 공군을 강화하여 고도의 기동성을 보유하는 동시에 원자무기를 장비, 피침략 지역에서의 막대한 보복력을 즉각적으로 발동케 하는 데 주력하고 있었던 것이다.

이러한 신전략은 미 군부에서도 일부의 반대가 없었던 것은 아니지만, 이미 아이젠하워 행정부에서는 이를 하나의 기정사실화하였고, 휴전협정이 체결되고 안정된 기미가 보이자 미군의 한국에서의 철수를 감행하였었다.

이리하여 1954년에 한국에는 미군 2개 사단만 남기고 6개 사단을 철수시켰던 것이다.

1954년 5월에 아이젠하워 미 대통령 특사로서 밴플리트 장군이 내한하여 한국군 증강 문제가 본격적으로 논의되었다. 7월에는 양유찬 주미대사가 정식으로 1백만 증강 요청을 미국에 제의하였다.

그러나 국군의 증강과 미국의 군사원조 문제가 토의의 시초는 그 훨씬 이전인 1953년 7월 이승만 대통령의 방미를 계기로 개시된 한미 회담에서였다. 그때 요청한 증강안은 무려 20개 사단을 40개 사단으로 두 배나 증가하겠다는 것이었다.

그러나 미국은 한국군의 단독 북진에 의한 전투 재개를 두려워한 나머지 대폭 증강안에 반대하였고 그 대가로서 10개 예비사단의 창설을 제안하여 왔다.

예비사단이라 함은 미국의 주병(州兵 : National Guard) 사단에 해당하는 향토사단이며, 박격포 정도까지의 화기로써 경무장한 사단인 것이다. 우여곡절 끝에 회담 4개월 만에야 한미 쌍방의 합의가 이루어지고 11월 17일 한국대표 변영태 총리와 부릭크스 주한 미 대사간에 조인이 행해졌다.

1954년 10월에는 후방부대를 총괄하는 제2군사령부가 대구에 창설되었고, 12월에는 미 제10군단으로부터 일선의 한국군 각 군단의 작전지휘권을 이양받아 원주에 제1군사령부가 창설되었다.

1954년 2월 13일, 나는 제6군단장으로 임명되었다. 제6군단은 창설군단으로서 창설 작업을 시작하였다.

제6군단의 방위책임은 6·25 북한군의 주공이 지향되었던 수도권 북단의 광활한 전략 요충지이다.

나는 우선 의정부에 임시 사령부를 설치하고 군단 편성에 들어갔다.

나는 기존 군단을 인수받는 것보다 더 영예스럽게 알고 훌륭한 군단 건설에 모든 노력을 경주했다.

주요 간부 선정은 전방 후방 근무를 두루 거친 경험이 풍부한 장교들로 편성하였다. 창설 작업중 미 제1군단 사령부의 운영상황을 견학하면서 조직과 세부 편성을 완료한 다음 5월 22일 의정부 미 제1군단 사령부에서 대통령 임석하에 창설식을 거행하였다.

당시 신편 주요 간부 진용은 다음과 같다.

군단 참모장 유근창 준장

군단 포병사령관 박경원 준장
작전참모 이병형 대령
정보참모 박영석 대령
군수참모 윤영모 대령
인사참모 문상명 대령

기타 특별참모

등 육군에서 쟁쟁한 우수 장교로서 군단 간부진을 편성했다. 창설식을 마친 다음 미 제1군단의 지도하에 교육과 훈련을 실시하였다. 특히 미 제1군단장 칼리어(Johon H. Collier) 중장의 적극적이고도 헌신적인 협조는 나에게 큰 감명을 주었다. 그리고 인

제6군단장 시절 포천지역 군단사령부를 시찰하는 이승만 대통령(1번차 우측이 필자, 뒤쪽이 이승만 대통령. 2번차 앞이 미 1군단장 칼리어 장군, 뒷줄 좌가 미 8군사령관 테일러 장군, 우측이 이기붕 국회의장)(1954년 10월)

간관계를 깊게 가짐으로써 공적이나 사적으로 친밀히 지냈다.

새 군단 사령부의 건설공사가 5월 31일 개시되어 8월 5일 준공을 본 후, 8월 7일부터 새 군단 사령부로 이동을 시작하여 8월 15일부터 군단의 부분적 작전기능을 움직이고 10월 15일 완전히 작전권을 인수하여 10월 20일 포천 새 군단 연병장에서 대통령 임석하에 작전권 인수식을 거행하였다.

나는 수도권 방위의 중책을 지고 이날로부터 육군의 정예 4개 사단을 지휘하게 되었다. 제6군단은 서로 동두천 전방 가막산 지구부터 철원에 이르는 광정면을 작전 책임구역으로 하여 임전태세를 갖추어 갔다.

내가 재직하는 기간중 지휘했던 사단은 제1사단, 제5사단, 제8사단, 제12사단, 제20사단, 제22사단, 제25사단, 제28사단, 제30사단(창설후 2군에 전출) 등이었으며 사단장은 다음 장군들이 최선을 다해 근무해 주었다.

임충식 이주일 김종갑 안춘생 김봉철 이현진 이상철
유해준 박경원 장호진 윤춘근 장군 등이 바로 그들이다.

당시 일반적인 군 내부 상황을 잠시 언급하는 것이 후대를 위한 교훈으로 도움이 될 것 같다.

사실 휴전은 심신의 피로를 가졌던 장병에게 큰 정신적인 이완의 공간을 열어 주었고, 따라서 통솔상의 전환을 요구하였을 뿐만 아니라 지휘면에 있어서의 새로운 패턴을 필요로 하였다.

이제 일반적으로 지휘면에 생겨진 취약점과 문제점을 살펴본다면, 그간 전시에 있어서 고난과 결핍 속에 시달렸던 국민들은 휴전과 함께 안일과 안전을 요구하는 반작용이 발생하기 시작하였다.

이러한 현상은 상층 정계는 물론이고 사회일반에 걸쳐 부패가 만연되어 갔다. 그 부패 현상이 군대에도 차츰 침투해 오기 시작한 것이다. 이는 참으로 한때 군을 위기에 몰아넣고 있었다. 군에 있어서의 부패란 곧 붕괴를 자초하는 일이다. 군이 붕괴되었다면 국가의 존재가치가 없는 것이다.

한편, 장병 개개인의 입장에서 보자면 치열한 전투 속에서 자기 생명의 위험과 분망 속에서 잊고 있었던 가족을 다시 찾게 되었고, 따라서 이제는 중요한 문제로서 생활고의 타개, 가족과의 동거 갈망 등을 필요로 하게 되었다.

특히 유능한 하급 장교들은 재취학(대학 및 대학원 과정), 혹은 본래의 직장으로의 복귀를 위한 예비역 지원자의 속출과 복무의욕의 감퇴를 초래하는 사태가 야기되었다.

그러나 사실 군의 작전 개념상으로 보면, 현전선에서의 방어는 그 실제 환경이 전투시와 하등의 차이가 없었고, 후방 지원 체제의 미비와 주둔지 주변의 조악한 주거사정, 후생 복지시설이 거의 전무한 상태에서 국군 사기를 유지한다는 것은 어렵고도 어려운 문제였다.

이러한 악조건 속의 군의 대폭적인 부대 증설은 막대한 지휘관 및 참모요원을 급조하지 않을 수 없는 형편이었다. 그러므로 전국적으로 지휘관과 참모의 질이 저하를 가져왔고, 그 사이 약삭 빠른 사람들에 의하여 파벌의 폐습이 살아나면서 엽관운동(진급과 보직)이 서서히 싹터 가고 있었다. 그리하여 군대의 부패가 그것으로 말미암았고 부패한 장교는 교묘히 금전을 사용한 영진 영전으로 이어지는 것이었다. 그러다 보니 금전이 필요하고 필요하다 보니 군용물 유용이나 후생사업 등 부패행위가 퍼져 간 것이다.

 이러한 경향이 차츰 심하게 되자, 그러지 않아도 전시에 있었던 일부 군 지휘관들의 무절제적인 비행으로 국민에게 비판받고 있었는데, 이것을 더욱 고조시켜 군에 대한 신뢰나 군의 발전에 대한 무관심의 기풍을 만들어 주고 있었다.

 이 모든 악의 요소들은 사실상 정치의 혼란과 이에 따른 사회 전반의 기강 해이와 무관하지 않다고 나는 생각하고 있었다.

 나는 이런 현상을 고뇌하면서도 어느 일선 지휘관의 한 사람의 힘으로써는 타개될 성질의 것이 아니었던 것이다.

 이렇듯 군 통솔상에 있어서의 대국적으로 전제된 고충과 더불어 전략 전술면에 있어서도 한국전쟁은 그대로의 여러 가지 영향을 소홀히 할 수 없는 중요한 문제였다.

 우선 군 지휘면에서 보건대, 전술의 요결은 공격에 있는데도 불구하고 주로 방어전에 치중한 한국전쟁 중반 이후의 경험과 방어 성격만을 띤 지휘법으로 훈련된 각급 지휘관들의 편협된 지휘법의 재검토가 필요했다.

 모름지기 '승패란 병가의 상사(常事)'라는 말이 있듯이 아무리 탁월한 지휘관이라도 항상 승리만 하는 것은 아니고 애초의 인간 그 자체가 불완전한 것처럼 군대의 지휘도 마찬가지라고 나는 생각한다.

 이런 점에서 '패전에는 즉결처분'이라는 추상 같은 엄벌주의는 너무 가혹한 것이지만, 그러한 엄벌주의 영향은 부대내에 아량과 관용을 상실하게 하고 상하 상호간의 불안, 공포, 반감을 나타내게 한다는 것을 명심해야 할 일인 것이다. 그것도 전투시의 극단 상황 속에서는 때로 필요할지 모르지만, 그러한 방법의 구사가 너무 자주 사용될 때 그 영향은 부정적인 것으로 축적되는 것이다.

본질적으로 지휘법이란 승리만이 충성이요 실패는 불가피한 패전이라도 역적이요 불충이라는 직선적인 도식은 위험한 발상이며, 특히 비전투시의 일선에 있어서는 상호 이해와 인간적인 교류의 형성 위에 신뢰에 바탕을 두어야 할 것이다.

어느 의미에 있어서는 군 통솔에 있어서 관용이란 가장 중요한 요소의 역할이 될 수도 있다고 생각한다.

"통솔력이란 지혜로운 아량에 의해서 이루어진다"고 설파한 프레데릭 대왕의 말은 함축할 만한 암시이다. 특히 나의 6군단장 시절 전투 없는 군 통솔에 있어서 이런 면에서의 접근은 중요한 것이었다.

제6군단장 시절 미 1군단 사령부에서(좌로부터 제6군단 수석고문관, 미 제1군단장, 육군참모총장 정일권 장군, 주한 미대사 레이시, 필자, 미 육군 고문단장)(1955년)

혼히 절대라는 것과 지휘관은 동일한 개념으로 쓰이는 수가 많다. 강력한 조직력과 상하 계급의식에 너무 민감하고 군인 개개인이 곧 일종의 보조물로 취급되는 독재국가에 있어서의 군이란 바로 이런 기본 위에 서 있는 것이다. 그러나 전투시 극단적인 상황 속에서의 상하관계는 그럴 경우도 있다. 어느 지역을 사수한다는 것은 곧 죽음을 의미하고 옥쇄를 뜻함에도 불구하고 때로는 대국적인 전략하에서 그런 명령이 내려지고 그런 때 그 명령은 절대적으로 효력이 발휘된다.

 이렇듯 위급한 전투의 순간 순간의 짧은 시간에 지휘관의 결의가 절대적으로 보장되었던 것이 바로 우리가 겪은 한국전쟁인 것이다.

 그러나 평상의 조건하에서, 전투가 진행되지 않는 태세 속에서의 이런 경우가 부당하게 적용되고, 간혹 일선 지휘관에서 보여지는 관료주의 성향 등은 경계해야 할 지휘의 문제점이다.

 어느 의미에서 한국전쟁을 통한 고통의 3년간은 혜택의 균등이 박탈당한 기간이었던 것이다. 그리고 그것은 당시의 조건 속에서는 어쩔 수 없는 조치였다.

 군 자체의 정비보다는 당장의 전투가 중요했기 때문이었다. 그러나 평화가 회복된 조건하에서는 혜택의 균등이야말로 사기 진작의 기본인 것이다.

 다시 되풀이 강조하지만, 군기란 엄해서만 형성되는 것은 아니다. 이성(理性)에 입각한 복종에 그 근거를 둘 때 진실한 상하관계가 형성된다. 즉 개성, 개인의 능력 한계, 인권의 참작, 이성적 판단이 배합됨으로써만 진정한 단결, 복종, 옳은 상하관계가 이루어지는 것이다.

 이상 몇가지 지휘 및 통솔에 대한 견해는 한국전쟁 당시 제2

사단장, 보병학교 교장, 제9사단장 재직중 야전에서, 학술 연구 기관에서, 다시 야전의 치열한 전투에서 느꼈던 것을 제6군단장 시절 회상해 본 것이다.

지휘관은 독특한 자기 정신적 영역이 있다. 그것은 아마 철학이라고 표현할 수 있겠다. 지휘관이 남을 모방하고 자기철학 없이 군을 지휘한다면 평시에 있어서 현상 유지는 될망정 전투시 승리를 기대하기는 어렵다.

프레데릭 대왕은 군인된 최고의 영예는,
"자기와 같은 자질과 인격을 가진 사람을 지휘할 수 있다는 일이다"
라고 하였다.

얼마나 자신에 찬 지도자의 말인가.

지휘관은 개성이 뚜렷해야 한다. 개성이 뚜렷하다는 말은 곧 철학이 확립되어 있다는 것과 맥을 같이 한다. 간혹 그런 지휘관이 강성(强性)으로 오해받는 일이 있을 것이다. 그러나 그런 강성 없이 어찌 전투에 승리할 수 있는 능력을 발휘할 수 있겠는가.

오늘날 우리 사회에 팽배하고 있는 해이된 기풍은 문명과 과학의 발달로 인한 부작용으로도 볼 수 있겠지만, 근본적인 문제는 교육 자체에 잠재해 있는 맹점(盲点)에서도 그 중요한 요인을 찾아볼 수 있을 것이다.

지나친 이기주의나 형식적인 졸업장 위주의 실리만을 노린 교육은 병적인 인격을 형성할 수밖에 없을 것이다. 따라서 나약하고 정의에 회피적인 청소년들이 향락 위주나 출세 지향적으로 변해 가고 있는 실상을 볼 때마다 나의 가슴은 아프다. 국가 장래가 염려되기 때문이다. 따라서 그런 청소년들을 군대라는 조직에서 정신적 육체적으로 단련시킨다는 문제는 국방 당국이 안고 있는 중요한 과제의 하나일 것이다.

"군인 자격중 가장 중요한 것은 피로와 역경에 대한 인내이다. 용기는 두번째의 요소이다. 결핍, 고난, 재화는 양장(良將)의 학교이다."

이것은 나폴레옹의 말이다.

이런 요소는 청소년 교육의 새로운 변화 없이는 기대하기 어렵다. 이러한 근원적인 교육과 함께 그렇게 건실한 교육 속에서 함양되는 청소년들로 구성되는 청년 조직의 정상적인 발전이 요청된다 하겠다.

물론 이런 것은 자칫 오해를 살 소지가 있다. 왜냐하면 독일의 나치 청년단이나 이태리 뭇소리니 시대의 흑색셔츠 조직은 바로 파시즘의 온상이었던 것을 들어서 그런 유형을 상상하기 쉬운 것이다.

그러나 결코 그러한 정치도구나 정치목적이 아닌 순수한 심신의 단련과 건실한 기풍의 진작, 봉사정신의 정착을 위한 교육훈련은 국가적인 차원에서 검토되어야 할 사항일 것이다.

솔직히 말하여 오늘날의 일부 정치인들의 혼탁성과 고위 관리의 부패 그리고 '주사파'라고 일컫는 좌경 대학생의 출현 등은 근본적으로 기본교육의 문제점에서 야기된 하나의 부산물인 것이다. 교육의 위기는 민족과 국가 생명의 위기라는 것을 우리는 자각해야 한다.

25　정·군 의존체제의 확산과
　　나의 육사 교장 시절 그리고 자유당의 몰락

자유당 정권의 마지막 고비는 그것을 맨 밑에서 떠받들어 주고 있던 군 일부 세력, 특히 육군 특무부대의 월권이 그 붕괴를 촉진시켰다고도 볼 수 있다. 이미 정치와 군부의 의존체제는 극히 비밀의 장막을 쓰고 있었으니, 대공사찰이 본임무였던 특무부대가 드디어는 자유당 정권이라기보다 이승만, 이기붕 개인과 유착함으로써 비극의 씨앗을 배태하고 있었다.

특무부대는 이미 군에만 한정되지 않고 정치, 경제, 사회 일반의 구석구석까지 그 손을 뻗치고 있었고, 어린 아이가 특무부대라면 울음까지 그친다는 풍설이 돌 정도였으니 그 영향력이 얼마나 무서운가를 짐작할 수 있을 것이다.

바로 그런 것들이 정권의 말기 현상으로 접어든 증좌가 아닐 수 없다.

더욱이 고급 장성에까지 그 마수가 뻗어 군 본연의 업무와는 다른 일상적인 사생활까지 샅샅이 감시당하고 있었다. 그런 음성적인 불법 사찰은 정치적 메카니즘으로 전군에 압력이 되어 작용하였다.

1956년 1월에 접어들자 그렇게 안으로 곪아 가던 것이 일시에 폭발하는 것과 같은 사건이 발생하였다.

다름 아닌 특무부대장 김창룡 소장의 살해사건이 그것이다. 그는 이미 경무대(지금의 청와대)와 밀착하여 독재자를 조정하는 이면의 독재권력으로 등장하고 있었다.

쌀쌀한 1월 31일의 아침 고요를 뚫고 시내 원효로 1가의 노상에서 다섯 발의 총성과 함께 김창룡 특무부대장은 숨을 거두었다.

김창룡 특무부대장의 피살 사건은 군 뿐만 아니라 서울 장안을 비롯한 전국 곳곳까지 놀라운 뉴스로 전해졌다.

김창룡은 이승만 대통령 내외의 특별한 총애를 받으면서 파격적인 승진 가도를 달린 불과 37세의 육군 소장이었다. 그의 죽음에 대해 누구보다 애석하게 여긴 사람은 바로 이승만 내외였다. 피살 소식을 들은 그는 아침 9시에 경무대를 출발, 빈소에서 조의를 표하고 난 다음 육군특무부대를 방문하여

"김장군이 병원에 실려 가면서 조국의 장래를 걱정하였다 하니 그의 애국심이 강력하였다는 것을 ……"

하면서 말끝을 맺지 못하였고 그날로 육군중장으로 추서 진급시켰다. 그 정도로 이승만 대통령은 사리에 눈이 어두웠고 권력 옹호자를 편애하였던 것이다.

그러나 김창룡의 죽음에 대해 회상하는 가운데 그가 해방후 그리고 한국전쟁 전후에 걸쳐 군은 물론 사회 전반에 침투해 있던 적색분자의 색출 유공은 인정할 만했다. 그리하여 철두철미한 그의 반공의식은 마침내 이승만 대통령에게 총애를 받는 직접 동기를 마련했던 것이다.

그의 죽음으로 교훈을 얻는다면, 수사기관이나 특히 대공 정보기관은 본연의 일에 전념하는 건전한 메카니즘으로 임무를 수행해야 한다는 사실이다. 또한 권력의 허망함을 역사적 교훈으로 남겼다. 특무부대는 그 후 방첩부대로, 보안사령부로, 지금은 기무사령부로 명칭이 변경되었지만 역사적 과오는 특무부대에서 끝난 것만은 아니었다. 그 기관에서 전두환, 노태우 두 대통령이 나왔고, 그들은 지금 국민으로부터 격리되어 있는 상태에서 생활해야 했다. 우리는 역사에 흔적을 남긴 그 당사자들을 생각하면서 고뇌에 잠긴다. 이 자리에서 내가 말할 수 있는 것은 "제발 앞으로는 수사기관이나 정보기관은 선진국처럼 본연의

업무만을 다해 줄 것"을 당부하고 싶다.

이 김창룡 사건으로 말미암아 이승만 정권의 실체가 드러나기 시작하였다. 그리고 국민들은 차츰 이승만 정권과 멀어져 갔다.

"국민의 진심이 떠난 정부는 허수아비이다"

라는 경구가 있는 것처럼, 서서히 이승만 정권은 낙조의 길을 밟고 있었다.

드디어 1956년 5월 5일.

"못살겠다. 갈아 보자"는 명쾌한 구호가 국민의 마음을 사로잡았다.

신익희 대통령 출마자는 한강 백사장에 운집한 30만 군중에게 외쳤다.

"국민 여러분! 오직 우리나라 정치가 한 사람의 의사에 의한 독재정치로 여론을 다 무시하고 제 마음대로 제 뜻대로 함부로 하는 것을 거듭해서 헌법을 무시하는 것을 비롯해서 큰 법률, 작은 법률 지키지 않는 까닭에 우리들의 도덕은 여지없이 타락되어 사람인지 짐승인지 구별이 없는 이러한 형편으로 한심한 형편으로 되어 있는 것이 아닙니까?"

우뢰와 같은 박수와 함성이 울렸다. 연설은 시간이 흐르면서 더 격렬해지고 비판의 톤은 더욱 높아갔다. 군중은 더 열렬한 함성과 박수로 환호했다.

그러나 숙명이라고 할까. 그날의 연설에 그리고 군중의 열정적 반응에 흥분한 탓일까. 그 충격이 컸든지 그날 밤으로 지방 유세에 나갔던 신익희 대통령 후보는 이리에서 급서하고 말았다. 실로 선거일을 바로 열흘 앞두고 벌어진 이 일은 국민 전체의 가슴마다에 못을 박은 것이나 다름 없었다.

따라서 대통령에는 이승만 후보가 당선되었다. 그러나 부통령에는 여당측의 가지가지 이면공작에도 불구하고 이승만의 러닝 메이트였던 이기붕 후보가 낙선하고 야당 후보 장면이 당선되는 이변이 생겼다.

　선거 결과는 곧 각계 각층은 물론 군에까지 그 영향이 미치기 시작했다.
　군 내부 각 부대의 선거 결과는 그것이 곧 이승만과 국가에 대한 충성의 척도 노릇을 하고 있었다.
　당시 내가 지휘하던 제6군단에서는 특히 나는 공정한 선거를 치르게 하여 일체의 간섭을 배제하였다. 나는 예하 부대장에게 민주주의의 권리를 일체 침해하지 말라고 지시했던 것이다. 그 결과 장면 후보가 65%, 이기붕 후보가 35%라는 표차를 나타냈다. 이것은 여당측의 군에 대한 기대에 미루어 그들로서는 실망스러운 결과인 동시에 분노의 대상이었다.
　아니나 다를까 이미 정치와 군이 의존체제하에 있었기 때문에 그 결과는 곧 인사조치로 나타났다.
　당시의 육군참모총장은 이형근 장군이었다.
　어느 날 미 제8군 사령부에서 8군사령관이 주최한 군단장 회의를 끝내고 회의장소에서 나오는 길이었다.
　이형근 총장이 나에게 가까이 다가오면서 나를 좀 보자는 것이었다.
　나는 그때 그의 표정으로 불길한 눈치를 챘다.
　"이장군 국방대학원에 들어갈 의향이 없으십니까?"
　"네?"
　나는 깜짝 놀랐다. 아니 군단장 직책인 나더러 학생이 되라는 말일까 하고 의아해 했다.

순간 그런 중요한 일을 길에서 지나가는 소리로 말하는 이총장을 다시 한번 똑바로 쳐다봤다.

"저…… 국방대학원에 ……."

"저더러 입교하라는 얘기입니까?"

"네 그런 이야기입니다."

그는 참모총장이라는 직책으로 보아 너무나 치졸하게 우물쭈물하였다. 자기의 소신대로 정정당당하게 수속절차를 따라 하면 되는 일이 아닌가.

"알만 합니다."

나는 빈정대는 투로 한마디 남기고 그냥 돌아섰다.

집으로 돌아와서 30분쯤 되었을까, 어느 신문사에서 친한 기자가 전화를 걸어 왔다.

"이장군이십니까?"

육군사관학교장 시절 육사를 방문한 장면 총리를 맞는 필자(1960년 8월)

"네. 이한림입니다."

"국방대학원에 입교하게 되었다면서요? 안됐습니다. 물론 아시고 계시겠지요?"

"네?"

"아니 아직도 모르고 계셨습니까?"

나는 너무 분하여 피가 곤두서는 것을 느꼈다. 일국의 군단장 인사를 이런 식으로 하는 법이 어디 있는가. 미리 꿍꿍이속으로 정해 놓고 정식 명령 나기도 전에 신문사 기자가 먼저 알고 있으니 분통이 터질 수밖에 없었다. 나는 냉정을 찾으려 무척 애썼다.

신문기자는 계속 말을 이었다.

"벌써 이대통령 사인도 났답니다. 이장군님 외에도 강문봉, 송요찬, 윤춘근, 이주일 장군들도 끼어 있더군요. 그렇게 조치된 이유는 알고 계실 테고······."

전화를 끊고 나니 더 불쾌해졌다.

선거 결과에 대한 보복이 있을 것이라는 예측은 했지만 이런 식으로 조치할 줄은 정말 몰랐다.

나는 군인이고 군대의 명령이므로 국방대학원 학생으로 입교하였다. 처음 한 달은 분한 마음에 별로 학습에 애착이 가지 않았으나 곧 회복되어 학습에 열중하게 되었다.

한편 생각하니 이렇게 어지러운 세상에서 군단장직에 있는 것보다 속 편하게 학구에 전념하는 것도 장래에 도움이 되리라 마음을 달래며 열심히 책을 읽으며 연구에 몰두하였다.

국방대학원에서 2개월쯤 지난 어느 날의 일이었다.

아마 11월 중순경이었는데 김창룡 살해범으로 체포된 허태영

대령의 부인 황운하씨가 공개한 탄원서에 의하여 살해사건은 더욱 고위층으로 비화되었다. 탄원서에 의하면,

"남편 허태영은 상관의 명령에 복종하는 성격으로 끝까지 죄를 혼자 맡고 넘어 갔으나 하수인 신초식과 시동생 허태석의 말에 의하면 강문봉 중장과 공국진 준장이 지시한 것이다."

라는 것으로 이 배후 폭로로 다시 세상은 시끌시끌해졌다. 그때 강문봉 중장이 우리와 같이 국방대학원에 있었다. 그 날 쉬는 시간에 마침 나와 강중장은 화장실에서 마주치게 되었다.

"아니 강장군. 요즈음 그 소리가 무슨 소리요?"

나는 조심스럽게 이렇게 물었다. 강중장은 조금 웃는 듯하고는

"글쎄 나도 모를 일이군요. 무슨 소린지."

장면 총리의 육사 방문을 환영하는 생도들과 필자(좌에서 두번째)(1960년 8월)

아주 태연스럽게 대답하는 것이었다.

그랬는데 이튿날 강중장은 구속되었다.

다시 사건은 확대되어 연루자가 줄줄이 체포되었고 국회의원 도진희도 국회의 구속동의를 얻어 구속되었다. 이 사건은 우여곡절 끝에 1957년 9월 24일 허태영과 이유회를 사형집행함으로써 이 사건은 일단 막을 내렸다.

그러나 이 사건의 끝은 그렇게 맺었지만 사건을 야기시킨 근본 원인으로서의 문제점은 중요한 것으로서 남아 있었고 그것은 이승만 정권이 유지되는 한 해결될 수 없는 성질의 것이었다.

이승만 대통령은 이 사건에 대한 참뜻이 무엇인가를 깨닫지 못하고 있었다. 독재권력에 대한 저항, 즉 바로 이승만 자신에게 겨냥한 사건임을 알지 못했던 것이다.

이승만 대통령은 그 후에도 군부에 대한 교활한 술수를 멈추지 않았다. 군부를 이용한 정보정치는 일종의 이중 구조 속의 음모로 더 악랄해져 갔다.

훨씬 뒤 이야기지만, 이승만 대통령의 이런 면에 비한다면 4·19 이후의 민주당 정권은 너무나 군을 소홀히 하였고 군에 대한 인식이 언어도단이었음을 새삼 느끼게 한다. 적어도 육군의 참모총장을 그렇게 자주 바꾸는 것부터가 문민의 군에 대한 몰상식이었다.

그 당시 내가 1군사령관으로 있을 때 일이지만, 국회의장실에 찾아가 인사를 하는데 곽상훈 의장은 나에게 앉으라는 말조차 없었다. 뻣뻣이 세워 둔 채로 인사를 받는 것이었다. 이는 인간의 기본예의를 모르는 문민 정치인의 몰상식이라고 나는 분개했었다. 국기(國基)의 맨 저변을 떠받들고 있는 군의 일선 지휘관에 대한 인식이 국회의장부터가 이랬대서야 말이 되는가.

나는 국방대학원에 입교한 이래 비로소 따뜻한 가정의 사랑 속에서 살아가고 있었다.

군단장을 마치고 나올 때까지, 그러니까 태어나서 2개월이었던 막딸이 다섯 살이 될 때까지 거의 떨어져서 살았던 것이다.

국방대학원에 입교하고부터 집에서 출퇴근을 하게 되어 1년은 단란한 가정생활을 할 수 있었다.

국방대학원에서의 1년간은 상당히 빨리 지나는 것 같았다. 그러나 많은 책을 보고 좋은 강의도 듣고 하여 내 사고에 유익하게 작용할 것을 생각하니 더 길면 좋았을 것이라는 아쉬움도 남겼던 것 같다.

졸업에 즈음하여 당시 참모총장 백선엽 장군은 나의 졸업후 보직에 대해 문의하는 것이었다. 나는 군사령관직을 희망하였다. 그런데 뜻밖에도 진해에 있는 육군대학 총장으로 보직케 되었다는 것이다. 나는 이 보직을 거절하였다.

백선엽 참모총장은 나를 달래는 것이었다. 나는 야전형 성격이었기 때문에 야전 지휘관을 원했던 것이다. 내가 고집을 피우는 동안 그의 동생 백인엽 장군까지 찾아와 다시 부탁을 하고 다음날도 참모총장의 전화가 걸려 왔지만 나는 계속 고집을 피웠었다.

가만히 생각하니 이번 인사 역시 6군단장 재직중 선거 결과에 대한 보복임을 알게 되었다. 처음 그 파장이 이 곳에까지 연장되리라는 것을 나는 미처 몰랐었다.

야당 장군이라는 소문이 있던 것도 알게 되어 나는 그래서 이 파장을 헤치기 위하여 이기붕 국회의장을 만나서 내 결심을 전하기로 마음먹었다.

서대문에 연락을 해 놓고 기다리니 그쪽에서 기별이 왔다. 서대문 집으로 오라는 것이었다. 이전에 그가 국방장관 시절 내가 그를 정훈국장으로서 도운 일이 있기 때문에 잘 알고 있었다. 가족까지 왕래하는 사이였다.

이기붕 의장은 나를 반가이 맞아 주었다.

우리는 방에 들어가지 않고 마당의 정원석에 앉아 이야기를 나누었다.

나는 그에게 내 심정을 솔직히 털어놓았다.

이번 인사 문제는 지난번 정부통령 선거에서 장면 후보의 표가 더 나오도록 방치한 데서 온 보복이라는 것과 군단장을 2년 8개월이나 했고 야전형인데 육대로 보낸다는 것은 받아 들일 수 없고 군복을 벗겠다고 말했다. 그는 여러 가지로 나를 달래면서 군복 벗는 것만은 말아 달라는 것이었다.

"선거에 엄정 중립을 지킨 것을 트집잡아 인사에 보복반영 한다는 것은 있을 수 없는 일입니다. 그런 군대에 있어서 뭘 한다는 겁니까?"

"참모총장에게 한번 더 상의하겠으니 좀 기다리시오."

바로 나의 중립으로 말미암아 장면 후보보다 표가 덜 나온 당사자인 이기붕 의장의 표정도 착잡한 그림자가 스쳤다.

그 후 이기붕 의장이 백선엽 총장과 의논했지만 총장이 다른 대안이 없다는 것이었다. 1군사령관밖에 야전군사령관 직위가 없는데 이미 국방대학원 재교중인 5개월전에 송요찬 장군을 임명했기 때문이라는 것이다.

"다른 직위라면 다시 의논할 수 있으니 한번 깊이 생각해 보시오."

나는 이기붕 의장의 진지하고 인정이 넘치는 권고에 그만 기가 꺾이고 말았다.

"그렇다면 어차피 군복을 벗겠다는 결심이 섰으니 소장 직위로 하위 직위지만 육사 교장으로 가겠습니다."

그는 놀라는 표정을 지었다.

"아니 육군 중장이 소장 직위에 간다니 그게 말이 되는 일이요?"

"기왕에 이렇게 되었으니 육사에 가서 후배를 양성하는 일에 몰두하겠습니다. 그리고 육사를 훌륭히 발전시키고야 말겠습니다."

나는 다음 선거시까지 육사를 훌륭히 육성시키고 군복을 벗을 것을 생각하고 있었다. 내가 어디 있든가 다음 선거에서도 득표 조작은 못할 것이고, 그렇다면 또 정치보복을 받을 텐데 그때까지는 마음놓고 있을 수 있다고 본 것이다. 만 3년. 그러니까 다음 선거 때까지. 나는 이렇게 하여 육사 교장으로 부임하였다. 육군본부는 소장 직위인 육사 교장 자리를 중장으로 올려 편제표를 고쳤다. 그러나 나는 그때부터 '장면 사람' '야당 장군'이라는 딱지가 붙여져 여기 저기서 달갑지 않은 눈초리가 빛났다. 나는 그러나 사명의식을 가지고 육사의 교육체제 확충과 학교의 현대화 그리고 생도 육성에 혼신의 노력을 다하면서 앞만 보면서 직분을 수행했다.

솔직히 말해서 나는 장면 사람도 아니고 야당 장군도 아니었다. 또한 반이승만, 반이기붕 계열도 아니었다. 단지 군인의 신분으로서 정치에 초연하게 중립을 지킬 뿐이었다.

이 신념은 추호도 변함 없는 내 자존심과 의지였다. 그래서 나는 육사 교장의 직책을 결정함에 있어서 당시 이기붕 국회의장에게 이렇게 말했다.

"앞으로 선거가 3년 남았습니다. 그러니까 3년간은 육사교장으로서 학교 발전에 기여할 수 있다고 생각합니다. 3년후 선거 때도 또 중립을 지킬 텐데, 그렇게 되면 다시 보복 인사가 있을 것입니다. 따라서 저는 그때까지 군복 벗는 것을 보류하겠습니다."

나의 이 말에 이기붕 의장은 착잡한 얼굴 표정이었다. 이번에도 자기와 관련된 선거 바람 때문인데, 3년후에 다시 선거에 나서게 되면 나 이한림이 자기를 돕지 않겠다는 말로 들렸을지도 모를 일이었다. 그의 엷은 눈가에는 차가운 빛이 흐르고 있었다.

육사에 부임하여 사관생도 교육에 있어서 학과의 충실과 함께 애국하는 장교로서의 정신적 자세를 확립하도록 하는 일에 정성을 쏟았다. 특히 장교가 되기 위한 정규 사관생도 피교육중 자랑스러운 화랑이라는 긍지를 심어 주기 위해 명예에 대해 상당한 비중을 두는 수양을 쌓게 했다. 자율성과 협동정신을 그 기초로하여 남이 보지 않더라도, 남이 요구하지 않더라도 스스로 행하며 스스로 돕는 기풍으로의 길을 유도해 갔다.

나는 정치적 혼란기에 무려 3년 3개월간의 육사 교장을 하면서 바깥 세상과는 아예 담을 쌓고 오로지 육사 건설에만 정신을 쏟았다. 내가 벽돌 하나하나 쌓아 가고 있는 이 일이 훗날 조국의 간성이 될 생도들에게 장래를 기약할 수 있는 기초 마련이라는 신조로 묵묵히 내가 속해 있던 육사만을 바로 보고 있었다.

한편, 나는 너무나 뒤떨어진 학교 시설에 눈을 돌리지 않을 수 없었다.

육군본부, 국방부, 미 고문단 등 육사 시설 확충에 도움이 되는 길이라면 무슨 일이건 찾아서 해결지었다.

형편 없이 낙후된 각종 실험실의 현대화는 생도들의 과학적

지능을 높이는 데 긴요하다고 판단하여 획기적인 개선을 서둘렀다.

시대에 뒤떨어진 교과서와 변화에 적응하지 못하는 교재의 재편찬, 재정비에 들어갔다.

학교 시설을 현대화하면서 학교내 도로 또는 진입로의 확장 포장과 함께 연병장을 전교생 퍼레이드를 할 수 있게 확장 건설하고 각종 운동장 시설도 갖추어 갔다.

나는 당국과 협조하여 근처의 국유지인 산을 통째로 밀어내고 논 15만평을 매꾸었다. 나는 속으로 육사 도시 같은 선진국 수준의 육사 건설을 생각하고 있었다. 가장 큰 대공사는 대연병장 건설이었다. 그때 쌓아 올린 석축은 커다란 역사(力事)였다. 실로 1만2천평에 달하는 이 대연병장에는 돌 3천 트럭과 잔디 3천 트럭이 들었고 불철주야 87일이 소요되었다.

사관생도들의 일상생활에 중요한 난방이 완비된 침실, 자습실, 오락실 및 대식당 등 현대식 건물을 신축, 입주케 함으로써 오랜 콘셋 생활을 청산케 했다.

사기 앙양에 필요한 교회 및 병원 그리고 가족면회실 등을 신축하고, 특히 미 제8군 장병들이 협조 모금한 자금으로 도서관을 신축했다.

사관생도 정서생활에 기여케 하고자 녹지를 만들어 전 교내를 아늑한 정원처럼 가꾸게 했다.

사관생도에 비해 낙후된 사병 내무반도 2층 시멘트 벽돌건물로 신축, 그 후 한국군 사병 내무반의 현대화의 모델이 되게 했다.

사관학교와 밀접한 연관이 있는 태릉역을 정부의 승인을 얻어 화랑대역으로 개칭하게 하고 육사 지역 일대를 화랑대라는 공칭

지명으로 확정했다.

 생도 복제를 재정비하여 단정, 위엄, 활달함을 기할 수 있게 개정 발전시켰다.

 교수요원 양성을 목표로 졸업생 가운데 학업성적이 우수한 장교를 선발, 서울대학교 및 미국의 퍼듀 대학을 비롯한 외국 명문 대학에의 학사편입으로 학문의 질적 향상에 노력했다.

 일반 대학생과의 학술교류를 강화, 각종 학술대회에 사관생도들을 진출케 하여 각 대학과의 유대 및 학술교류가 되도록 하고 육사가 주최하는 학술대회를 개최하여 각 대학생들을 참여토록 함으로써 더욱 교류의 폭을 넓혀 갔다.

 솔직히 말하여 나는 육사 교장 3년 3개월간 이 세상 모든 것과 차단하는 것과 같은 육사에의 집념뿐이었다. 가정이나 사회 그리고 교우관계 등 신경 쓸 사이 없이 육사의 일에 매달렸다. 예술가들이 작품 하나하나 완성해 가는 과정에서 잡다한 모든 생각을 잊듯이 나는 모든 것을 잊고 작품을 만든다는 예술가의 집념으로 하루 해를 보냈다.

 3년후 선거가 다시 있으면 그때도 나는 득표 조작을 안할 것이고, 정치-군 밀착관계하의 군 장성이 선거에 완전히 중립을 지킨다면 또 보복이 올 것이고, 그렇게 되면 나는 군복을 벗게 되는 것은 뻔한 일인데, 마지막 군에의 봉사라는 생각을 하니 내 심혈을 경주하지 않을 수 없는 것이었다.

 육사 지역의 토질은 마사토여서 비가 오면 휩쓸려 내려가기 일쑤고 바람이 불면 먼지가 심해 교내만이라도 포장해야겠다는 생각에 백방으로 찾아다니며 알아 보았지만 당시만 해도 아스팔트가 귀할 때였으므로 매우 힘들었다.

내가 하도 극성을 떨며 좇아다니니 서울 시청의 담당국장이 한 꾀를 알려 주는 것이었다. 그의 말에 의하면, 인민군이 후퇴하면서 아스팔트 원료인 타르를 왕십리 야채밭에 100여 드럼을 묻어 놓고 갔다는 것이었다. 그것을 사용하라는 귀띔이었다. 나는 그것을 사용해도 괜찮으냐고 물으니 "우리는 그것을 파낼 능력도 없으니 써도 좋다"는 것이었다. 나는 시청에서 돌아오자 골재 준비를 해야겠기에 즉각 자갈을 파 오도록 하고 확장된 도로에 깔았다. 육본 공병감실의 기술지원을 받으며 육사 특별부대원으로 하여금 본격적인 공사에 들어갔다. 당시의 기술이래야 보잘것 없는 것으로 엉성하지만 아스팔트 도로를 완성시켰다. 우리가 왕십리에서 파 온 아스팔트 원료인 타르는 시청에서 말한 것보다 많은 170여 드럼이었다. 그러나 그것으로 만족할 수 없어 더 깔기 위해 타르나 시멘트를 구하고 있던 중 좋은 소식이 들어왔다. 부산 수영에 있는 공병기지창에 있는 창고가 있는데, 사라호 태풍으로 지붕이 날아가 비바람이 새어 들어와 쌓아 두었던 시멘트가 물에 젖어 못쓰게 되었다는 것이다.

나는 공병감에게 그 사용처를 알아 보니 처리에 고심중이고 사용할 계획이 없다는 것이었다. 나는 잘 되었다고 생각해 그 시멘트를 달라고 했더니 깜짝 놀라는 것이었다. "일단 물에 젖은 것은 강도가 낮아 쓸 수 없습니다."는 것이었다. 그러나 나는 웃으며 "맨땅에 까는 것은 상관 없겠지요." 하니 의아해 하면서 "그건 괜찮을 겁니다."라는 것이었다.

이렇게 하여 못쓰게 된 시멘트를 구해다가 교내 도로를 모두 포장했다. 이런 이야기들이 퍼지자 고문관 계통에 알려져 하루는 유솜(USOM)에 근무하는 예비역 미군 대령이 찾아와 나의 이러한 노력에 감명받았다며 스스로 나서서 교문에서부터 큰 길까지 포장해 주겠다는 것이다. 나는 지성이면 감천이라고 생각하면서 그의 호의를 받아들였다. 이렇게 한 포장도로가 여름이 되면 아스팔트 도로에 문제가 생기는 것이었다. 타르가 녹아나 신발 바닥이 엉망이 되는 것이다. 그래서 임시변통으로 모래를 깔아가며 견디냈다. 그 후 훨씬 뒤 내가 건설부장관 재직중 당시 교장 최세인 장군 때 정말 아스팔트다운 도로로 재포장해 주었다.

이렇게 극성스럽게 육사 건설을 위해 몰두하다 보니 육사내에서 좋아하는 사람도 있지만 일에 시달리는 사람은 불평을 하지 않을 수 없었을 것이다. 한번 생각하면 그대로 밀고 나간다 하여 9사단장 시절 생기기 시작한 나의 별명 '나폴레옹'이 아주 정착되어 버렸고, 얼마나 내가 엄포를 떨었는지 6군단장 시절에 생긴 '진시황'이라는 별명이 또 사방에 떨쳤다. 나는 이 별명을 부끄럽게 생각하며 그런 소문을 들을 때마다 내가 수양을 쌓고 좀 부드러운 사람이 되려고 노력을 했다. 그러나 천성은 버리지 못한다고 나의 진취성과 과단성은 좀처럼 무디어지지 않았다.

육사 건설을 위해 나를 헌신적으로 보좌한 많은 장병들에게 감사하는 마음 지금 이 글을 쓰는 시간에도 간절하다. 그 가운데 그들을 대표할 만한 분들을 아래와 같이 적는다.

참모장 이민우, 한태원 준장
교수부장 박원근 준장 및 과목 담당 교수들
생도대장 최주종, 서재관 준장
행정참모부장 김유복 대령
군수참모부장 김용휴 대령
특별부대장 최창룡 대령

공병부장 윤영호 중령

이상 열거한 외의 장병의 수고를 기리며, 또한 나의 건설에 적극 지원을 아끼지 않은 두 분이 있으니, 육본 공병감 엄홍섭 장군과 병기감 김동빈 장군이다.

나는 내 처신에 중대한 고비가 될 그 유명한 3·15 선거를 맞았다. 육군본부의 몇 사람이 나더러 고집 그만 피우고 적극 나서라는 귀띔을 해주었고 기관에서 두 번이나 찾아와 협조를 요청했다. 내 양심으로는 장래 우리나라 간성이 될 사관생도로 하여금 선거부정을 하도록 강요할 수 없었다. 순진무구한 사관생도들에게 어떻게 자유민주주의를 일탈하는 지시를 내릴 수 있단 말인가. 나는 이미 4년전에 결심한 바 있었으므로 "안된다. 자유선거는 자유가 보장되어야 한다. 사관생도에게 어찌 민주주의에 역행하는 잘못을 저지르도록 지시를 내릴 수 있겠는가."고 반대 의사를 분명히 했다. 기관에서는 다시 사정조로 나에게 부탁했다. "교장님, 그럼 투표장인 묵동 투표소에 나가시어 바라다보기만 해 주십시오" 그의 간절한 당부의 말에도 나는 "안된다"고 하면서 운동복으로 갈아 입고 정구장에 가서 정구에 열중했다.

묵동 투표소래야 당시는 민간인이 드물게 살고 있을 때여서 투표자는 대부분 육사 생도와 장병들이었다. 자유 선거를 치른 결과는 뻔한 것이었다.

당시 집권층에 대한 젊은이의 거센 비판의식은 육사 생도라 하여 무딜 수가 없었다.

투표함의 뚜껑을 열어 보니 내가 예측한 그대로였다. 나는 이제 불길한 명령만 기다리는 심정으로 마치 어떤 큰 일에 카운트다운되어 가는 느낌으로 달력을 쳐다보았다. 그 날은 바로 1959년 3월 16일이었다.

3월 19일, 마침내 육군본부 참모차장 김종오 장군으로부터 전화가 왔다. 참모총장 송요찬 장군 지시로 나를 꼭 만나야 되겠다는 것이었다. 나는 만나자고 대답했다. 그가 내 방에 들어오자 더 조용한 데서 얘기했으면 좋겠다기에 장군식당 옆의 대기실로 안내했다. 그 곳은 정구장도 옆에 있어 내가 운동이 끝나면 휴식도 하고 차도 마시는 방이었다. 벽에는 프랑스의 한국인 화가로부터 보내 온 「노틀담 성당」 그림이 걸려 있었다.

김종오 장군은 머뭇머뭇거리면서 어려운 말을 꺼내는 것같이 난처한 표정으로 나를 쳐다봤다.

"이장군, 기어코 오고야 말았소. 선거 관계 때문에 문제가 생겼어요. 그러니 육사 교장직을 내놓고 집에서 당분간 쉬었으면 좋겠소."

나는 미리 각오하고 있었기 때문에 놀라는 기색 없이 담담하게 말했다.

"김장군. 순진무구한 사관생도에게 민주주의 절차를 지키게 한 것이 무슨 죄요. 만약 내가 선거 관계로 집에서 쉬게 된다면 그 내막을 알게 되는 생도들의 군인정신이나 국가관이 어떻게 되겠소. 그러니 집에서 쉴 수는 없고 군복을 벗으리다."

"그것은 더욱 안되오. 당분간만 쉬라는 건데 총장 체면을 봐서라도 도와 주시오. 꼭 부탁하리다."

"내가 잘못도 없는데 왜 교장직을 내놓고 집에서 쉬라는 거요. 나는 이런 군대라면 차라리 군복을 벗어 버리겠소."

김종오 장군은 무려 40분간이나 사정사정했지만 나는 단호히 거절했다. 만약에 육사에서 내보내려면 야전군 사령관밖에 그 대안이 없다고 했다. 그는 내가 완강하게 거절하니 할 수 없이 다음을 기약하고 쓸쓸히 돌아갔다.

얼마 안 있자 육군본부에서 송요찬 참모총장이 직접 전화를 걸어 왔다.

"이장군, 나좀 도와 주시오. 잠깐만 집에서 쉬라는데 고집 부릴 것 없잖소. 제발 나를 살려 주는 셈 치고 집에 가 쉬시오."

나는 단호히 거절했다. 육사에 계속 머물거나 군복을 벗기거나 군사령관으로 내보내거나 셋 가운데 하나 외에는 응할 수 없다고 했다. 내가 정도를 걸었는데도 교장직을 해임한다면 사관생도들이 어떻게 생각하겠느냐고 다그쳤다. 내가 무엇을 잘못했는가를 따졌다. 그러자 전화를 끊었다.

22일, 송총장의 전화가 다시 걸려 왔다. 또 사정조로 집에 가서 쉬라는 것이었다.

나는 대안을 제시했다.

"좋소. 기어이 나를 이 곳에서 해임하고 집에서 쉬게 하려면 방도가 있소. 내가 원하는 세 가지 중에서 받아 들일 수 없다면 한 가지 더 있소. 미국 육군의 지휘 및 참모대학(우리 나라의 육군대학)에 유학 가겠소."

"아니, 국방대학원까지 나왔으면서 미 육군대학에 가다니 될 말이오?"

"공부를 한다는데 안될 것 뭐 있소."

"미국이 OK 할 것 같소?"

"내가 책임지리다."

"좋습니다. 생각해 봅시다."

전화를 끊었다. 그 후 나는 전화로 미 제8군사령관 매그루더(Magruder, C. B.) 장군에게 내가 미국에 가서 지휘 및 참모대학에서 공부하겠다는 뜻을 전하고 주선을 부탁했다. 나는 그 동안 미군 장군들과 사귀면서 그들의 합리적인 성품을 알고 있었기 때문에 학문을 닦겠다는데 반대할 사람이 아니라고 확신하고 있었다. 아니나 다를까 얼마 안 있어 8군사령관으로로부터 전화가 걸려 왔다. 대환영이라는 것이다. 학급 편성상 6월 중순으로 정했으니 그 전까지 학교에 도착하라는 것이었다. 그는 이미 내입장과 돌아가는 사정을 모두 알고 있었다. 나는 감사하다고 답례하고 전화를 끊었다. 이런 사정을 송총장에게 전화로 말하니 잘되었다고 하면서 또 사정하는 것이었다.

"이장군 제발 나를 도와 주시오. 6월 도미할 때까지만이래도 집에 가서 쉬어 주시오. 부탁하오."

나는 하도 기가 막혀 대답을 않고 전화를 그대로 끊어 버렸다.

이미 1956년 9월 말경 당시의 장면 부통령이 외국기자 회견석상에서 정부의 위헌 행위를 저지하겠다고 언명한 것을 계기로 국회에서 그 경고 결의안이 가결되고, 곧이어 있은 민주당 전당대회에서의 장면 부통령 피습사건과 조병옥씨의 민주당 대표최고위원 피선은 정국의 소용돌이를 가장 압축해 보여 주는 것이 아닐 수 없었다.

이를테면 집권자의 불법적인 횡포는 더욱 심화되어 가고, 한편 이에 저항하는 야의 세력도 날로 극렬한 모습을 띠어 가고 있었다.

그러나 사실상 야측은 집권층에 대한 반발이라는 점에서 민중의 환영을 받고는 있었지만 기실 실질적인 면에 있어서는 어느 만큼 민중의 기반을 지니고 있느냐 하는 것은 의심스러운 일이었다.

특히 이 시기에 있어서 정부의 언론 탄압은 극에 달했다. 곳곳에서 기자가 잡혀 가고 폭행을 당했다. 경향신문도 폐간되었다.

결국 올 것은 오고야 말았다. 일단 3·15 선거는 자유당의 뜻대로 시행이 된 것이다.

그 날로 민주당은 3·15 선거를 무효라고 선언하고 나섰고 마산에서는 극렬한 데모가 시작되었다. 학생은 물론 시민까지 합세한 데모대는 경찰이 발포까지 하게 되는 불상사로 이어졌다. 사망자 7명, 중상자 13명, 경상자 59명을 내고, 데모 주동자라 하여 26명이 구속되었다.

이렇게 자유당 3·15 부정선거의 성취는 그것 자체가 와해의 첫 시작이 되고 있었던 것이다.

자유당은 곧 마산사건을 폭동으로 단정하여 배후 관계 규명을 주장하였고, 중앙선거관리위원회는 대통령에 이승만, 부통령에 이기붕의 당선 확정을 발표하였다.

3월 24일에는 다시 부산에서 천여명의 학생이 데모를 시작하였다.

4월로 접어들자 문교부장관은 새 학기를 맞아 학생 데모 발생에 대비하여 전국의 학무 당국자에게 엄중 경계를 지시하였다.

4월 11일, 마산에서 처참하게 피살된 김주열군의 시체가 바다에서 인양되자 다시 마산의 분노가 폭발하였다. 경찰서, 파출소 등은 파괴되어 가고 있었고 그 기세는 수그러들지 않았다.

장면 부통령은 이승만 대통령에게 마산사건 수습 5개 방안을 건의하였고, 이대통령은 그 건의안을 일축하고 "마산사건에 공산당 개입 혐의가 있다"고 난동자 엄벌을 강조했다.

그러자 15일에는 마산 상고생들이 일어났다. 전국은 뒤숭숭했고 폭발 직전의 위압감이 전국을 눌렀다.

18일, 서울에서 고대생들이, 부산에서도 학생들이 거리로 쏟아져 나왔다. 고대 데모대는 정치깡패들의 피습을 받고 40여명의 중경상자를 냈는데, 이 사건이 결국 방아쇠를 당기는 형국이 되었다.

이때 고대 데모대에는 이미 수많은 시민과 학생이 합류하고 있었다.

밤이 깊어지자 서울시내는 흥분과 분노의 불길이 오르기 시작했다. 전국의 주요 도시에서도 학생 데모가 시작되었다.

드디어 운명의 4월 19일.

여기서 되풀이할 필요 없이 서울시민, 대학생, 고교생 등 모든 계층의 국민들이 파도처럼 저항의 노도로 이승만과 자유당을 질타하기 시작하였다.

경찰은 마침내 데모대에 발포로 대응하여 거리는 피로써 얼룩져 갔다.

이때 흥분한 일부 학생들은 서대문 이기붕 의장 집으로 돌진했다.

이렇게 하여 이승만과 이기붕 그리고 자유당은 몰락의 길로 들어섰다.

4월 20일, 계엄사령관 송요찬 육군참모총장은 나에게 전화를 걸어 왔다. 다급하고 사정하는 듯한 공손한 목소리였다.

"이장군, 나를 좀 도와 주십시오. 어떻게 하면 좋겠소. 시간이 있으시면 만나 주셨으면 합니다."

나는 좋다고 대답하고 계엄사령관실로 직행했다. 전 같은 당당한 모습과는 달리 그는 초조해 하면서 나를 보더니 어쩔 줄 몰라 했다.

"앉으십시오. 이장군, 이거 큰일났군요. 그리고 부탁이 있습니다. 나를 도와 주는 셈치고 미국 유학 취소해 주실 수 없습니까?"

나는 너무나 달라진 그의 모습을 보면서 연민의 정이 느껴졌다. 이 자리에서까지 그의 말을 거역할 수 없었다.

"네 총장님, 미국 유학을 취소하겠습니다."

그는 만면에 웃음을 띄우면서 고맙다는 말을 세 번이나 되풀이했다.

그와의 대담에서 시국에 대한 문제 그리고 난국 수습책 등에 대한 논의가 있었지만, 이미 고인이 된 그 분에게 누를 끼칠까 보아 생략하겠다.

나는 육사에 돌아와 8군사령관 매그루더 장군에게 전화로 자초지종을 이야기하니 잘 된 일이라고 오히려 반겨 주는 것이었다.

나는 이 시기에 있어서 정치와 군에 대한 유착 관계에 대해 매우 염려했던 사람의 하나였지만, 많은 장교들도 나와 같은 생각을 하고 있었다.

이때 사정의 객관성을 위해 1960년 「사상계」 1월호에 실린 '1945년부터 1959년까지의 한국 정치를 분석평가한 코론(Colon) 보고서' 번역문의 해당 부분만을 발췌 전재하는 것으로 이 장의 글 끝으로 대신하겠다.

"현재 한국군에 커다란 정치적 신망이나 조직력을 가진 군인은 없다.

육군에는 야심가는 많이 있으나 지금까지 육군은 정부의 주인이 아니라 그 도구에 불과했다.

— 중략 —

정적이 될 위험성이 많은 사람은 실각케 하고 독립성을 가진 지휘관은 냉대받았다. 이런 상황에서 군내의 파벌 투쟁과 이승만 대통령에게 잘 보여 그의 의중 인물이 되려는 획책이 성행하였다.

만일 정당정부가 완전히 실패하면 언젠가는 군부지배가 출현하리라는 것은 확실한 가능성을 가진 일이지만 가까운 장래에 일이 일어나리라고는 생각할 수 없다."

그러나 코론 보고서에서 지적했던 '군부지배의 출현'이 가까운 장래에 일어나리라고는 생각할 수 없다는 그들의 판단은 들어맞지 않았다. 그들이 예측한 것보다 훨씬 빠르게 그 비극은 다가왔다.

박정희를 비롯한 김종필 일파는 약체 문민정부를 겨냥, 쿠데타의 호기라고 판단하여 그들의 동조세력을 규합하는 데 혈안이 되고 있었기 때문이다.

제6장
야전군 사령관 시절

26 허정 과도정부를 거쳐 장면 정부의 출범 그리고
사회의 혼란과 함께 군 일각의 쿠데타 음모

4·19 봉기 이후 위기의식을 느낀 이승만 대통령은 허정에게 간청하여 외무부장관직을 맡도록 하였다.

이승만의 사임후 허정은 권력 기반이 약한데도 과도정부를 이끌지 않을 수 없게 되었다. 허정은 한국사회의 어떤 부문에서도 적극적 지원을 확보할 수 없었다. 학생과 일반시민의 처지에서 볼 때, 허정은 이승만 정권의 계승자로 인식되었을 뿐이다.

당시 육군참모총장이며 계엄사령관 송요찬 장군은 허정 수반이 당시 혁명적 상황에 대처하기에는 너무 미숙하고 준비가 없었던 것으로 믿었다. 그리고 어떤 군부의 지휘관도 허정이 이끄는 정부에 대하여 전폭적인 지원을 하여 줄 수도 없었고 또 그렇게 하지도 않았다.

허정 수반에게 유일한 힘의 기반은 관료기구와 경찰조직을 포함한 이승만 정권의 정부기구뿐이었다.

그러나 허정 수반에게는 단 하나의 권력 기반인 바로 그 정치구조를 깨뜨려야 한다는 모순된 과업이 주어졌다. 바로 허정 수반은 모순을 끌어안은 셈이었던 것이다.

허정 수반은 과거 어떠한 정치조직체에도 가담하지 않았고 정치권력에 대해서도 큰 욕심이 없는 것으로 보였기 때문에 민주당이나 자유당이 받아 들일 수 있었다.

자유당은 과거 이승만과의 관계 등을 고려하여 사회적 정치적 구조에 큰 변화가 없을 것으로 기대하였고, 민주당 역시 당내의 응집력과 일체감을 결여하고 있었으므로 정권을 인수할 채비가 되어 있지 않은 상태였다.

장면 부통령이 이미 사임해 버린 상태였기 때문에 민주당이 정권을 인수할 어떤 합법적인 절차도 기대할 수 없었던 것이다.

허정 수반이 스스로 술회한 것처럼, 그는 군을 어떻게 취급할 것인가에 대하여 몹시 고민하였다. 그는 자유당 정권과 손을 잡고 부정선거를 저지른 고위 장성이나 여러 부정사건에 관련된 부패한 장성을 숙청해야 할 필요성을 인식하고 있다.

군부에 대한 허정 수반의 첫번째 조치는 이종찬 장군을 국방장관으로 임명한 그것이다. 그는 1951년부터 1952년까지 육군참모총장을 지낸 바 있는데, 1952년 부산 정치파동 때 이승만이 군을 동원하는 것에 대하여 반대를 하였기 때문에 이승만으로부터 미움을 샀다. 그리하여 그는 이승만 정권에 가까이 동화되지 않은 소수 몇몇 장성중의 한 사람이었다.

이종찬 국방장관은 우선 해야 할 일이 군의 정치적 중립을 유지시키는 것이라고 생각하였다. 그는 임명후 첫 기자회견에서 군의 정치적 중립의 필요성에 대하여 최대의 역점을 두고 있었다.

그러나 허정 수반은 권력 기반이 없었으므로 자유당 정권과 밀착한 고위 장성이나 부정과 관련된 장성의 숙청을 할 수 없었다. 군 장성을 섣불리 축출하려고 한다면 그로부터 야기되는 반작용을 염려한 것이다. 결국 그는 혁명보다는 안일을 선택했다.

허정 수반은 과도정부의 3개월간에 걸쳐 때때로 미 제8군사령관 매그루더 장군과 회동하여 군부 문제에 대해 자문을 구했다. 그때 매그루더는 허정에게 "한국군의 재편(숙청의 의미)은 현존하는 불안정과 혼란이 종식될 때까지 연기되어야 한다"고 말하였다.

결국 과도정부는 근본적인 숙군을 필요하다고 인정하고 있었으나 단행하지 못하였고 이로 인하여 군 내부의 숙군 문제는 숙제로 남았다.

이때 송요찬 육군참모총장의 사표가 수리되고 후임으로 최영희 중장이 임명되었다. 그 후 8월초 나에게도 육군참모총장을 해달라는 교섭이 있었지만, 나는 "야전군 사령관을 희망한다"며 정중히 사양하였다. 나는 계단을 밟아 순서대로 직책을 맡는 것을 희망하고 있었던 것이다.

이승만 전 대통령 부처가 극비리에 공항을 출발, 망명에의 길을 떠났고, 그 다음날 대구의 천여명 학생들이 망명 규탄 데모를 벌였다. 이어 6월 1일에는 동아대생들의 부산일보 습격사건이 발생하고 있었다. 이리하여 국회 한쪽에서는 데모 대책의 강구를 위한 움직임이 일어나고, 자유당 소속 국회의원 105명이 교섭단체 탈퇴 성명을 발표하였다.

하루하루 시끄러워지는 속도가 빨라졌다. 사회 각 분야는 어딘가 들뜬 분위기가 확산되면서 각기 제몫 찾기 목소리가 높아 가는 것이었다.

국회를 중심으로 한 정치 상황은 자유당이 붕괴되고 자유당 출신 의원들이 사퇴하는 마당에서 새로 민주당이 양분되어 당쟁이 벌어지고 있었으니 실로 정치 부재의 한심한 일이라 아니 할 수 없었다.

요는 이러한 사정의 근원에 있는 문제는 누누히 얘기하지만 민중 속에서의 민주적인 각성과 10여년간 정계에서 쩔어든 정치 타성의 갭이 그냥 존속되어 있다는 점에 집약적으로 나타나 있었다.

원래 민중의 민주적 각성과 그 표현 수단으로서의 정치적 민주주의의 확대는 직접적인 것이어야 하고 시대의 추이와 더불어 서서히 이룩되는 성질이어야 하는 것이다.

이 사정은 선진국 영국이나 프랑스에서의 일반적인 경향이었던 것이다. 그 나라에서의 의회정치사는 바로 민중의 민권확대 과정의 역사이기도 하였다.

그것은 20세기에 이르기까지 실로 3, 4백년의 긴 세월을 필요로 하였던 것이다.

나는 1660년 영국에서의 왕정 복고를 회고해 볼 필요를 느낀다. 그것은 찰스 1세의 지나친 횡포에 대한 크롬웰의 의거였고, 결국은 왕의 처형으로서 영국 왕정이 폐지된 이후 이에 대신하는 새로운 제도가 필요하게 되었으니 그것이 곧 '공화국이며 자유국' 선언이었던 것이다.

이렇듯 가장 현대적인 발상으로서의 출발이 1649년 이후 1660년 왕정 복고시까지 계속되는데, 이 시대의 특징은 아직 그런 것을 받아 들이기에는 현실적으로 여러 가지 제약이 있었다. 즉 왕조의 존재는 그것 자체가 극도로 비대할 때는 중세적 전제의 구실을 하고 있었지만, 일반적인 경우 영국 사회 내지 영국 정치의 안정을 이루는 한 중심이 되고 있었다. 그런 까닭에 급진적인 왕조의 폐지는 거대한 공간을 한가운데 펑 뚫어지게 하였고 수없는 악순환과 혼란의 요인을 이루고 있었던 것이다.

사실 루이 왕조를 일거에 폐기하면서 시작된 프랑스의 18세기 유혈혁명이 그 후 백여년간의 사회 비극의 원천이 되었던 것을 떠올릴 때, 비교적 온건한 형식으로 가장 모범적으로 민주주의를 획득해 간 영국에서 그 안정을 보게 되는 것은 우연한 일이 아니다.

상징으로서의, 국민 규범으로서의, 정신적 중심으로서의 영국 왕조의 존재가 기실 정치적 권력에 있어서는 모두 민권에 넘기고 있었지만 깊은 지주(支柱)를 이루어 주고 있었던 것이다.

그런 권위 중심지주의 존재는 그것이 어떤 종류의 것이건 그 국민을 묶어 나가는 한 규범의 성질을 지니게 되는 것이다.

4·19 혁명 이후 이 바닥에 온 폭발적 양상은 이것을 송두리째 뒤집어엎고 말았다. 그렇다고 이승만 정권시에 이것이 있었다는 얘기는 아니다.

다만 이승만 정권은 그 자신을 국부적(國父的) 존재로 권위화하면서 횡포한 권력까지를 한손에 틀어 쥠으로써 지주로서 권위로서 클로즈업되지 못하고 고압적인 압력체로서 군림하고 있었던 것이다. 영국의 민권은 왕조의 그러한 전횡을 서서히 오랜 시일을 두고 제한해 가면서 결국은 왕조의 실질적 권력을 민권으로 넘기게 하고 한 형체로서의 존재로 전환시키면서 훌륭한 영국적 규범의 실체로서 상징화시켰던 것이다.

우리나라의 경우는 처음부터 미국적 민주주의 제도를 채택하였고, 이러한 우리의 사정 속에서는 그 누구도 절대의 것으로 군림할 수가 없었다. 어디까지나 현대적 발상으로서의 민중 그 자체가 권위의 출처였던 것이다.

그렇다면 우리에게 그럴 만한 현대 민주주의의 발상으로서의 현대적인 민주주의가 있었느냐 하면 처음부터 없었던 것이다.

이 점에서 4·19 혁명 이후의 여러 형태의 혼란은 겪어야 할 숙명적 과정이었는지 모른다.

학생은 학생대로, 민중은 민중대로 제몫 찾기가 바로 민주주의로 향하는 길로 착각하고 있었다. 그러나 이제 정부가 그 권위를 잃고 대리정부(代理政府)의 역할밖에 할 수 없었으므로 어떤 음모자들의 욕망은 서서히 태동하기 시작하는 것이었다.

이런 혼란의 와중에서도 이 혼란의 물결을 가라앉치고 달래려면 위력과 권위 그리고 정치적 역량의 지도자의 출현이 요망되었다. 과연 이때 이나라 정계에 그만한 인물이 있었느냐 하면 슬픈 일이지만 없었던 것이다. 거목(巨木)은 이미 다 쓰러져 버렸던 것이다.

이런 때 장면 박사는 민주당 대표최고위원이 되었지만, 그 민주당이란 이미 권력이 양분되어 감투와 이권을 좇는 정객들의 투쟁판이 되어 버렸다.

우리 국민, 의식 있는 지식인들의 필요로 한 것은 자유당과 이승만의 축출이 아니라 정치적 모랄의 새로운 창출이었다. 왜냐하면 왕년의 순교자 구실을 하던 민주당도 이미 새로운 자유당으로 변화할 가능성을 그 속에 잉태하고 있었다고 보기 때문이었다.

물론 그들은 이승만의 말로와 이기붕의 처참한 최후를 본 이상 악랄한 독재에의 음모는 못했겠지만, 민주주의라는 간판하에 새로운 모습의 이권 쟁탈전을 벌이기 시작하는 징후가 여러 곳에서 노출되고 있었다.

한국사회는 몸을 뒤틀면서 어디를 향하는지 모르게 흘러가고 있었다.

운명의 신은 우리에게 질서를 내려 주지 않고 혼란의 고조를 부채질하고 있었다.

이승만의 독재력으로 간신히 유지되고 있던 외견상의 질서의 균형이 일단 무너지기 시작한 연후, 급류와 같은 사회 전체의 격랑을 건너다 보면서 군부인들 그냥 종래와 같은 순종적 자세를 계속할 수만 있을까.

처음부터 그것은 불가능한 일이었다.

모든 것이 새로이 고발되고 악이 철저히 터져 나가는 마당에서 군이라고 깨끗하고 이성적(理性的)일 수는 없었던 것이다.

군도 사회가 유기체적 성격을 지니고 있는 것처럼 그것 자체가 유기체적 성격을 지니고 있었다.

정국의 소용돌이에 비하여 얼핏 안전지대처럼 보였던 군은 외양에 지나지 않았다. 정국 혼란의 심화와 더불어 군에도 속으로부터 수상한 기운이 일어 오르고 있었던 것이다.

생각하면 이것은 어제 오늘의 일이 아니라 이미 오래 전부터 싹이 터 왔었다.

1955년 손원일 국방장관이 물러가고 자유당 출신 김용우 국방장관이 등장하면서부터 사실상 군에 대한 정치의 물결은 노골적인 성격을 지니고 이미 엄격한 군의 정치에서의 독립과 그 독자성을 짓밟고 나서고 있었다.

그 전만 하더라도 고위 장성급 인사만은 이승만 대통령만이 홀로 처리하였으므로 아무도 이에 관해 말을 내지 못했었으나 이 무렵부터는 인사문제는 물론 군내의 큰 일 작은 일까지 이기붕 등을 비롯한 자유당 주류파에 의해 농락되기 시작하였다.

따라서 자유당 실력자에게의 군 장성 접근이 보편화되기 시작했고, 그러자니 정치자금의 제공이라는 형식으로 금전 거래까지 이르게 된 것이다.

게다가 전투시 군 확장과 대량 소모의 과정을 통해 급속한 승진과 인사의 활기에 비교하여 휴전후에는 방대한 군이 안정기에 접어들면서 승진과 인사가 정체되는 국면을 맞았다. 따라서 불만이 고조되기 시작하면서 군이 부패하기 시작하였다.

이런 상황에서 4·19 혁명을 맞은 군은 과연 국민이 원하는 대로 정도(正道)만을 지킬 수 있었을까. 오히려 사회 각처의 무질서를 개탄하는 목소리가 높아지면서 "군이 일어나야 한다"라는 위험스러운 말들이 공공연하게 장교들의 입에 오르내리고 있었다. 따라서 일부 장교들이 혼란스러운 정치에의 관심이 쏠리기 시작하였다.

군인의 정치적 관심이란 것은 군인으로서의 가장 근본적인 모랄을 지킨다는 전제가 엄격히 서 있어야 하는 것이고, 사실상 단순한 정치적 관심이 하나의 행동으로 나타날 때 그것은 곧 군인으로서의 엄정한 한계를 침범하게 되는 것이다.

4·19 혁명의 정신이 민과 군을 가릴 것 없이 모든 부패 세력을 일소하기 위한 것이라면 자유당과 그와 부화한 부패 정치인과 자유당과 야합하여 부정 선거를 방조하고 부정 축재한 군의 고위 장성들을 의당 물러가게 함으로써 정치계와 군의 정화를

기해야 한다는 주장은 타당한 논리일 것이다.

그러나 그와 같은 정화 노력을 할 의지가 약체의 과도정부에는 없었을 뿐만 아니라 장면 정부 또한 회피하는 듯한 작태가 여러 곳에서 발견되어 갔다.

4·19로서 양성화되기 시작한 군 중견 장교를 중심으로 한 내부 정화운동은 급진적인 양상을 띠고 있었다. 그들이 주장한 다섯 가지는 대개 다음과 같다.

1. 3·15 부정 선거를 방조한 군의 고위 책임자에 대한 책임 추궁
2. 부정 축재 장성들의 처단
3. 무능 파렴치한 지휘관의 제거
4. 파벌 조성의 모든 요인의 제거 및 군의 정치적 중립의 보장
5. 대우의 개선

이상의 정군 목표를 세우고 연판장을 만들어 참모총장과 국방장관에게 제출하기로 되어 있었다.

물론 이렇게 내세울 명제들은 타당하고 마땅히 조속한 시일내에 이루어져야 할 문제들이다.

그러나 그것이 어느 일부 군인의 주도권하에, 더구나 그 일부가 군 질서의 자명한 전제를 뒤흔들 만한 종류이고 보면 새로운 부작용의 확대를 우려하지 않을 수 없었다.

군 자체의 새로운 정화는 어디까지나 군 자체의 기구를 통해 이루어질 성질이지, 결코 군 기구를 벗어난 어떤 일부의 독자적 견해나 건의로써 이루어질 성질이 아니다. 왜냐하면 그러한 거

사 자체가 이미 확고부동한 것으로서의 국군질서나 국군의 전통을 위배하는 것이기 때문이다.

사실상 당시 국군 최고위 장성은 어떤 형태로라도 종래의 악과 부정과 결부 안되었다고 할 수 없는 것이고, 따라서 군 정화에의 성급한 착수는 급작스럽게 확대되어 어떤 파국을 야기시킬지도 모르는 일이다. 그러므로 정권을 담당할 차기 세력에게 군 정화를 맡기는 것이 순리라고 생각한다. 그러나 일부 중령급 장교들은 독자적인 성급한 움직임으로 나오기 시작하자, 드디어 당시의 송요찬 육군참모총장의 명령으로 주모자로 지목된 김종필을 비롯한 5명이 구속되었다.

그러나 그 파문의 확대가 더욱 무서운 결과를 가져오리라고 고려되어, 어디까지나 이런 음성적인 움직임을 한정적으로 하려고 곧 석방하고, 이어서 송총장은 일체의 책임을 지고 자진 사직하였던 것이다. 그리고 주동자를 예편 조치했다.

과도정부의 이종찬 국방부장관은 군내의 이러한 움직임에 너무도 둔감하였다. 그는 중견 장교들의 강경한 반대에도 불구하고 최영희 장군을 후임 참모총장에 임명함으로써 군 혁신 기운에 대한 최소한의 무마책도 거부하였다. 따라서 혁신파 장교들은 마침내 과도정부하의 정군운동을 단념하고 머지않아 세워질 새 정권에 기대를 걸고 잠시 형세를 관망하는 수밖에 없었다.

이 무렵 군내의 전반적인 동정은 뒤숭숭하고 모두가 들떠 있는 형편이었다.

나는 이러한 군 내부의 동요에 대해 그 한계를 분명히 잡아두고 있었다. 즉 군의 리더십의 와해가 있어서는 결코 안되며, 설사 부분적인 것이라 하더라도 밑으로부터 강제되어서 밀리는 것처럼 되어서는 안된다는 것이었다.

'군의 정치적 중립의 보장'을 내거는 정화운동 자체가 정치적 색채의 표현이 아니고 무엇인가.

나는 이러한 소신에 철저해 있었다.

'부정 축재 장성의 처단'이나 '무능 파렴치한 지휘관의 제거' '파벌 조성의 모든 요인의 제거' 등도 구호 자체는 그럴싸 하지만 그 평가를 어느 개인적인, 혹은 어느 그룹에서 내릴 수도 없는 일로서, 당장 내놓고 공공연하게 국민의 심판을 받는다는 것도 있을 수 없는 한 그들에 의한 정화 주도란 있을 수 없고 용납되어서도 안될 일이었다.

따라서 군은 일치단결하여 추호도 동요 없이 다음 정부 수립시까지 본연의 임무를 수행해야 된다는 것이 내 주장이었던 것이다.

이런 내 생각이 보수주의일까. 혹은 악에 물든 고위 장성들에 대한 일종의 변명일까.

지금도 나는 그렇게 생각하지는 않는다. 최소한 군 조직 안에서 밑에서 위로 향해 몰아내는 식이라면 군 자체의 존재 의미가 말살되기 때문이다. 군은 계급에 의한 조직이고 그 계급에 따라 임무를 수행하기 때문에, 국가질서나 법률에 의하지 않는 어떤 외압도 계급에 대한 존엄을 파괴할 수 없는 것이다. 나는 가끔 군의 생명은 위계질서라는 생각을 하고 있다. 군복을 벗은 지금의 생각도 마찬가지이다.

내각책임제의 장면 국무총리가 내가 있는 육사를 방문했다. 시끄러운 사회 정치 분야에서 어찌나 시달렸든지 매우 피곤해 보였다. 장면 총리의 온화하고 교육자다운 용모가 나에게 좋은 인상으로 풍겼으나 과연 저렇게 신사답고 착한 분이 이 난국을 헤쳐 나가며 국민을 리드할 수 있을까 하는 의구심을 갖게 했다. 그는 시종 군에 대해 자세히 알려고 노력하고 있는 것과 같이 진지하게 군에 관한 것을 질문했다.

더욱이 그 시기에 있어서 쿠데타설이 심심치 않게 퍼져 가고 있을 때였으므로 그는 어딘가에 의지하고 싶은 심정을 노출시키고 있었다.

"이 난국에 군이 흔들리지 않고 중립을 지켜 주어야만 민주주의가 정착할 수 있습니다."

장면 총리의 그 말은 내각책임제하의 총리의 당부가 아니라 군에 대한 사정과 같은 뉘앙스가 풍겼다.

나는 그의 얼굴을 자세히 보며 연민의 정이 느껴지는 것을 막을 수가 없었다.

사회 각계 각층 모두 제 목소리를 높이고 군대마저 쿠데타설이 나도는 형세에서 그의 고뇌를 읽을 수 있었다.

나는 그러나 그에게 어떤 말도 할 수 있는 입장이 아니었다. 다만 육사 교장으로서 국군의 고위 장성의 한 사람이라는 의미밖에 없었기 때문이다.

"사회 및 정치적 안정도 중요하고 군의 정치적 중립도 필수적입니다만은, 제 생각에는 이 모든 불안정 요인을 제거할 수 있는 힘은 경제 부흥에 있다고 생각합니다. 경제발전계획이 착실히 진행되었으면 합니다."

나는 장면 총리에게 비로소 질문을 던졌다. 그는 내 말이 떨어지기가 무섭게 눈을 번쩍 빛냈다. 조금 전의 표정과는 달리 밝은 얼굴빛으로 자신 있는 어조로 말했다.

"이장군, 옳은 말씀이오. 지금 경제개발계획을 착실히 수립하고 있지요. 내가 국무총리로 있는 동안 경제 부흥에 커다란 진전이 있을 것입니다."

그 말에 이어 경제 부흥의 방편에 대하여, 즉 수출 증대책이라든가 미국의 원조로부터 자립경제 기반의 확충과 같은 발전적 의견을 피력하는 것이었다.

그로부터 얼마 후 나는 장면 총리의 부름을 받고 반도호텔에 있는 그의 사무실로 찾아갔다.

그는 반가이 맞아 주었다. 한 나라의 내각책임제 국무총리이면서 그는 군을 매우 경계하는 듯한 인상을 풍기고 있었다. 그때만 해도 쿠데타설이 심심치 않게 떠돌 때였다. 당시 쿠데타를 일으킬 것이라는 대상 인물은 주로 박정희 소장을 중심으로 한 불만 세력과 족청계 인물들이 입에 오르내렸었다.

그는 그러한 정황을 나로부터 자세히 얻으려는 눈치였다. 그는 어렵게 입을 열었다.

"이장군, 항간에서 들리는 말에 의하면 군인들이 혁명을 한다는 얘기가 있는 것 같은데, 그 내막을 알고 있소? 안다면 나에게 알려 주시오."

나는 바싹 긴장했다. 순간 무엇이라고 말해야 할지 머리를 속히 회전시켰다. 나는 잠시 뜸을 들인 다음 조용히 입을 열었다.

"사회가 혼란스러울 때 그런 말들이 떠도는 법입니다. 저도 그런 말을 들은 적이 있습니다만, 육사에 있고 보니 정보가 어두워 확실한 보고를 드리지 못하게 된 것을 송구스럽게 생각합니다. 총리께서는 총장 이하 고위 장성들 그리고 정보기관을 통하여 잘 단속해야 하실 것입니다."

사실상 내 위치에서 더 이상의 정보도 갖고 있지 않았으며 그 이외의 말을 할 수도 없었다.

그 자리에서 깊이 느낀 것은 문약(文弱)한 분이 이 난국에 즈음하여 선비정치를 하는 이 정부에 큰 걱정이 파도처럼 몰려 왔다. 어떤 위기의식 같은 그런 불길한 감이 방 안을 가득 메우는 것 같았다. 정말 답답한 순간이었다. 지금 그런 중차대한 문제를 육사 교장인 나에게 사정하듯 물어 보니 난들 어떻게 하랴 싶었다.

그는 나에게 중책을 맡아 주었으면 하는 말에, 나는 정중히 야전형이라는 것을 내세워 야전군 사령관을 해서 국토 보위를 책임지겠다고 사양하였다.

당시 장면 국무총리를 제외한 그의 주변 인물들은 군에 대해 무지할 뿐만 아니라 문민통제를 내세워 군을 얕잡아보는 경향이 매우 심했다. 먼저도 언급했지만 곽상훈 국회의장 같은 사람은 군 장성을 안중에 두지 않고 함부로 대했다. 당시 나는 정치인들의 그런 풍조를 매우 염려했다. "정치는 힘인데 정치인이 군 장성을 무시한다면 군의 힘이 정치에 도움이 되지 못한다"는 마키아벨리의 말을 떠올리며 정말 이 사람들이 정치를 모르는 사람이라는 생각으로 걱정이 되었던 것이다.

박정희 소장이 쿠데타 위험 인물이라는 것을 안 다음 장면 정부가 취한 조치는 부산의 군수기지 사령관 직위에서 광주 제1관구 사령관 직위로 옮기게 했을 뿐이다.

그 곳에 보냈어도 또 소문이 꼬리를 물자 정말 부하가 없는 한직인 제2군 부사령관 직위로 다시 전보시켰다. 그러나 부하기 없는 한직이지만 제2군사령부 참모장 이주일 준장과 손을 잡게 되어 훗날 같이 거사를 하게 되었다.

이처럼 장면 정부는 사회와 정계 그리고 군부를 장악 못하고 자꾸만 혼돈의 길만 걷자, 군의 일각에서는 쿠데타 계획을 착착 진행시키고 있었다.

"전쟁이란 전체의 일부이고 그 전체란 곧 정치이다. 밖으로 보이는 모습은 진짜가 아니다. 전쟁이란 가장 군사적으로 보이는 바로 그때에 사실은 가장 정치적인 것이다."

이것은 크라우제비츠가 주장한 근대 대표적 군사 이론이다. 따라서 전쟁을 수행하는 주체인 군과 정치는 밀접한 역학 관계에 있음을 암시하고 있다. 군을 장악하지 못하는 정치가는 정치에 성공할 수 없다는 논리는 타당한 것이 된다.

그런데 장면 정부는 군과 군인을 너무나 모르고 있었다.

27 야전군 사령관으로서의 큰 포부와 5·16 쿠데타 전야까지의 내 행적과 이상

"전쟁이란 결코 정치적 교섭에서 떼어낼 수 없다. 어떤 식으로건 이것을 떼어낸다면 서로 상이한 여러 가지 관계의 모든 실마리가 어느 정도 절단되어 거기에는 대상을 지니지 않은 무의미가 탄생하게 되는 것이다."

크라우제비츠의 이 말은 4·19 이후의 공백기를 겪고 있던 우리 국군에도 그대로 적용시킬 수가 있고, 여기서 우리는 깊은 암시와 의미를 거듭 찾아낼 수 있을 것이다.

여기서 전쟁이란 말을 군이란 말로만 대치시켜 생각해 보자.

국군은 그 자체가 처음부터 강렬한 정치적 의미를 지니며 건군되었고, 그 자체에 바로 한국의 정치체제를 체현하고 있었던 것이다.

국군에서 그 본질적인 정치적 의미를 떼어 생각할 수 없다. 그러나 그것은 국군의 기구 자체 속에 내재해 있는 것이지 군인 개개인의 정치적 제스처로 노출될 성질은 아니다.

따라서 군의 정치에서의 중립이라는, 너무나도 자명한 사실이 새삼 확인되어야 하였다는 것은 한국정치의 4·19 이후의 유동성 및 정치적 위협으로서의 군의 가능성을 염두에 둔 결과라 하겠다.

그렇다면 장면 정부는 이러한 위험한 존재가 될 수 있는 군에 대해서 어떠한 태도를 취하고 있었던가. 그 해답은 명확하다. 여전히 안이한 평가와 정치적 타성에만 얽매어 있었다는 사실이다.

또한 문민 우위의 원칙 논리로 군은 정치로 통제될 수 있다는 방만한 태도를 견지했었다.

국방장관과 참모총장만 잡으면 따라 오리라고 오판했던 것이다. 더욱이 한국군은 미군의 작전지휘하에 있었으므로 미군의 통제권으로도 쿠데타와 같은 월권은 불가능하다고 판단했었다.

이러한 어려운 시기인 그 해 10월에 나는 내가 원하던 제1군 사령관으로 부임하게 되었다.

나는 국방대학원과 육사 교장으로서의 후방 생활을 끝내고 다시 야전으로 나가게 되니 정치라는 매연 속에서 빠져 나가는 신선한 기분이었다. 그 동안 정들였던 육사에서의 근무를 마감하는 교장 이임식을 끝으로 육사 연병장을 떠나 제1군 사령부로 향하였다.

대형 헬기에 탑승하여 기상에서 육사 전경을 내려다보며 교장 3년 3개월이 너무 짧았던 것 같은 감회에 젖었다. 아직도 육사에서 할 일이 너무나 많았다. 내가 떠난 후 내 머리속에서 구상한 이 청사진을 누가 같은 결과를 가져오게 해 줄 것인가 하는 생각으로 내 마음을 무겁게 했다.

육사 교육의 목표는 훌륭한 장교를 양성하는 것임은 두말할 나위가 없을 것이다. 따라서 우수하고 탁월한 군사적 기술과 기능을 구비하고, 고매한 품성과 높은 학식을 겸비하여 강렬한 의지력과 강건한 체력을 갖춘 터전 위에, 사(私)를 버리고 공의(公義)를 추구하며, 보상을 구하는 노력이 아니라 조국을 향한 충정에 보답됨이 없을지라도 개의치 않는 사명감을 가지고 조국에 희생적인 봉사로 자기 직무를 완수하는, 인생관이 확립된 장교를 배출하는 데 있다고 결론을 내렸다.

육사는 내 머리속에서 변화와 변혁의 반복된 결론임을 다짐해 주는 것이었다. 물론 그 과정에서 반대론자도 많았을 것이다. 그러나 내 머리속을 지배하고 있던 세계적인 육사의 건설과 발전에 기본을 이룬 일에 고별을 고하게 된 것이 무척 아쉬웠다.

그렇다. 사람이나 사회나 할 것 없이 운명이라는 것이 이렇게 하여 성취되는 것이라고 생각하니 자연의 섭리인 체념이라는 뜻이 떠오르기도 했다. 자연은 복종함으로써만이 정복할 수 있다.

내가 만감이 교차하는 회상에 잠기고 있을 때 미 제8군 부사령관 라이언 장군은 내 귀 가까이 입을 대고 속삭였다.

"이장군, 당신은 1군 사령관을 1년 정도만 하여야 할 것입니다."

그는 의미 심장한 한마디를 던졌다. 8군의 한국 정세 판단의 결과인듯 생각했다. 나는 신중하게 머리속을 정래해 보았다.

"라이언 장군. 2년간의 할 일을 복안하고 있으니 2년을 채울 것이오."

라고 대답하였다.

지금의 혼란스러운 정치정세를 생각할 때 무엇인가 정세의 격동을 공감케 했다.

제1군은 미 제8군의 작전통제하에 있었지만 실질적으로는 한국군의 야전에 배치된 전체 사단을 지휘하고 있었다.

지금은 서부지역의 제3군 사령부가 있어 따로 분권되어 있지만 당시는 그 지역까지도 통괄하고 있었다.

나는 복잡미묘한 정치적 소용돌이가 치는 서울을 벗어나 야전군의 총본산인 원주에 도착하니 정말 군인정신이 번뜩 차려졌다. 어떤 심각한 사명감이 용솟는 것을 느꼈다. 따라서 나는 지금의 정치적 혼돈과 사회적 혼란을 새로운 출발을 위한 민주주의로의 전진에 있어서 과도기적 진통쯤으로 알고 일체 무관심하기로 작정하였다. 따라서 내 온갖 정성을 국토 방위에만 집중하기로 마음을 굳게 다졌다. 나는 그것을 위해 다음 사항을 내 목표로 정했다.

첫째, 막강한 야전군을 이루기 위하여 훈련을 위주로 하고 항상 임전태세를 갖춘다.
둘째, 심신의 해이와 매너리즘의 기풍을 일신하고 활달한 긍지를 지니고 군인 생활의 하루하루에 즐거움을 갖도록 한다.
셋째, 장병의 복지 향상을 위하여 노력하고 그들의 모든 조건을 최량의 것으로 보장한다.
넷째, 군내에 만연되고 있는 부분적인 부패나 거기서 오는 부작용을 철저히 일소한다.
다섯째, 후방과의 관련을 긴밀히 하고 그 유기적 연결 밑에 보급의 신속을 기한다.

나는 이상과 같은 목표를 세우고 가장 합리적인 지휘로 앞을 향해 항진을 시작하였다.

무릇 훌륭한 지휘관이란 그 지휘관으로서의 개성으로 그 유기체를 뒤덮고 생신(生新)하게 만들어야 한다는 신조를 갖고 있었다.

물론 이러한 내 신조가 지나친 독선적 경향으로 흘러갈 소지도 있지만, 나는 한국전쟁의 고지 쟁탈전을 통해 적군 지휘관과 아군 지휘관이 1대1로 대결할 때 있어서 지휘관으로서의 뚜렷한 개성만이 결판을 낼 수 있었던 것을 체험하였었다. 그것이 소박한, 그리고 본질적인 내 지휘철학이 된 것이다.

야전군의 성격 자체가 그 군사령관의 전 인격의, 전 생명의 반영적 소산이 될 때 참으로 생신하고 막강하고 생명 있는 군이 될 수 있는 것이다.

나는 그러한 신념으로 군사령관에 임하였다.

물론 이러한 나도 대한민국 국군이라는 전 생명체의 한 일환이라는 것을 겸손하게 의식하고 있었고, 정국의 운명은 그 자체의 논리를 지니는 법이니까 대한민국의 진수를 떠받들고 있는 우리 군의 본질적 위치만을 생각하기로 하였던 것이다.

국가의 운명에 군인이라는 엄격한 한정으로 관련되어 있는 것은 숙명이다. 그 한정성은 한정성이면서 동시에 군인으로서의 전면이기도 하다. 이 사실을 새삼 명심하는 일이야말로 첫째로 중요한 일이다.

어느 새 이것은 나의 좌우명이 되었다.

나는 밤과 낮을 가리지 않고 내 그 타고난 일에의 집착과 열기를 발휘하여 야전군의 새로운 도약을 위해 기지개를 켰다.

내가 1군 사령관으로 전반적인 부대 파악이 되어 갈 무렵 윤보선 대통령이 전선 시찰차 1군 지역에 도착했다.

그를 안내하여 전방 사단을 돌아보는 동안 대통령이면서도 권위주의가 아니고 온화하고 자상한 인상을 주어 나에게는 신선한 느낌을 주었다.

그는 대통령으로서 막중한 책임감 때문에서인지 군에 대하여 많은 것을 알려고 무척 애쓰는 모습이 역력하였다.

그러나 한편, 혁명정부라고 할 수 있는 현정부, 비록 내각책임제하의 권한이 제한된 대통령이지만 너무나 자신이 없고 무기력한 언행에 한편 놀랐다.

영국신사다운 일거수 일투족으로 장병들을 격려할 때면 퍽 인정이 많은 분이구나…… 하고 느꼈으면서, 국가나 군에 대한 문제가 나왔을 때는 의도적으로 회피하려는 것과 같은 언행에 한편 실망을 했다.

제1군사령관 시절 제1군 동부전선 제3군단 지역을 시찰하는 윤보선 대통령(전열 좌로부터 윤보선 대통령, 필자, 제3군단장 최석 장군)(1961년 2월)

지금 이 시기에 국무총리가 국정 전반을 책임진다고 해도 대통령은 국가의 상징이며 대표이거늘 더 당당한 모습이었으면 하는 아쉬움이 남았다.

어디 윤보선 대통령뿐이랴. 장면 총리도 비슷한 인품으로 단안을 내리기 어려운 분으로 보이는데, 이 두 분이 난국을 돌파할 수 있을까 하는 의구심이 생겼다. 아마 시끄러운 세상을 평정하지 못하고 파쟁만 일삼다가 혹시 소문처럼 쿠데타가 일어나는 것이 아닐까 하는 걱정도 한편 일어났다.

나는 군사령관으로서 집무실에 있는 것보다 주로 야전의 전선부대를 두루 순시하는 데 시간을 보내고 있었다.

순시하면서 느낀 몇가지는 참으로 중요한 문제로서 나에게 큰 충격을 주었다.

나는 평시 군대라면 훈련에 중점을 두고 적절한 사기 앙양책으로 사기를 유지시켜 임전태세를 갖추는 일이 중요하다고 생각했다. 나 뿐만 아니라 뜻있는 지휘관이라면 당연히 나처럼 생각할 것이다.

그런데 야전군의 모든 부대들이 훈련은 뒤로 제켜 두고 노역에 거의 대부분의 시간을 빼앗기고 있는 현장을 보고 깜짝 놀랐다. 그러나 그 실정이 어쩔 수 없는 일이라고 생각했을 때는 더 걱정이 되었다.

가령 현전선에서 휴전이 되면서 고정된 방어선이 형성되었으므로 적 공격에 대비하여 각종 진지를 구축해야 한다.

둘째로, 우선 현전선, 즉 휴전선을 연하는 일대에서 숙식하게 되어 있으므로 잠자리를 마련해야 한다. 맨손으로 집을 마련하려니 나무를 베고 흙벽돌을 찍는 일부터 시작해야 한다.

셋째로, 취사 연료나 난방 연료 조달이 극히 제한되어 있으므로 대부분의 연료를 현지에서 획득해야 한다. 따라서 화목을 위한 벌목 작업이 불가피하다.

넷째로, 급식이 충분하지 못하여 영양 보충을 위해 밭을 일구고 야채의 일부를 자급자족해야 한다.

그런 노역에 장병이 묶여 있으니 훈련할 시간이 있을리 없었다. 훈련이 중요하다고 생각하면서도 생존을 위해 훈련을 엄두내지 못하는 것이다.

나는 심한 고통에 빠졌다.

국가 재정이 미약하여 그 곳으로부터 조달을 바랄 수도 없다. 그렇다면 어떻게 해결해야 하는가에 고민이 이어지는 것이었다.

그래도 훈련은 해야 했기에 시간을 쪼개어 아껴 가며 작업 틈틈이 훈련을 시켰다.

그러나 피로한 장병이 말이 아니다. 모두 지쳐 버리기 일쑤이다. 나는 처음 부임할 때의 웅지가 차츰 사그라져 가는 좌절에 접해 갔다.

나는 생각 끝에 할 수 없이 미 제8군 사령관 매그루더 장군을 찾아가 실정을 알리고 대책을 협의하는 방법밖에 없다고 결론을 내렸다.

그리하여 어느 날 8군을 방문했다.

매그루더 장군은 매우 반갑게 나를 맞아 주었다.

"오, 이장군, 이제야 적재적소에서 근무하게 되었군요. 아주 당당한 모습이 나폴레옹 장군 같습니다."

"하하하 ……."

우리는 소리내어 웃으며 악수했다. 매그루더 장군도 내 별명을 듣고 알고 있었다. 악의 없이 정다움을 표시하기 위한 제스처였다.
 의례적인 인사를 나눈 뒤 나는 자세를 바로잡고 매그루더 장군을 응시했다. 그도 눈치를 챘듯 약간 긴장하는 빛을 보였다.
 "좀 심각한 얘기를 해야겠습니다. 섭섭하게 생각하지 마시기 바랍니다. 딴 얘기가 아니라 우리 국군에 관한 문제인데요."
 "아무 얘기래도 좋습니다. 격의 없이 말씀하십시오."
 "장군께서도 아시다시피 평시에는 훈련으로 단련시켜 유사시에 대비해야 하는 것이 야전군 전투력이 유지되는 것이 아닙니까?"
 "그렇지요. 물론입니다."
그는 고개를 끄덕이며 내 말에 수긍한다는 의사를 분명히 했다.
 "야전군 병력이 잡역에 시달려 훈련할 시간이 없습니다. 즉 노동에 투입되는 시간이 많기 때문에, 실제 교육계획표에 의해 교육훈련을 하도록 되어 있는 것을 실제는 안한다는 것입니다."
그는 약간 놀라는 기색을 보이고 있었다.
 "사실입니다. 저는 일부에서 일어날 수 있는 문제로 간단히 생각했습니다만, 전지역을 두루 돌아본 결과 사실이라는 것을 확인하여 무척 고민했습니다. 아시다시피 현재 군원체제는 제2차대전 때 쓰던 낡은 장비의 유지와 그것을 관리하는 데 쓰는 차고나 정비고를 짓는 데 사용하도록 자금이 배정됩니다. 즉 군원체제가 우선순위에 잘못이 있다고 확인한 것입니다. 현재 야전군은 휴전후 현전선에 배치되어 그 곳에서 숙식을 해결해야 하는데 잠자리가 우선 없습니다. 그래서 병력의 대

제1군사령관으로 원주 국토건설사업 시공식에서 다시 만난 장면 총리와 필자(1961년 3월)

부분이 잠자리를 마련하기 위하여 흙을 빚어 벽돌을 만들고 그 흙벽돌은 비가 오면 망가집니다. 만들고 망가지는 되풀이 속에서 시간을 낭비하고 있다는 사실입니다. 어디 흙벽돌 가지고 집이 됩니까. 지붕을 올려야 되고 창틀을 짜야 되고 결국 야전군은 순전히 잡역군이 되어 버린 실상입니다. 또 취사나 난방에 사용할 연료를 위해 벌목을 해야 합니다.

장군. 이 문제에 대해 사실은 이 모든 수요 공급의 책임이 우리나라에 있습니다. 그러나 장군께서 아시다시피 우리나라에는 경제적 능력이 없고 대부분 미국의 군원에 의존하고 있습니다. 따라서 군원정책을 바꾸시어 몇년간 숙소가 어느 정도 해결할 때까지 사단 주둔지 단위 숙소 건축에 군원자금이 집중되어야 한다고 생각합니다. 잠을 편히 자야 훈련이고 전투고 가능할 것이 아니겠습니까?"

매그루더 장군은 처음에는 놀라는 빛을 띄우다가 마지막에는 밝은 표정을 지었다. 나는 속으로 어느 정도 그가 납득했다는 의미로 받아 들였다. 그는 이윽고 입을 열었다.

"훌륭한 제의를 하셨습니다. 실제 나는 그러한 상황을 전혀 모르고 있었습니다. 장군이 지적한 대로 숙식의 안정 없이 무엇이 성사되겠습니까. 전투시라면 그때그때 어려움을 극복하지 않으면 안될 경우가 있습니다만, 평시에는 우선 잘 먹이고 재워야지요. 장군께서 아시다시피 제 능력에는 한계가 있습니다. 전체 군원자금을 혼자 힘으로 항목을 바꿀 수는 없으니까요. 따라서 장군께 약속드릴 수 있는 것은 앞으로 장군이 제의한 방향으로의 군원정책이 바뀌어 가도록 노력할 것과 제 소관 자금을 장군이 제의한 공사에 사용되도록 조치하겠습니다."

나는 그가 완전히 납득이 되었다는 점에서 몹시 기뻤다.

그는 이어서 혼자말처럼

"맞습니다. 군원장비의 정비보다 그것을 다루는 사람의 정비가 더 중요합니다."

"하하하 ……."

우리는 그 말이 끝나자 서로의 의중이 합의된 데 따른 안도의 웃음이 저절로 나왔다.

그는 다짜고짜 인터폰으로 그의 경리참모를 불렀다. 그리고 그에게 다음과 같이 지시하는 것이었다.

"현재 남아 있는 자금 가운데 내 권한으로 전용할 수 있는 시설비가 얼마나 되지?"

경리참모는 들고 있는 메모첩을 열고 열심히 들여다본 연후에 답했다.

"97만 달러를 사용하실 수 있습니다."

매그루더 장군은 적다는 표정을 지으며 고개를 갸우뚱하며 그에게 지시했다.

"그 예산 전액을 제1군에 배정하여 막사 건축에 사용할 수 있도록 하시오. 즉 시멘트나 목재를 구입하도록."

매그루더 장군의 확실한 지시에 경리참모는 뭔가 얘기할 듯하다가 주저하면서 "네"라고 대답만 하고 나가 버렸다. 나는 매그루더 장군에게 정말 마음에서 우러나오는 감사의 인사를 하고 야전군으로 돌아왔다.

그로부터 몇 달 후 야전군에는 미송(美松)과 시멘트 등 건축 자재가 계속 들어왔다. 야전군은 비로소 병사의 숙소 문제가 해결되기 시작하였다. 그리고 나는 부대 주변의 열악한 주민들의 주택에 세들어 살고 있는 지휘관을 위해 조그마하지만 체면을 유지하며 부하를 지휘할 수 있도록 하기 위하여 지휘관 숙소 건축도 병행하라고 지시했다. 지휘관 숙소가 되어 가는 진도에 따라 다시 장교와 하사관 숙소 건축도 착수했다.

이렇게 하여 나는 야전군의 정규막사 건설계획에 시동을 걸었다. 이어서 국방부, 국회 등 요로에 현황을 설명하여 마침내 국회에서도 협조해 주어 우리 예산의 지원도 받을 수 있게 조치되었다.

야전군에 있는 동안에도 쿠데타설은 나를 괴롭혔다. 지금 어려운 시기에 나는 그런 것에까지 신경을 쓸 여유가 없었기 때문이다. 먼저도 언급했지만 쿠데타설이 꾸준히 퍼져 가면서 떠오르는 주체는 역시 박정희와 족청계였다.

부친이 임정 요인이고 족청계로 알려진 박영준 당시 제9사단장을 부대 순시 도중 만나게 되어 넌즈시 '족청계의 쿠데타 관련설'을 물어 보니 "아닙니다"라고 펄쩍 뛰었다.

그러던 어느 날, 내가 회의차 서울에 있을 때 부관으로부터 집에서 육사 군수참모부장인 백문 대령이 나를 기다리고 있다고 알렸다. 회의가 끝나서 원주 야전군 사령부에 돌아가는 길에 집에 들렀다. 백문 대령은 박정희 장군이 부산 군수기지 사령관 당시 참모부장으로 근무한 바 있는 박장군과 친한 사이였다. 그가 집에 온 것은 박장군의 말을 전하기 위한 것이라 한다. 나는 예감이 심상치 않았지만 우선 그의 전언을 듣기로 했다.

나는 지난 1, 2년 사이에 박장군으로부터 여러 번 들은 이야기가 있었으므로 그 이야기일 것이라고 생각되었다.

백대령에게 차를 권한 후 나는 그에게 용건을 물었다.

그는 망설이는 듯하다가 차를 마시고 난 후 입을 열었다.

"박정희 장군이 군사령관님을 만나서 할 이야기가 있다고 합니다. 시간을 내주셔야 하겠습니다."

나는 예측한 대로라고 생각하면서

"무슨 이야기인지 짐작이 가는 일이니 만나나 마나요. 그러니 내 말을 박장군에게 전하도록 하시오."

라고 딱 잘라 말했다. 공연히 뻔한 이야기 가지고 만나 보아야 내 의중은 확고부동한 것이고 오히려 이 시기에 오해만 증폭될 것이라고 생각했기 때문이다. 이어서 나는 백대령에게 다음과 같이 말했다.

"내 말을 그대로 전하시오. 박장군은 쿠데타를 할려고 하는데, 하지 말라고 하시오. 지금 민주정치가 서서 1년도 안되는데 이를 도와야지 딴 생각을 말라고. 그리고 쿠데타를 용납할 수 없다고 전하시오."

나는 백대령에게 주의를 주고 바로 일어서서 비행장으로 향했다. 몹시 기분이 나빴다. 나는 비행기 안에서 서울의 정부기관에서, 특히 국방부와 육군본부의 각종 정보기관에서 활동하고 있으니 상호 잘 협조하여 적절히 대처해 나갈 것으로 믿었다.

이 시기는 내가 지난 10월에 야전군 사령관으로 부임하여 주야를 가리지 않고 상황 파악과 야전군 전체 부대의 실태 파악을 막 끝내고 뭔가 야전군 강화를 위해 새로운 적극적인 개선책을 구상하고 있을 때였다. 어떤 극적인 전기를 만들어 새롭게 도약하는 야전군상을 완성시키고 싶을 때였다. 의욕에 불탔고 보람 있는 나날이었다.

나에게는 최소한 이런 군인정신이 충일해 있는 시점에서 쿠데타 운운의 소문은 먼 나라의 먼 이야기로만 들렸었다. 또한 그런 역모의 불장난은 이 대명천지(大明天地)에서 있을 수도 없고 있어도 금방 진압될 수 있는 것으로 알고 있었다. 내가 155마일 전선의 야전군 휘하의 5개 군단 20개 사단을 믿는 것처럼, 서울도 그 나름대로 임무를 수행하는 기관과 기능이 있으므로 잘 될 것이라는 생각을 하고 있었다.

장면 국무총리까지 일부 군 음모를 알고 있고 또 나와의 접견 시에도 분명히 대비해야 한다는 건의를 내가 했었으므로 그에 대한 대비가 이제는 끝났으리라고 믿고 있었다.

나는 제1군 창설 기념행사를 연기해 놓고 있었다. 왜냐하면 내가 야전군에 대한 파악을 끝내고 확실히 야전군을 합리적으로 지휘할 수 있는 자신을 갖는 시기에 어떤 계기를 만들기 위한 지휘통솔의 방편으로 활용하기 위해서였다.

창설 기념식은 화려하고 거창하게 하지 않고 군내 행사로 검소하게 하되 특별한 의의가 거양되도록 신경을 썼다.

　나는 5월 15일을 그 날로 잡았다. 그런데 박정희 쿠데타 세력들이 5월 15일에 주목할 줄이야 누가 알았으랴.

　야전군 산하에는 5개 군단 20개 사단이 있었다. 제6군단만은 미군으로부터 작전통제를 직접 받았지만, 나머지 행정 군수면은 내가 지휘했기 때문에 실제로 내 지휘하에 있는 것이나 다름 없었다.

　대개 야전군의 규모는 통상 2, 3개 군단에 10개 사단 이내로 보편화되어 있다. 20개 사단이라면 통상 2 내지 3개군의 규모이다. 따라서 당시 야전군의 규모는 세계에서 가장 큰 군이었다.

　이런 전력을 갖고 있는 야전군의 위력에 대하여 쿠데타의 주동세력들이 가만히 방치할리 없었다.

　군사령관인 나를 무력화하기 위한 음모하에 여러 가지 조치들이 진행되고 있었던 것이다.

　5월 15일 행사는 전 야전군내 군단장과 사단장들이 원주에 모이게 되어 있었다. 그리고 말단 행정단위인 중대급의 참여 의미를 갖게 하기 위해 중대기를 가지고 1명씩의 기수가 참가하기로 되었다.

　행사가 끝난 저녁에는 원주에서 만찬을 갖고 일박한 후 5월 16일 경비행기로 각각 원대로 복귀하도록 되어 있는 것이다.

　쿠데타 주동세력은 북한 당국이 일요일인 6월 25일, 즉 토요일인 6월 24일 국군의 외출 외박을 노린 공백의 새벽인 다음날을 택한 것처럼, 지휘관이 비어 있을 5월 15일 다음날인 5월 16일 새벽을 D데이 H시로 정해 놓고 있었다.

　이윽고 5월 15일 내가 취임하여 최초로 맞는 제1군 창설기념식이 군사령부 비행장에서 성대히 막이 올랐다. 야전군 예하 중대에서 참가한 중대기와 함께 한국전쟁중 용명을 떨쳤던 대대, 연대, 사단기 등 3천여의 깃발들이 바람에 나부끼는 광경은 참으로 장관이었다. 내가 이 세상에 태어나서 이렇게 굉장한 광경을 보는 것은 정말 처음이었다. 식은 엄숙히 진행되었으며 시간은 서서히 흘러 가고 있었다.

1961년 5월 15일 제1군 창설기념식이 군사령부 비행장에서 성대히 거행되었다. 단상에는 중앙의 필자와 함께 사단장급 이상이 도열해 있다(사진 위). 전열 중앙의 등을 보인 군사령관인 필자를 비롯한 참석자들은 이 행사를 틈탄 내일 새벽의 거사를 전혀 모르고 있었다(사진 아래).

이 자리에 참가하고 있는 5명의 군단장과 20명의 사단장 그리고 다른 참가 장성들은 내일 새벽에 있을 어떤 변고에 대해서 모르고 있었지만, 그 가운데 박임항 제5군단장과 채명신 제5사단장, 박춘식 제12사단장만은 알고 있었다고 후일 알게 되었다.

나로서는 이 기념행사가 내 야전군 사령관으로서의 본격적인 첫 출발로 알고 정말 각오를 단단히 하는 결심의 마당이었지만, 내 군대생활의 마지막 날이 될 줄은 나를 비롯하여 그 누구도 알지 못하였다.

나는 내일 있을 내 극히 일부 장성까지도 참여한 군사 쿠데타에 대해 객관적인 평가를 받고 싶은 심정이다.

지금까지 걸어온 내 길이 한 나라의 장성으로서 잘못되었다면 나는 역사에 죄인으로 남을 것이다. 그러나 정도(正道)를 걷고 군인의 본분에서 한 치의 이탈도 없었다면 나는 괜찮은 군인으로 남을 것이다. 나는 5월 15일, 그 행사장이나 군사령부내의 장교회관에서 있었던 만찬장에서나 국가에 닥쳐 올 태풍과 같은 그 그림자를 예견하지 못했지만 나는 언제나 당면한 야전군 사령관으로서의 책임 완수에 전념할 수밖에 없었다.

물론 나 자신이란 하나의 자그마한 존재에 지나지 않는다. 그러나 비록 작은 존재일망정 나는 충실하게 조국 운명의 한가운데서 조국의 운명과 한 치의 어긋남도 없이 같이 했다.

따라서 지금까지의 내 걸어 온 과거가 나 자신을 지금의 시점에서 냉정하게 돌이켜볼 수 있는 거울이며, 동시에 우리 민족 각자가 자칫 잊어버리고 있기 쉬운 우리의 거울이 되리라고 믿고 싶다.

4·19 혁명 이후의 혼란과 무질서도 우리 국민 개개인이 그때

걸어 온 과거를 깊이 파악하고 그런 가운데 깊은 자성이 우러나올 수 있다고 생각했다.

나는 야전군 사령관 때 향로봉 정상에서 말라 비틀어져서 꼬불꼬불한 모습으로 자라고 있는 주목 한 그루를 보고 우리 민족의 오늘을 보는 것과 같은 착잡한 심정을 느꼈었다.

거센 바람과 고산(高山)의 추위와 눈보라 속에서 언제 한번 굳건하게 자기 자신을 의식할 수 없이 비틀어져 있는 그 고산식물. 그 주목에서 부족한 것은 순응할 수 있는 여러 조건 그리고 그 조건에 더하여 필요한 자양이다. 우리는 주변 강국들의 각축 속에서 모진 고통만 당했다. 그리고 그것을 이겨낼 수 있는 자양도 우리에게는 메말랐었다.

연합군의 승리로 겨우 찾은 해방 그 후에 이어지는 혼란과 동족상잔의 한국전쟁. 이 얼마나 포악한 풍상이었던가. 휴전이 된 후 독재정권에 대한 전국민적 저항으로 다시 찾은 이 호기에도 우리는 자각치 못하고 각계 각층 누구나가 제몫 찾기에 판을 깨는 작태.

이 틈바귀에 있는 군이 약체 정권을 강하게 뒷받침해 주어 혼란을 수습할 책무가 있는데도 그 제몫 찾기 노름판에 끼어들어 총칼로 약탈한다면 어떤 논리를 가지고도 이해하며 수용할 수 없다는 것이 내 확고한 신념이었다. 그러기에 다음 장에서 자세히 밝히겠지만, 박정희와 나와의 깊은 관계에서도 여러 차례의 동참 요청을 뿌리친 것은 그 나름대로 내 철학과 내 이념의 결과였음을 밝히지 않을 수 없다.

지금 이 글을 쓰는 시간에도 나는 그때의 내 생각과 내 행동에 대해서 잘못이라고 생각하지 않는 것은 그런 확고한 신념이 있었다는 데 연유한다는 것도 첨기하고 싶다.

종종 나를 아끼는 사람이나 한국전쟁 전후를 통해 알게 되었던 많은 외국인 친구들이 그때 왜 쿠데타를 제압하지 않았느냐, 제압할 능력이 없었느냐는 등 여러 가지 질문을 받을 때 나는 그때 제압할 능력과 협조세력(미군)이 있었음에도 그들을 제압하지 않은 것은 자칫 내란으로 확대되어 북한 당국의 오판에 따른 전쟁 발발을 우려했기 때문이라는 것을 설명했다.

만약 이 글을 쓰는 현재 그때 상황이 재현된다 해도 나는 또 그때의 길을 걸을 것이라는 데는 변함이 없다. 그러나 그 폭거에 대해 나는 용서하지도 않을 것이다. 나는 그때 상황을 생각하는 국민들이 다음 경구를 음미해 주었으면 한다. "분노하지도 슬퍼하지도 않는 자는 애국심이 없는 자다".

우리 국민의 자각이 부족해서라기 보다 군 자체의 모순의 누적으로 장성들의 정권욕이 확대되면서 5·16은 3선 개헌과 유신헌법의 선포, 마침내는 박정희 피살이라는 악의 순환에 처했다. 그러고도 또 역사의 교훈을 인식하지 못한 정치군인의 출현으로 장장 군사정권 32년이라는 역사에 오욕을 남겼다.

나는 이 모든 역사를 거슬러 갔던 군인들의 잘못에 대해 공범자와 같은 죄의식을 느끼고 있다.

차제에 현역은 물론 예비역에 이르기까지 모든 군 고위 장교들은 국민에게 속죄하는 마음가짐을 가져야 한다는 것이 내 생각이다.

이 장을 매듭지으면서 나와 함께 야전군 건설에 이바지했던 주요 지휘관 및 참모 그리고 정성껏 협조해 주었던 수석 미 고문관의 명단을 싣는다.

제1군단장 소장 임부택
제2군단장 중장 민기식
제3군단장 중장 최 석
제5군단장 중장 박임항 ※ 쿠데타 가담
제6군단장 소장 김웅수

군 부사령관 소장 윤춘근
군 참 모 장 준장 황헌친
군 인사참모 준장 이민우
군 정보참모 준장 이소동
군 작전참모 준장 이병형
군 군수참모 준장 박원근

군 수석 미 고문관 준장 자부란스키(H. J. Jablansky)

제7장
쿠데타와 박정희의 탐욕

28 쿠데타의 발생과
나의 야전군 사령관 최후의 날

계속되는 번민과 피로 탓에 깊은 잠에 빠졌었다. 누군가의 노크 소리에 잠을 깼다. 시계를 보니 새벽 4시 2분을 가리키고 있었다.

전화가 왔다기에 송수화기를 드니 뜻밖에 육군본부 참모차장 장창국 장군으로부터의 전화였다.

"아니, 이 꼭두새벽에 웬일이요?"

"쿠데타가 발생하였소."

"무엇이?"

"군사 쿠데타 말이오."

나는 그 동안 소문으로만 듣던 쿠데타가 현실로 다가오리라고는 생각할 수 없었다. 말이 쿠데타지 쿠데타라면 역모인데 옛날 같으면 3족을 멸하는 중대한 국사범으로 누가 이 대명천지에서 하랴 싶었다. 안이한 생각이었던 것 같다. 나는 정신을 가다듬고 의문의 핵심을 찔렀다.

"주모자가 누구요?"

"박정희 소장이오."

"기어코 그가 일을 저질렀군."

"지금 상황은 어떻소?"

"3시 조금 지나서 쿠데타 부대가 육군본부에 진입했소."

나는 힘없이 송수화기를 놓았다. 이렇게 쉽게 육군본부가 그들의 손에 장악이 되었다면 육군참모총장 이하 모든 실권이 이미 그들의 손에 넘어갔다고 보아야 할 것 같았다. 나는 순간 내가 해야 할 지금의 임무가 무엇인가를 생각했다.

첫째는 전전선의 방어태세를 완전히 갖추어 적의 오판에 의한 도발을 철저히 방지하는 일이라고 생각했다. 그리고 두번째는 대통령이나 국무총리의 지시, 즉 쿠데타군에 대한 진압지시라든가 어떤 대비책에 대해 준비를 해야겠다는 생각을 했고, 끝으로 군의 작전통제권이 미 제8군사령관에 있기 때문에 향후 군 사용에 대한 그로부터의 의견을 들어야 한다는 결론을 내렸다.

나는 즉각 원주에서 어제 있었던 1군 창설 기념행사 관계로 원주 시내에 유숙중인 군단장 및 사단장들의 긴급 소집을 지시했다.

군단장과 사단장들이 군사령관 공관에 집결 완료한 시간은 새벽 5시 30분경이었다.

그들은 아직 서울에서 있었던 쿠데타 소식을 알지 못하고 있는 눈치였다.

나는 군 참모들로 하여금 육군본부 및 정부기관과 연락을 취하게 하는 한편, 군단장 및 사단장들에게 서울의 쿠데타 소식을 알리고, 제1군단장 임부택 소장에게 반란군 토벌을 위한 출동준비를 명령했다. 당시 제1군단은 군 예비였다.

　나는 군단장 및 사단장들에게 즉각 귀대하여 전선 방어에 역점을 두되 추가 지시를 대기하라고 명했다.

　토벌 출동준비 명령을 받은 제1군단장 임장군은 나에게 굳은 결의를 표명하고 다른 군단장보다 앞서 군단으로 향했다.

　참모들에게 지시한 정부와의 연락은 전혀 안된다는 보고였고, 국무총리실에 전화를 걸어도 통화가 되지 않을 뿐더러 국무총리 장면 박사의 행방이 묘연하다는 것이다.

　나는 우선 국무총리의 행방을 찾아야겠다는 생각과 어떤 방법을 통해서라도 정부와 연락을 유지하여 명확한 명령을 받아야겠다고 생각해서 3명의 장교를 서울로 파견했다.

　한편, 군 수석고문관 자부란스키 준장을 통하여 미 제8군과 연락을 유지케 했다.

　나는 사령부에 도착, 긴급참모회의를 소집하여 군사령관으로서의 공식입장을 밝혔다.

　"나는 군인이다. 국군은 정치에 엄정 중립을 지키고 국토방위에 전념할 때 그 존재 의미가 있다.

　정치는 정치인이 하는 것이다. 따라서 이번 서울에서 발생한 쿠데타는 분명히 국기(國基)를 흔드는 중대한 국사범의 범법행위이므로 동조할 수 없음을 분명히 밝힌다.

　야전군은 현시점에서 추호의 동요 없이 대북 경계태세를 강화하여 어떤 적의 도발에도 즉각 응징할 수 있는 태세를 갖추도록 하라.

　또한 나는 정부 당국과 밀접한 관계를 유지하여 필요시 토벌해야 할 임무를 수행할 것이다. 따라서 군 예비인 제1군단에는 이미 토벌 준비명령을 하달한 바 있다. 참모들은 후속조치에 임하라."

참모회의를 끝내고 집무실에 돌아와 다시 알아 보았으나 정부와의 연락이 전혀 되지 않는다는 것이었다.

현재의 내 위치에서 군 통수권자의 진압명령 없이 야전군의 병력을 움직일 수 없다고 생각하고 있기 때문에 참모총장, 국방장관, 국무총리 등 어느 누구 한 사람과도 대화가 이루어져야 할 처지인 것이다.

그러함에도 아무 지시도 없었고 연락도 되지 않으니 참으로 답답한 시간이 흘렀다.

만약 내가 제1군단을 출동시켜 쿠데타군을 진압한다고 할 때, 군의 상호 충돌에서 오는 대혼란을 감당할 수 없었다. 그 결과는 군뿐 아니라 정치적인 문제로까지 확대될 소지가 있다고 판단했기 때문이다.

당시 군의 책임자는 육군참모총장 장도영 장군과 합참의장 김종오 장군이었는데, 일체 연락이 안될 뿐만 아니라 상황의 전개 과정에서 볼 때 이미 박정희 소장과 야합이 된 상태였다.

나는 하는 수 없이 16일 밤까지는 대통령, 국무총리 등 통수권자로부터 아무 지시가 없는 마당에서 쿠데타군 토벌작전은 단념할 수밖에 없었다.

17일 오전이 지나자 비로소 윤보선 대통령은 비서관들을 군 사령부 및 각 군단 사령부에 파견하여 왔다.

청와대 윤보선 대통령측에서 연락이 와 나는 비행장에 나가 대통령 특사를 만났다.

그들은 구두설명과 함께 공문서로 된 서신을 내게 전했다.

특사 두 사람은 김남 국방담당 비서관과 김준하 공보담당 비서관이었다. 약 20분 정도 내용에 관한 대화를 나눈 뒤 그들은 제3군단으로 출발했다. 그들은 3군단 사령부에서 제2군단 사령부를 거쳐 서울로 귀환했다.

다른 특사인 윤승구 비서관과 한규선 비서관은 제1군단과 제6군단 사령부를 각각 방문하여 대통령 친서를 전하였다는 것이다.

공한의 내용을 요약하면, "국군끼리의 충돌과 출혈을 하지 말라"는 지시와 명령이었다.

오후 2시 50분경, 미 제8군사령관 매그루더 장군이 군 사령부로 나를 찾아왔다.

그와의 회담 내용을 요약하면 대개 다음과 같다.

첫째, 미 제8군은 박정희 소장의 쿠데타를 처음부터 반대한다는 분명한 자세였다.

둘째, 박정희 소장의 폭거를 도저히 용납할 수 없다는 것이었다.

셋째, 민주당 정부의 회복을 위한 군의 행동을 찬동한다는 뜻을 비쳤다.

계속해서 시국에 대한 8군 당국의 견해를 상세히 피력하였다. 그는 민주주의에 대해 철저한 인식을 가지고 있었고 쿠데타의 부당성, 즉 군부가 문민정부를 무너뜨리는 폭거에 대해 철저한 비판을 가했다.

나는 지금의 정부 입장이 불명확하고 내각책임제하의 국무총리로부터 어떤 지시도 없는데다 윤보선 대통령의 친서 내용으로 보아 그에게 어떤 확실한 내 의지를 표명할 수 없었다.

제7장 쿠데타와 박정희의 탐욕

나는 다만 그에게 충분히 뜻을 알았다는 정도의 말밖에 할 수 없었던 것이다.

나는 8군사령관이 돌아간 다음 깊은 고뇌에 빠졌다. 어느 누구와도 상의할 수 없는 이 고독한 공간에서 나는 어떤 결심이건 결심을 내려야 할 때라고 생각했지만, 그 결심이라는 것을 내리기에는 첩첩 장벽이 있었다.

육군본부와 합참본부는 이미 쿠데타 부대와 공동근무를 하고 있었고, 최경록 제2군 사령관도 그의 부사령관인 박정희와 참모장인 이주일 등이 주동하는 쿠데타이고 보니 내놓고 반대할 수 없어 어딘가로 피했다는 정보였다.

내 휘하의 야전군에서도 박임항 제5군단장과 채명신 제5사단장, 박춘식 제12사단장, 제6군단 포병단장 문재준 대령 등이 쿠데타 음모에 처음부터 가담하여 행동을 같이 하고 있었고, 또한 군 사령부 과장급인 조창대, 이종근, 심의섭, 엄병길 등이 내 코밑에서 모의를 계속하고 있었다는 것이었다. 따라서 이런 전체 상황으로 미루어 볼 때, 만일 내가 군 예비인 제1군단 병력으로 하여금, 쿠데타 군을 토벌케 한다면 윤보선 대통령이 염려하는 것처럼 국군끼리의 내전으로 확대될 것이 분명한 것이다.

이로 말미암아 북한 당국이 호기를 포착, 남침을 개시한다면 대한민국으로서도 참으로 어려운 문제에 봉착하게 될 것은 뻔한 이치이다. 북한 당국은 내란을 수습한다는 구실이 있기 때문에 6·25 동란과는 또다른 명분이 서고, 유엔도 국군끼리 내란중에 있는 대한민국을 도울 처지가 못된다고 판단할 것이기 때문이다.

또 내가 쿠데타 군에 대해 토벌을 결심하지 않은 마지막 결정적 이유는 다음과 같다.

첫째, 민주당 정권의 부실 때문이다. 민주당 자체의 파벌 싸움에서부터 같은 배를 탄 윤보선 대통령과 장면 국무총리의 불화 및 그들의 결단력 부족에서 오는 통치능력의 회의.

둘째, 지난 30시간여에 보여 준 장면 총리의 도피 행각과 그 정권의 철저한 위기관리 능력의 전무 상태.

셋째, 만약 내가 토벌군을 진압하여 민주당 정부에서 국권을 회복시켜 준다고 할 때 과연 이를 지탱할 능력이 있겠느냐는 회의.

이상과 같은 상황이라면, 내가 박정희 일파를 무찌르고 실권을 내 손에 쥐었을 때, 어차피 군정(軍政) 이외에 방법이 없다는 것은 명확하다고 결론을 내리게 된다.

나는 체질적으로 현시점에서의 민주당 정권의 타도를 용납할 수도 없었고, 또한 군사정권의 수립도 내 철학에 맞지 않는 일이다. 즉 그 말은 박정희 일파를 토벌하고 민주당 정권의 회복이 안될 경우 나를 중심으로 한 군사정부 수립을 가정할 수 있지만, 그건 애초에 내 철학에 맞지 않는다는 이야기로 집약된다.

그렇다면, 결론적으로 대통령의 명령에 따르는 길밖에 없으므로, 박정희 일파에게 무저항하여 그들 정권 찬탈을 묵인할 수밖에 없는 처절한 입장이 되는 것이다.

혈맹의 우방군이며 한국군의 작전 통제권을 갖는 미 제8군사령관에게는 미안한 일이지만, 어쩔 수 없는 곤경에 처할 수밖에 없는 것이었다.

내가 지금까지 30여시간 버티어 온 것이 모두 무위로 끝나는 슬픈 결과가 닥쳐오게 된 것이다.

나는 몇시간 후 닥쳐올 국기 강하식에서 참석 장병에게 내 결심을 밝혀야 되겠다는 생각으로 깊은 고뇌의 시간을 보냈다.

국가 강하식에 사령부 장병이 모두 모였다. 당시의 정황으로 보아 장병들의 표정은 나와 같이 모두 무거운 그림자가 드리웠다.

"장병 여러분, 군이 정치에 개입하는 비극의 시간입니다. 나는 근본적으로 군의 정치에의 개입을 반대합니다. 있어서도 안되고 용서할 수도 없습니다. 그러나 현실은 내 생각이나 내 의지와는 관계 없이 대세는 원하지 않는 방향으로 흐릅니다. 북한군이 호시탐탐 노리고 있는 이 시기에 내란으로 치달을 위기를 조성할 수 없다고 판단되어 부득이 나는 쿠데타 반대 입장에서 묵인하는 입장으로 전환하였음을 여러 장병께 알립니다."

나는 훈시를 끝내고 곧장 집무실로 향했다. 본관 건물 현관에 다다르자 쿠데타 주역 가운데 한 사람인 윤태일 준장이 초조하고 불안스러운 모습으로 서 있기에 "윤장군 왜 왔소?" 하고 문의한즉, 제9사단장으로 보임을 받아 군사령관께 신고하러 왔다는 것이 아닌가. 나는 소리를 질렀다.

"신고가 무슨 신고야, 돌아가시오. 그리고 돌아가거든 박정희보고 말하시오. 나는 박정희를 죽일 수 없다고. 대신에 내가 죽겠다고 전하시오."

나는 집무실에 들어와 신변을 정리했다. 그리고 혼자 깊은 번뇌에 빠졌다. 잠시후 마음을 가다듬고 부관에게 박정희를 전화로 부르라고 지시했다. 잠시후 부관이 박정희 장군이 나왔다고 알렸다.

박정희와 직접 통화해 본 지도 1년이 더 되는 것 같았다.

지나간 생도 시절 형제간처럼 다정하게 지냈던 감정이 마음 한편에서 솟아오르는 것을 느꼈다. 엉겁결에 "가족은 다 무사하느냐"고 물었다. "무사하다"는 대답이었다. 나는 다시 말을 이었다. 나는 약간 흥분되기 시작했다. "가족들 조심하라고 그래" 하고 언성을 약간 높이니 "알았어"라고만 대답하는 것이었다. 사실 그때 심정 그대로 표현한다면 그를 때려 죽이고 싶도록 미웠다. 그러나 나는 꾹 참았다.

"네 쿠데타에 나는 묵인한다."

내 이 말에 박정희는 차가운 목소리로

"고맙다."

라고 짧게 대답했다. 나는 이어서 내 소신을 그에 알렸다.

"나는 야전군의 일을 맡아 할 터이니 그리 알라. 너는 서울 쪽을 하고, 내가 하는 일에 간섭하지 말라."

"그래 알았어."

나는 박정희의 대답을 듣고 송수화기를 놓았다.

후에 들은 이야기지만, 박정희는 나와의 통화를 끝내자 송수화기를 내던지며 흥분하더라는 것이었다. 말하기 좋아하는 사람 가운데 이 일을 두고 내가 어떤 반대급부를 노린 것이 아니냐는 추측이 있었다고 하나, 그것은 그때 내 심정과 당시 상황을 모르고 하는 소리이다.

박정희가 화낸 것은 자기의 기고만장한 기세에도 이한림이 고분고분하지 않고 할 말 다하는 것에 연유한 것이다.

즉 윤보선 대통령 이하 장도영 참모총장까지 혁명군에 항복한 꼴인데, 이한림이 아직 기가 죽지 않았는데 화가 치민 것이다.

사실 그때 내 심정은 토벌준비 지시에서부터 토벌포기 그리고 묵인까지 이르는 동안 나는 죽음을 각오해야 했다. 동서고금을 막론하고 역모나 쿠데타가 성공하면 그 반대세력은 죽음을 각오해야 했다. 내가 역사를 공부한 이상 목숨을 연연할 까닭이 없다. 나는 정말 죽음을 각오하고 있었다.

　나는 공관에 돌아와 소파에 앉아 잠시 쉬다가 침실에 들어가서 신변정리를 했다. 착잡한 심정이었다. 박정희와 그토록 친한 사이였는데, 내가 어쩌다 이 지경까지 왔는지 모르겠다는 운명론적 고뇌를 하면서도, 사나이답게 처신하며 사나이답게 죽겠노라고 몇번이고 몇번이고 다짐했다.

　공관에서 영예로웠던 마지막 밤인 5월 17일 밤을 거의 뜬눈으로 보냈다.

　나는 이것으로 문민정부인 민주당 정권에 대한 할 일은 다 했다고 생각했다. 나는 신의(信義)와 군인으로서의 정도(正道)를 지켰다고 믿는다.

　나는 쿠데타 발생후 30여 시간 동안 정말 길고도 긴 시간을 보냈고, 그토록 번뇌와 많은 생각을 한꺼번에 한 적이 일찍이 없었다. 물론 그 시간에 잠이 올 리 없었으며 식사도 제대로 못했다.

　결과적으로 내가 쿠데타를 묵인함으로써 새로 탄생한 민주정부에 기대를 걸었던 많은 국민에게 실망을 주는 꼴이 되었다. 또 쿠데타 군을 토벌해서 민주 헌정을 찾아야 한다고 외쳤던 젊은 장교들에게도 좌절을 안겨 주고 정의의 퇴행을 가져왔으니, 나는 순식간에 양쪽 모두로부터 욕을 먹어야 하는 처절한 신세가 되어 버렸다.

　그러나 나의 결심인 군사령부 현관에서 쿠데타 주역 가운데 하나인 윤태일에게 족청계로 알려진 쿠데타 라이벌 세력격인 박영준 사단장을 내몰고 제9사단장으로 부임한다는 말에 외쳤듯이 "나는 박정희를 죽일 수 없다. 대신 내가 죽겠다."고 한 이 말에 변함이 없었다.

한 나라의 안전보장, 정권의 보위는 오로지 통치 능력과 위기 관리 능력에 달린 것이거늘 대통령과 국무총리의 의견 대립과 파벌 싸움, 또 쉽게 쿠데타군과 손을 잡은 윤보선 대통령과 사태를 피하고 오로지 자신의 신변 안전만을 위해 도피해 버린 장면 국무총리 등의 추태로 말미암았음은 쿠데타를 성공케 한 직접 원인이라 할 수 있을 것이다. 그로 말미암아 12·12 사태 등 연이은 쿠데타로 이 나라 헌정이 32년이란 긴 세월 군부 통치하에 있었다는 것은 근대사의 커다란 비극이라 할 수 있겠다.

또 그로부터 군의 생명인 위계질서의 상실 내지는 문란의 출발점이 되었고 가치관의 전도 현상으로 우리 국민의 도덕 수준을 후진국형으로 퇴보케 한 결과로 이어졌던 것이다.

나는 잠을 이룰 수 없었다.
에드먼드 파크가 주장한 한 구절이 떠올랐다.
"덕이 있는 국민이 부패한 국회의원을 선출하는 법이 없고, 비열하고 무분별한 국민이 선량한 정부를 가지지 못함은 고금의 통칙이다."
이 구절에 나의 심장은 멎는 것과 같은 자괴를 느껴야 했다.
그렇다. 한 나라의 정치의 질은 그 국민의 총화의 질이 결정하는 것이다.
이제부터는 국민의 질의 전체적인 계몽 향상의 길만이, 독재자의 추방이나 유해하고 유독한 이를 뽑아서 무해한 이로 갈아 끼는 길이라고 생각됐다.
국민이 비열함과 무분별로부터 해방되어 정치의 질이 선진화되도록 하는 노력이 집중되어야 할 것을 염원하는 환상의 시간이 흘렀다.

새벽 4시경이었다.

근무병이 급히 노크를 했다. 물론 나는 잠자지 않고 있었으므로 즉시 "누구냐"고 물었다.

"박정희 장군이 보낸 한신(韓信) 소장과 전두열 대령이 면회를 요청"한다는 대답이었다.

나는 일어나 거실로 나와 두 사람을 만났다. 한신 소장은 박정희와 육사 동기생이고, 전두열 대령은 박정희의 심복인 정훈장교였다.

이 사람들은 쿠데타 본부가 위치한 육군본부에서 박정희와 만나서 그로부터 지시를 받고 한밤중에 육군본부를 떠나 지프차로 왔다는 것이다.

이들이 박정희로부터 받았다는 지시사항은 다음과 같다.

"즉시 1군사령부에 가서 군사령관에게 국군끼리의 충돌을 피하도록 설득하라는 것과, 최고회의 의장으로 추대한 육군참모총장 장도영 장군은 믿을 수 없으니 나 이한림을 리더로 모시겠다는 취지를 전하고 설득해 달라는 것"이었다.

한신 소장은 약 30분간 나에게 혁명의 당위성과 상호 충돌 방지에 관한 것을 반복 설명하였다.

나는 한신 소장에게 간단한 답을 했다.

"나를 이집트의 나기부로 만들겠다는 말이냐."

고 응수했다. 그리고 한신에게 유혈충돌은 없을 것이라고 분명히 말해 주고, 야전군에서 쿠데타군으로 출동한 부대들은 속히 원대 복귀시키도록 하라고 당부했다. 그리고 그에게 쿠데타를 한 장교들 가운데는 불순하고 지탄의 대상이 되는 자가 많다고 지적하고는 피곤할 테니 빨리 서울로 되돌아가라고 말한 후 나는 곧 침실로 들어갔다.

침실에 들어와 생각할수록 기가 막혔다. 이 무슨 장난이란 말인가. 상황은 이미 끝난 것인데 나를 뭘로 보고 흥정을 하는 것인가.

그 후 옥중에서 들으니 나에게 쿠데타 가담 설득차 왔던 한신은 첫 군사정권 내각에서 내무부장관이 되었다는 것을 알았다.

전두열 대령은 쿠데타 후 각종 반혁명사건 가운데 한 사건에 연류케 하여 숙청했다는 것이었다.

5·16 쿠데타의 성공을 돕기 위하여 나를 찾아왔던 두 사람의 운명처럼, 꾀 있는 자는 영달이 가능했고 꾀 없는 자는 옥고의 신세로 전락하는 군사 독재의 시대가 막이 올랐던 것이다.

나는 문민정부라는 민주당 정권도 지탄받아 마땅하다는 시각을 갖고 있다.

그 첫째는 국가경영의 능력면에서다. 문민 정치가들의 파당성과 이기주의 그리고 무관 경시는 말할 것도 없고 국가안보에 대한 지식이 전무한 상태라는 것이다.

조선왕조 5백년의 양반 정치가 보여 준 망국의 고질적인 병폐의 재연으로밖에 볼 수 없는 후진성이 결코 자유당 10여년의 이승만 정치의 병폐까지 떠맡아 자기 개혁과 변화를 이루지 못한 점, 또한 안보의식의 전무 상태에서 오는 군 통솔의 난맥 및 무책은 마침내 쿠데타에 대한 무책으로 나타났다.

그 둘째는 정보에 대한 무지다. 현대사회는 정보사회라고 할 정도로 정보가 중요한 시대이다. 집단이나 민족 또는 국가는 더욱 그렇지만, 정보 없이 조직을 유지하고 운영할 수 없는 것이다.

우리 민족사를 살펴보면 정보는 불행히도 자기 정적을 가려내는 수준의 것만 정보로 생각하여 권력 획득, 권력 연장에 정적 박살용으로 사용하는 게 고작이었다.

민주당 정권은 정보에 백지였다고 평가할 수밖에 없다. 왜냐하면, 성격은 약간 다르지만 조선왕조 시대의 정적을 가려내는 수준의 정보도 없어서 쿠데타에 속수무책의 결과를 초래했기 때문이다.

첩보를 수집하고 그것을 분석해 정보화하고 이 분석된 것으로 방책을 수립하여 과감한 조치를 취한 후 그 결과를 확인하고 평가하여 다음 시책에 선용하는 절차야말로 현대 조직경영의 기본인 것이다. 그 기본도 갖추지 못했다면 그 정권은 유지될 수 없는 것이다. 장면 정부는 바로 정보 무지, 정보 부재로 실각했다고 볼 수 있을 것이다.

내각책임제하의 국무총리가 사태에 의연하게 대처하지 않고 행방을 감춘 것은 아무리 좋게 생각해도 이해할 수 없다. 그러므로 정보의 전달이라든가 정보에 의해 대처할 수 있는 방편이 없어진 것이다.

다시 강조하지만, 정보를 지배하는 자가 세계를 지배한다고 결론을 맺고 싶다.

민주당 정부의 붕괴를 내 운명과 같이 했던 나는 18일 아침 6시 30분경 침실에서 식당방으로 옮겨 갔다. 참모장 황헌친 장군, 군수참모 박원근 장군과 식탁에 마주앉아 있을 일들에 대한 이야기를 하고 있었다.

당시까지만 해도 5월 16일 새벽 이후 육군 수뇌들과는 일체 대화가 없었기 때문에 모든 일들을 우리가 알아서 해야 했다.

나는 육군 수뇌와의 연락이 안되어 해군참모총장과 공군참모총장과의 대화를 시도해 보겠다는 생각으로 준비중이었다.

그때 군화를 벗지 않고 신은 채 무례하게 식당으로 들어닥친 험상궂은 인상의 중령 1명에 시선을 옮겼다.

매우 불손한 태도였다. 그러나 나는 상황이 상황이니만큼 참을 수밖에 없었다.

"사령관님, 서울로 모시고 갈려고 왔습니다. 밖으로 나가시지요."

중령은 상기된 얼굴로 나에게 말해 왔다. 나는 이미 당시의 상황 진행을 알고 있었고 거기에 대한 마음의 준비도 되어 있었으므로 구태어 이 위기를 모면할 생각이 없었다.

"알았다. 가지."
하고 일어서서 침실로 들어가 권총을 차고 모자를 챙겨 쓰고 책상 위에 놓여 있는 묵주를 주머니에 넣고 밖으로 나섰다.

밖으로 나오니 황헌친, 박원근 장군과 전속부관 박준병 대위가 기다리고 있었다.

서울로 나를 호송하겠다는 쿠데타군의 중령 1명과 대위 1명도 지프차의 문을 열고 기다리고 있었다.

후에 안 일이지만 그 중령은 내 휘하 1군사령부의 작전처 소속의 엄병길이었다. 바로 8기생 쿠데타군 주역 김종필과 동기생이었다. 그는 쿠데타 성공 이후 강원도 지사, 감사원 감사위원의 요직을 거쳤는데, 군에서는 실력이나 신망면에서 뒤쳐졌던 장교라는 것이다. 지금은 그가 살았는지 죽었는지 알 길이 없다. 그의 생김생김이나 언동으로 보아 쿠데타에는 적임자인 것같이 생각됐다.

그는 나에게 권총을 내놓으라고 요구했다. 나는 이를 거부했다. 그가 다시 권총을 요구하자 박원근 장군이 나에게 양해를 구한 후 권총에서 실탄을 뺀 후 다시 꽂아 주었다.

나는 그 중령보고 어디 있는 장교냐고 물었더니 자기 소속을 댔다. 나는 다시 그를 똑바로 보고 "그대는 야전군 마크를 떼라. 그 마크를 붙이고는 야전군 사령관인 나를 구인할 수 없다." 고 큰 소리로 말했다. 그러자 대위 한 명이 지프차 뒤에 올라타기에 자네는 누구냐고 하니 자기 소속을 밝히는 것이었다.

그 뒤를 이어 전속부관 박준병 대위가 따라 올라타는 것이 아닌가.

"박대위 나는 죽으러 가는 길이야. 이 길은 같이 갈 수 없어."

하고 잡아 끌어내렸다. 그러나 그는 막무가내였다. 그가 간청하므로 할 수 없이 다시 올라타는 것을 제지하지 못하고 지프차 앞좌석에 앉았다.

두 장군이 지켜보는 가운데 나는 쿠데타군에 구인되어 공관을 떠났다.

운전은 그 중령이 했다. 나는 그를 보고 호령했다.

"무인도(武人道)는 항복하는 적 장수도 무장을 해제하지 않고 군인의 명예를 지켜 주는 법이다. 하물며 군사령관을 무장 해제하는 놈들이 어데 있단 말이냐. 이 무식한 놈아, 너는 역사를 공부하도록 하라."

그는 뜻밖에도 대들지 않고 그대로 듣고 넘기는 것이었다. 얼마 안가 한 5분 정도 가다 보니 뒤에 어떤 군용차가 뒤따르는 것 같았다. 뒤따르는 차는 우리 차를 정차해 달라는 것 같았다. 그러나 그 자는 아랑곳하지 않고 속력을 더 냈다. 약 10분 정도를 그렇게 달리더니 무슨 속셈인지 그 자가 급히 차를 세웠다. 뒤따르던 차에서 누군가가 다가왔다. 나는 앉아 있었다. 지프차

문을 열자 나는 그가 나의 수석고문인 자부란스키 장군임을 알았다. 나는 반가워서 차 밖으로 나왔다. 그런데 자부란스키 장군이 울고 있는 것이 아닌가. 나는 그에게 말했다.

"장군, 후진국에서는 가끔 있는 일이니 놀라지도 슬퍼하지도 마시오. 나는 각오가 되어 있으니 걱정 말고 부대로 돌아가시오."

나는 그의 눈물을 보면서 나도 그를 위해 눈시울이 뜨거워지는 것을 느꼈다. 그러나 나는 이 자들 앞에 내 눈물을 보일 수 없었다. 이를 악물고 눈물을 참았다. 자부란스키의 손을 꼭 잡고 왼손으로 정답게 등을 두드리고 지프차에 올랐다. 나는 지프차 문을 닫고 그의 경례를 받았다. 답례를 한 다음 자부란스키 장군은 손을 흔들며 또 눈물을 흘렸다. 나는 처음으로 미군 장성의 울음을 보았다. 참으로 가슴 아픈 시간이 흘렀다. 그 자는 다시 악세레이터를 힘차게 밟으며 엔진 소리 요란하게 속도를 내며 서울로 달렸다.

나는 지금 이 글을 쓰는 시간에도 자부란스키 장군을 잊을 수 없다. 그는 일할 때 강력한 추진력을 보였던 전형적인 야전형 장군이었다. 나와 한국군을 돕기 위해 그는 한국인 이상으로 뛰었다. 글자 그대로 헌신적인 봉사자였고 진정한 한국인의 친구였다.

그는 내가 감옥에 갇혀 있을 때 다시 찾아와 귀국 인사를 하는 것이었다. 역시 그는 내 손을 잡고 눈물을 줄줄 흘렸다.

"지금은 고통이 있을지라도 장군의 당당한 행적은 역사가 밝혀 줄 것입니다. 정의는 꼭 승리할 수 있다는 확신을 가지십시오."

나는 그의 한마디 한마디가 진실한 우정에서 나오는 말임을 느낄 수가 있었다. 그때 나에 대한 면회는 일절 금지되어 있었다. 그러나 그는 "귀국 인사차 꼭 찾아뵈어야 한다"고 우겨 쿠데타군을 설득했다는 것이었다.

후에 안 일이지만 자부란스키 장군은 귀국 직전, 후암동 우리 집을 방문하여 내 아내 앞에서 눈물을 흘리며 위로하더라는 것이었다.

29 야— 이 개자식들아, 역사의 무서움을 모르는 무식한 놈들아— 쏴라.!!

나를 태운 지프차가 서울 가까이에 이르자 그 자는 긴장하면서 권총집에서 권총을 빼더니 바지 위 허리춤에 꽂는 것이었다. 유사시 즉각 사격을 할 수 있게 대비하는 것 같았다.

서울 시내에 들어선 지프차는 시청을 향해 달리는 것같이 생각되었다. 이윽고 시청 앞에 도달하자, 그 자는 웬일인지 급선회하면서 덕수궁의 대한문을 향해 들어서는 것이었다. 나는 속으로 이 자들이 감옥으로 안 가고 왜 덕수궁으로 들어가는 것일까 하며 이상하게 생각했다.

대한문에는 무장한 군인이 배치되어 있는 것이 눈에 띄었다. 지프차는 사전에 약정이 되어 있었는지 정차도 않고 그대로 덕수궁 안으로 들어갔다.

덕수궁 중화전 앞뜰 가까이서 지프차가 섰다. 차가 서자마자 사전 준비가 되어 있었는지, 젊은 대위가 내 앉은 쪽 지프차 문을 힘차게 열어 제치더니 다짜고짜 권총을 내 볼에다 힘껏 찔러대고는 내 권총 벨트와 권총을 낚아챘다.

대위는 나를 보더니 빨리 중화전 계단 위에 올라가라고 반말로 소리쳤다. 나는 그의 말을 따라 계단을 밟고 올라갔다. 이미 무장 해제를 당한 장군이니 무엇이 두려우리, 깨끗이 이세상을 하직하자는 각오를 하며 계단 하나 하나를 밟았다. 이것이 내 운명이려니 생각하니 너무 처량했다. 이럴 것이라면 전쟁시 9사단장으로 근무할 때 적탄에 맞아 죽는 편이 나았을 것이라는 생각도 났다.

대위는 나에게 또 소리쳤다. 자기 권총탄을 받을 준비를 하라는 호령이었다. 그는 중화전 아래 뜰에 서서 나를 올려다 보며 다시 미친 놈처럼 소리쳤다.

"지금부터 사형을 집행할 터이니 똑바로 자세를 취하시오."
하면서 권총에 요란스럽게 실탄을 장전하더니 권총을 나에게 조준하면서 사격자세를 취했다.

나는 기왕에 죽을 바에야 당당하게 죽겠다고 다짐했다. 단 한 치의 비굴함을 보여서는 안된다는 생각으로 두 손을 뒷짐지며 두 다리를 떡 벌리고 여봐라는듯 당당한 모습을 갖추고 눈을 똑바로 그 대위를 노렸다. 그리고 온 몸에 힘을 주고 어금니를 꽉 깨물었다. 총을 맞는 순간 내 몸가짐이 흐트러지지 않기 위해 자세를 바로잡은 것이다. 자세가 완전하다고 판단하자, 나는 넓은 덕수궁이 터져 나갈 정도로 내 있는 힘을 다하여 소리를 질렀다.

"야— 이 개자식들아, 역사의 무서움을 모르는 무식한 놈들아— 쏴라!!"

뜰 아래에 서서 사격자세를 취하고 있던 대위 녀석이 다시 격발장치 소리를 내며 실탄을 재장전하여 정식 조준 사격준비를 완료했다. 이 놈들이 뜸을 들이는지 총탄이 안 날아 오자 다시 소리쳤다.

"야— 이 새끼들아—, 탐욕의 개자식들아— 빨리 쏴라!!"

그 대위는 방아쇠를 당기지 못하고 동요하는 기색을 보였다. 그리고는 힘 없이 권총을 내리고 중화전 오른쪽 계단을 따라 올라서자 내가 있는 곳으로 다가섰다.

"왜 안 쏘는 거야— 이 시시한 놈들아."

사실 내 목소리는 유달리 쟁쟁 울린다는 것이다. 내 생각에도 나만큼 목소리가 큰 사람도 없을듯 싶다.

그때 내 외쳐대는 소리를 들은 자들의 말에 의하면 어찌나 목소리가 컸던지 시청 앞까지 들릴 정도라고 했다.

내 큰 목소리에 기가 죽었는지 대위는 풀이 완전히 꺾인 모양이었다. 양순하게 표정이 변하더니 내 귀에 대고 속삭이는 것이었다.

"이렇게 하라고 시켜서 하는 것입니다. 용서해 주십시오."

나는 지금도 그때 차라리 죽었더라면 박정희, 김종필 일당이 그 후에 나에게 가한 곤욕을 안 받았을 것이라고 생각할 때가 한두 번이 아니다.

이 풀죽은 대위는 중화전 문을 열고 "안으로 들어가십시오." 하고 공손히 말했다.

나는 그 안으로 들어갔다. 그 안에는 약 20센티미터 폭에 170센티미터 길이의 나무의자가 놓여 있어 그 곳에 앉았다.

가만히 생각했다. "박정희, 김종필 일당은 야만인 중에서도 야만인들의 집단이구나." 틀림없는 야만인이라고 단정했다.

대위는 내가 아침에 침실에서 들고 나온 묵주를 호주머니에서 꺼내자 놀라는 눈치였다. 왜 그가 내 묵주를 보고 놀랐는지는 알 길이 없었다.

군인으로서 상관에게 권총을 대고 사형을 집행한다고 자세를 취하며 소리쳤던 일에 양심의 가책을 받은 것으로 추측해 보았다.

　나는 그 묵주를 대위에게 보였다.

　"이것은 묵주야. 기도드리는 묵주야."

　내가 그에게 묵주를 흔들면서 말하니 그는 경계를 하면서도 몸 둘 바를 몰라했다.

　얼마 시간이 지난 뒤 그는 다시 지프차에 나를 태운 뒤 덕수궁을 떠나 마포교도소로 갔다. 그리하여 나는 그 곳 감방에 수감되었다.

　내가 교도소에서 석방되고 공민권 제한을 당하여 미국의 대학에 유학을 떠나기 전에 전두열 대령이 찾아와 나에게 한 말이 생각난다.

　군사령관 공관으로부터 덕수궁까지 또한 중화전 앞에서 가소롭고도 기막힌 사건 등을 회상할 때 마음에 지피는 게 있었다.

　전대령이 한신 소장과 5월 18일 서울로 돌아와서 박정희를 만나 원주에서 나를 만났던 일과, 서울에 올라와 보니 내가 끌려와 구속되었다는 데 대한 배신행위에 놀라서 보고 겸 항의를 했다는 것이다. 그때 박정희가 말하기를 "이한림의 콧대를 좀 부숴야겠다"고 말하더라는 것이다.

　그의 말로 비추어볼 때 젊은 대위가 나를 죽이겠다고 한 것도 결국은 박정희가 내 기를 꺾기 위해 연극을 꾸민 것임을 알 수 있다.

　후에 알고 보니 덕수궁에는 당시 쿠데타군인 박치옥의 공수부대 일부가 주둔하고 있었다는 것이다.

　또한 그때 박정희는 육사 생도대의 쿠데타 지지 행진에서의 시청 앞 행사에 참가키 위하여 내가 대한문으로 들어설 때 덕수궁 안 솔밭에서 대기하고 있었다는 것이다.

훨씬 뒤에 박정희가 취중에 내게 실토한 이야기이다. 참으로 창피한 일이고 졸렬한 인간들이다.

휴식을 취하고 다음에 닥쳐올 연극 같은 그들의 행태를 기다리기로 했다.

2, 3시간의 마포교도소 옥중에서 속속 구속되어 들어오는 사람들이 철창을 통해 잘 보이게 되어 있어서, 가끔 면식이 있는 사람들이 들어올 때는 유심히 그들의 거동을 지켜보기로 했다. 그 중에는 이후락 소장, 3CID 대장 이종원 중령 등이 목격되었다. 표정 없는 세계에 온 것 같은 느낌이 들었다. 표정이라는 것을 전혀 찾아볼 수 없는 지옥의 문턱 앞에 앉아 있는 것이었다.

지금부터 한국판 아위쉬비치나 안되기를 기대하는 첫 옥중의 감상이야 누구나 정치범으로 옥살이의 시작은 같은 것으로 짐작이 갔다.

나는 5월 16일 아침부터 잠도 식사도 제대로 못했었다. 그 동안 식사는 그날 저녁 내 집무실에 찾아와 내 동정도 살필 겸 미 제8군 정보도 알려 주기 위해 만난 자부란스키 장군이 자기네 식당에서 만든 튀긴 닭다리를 갖다 주어 먹은 기억뿐이다.

그 닭다리 생각이 미치자 시장기가 갑자기 내 온 몸을 휘어싸기 시작했다. 나는 참을 수 없어 옆 큰 사무실에 있는 김시진 대령을 불러 식사를 갖다 줄 수 없느냐고 물었다. 그 역시 표정은 딴 곳에 두고 온 사람 같았지만 쾌히 승낙하는 것이었다.

얼마 후에 헌병사령부 매점에서 설농탕 한 그릇이 배달되었다. 나는 그것을 단숨에 먹고 졸음이 와 잠을 잤다. 얼마나 지났는지 모르지만, 누가 문을 열고 들어와 나를 깨우는 바람에 눈을 떴다.

　창 밖은 어두컴컴해 있었다. 또 장소를 옮긴다는 것이다.

　김대령이 안내하는 대로 사령부 건물을 나와 그의 뒤를 따랐다. 약간 언덕진 곳을 따라 올라가니 오른쪽으로 독채집이 나오는데 그 집 안으로 들어갔다.

　나는 그 집에서 하루 밤을 보내게 되었다. 밤에 어느 한 중령이 찾아와 나를 만나고 갔다. 나는 지금도 그가 누구인지 알 수 없다. 박정희 소장이 보내서 왔다고만 하고 곧 되돌아갔다. 내 상태를 확인하러 온 것이려니 생각되었다.

　헌병사령부내의 헌병장교들 중에는 내 생사를 걱정하는 사람들도 몇 명이 있었다 한다. 가끔 그들이 들어와 나에게 눈짓으로 동정의 신호를 보내 주기도 했다. 어두운 방 안이지만 그 희미한 전등빛으로 그들의 표정과 눈빛을 읽을 수 있었다.

　이것이 그들이 나에게 붙여진 죄목 '반혁명 주범'에 대한 첫날의 경과였다.

　혁명이라고 부르는 그들의 글귀 중에는 이미 이 사회의, 국가의, 군의 기본은 무너지고 불법과 무법 그리고 악덕과 무분별의 새 시대, 즉 암흑의 시대를 알리는 조종이 울리기 시작한 것이다.

　나는 지금부터 반혁명의 주범, 즉 극형, 다시 말해 사형수로서의 길을 걷게 할 그들의 시나리오가 만들어지는 대로 이에 따라가게 되는 것이다.

　5월 16일 오후에 야전군 사령부내에서의 쿠데타 리더라는 조창대 중령이 면회를 요청하기에 들어오라고 했다. 그는 야전군 사령부의 작전처에 근무하고 있었으므로 평소부터 잘 아는 장교였다.

　내가 야전군에 부임해 와서 얼마 안되던 때의 일이었다. 부관을 군사령부에서 근무하는 장교중에서 고르는데 한 후보로 내게 추천된 자가 바로 조창대였다. 신원을 조사해 보니 홀어머니 밑에서 컸다는 것이다. 더욱이 일본 땅에서 자랐다기에 여러 모로 생각한 끝에 부관으로는 적절치 않다고 생각하여 딴 사람을 썼다.

　그가 중령의 신분으로 당돌하게 나에게 군사혁명을 승인해 달라는 것이었다. 물론 일언지하에 "안된다"고 내 결심을 알리기는 했으나, 그는 내 지적사항 하나하나를 반증하려고 애쓰는 것이었다. 나는 또박또박 말대꾸하는 그를 "고약한 놈이고 쿠데타의 한패"라고 주의를 주고 그대로 내 방에서 내보냈었다.

　이렇듯 5·16 쿠데타 주동 세력들은 평소 불평불만 분자로 내 눈에는 보였다. 즉 한마디로 요약하라면 탐욕의 도배라고 할 수 있겠다. 나는 이 날 밤도 거의 뜬눈으로 새웠다.

　이튿날이 됐다. 또 옆집으로 옮긴다는 것이다. 조그만하고 허술한 집이다. 방 안에는 조립식 야전 목침대가 놓여 있었고 나무의자 두 개가 있었다. 헛간과 같은 황량한 방이었다. 이 곳에서 비로소 군복을 벗고 한복으로 갈아입었다. 나는 그 곳에 있으면서 쿠데타 주범들이 말하는 '혁명검찰부'의 각종 조사를 받는 일정이 계속되었다. 그 곳에서는 하루 5분씩 일광욕을 시키기도 했다.

　그 곳에서 좀 떨어진 곳에 재래식 변소가 있어 그 곳에 하루 몇 차례씩 감시원의 감시 속에서 왕래할 수 있었다.

　이것이 더 운동도 되고 신선한 공기에 접하는 기회가 되어 나에게는 제일 좋은 시간이기도 했다.

어느 날 이 화장실에 다녀오는 도중에 제8사단장이었던 정강 장군과 마주쳤다. 정강 장군은 몹시 반가워했다. 나도 반가웠다. 정장군은 나에 대해 큰 걱정이나 있는 것처럼 말하려다 주춤하는 것이었다. 나는 이상하게 생각해서 내가 물었다.

"정장군 웬일로 이 지경이 됐소. 그리고 언제 이 곳에 들어왔소."

"반혁명이라는 죄목으로 3일 전에 이 곳에 들어왔습니다."
라고 힘 없이 대답하는 것이었다. 나는 알 만한 일이라고 생각되었다. 쿠데타 다음날 윤태일에게 쫓겨난 박영준 장군과 같이 그는 족청계로 지목받고 있었다.

쿠데타설이 나돌 때 박정희 일파와 함께 족청계도 입에 오르내리고 있었으므로 박정희 일파로서는 그 두 장군이 쿠데타 라이벌인 셈이고 눈위 가시의 존재가 된다.

정강 장군이 지휘하는 제8사단은 의정부 북방에 주둔하고 있었다. 그는 성격이 강직하고 과격한 면이 있는 사나이다운 장군이기도 했다.

나는 정강 장군 같은 군인을 몹시 좋아했다.

1951년초 내가 육군본부 정보국장 겸 특무부대장으로 있을 때 정소령은 대구에서 헌병학교 교장으로 있었다. 젊은 열혈의 정의감 넘치는 청년장교였다. 그가 친히 지내던 여성이 간첩임이 드러나 구속되게 되었다. 물론 본인은 그 여성의 신분 배후를 전혀 몰랐다. 전시에 그 죄상은 파면 등 벌을 면할 길이 없게 되었다.

그의 보고서가 특무부대에서 내게 최후로 올라왔기에, 깜짝 놀라 여러 계통을 통하여 확인해 보고, 본인이 전혀 그 사실을 모르고 있었고 이적행위도 없었음을 확인하여, 내가 책임진다는 선에서 무사히 해결해 주었다. 그러나 보직 변경이 불가피했으므로 전북 병사구 사령부로 전속시켰다.

그가 반혁명이라는 정치적인 죄명을 뒤집어쓴 이유도 알고도 남음이 있었다. 정의감이 넘쳐 흐르는 그의 성격으로 보아 당연히 반란군의 토벌과 쿠데타의 부당성을 주창했을 것이다.

나와 그에게는 감시가 따르고 있기 때문에 긴 대화를 할 수 없어서 그냥 스쳐 지나갈 수밖에 없었다.

나는 발길을 옮기기 시작하였다. 그런데 갑자기 정강 장군이 지나가려는 나에게 소리칠 정도로

"군사령관님, 살 생각은 아예 하지 마십시오. 제가 구속되기 전 최고회의의 분위기를 살피니, 주체라는 놈들이 군사령관님만은 혁명을 위하여 희생 양으로 삼아 꼭 사형에 처해야 한다는 중론이었습니다. 이것만은 꼭 마음속에 간직하시고 처신하십시오."

라고 말해 주는 것이었다. 그다지도 씩씩했던 그 사나이의 얼굴에는 분노와 슬픔으로 가득 차 있었다.

"정장군 고맙소. 나도 알고 있으니 걱정 말고 정장군이나 조심하시오."

라고 웃음까지 띄우며 그를 위로했다.

그는 나에게 어떠한 상황에서나 삶을 구걸하지 말라는 전날의 은인에 대해 작은 은혜나마 갚겠다는 소박한 마음씨로 한 말이었다. 어쩌다가 정의롭고 법을 따르는 사나이들을 이 지경으로 만들었는가 하는 비통함이 그의 뒷모습을 보며 솟아 오르는 것이었다. 그레샴의 법칙처럼 '악화가 양화를 몰아내는' 그런 서글픈 광경을 보는 슬픔을 그로부터 느낄 수가 있었다.

지금 내 나이 70이 훨씬 넘은 노령에 이 원고를 쓰면서 나도

무슨 얼굴로 아내를 만나서 손을 흔든단 말인가. 나는 절대로 가족을 만날 생각이 없소. 죽은 다음에 시신으로 만날거야."

내 말을 들은 감시장교는 할 수 없다는듯이 고개를 저으며 내 방에서 나갔다. 그러다가 일주일이 지났는데 다시 그 감시장교가 같은 방법으로 설득했으나 나는 완강하게 면회를 거절했다. 그리고 흐지부지해진 조사의 빈도도 뜸해지기 시작했다.

나는 조사에 응하면서도 검찰관에게 간청을 했다.

"나를 죽여야 한다니 이러지 말고 나를 빨리 죽이도록 하라. 이제는 조사에 응하여 답변할 말도 없다. 속히 사형을 집행하라."

고 말했다. 검찰관들도 이 말에는 쓰던 펜을 놓고 망설이는 것이었다.

이때는 벌써 지하 감옥으로 옮긴 때였다.

우기라 내가 갇힌 좁은 감방은 나무마루의 반이 물에 흔곤히 젖어 있었다. 참으로 견디기 힘든 감방생활이 계속되었다. 이때부터 나는 병마에 시달리게 되었다. 감시장교들의 감시와 감독은 더욱 심해졌다. 그들은 감방 안에서 서지도 못하게 했다. 앉아 있어야 한다는 것이다. 만일 규정대로 안하면 좁고 높이 1미터도 안되는 무섭게 고통을 주는 특수감방으로 옮겨야 된다고 협박하는 것이었다.

나는 그들이 하라는 대로 하는 수밖에 없었다. 모든 것이 박정희와 김종필에 의해 짜여진 연극이고 보면, 내가 발악하면 할수록 더 혹독하게 고통을 가하리라 믿었다.

특히 고통스러운 것은 지하 감방이라 햇빛을 못보는 데서 오는 우울증이었다. 차츰 몸이 쇠약해지는 것을 스스로 알 수 있었다. 햇빛도 못보고 젖은 마루 위의 생활이 계속되자 드디어

병마가 들이닥쳤다. 그 병은 소변이 나오지 않는 참으로 답답한 병이었다.

　감방을 순시하는 높은 책임자가 가끔 옥의를 대동하고 점검을 할 때가 있는데, 나는 그 날을 기다릴 수밖에 없었다.

　그 동안 몇번이나 감독장교에게 병세를 얘기했지만 들은 척도 안했다. 나는 그때마다 북한땅 공산주의도 아닌 이 자유천지에서 이런 악랄한 무리들이 있다는 것을 생각하니 치가 떨렸다. 죄도 없는 나를 정당한 법 집행절차 없이 이렇게 혹독하게 인간 이하의 취급을 할 수 있는 것일까 하고 반문도 해 보았다. 내가 그들의 쿠데타군에 정면 대결해서 출동명령을 내린 것도 아니오 진압 능력이 충분히 있고 미군의 묵시적 지원도 가능한데도 내란을 염려한 나머지 그들의 초헌법적 거사를 묵인하지 않았던가. 나는 그런 대의명분을 찾는 생각에서부터 사사로운 생각으로 돌아섰다. 그렇다. 이번 나의 이 학대는 두 가지로 생각할 수 있다. 하나는 젊었을 때부터 친구인 박정희가 가장 친한 친구인 나를 항상 경계와 경쟁상대로 보면서 나를 제압하려고 애쓰는 그 집념에서 찾을 수 있을 것 같다. 또는 그의 좌익 언동에 나는 항상 맞서는 충고를 했던 기억이 났으며, 평소 혁명 운운할 때도 나는 적극 반대 의사를 그에게 밝혔던 것이 생각났다. 그렇다면 박정희가 나에게 통쾌한 보복을 하고 있는 것이라고 결론지었다. 다른 하나는 중앙정보부장 김종필의 잔꾀로 나를 희생양으로 해서 쿠데타의 당위성을 펴 나갈 책략이라고 생각했다. 그러기에 내 죄목이 '반혁명 주동자'가 아니던가.

　나는 착잡한 심정으로 과거를 회상했다.
　1940년 2월, 나는 조국이 없는 상태에서도 언젠가는 다시 조국의 독립을 이룰 것으로 믿고 있었다. 어떻게 해서라도 일본인과 경쟁하여 이겨 내 실력을 다지는 길이 내 장래를 보장하리라는 생각에 나는 만주국 신경 육군군관학교에 응시, 예과에 합격하여 입교하였다.

만주 군관학교는 일본인과 조선인 그리고 중국인들이 입교하는 곳이지만 교육체계와 내용은 일본 육사와 같았다.

나는 군관학교에 입교하자 조선인 생도 가운데 또렷한 특색을 지닌 박정희 생도를 만났다.

조그만한 체구이지만 어깨를 딱 벌리고 당당하게 걷는 것이 매우 인상적이었다.

그와는 같은 조선인의 슬픈 조건하에서 생기는 고독과 좌절 같은 것과 이를 극복하겠다는 의기가 투합되어 생도 시절 가장 친한 친구로 지냈다.

가끔 둘이 만나면 조국에의 독립과 조국의 비통한 현실을 개탄하면서 같이 울기도 하고 같이 결심의 의지를 밝히기도 했다. 따라서 우리의 우정은 보통 친구라는 개념이 아니라, 혈우(血友)라고 할 그런 사이였다. 특히 나에게 감명을 준 것은 그의 의지와 집착력이었다. 어느 누구한테라도 지기 싫어하는 그 불굴의 정신이 마음에 들었다.

나와의 가까운 친구 가운데 이병주 생도가 있었다. 이병주는 만날 때마다 이상한 소리를 하여 나를 혼돈시켰다. 그 이상한 소리라는 것은, 자기는 무신론자라는 것이고 시시콜콜한 이야기로부터 시작하여 끝에 가서는 공산주의에 대한 찬양이었다. 그는 체질적으로 공산주의 사상에 젖어 있었다. 나는 어릴 때부터 공산주의란 그저 무섭고 나쁜 것으로만 알고 있었기에, 이병주에 대해서 매우 좋지 않은 생각을 가졌다. 그런데 가끔 박정희가 그와 어울리며 그의 말에 반박하지 않는 태도를 보고 이상하게 여겼다. 그러나 당시는 사상문제에 심각한 배려를 할 때가 아니었으므로 그들 생각에 대해 이상하다고만 생각할 뿐이었다.

박정희 생도와 나는 예과 2년을 마치고 우수한 수료생도에게 주어지는 일본 육군사관학교 본과에 진학했다.
당시 조선인으로서는 그 관문을 뚫기가 매우 어려웠기 때문에 주위에서는 우리를 선망의 눈초리로 보았다.
일본 육사에서도 박정희 생도와 나는 늘 같은 중대 건물에서 기거 및 수학을 같이 하며 동고동락의 사이를 유지했다.
때때로 조선인으로서의 처지에 대해 울분을 토로하기도 하고, 조국의 운명에 대해서 눈물을 흘리곤 했다.
박정희 생도와 나는 네 것, 내 것 없는 형제간과 같은 사이였다. 그는 나보다 네 살이나 위였고 조국에서 국민학교 교사를 하다 만주 군관학교에 들어왔으므로 세상 물정에 매우 밝았다. 우리 둘은 단짝이 되어 일과후 자유시간에는 매일과 같이 검도로 심신을 단련했다.
강직한 사람이 눈물이 많다는 말이 있듯이 우리 둘은 매우 강직한 성품으로 알려졌지만, 남 몰래 눈물을 꽤 많이 흘리기도 하였다. 조국을 잃은 조선인 생도로서의 생활은 그렇게 순탄하지만은 않았던 것이다.
우리는 1944년 4월 20일, 일본 육사를 졸업하면서 헤어지는 사이가 되었다.
그러다가 먼저도 언급했지만 해방후 을지로6가 조그마한 여관에서 재회하게 되고 박정희는 내가 근무하는 육군경비사관학교에 입교하게 되었다. 나는 그때 육사에서 교관직을 겸한 행정부장을 맡고 있었다.

　당시 경비사관학교의 위치는 지금의 화랑대 육사 위치와 같다. 그런데 그때 같은 위치에 제1연대가 있었는데, 공교롭게도 제1대대 제3중대장으로 만주 군관학교 예과 동기인 이병주 부위(중위)가 근무하고 있었다.

　우리 셋은 다시 만나게 됐다. 그러니까 내가 11월에 대구의 제6연대로 전속되기까지 우리 세 사람은 자주 만나게 된 것이다.

　이병주 부위는 나를 따라 일요일이면 태릉에서 걸어서 청량리까지 나가 전차를 타고 을지로 입구까지 와서 명동 성당에서의 미사 참례에 동행하곤 했다. 약 2개월 정도 이런 생활이 반복되는 9월 초 어느 오후, 사관학교의 소나무 숲을 산책하자는 이병주 부위의 권유에 따라 나섰다. 세상 이야기를 하던 중 남북의 정치문제에 관련된 이야기로 옮겨지자 그는 나에게 명동 성당에서의 미사 참례에 대한 자기 소감을 털어놓았다.

　"사실은 내가 따라 나선 것은 한림의 진실이 뭔가를 알기 위해서였네. 그 미사라는 것이 무슨 의미가 있겠나. 죽은 예수에 대한 제사인 듯한데, 그것이 우리의 삶과 조국에 무엇을 갖다 주겠나. 나는 솔직히 말해서 예수는 사람이지 신이 아니라고 확신하네. 그리고 예수 생전의 기적이라든가 사후의 부활도 믿을 수 없네."

　남한의 부패상이나 당쟁 등 많은 문제점의 지적까지는 좋았는데, 공산주의를 찬양하는 듯한 발언에는 실소를 금할 길이 없었다. 나는 그에게 반박한들 그의 사상이 고쳐질 것 같지 않다고 판단되어 그의 말을 듣고만 있었다.

　지난 시절의 우정은 어쩔 수 없었다. 박정희가 육사에 입교한 후에는 자연스럽게 셋이서 만나게 되었다.

셋이 모이면 으례 이병주가 말의 주도권을 잡으려 했다. 박정희는 그의 말에 순순히 따랐다. 그들 둘이서 내 사상을 변조해 보겠다는 시도였던 것 같다. 남한은 너무 부패했고 혼란하기 때문에 도저히 지속하기가 어렵고, 또 민족 통일이 되어야 하는데 남쪽 가지고는 가망이 없다는 것이다. 우리는 통일을 지상과제로 삼아야 하기 때문에 부패가 없고 혼란이 없는 북쪽편이 훨씬 현실적이라는 것이 이병주의 주장의 골자였다.

1946년 10월초 어느 일요일의 외출을 앞두고 그 날은 명동 입구 북측(지금의 한일은행 건너편)에 자리한 제1호텔(지금은 헐리고 없음) 다방에서 셋이서 만나기로 했다.

약속시간에 나가 보니 박정희가 먼저 와 있고 이병주는 아직 도착하지 않았다. 약 30분간 마주앉아 이야기가 시작되자 처음부터 박정희는 정치와 사상 문제를 꺼내는 것이었다.

박정희는 이병주를 기다리는 동안 이병주에 대한 칭찬을 늘어 놓았다. 내가 시큰둥하게 대답할 뿐 적극 호응하지 않자 다시 이병주의 이야기를 이어 갔다.

"병주는 지난날 오하(吳下 : 오나라에서의)의 아몽(阿蒙)이 아니다"라는 「삼국지」의 구절을 인용하면서 이병주에 대한 이해가 부족함을 타일렀다.

「삼국지」에 있는 이 구절은 오나라의 왕이 부하인 용장 여몽(呂蒙)이 무학에서부터 학문을 닦으매 빠른 속도로 진보하는 그의 총명과 면학 노력을 칭찬하는 구절이다. 즉 이병주는 지난날 오나라에 있던 처음의 무식한 여몽이 아니라는 것이다. 즉 무식하지 않다는 뜻이었다.

박정희와 이병주는 나를 사상적으로 세뇌시키겠다는 확실한 의지에서 나를 설득해 갔다. 나는 그들이 친구로서는 좋았지만, 나의 확실한 반공사상은 추호도 흔들릴 수 없었다.

"너희가 사상적으로 대립하는 대화로 나를 세뇌하기 위한 만남이라면 나는 앞으로 만날 수 없다."

고 말하고 나는 자리를 떴다. 이것이 박정희와의 첫번째 의견의 대립과 사고의 결별이었다. 그렇다고 박정희를 미워할 수 없었다. 깊고 깊은 우정은 변할 수가 없었기 때문이다.

이런 일이 있은 약 2개월후에 대구의 제6연대로 전속되어 육사를 떠났다.

이때 내 계급은 정위(正尉 : 대위)였고 제6연대 부연대장 겸 제1대대장이 되었다. 제1대대는 내가 부임후 모병하여 창설해 대구 칠성동에 본영을 정했다. 이로써 박정희, 이병주와의 만남은 끊어졌다.

그 후 이병주와 박정희의 행적을 더듬으면, 육사에 주둔하고 있던 제1연대 제1대대 소요사건에 이병주 부위가 관련되었다는 것과 군사재판을 받은 사건을 빠뜨릴 수 없다. 그리고 박정희의 군사재판도 짚고 넘어가야겠다. 1연대 소요사건의 발단은 "사이비 장교는 물러가라"는 하극상의 소요인데, 이병주 부위 등 좌익분자 장교들의 축출을 위해 일어난 사건이었다. 이 부위가 중대장 당시에 영향을 주었던 중대원들, 예를 들면 김지회, 홍순석과 같은 장교들이 좌익 반란을 일으키게 하는 식으로 그는 계속해서 좌익세력 구축에 힘을 기울였던 것이 사실이다.

내가 광주 제4연대장 시절(1947년 5월~1948년 8월)에 그는 당시 청주에 있는 제7연대장 부임 직후 드디어 좌익 혐의로 체포되어 군사재판을 받는다기에 그 재판을 지켜보기 위해 서울로 갔다. 재판을 받고 있는 그와 눈만 마주치고 섭섭하게 헤어졌는데 그는 5년형을 받았다.

그 후 6·25 동란이 발발하자 출옥하여 월북했다는 소문을 들었다. 참으로 인간성은 좋은 친구였는데 그 놈의 사상 바람으로 한 친구를 잃었다.

박정희의 군사재판은 이병주 군사재판 훨씬 후에 일어났다. 내가 미국 유학을 마치고 1948년 9월에 귀국하여 보니 박정희도 남로당 군사책으로 재판을 받아 극형을 받았다는 것인데, 그 푸락지 조직을 제보하여 특사로 풀려나와 군의 문관으로 있다는 말을 듣고 육군본부로 그를 찾아갔다. 오래간만의 만남이었다. 나는 그를 따라 용산 관사에 가서 그와 함께 하루 밤을 지냈다. 처(전처)는 감옥에 있을 때 집을 나갔다는 것이다. 매우 쓸쓸해 보였다. 그와 술을 함께 나누었는데 그는 폭음을 서슴지 않았다. 나는 그를 위로해 주고 다시 새 출발을 하자고 격려했다.

이것이 박정희와의 세번째 만남이었다.

6·25 동란 발발로 박정희는 문관으로부터 현역으로 복귀했다. 그는 특유한 집념과 영진을 위한 기발한 노력으로 쾌속으로 승진하여 대령이 되었다.

박정희와 이병주와 나의 만남이 자주 있었던 1946년 9월 이후의 수개월간의 만남에서 기억나는 일이 있다.

하루는 남산에 산책하자는 박정희의 말을 듣고 함께 남산으로 올라갔다. 중앙청이 내려다 보이는 언덕(어린이 도서관) 부근에 서서 잡다한 건물로 촘촘한 문안 광경을 내려다 보고 있을 때 그는 나를 보고 심각한 어조로 말을 걸었다.

"한림이, 이 곳에 포를 설치하고 경무대(청와대) 쪽을 포격하면 마치 나폴레옹이 파리의 소요에 진압사령관으로 야전포를 발사해서 파리를 제압했던 것과 같이 경무대 장악은 문제

없겠지?"

나는 그의 말이 농담 같은 내용이지만, 그의 평소 언동으로 보아 무언가 뒤집어 엎겠다는 뜻이 담긴 위험한 말로 받아들이고 더 대응을 않고 웃어 넘기며,

"정희야, 그런 농담 하지마. 너는 농담이 지나칠 때가 있어."

하고 그의 입을 더 이상 열지 못하게 제지했다.

그로부터 세월이 지나 한국전쟁도 휴전으로 들어갔고 평화와 재건의 소리가 요란하게 울려퍼지는 시기인 1953년 말, 박정희 대령이 사단 포병단장으로 있을 때 미국 포병학교에 공부하러 간다고 내가 있던 9사단을 방문했었다. 우리 둘이서 밤이 늦도록 술잔을 나누며 지난 이야기를 했다. 역시 박정희는 술이 셌다. 내 몇 곱을 마시면서도 까딱 않고 흐트러짐이 없었다. 우리 둘은 자정이 훨씬 지나서야 잠자리에 들었다.

또 세월이 흘러 그는 제5사단장이 되어 제3군단 휘하의 동부전선에서 근무하게 되었다. 내가 제6군단장으로 있을 때, 3군단 행사에 참석차 강원도 관대리에 위치한 제3군단 사령부에 가서 장군이 된 박정희 사단장을 만났다. 행사가 끝난 다음 나는 "네 사단에 가 보자"고 하여 박정희 장군의 차를 같이 타고 5사단 사령부에 도착했다. 깊은 산 속에서 고생하고 있는 박장군을 위로하고 환담을 나눈 뒤 6군단 사령부로 돌아왔다.

야전에서의 그는 작은 체구지만 늠름했다. 그를 야전에서 만난 것은 이용문 장군 밑에서 부사단장을 할 때 그 곳에서 하루 밤을 지내면서 만난 것을 포함해서 이번이 두번째의 야전에서의 만남이었다.

그 후 박정희 장군은 서울 영등포에 위치한 제6관구사령관이

되었고 나는 태릉 육사 교장으로 재직하게 되어 다시 박정희와의 재회가 이루어진다.

박정희는 6관구사령관으로 부임했다며 인사차 육사로 나를 찾아왔다. 나는 반가워 환담을 나눈 뒤 저녁식사를 같이 하자고 청했다. 그는 쾌히 승낙했다. 술을 즐기는 그를 위해 주석을 마련했다. 술잔을 나누며 시간 가는 줄 모르게 지난 이야기 꽃을 피우다 보니 자정이 넘었다. 자정이 넘자 남산 밑에 자기가 잘 아는 술집이 있으니 같이 2차로 가자고 권했지만, 내 주량이 견딜 수가 없어 한사코 사양하고 집으로 겨우 빠져 나왔다. 박정희의 주량은 내 배는 되는 것 같았다. 그리고 취중의 이야기이지만 세상일에 무척이나 주장이 예민했고 정치에도 주견이 뚜렷했다. 역시 예나 지금이나 세상을 보는 눈이 비판적이었고 몹시 부정적이었다.

알고 보니 남산 밑 그의 단골 술집이라는 곳도 그가 자기와 뜻을 같이 하는 소위 혁명 동지들과 만나 자기 나름의 조직을 펴 나갔던 곳이었다.

나는 그의 설득과 세뇌로부터 또다시 빠져 나와야 하는 곤욕을 치른 셈이었다.

그 후도 박정희는 집요하게 나를 만나려고 시도했었지만 나는 철저히 그를 피했다. 그러다 보니 박정희와의 만남은 공식석상에서 가끔 있을 정도이고 사적인 회합은 거의 없어졌다.

그 후에도 계속 중간에 나와 친한 사람을 두고 회합을 갖자고 연락이 왔지만, 중간에서 유회가 되거나 만나서 일찍이 빠져 나오는 것이 나의 습성처럼 되어 버렸다.

내가 그렇게 박정희와의 만남을 철저히 피한 것은 우정이 없어서가 아니라, 만나 봐야 쿠데타 하자는 것이 중심문제일 것이 뻔하니 그런 과격한 행동에 내가 동참할 수 없었던 것이 첫째요, 두번째는 그의 좌익사상에 절대로 동조할 수 없기 때문이었다. 오히려 내가 피해 주는 것이 우정이라고 생각했던 것이다.

1959년부터 자유당의 퇴조 현상에서 1960년에 이르자 붕괴의 징후가 뚜렷해지는 정국의 마비 현상과 아울러, 군 내부의 동요도 일종의 동맥경화의 상태로 서서히 접어들고 있었다. 그러니 박정희의 행동도 더욱 민첩해지면서 쿠데타에 대한 소문이 표면화되고 집요해지는 것은 두말할 나위가 없었다. 나는 그때마다 진정한 우정에서 틈만 나면 기회가 생기면 박정희에게 쿠데타를 해서는 안된다는 내 뜻을 전했다.

먼저도 언급했지만, 내가 야전군 사령관 재직시 박정희가 보낸 백문 대령이 나를 찾아와 "박정희 장군이 꼭 만나고 싶어한다"는 전갈을 일언지하에 거부한 것도 내가 만나 봐야 그 얘기임이 뻔하고, 나는 죽어도 역모에는 낄 수 없다는 쪽으로 결심이 굳어져 있으니 안만나는 쪽이 우정을 위해 도움이 된다고 생각한 탓이다.

나는 그때도 의심이 갔지만, 이 시점에 탐욕의 정권 탈취를 위한 협력 요청으로는 생각하고 싶지 않았다.

서울에는 정부에서 여러 기관을 장악하고 있기 때문에 그들의 임무에 따라 예방이 되리라고 판단하고 있었다.

그러나 그 판단과 내 예감은 맞지 않았다.

그들은 마침내 5월 15일 야전군 사령부 창설식에 전체 일선 군단장과 사단장이 모여 일박하는 그 다음날을 D데이로 정해 쿠데타를 일으킨 것이었다.

완전히 취약한 점을 찔려 기습을 당한 꼴이다. 마치 일요일 북한 공산군의 남침과 일본군의 진주만 공격과 같은 기습의 효과를 최대로 노렸던 것이다.

31 서대문 교도소 생활과 박정희의 탐욕

지하 감방에서의 병세는 더욱 악화되었다. 기다리던 높은 사람의 순시가 온 것이다. 그가 누구인지는 알 수 없지만 매우 차가운 눈초리였다. 다만 김종필의 중앙정보부 소속이라는 것만 알 수 있었다. 나는 그가 대동하고 온 옥의에게 도움을 청했다. 소변이 하루 종일 반 종지밖에 안나오고 나올 때는 소변 빛깔이 붉은 피빛과 같다고 했다. 그에게 청한 것이 효력이 있어 그 날 오후에 비로소 감시장교를 통해 약봉지가 5, 6개 가량 든 봉투를 받았다.

이 약을 먹으니 신통하게도 소변이 순순히 나왔다.

이뇨제의 효과인성 싶다. 약 3일 정도 그 약으로 소변을 잘 눌 수 있었다. 그러나 약이 떨어지자 또 고통이 왔다. 참을 수 없어 감시장교에게 며칠 전 보낸 약 좀 얻어 달라고 부탁하니 "네"라는 대답밖에는 끝내 소식이 없었다.

그 무렵 어느 날 7월 하순경이었다. 감시장교가 나를 불러내 이발을 하라는 것이다. 나는 그를 따라 밝고 맑은 대지를 봤다. 신선한 바깥 공기가 내 마음까지 순화시키는 것 같았다.

먼저도 이발을 시킬 때는 자부란스키 장군이 면회 왔는데, 내일 또 무슨 일이 있지 않을까 하는 기대를 해 보았다.

다음날이 되었다. 감시장교가 나를 보고 옷을 단정히 하고 자기를 따라 오라는 것이다. "무슨 일이?" 하고 물으니, 큰 생색을 내며 미국 대사관 무관이 면회하러 온다는 것이었다.

만약 내가 옥중에 있을 때 갈리지 않았으면 내가 잘 아는 미

군 대령일 것이라고 생각했다. 그라면 미남형의 늠름한 정보장교로 기억이 되었다.

면회장소에 가 보니 바로 내가 생각했던 그 장교였다.

나는 그를 만나는 것이 반가움에 앞서 내 초라한 모습으로 자존심이 한정없이 손상되는 것을 느꼈다. 그러나 죽기로 작정한 나를 찾아 준 한 외국인에게 감사하지 않을 수 없었다. 나는 될 수록 초라함을 피하려고 무던히 애썼다.

그로부터 수일이 지났다. 감시장교가 또 따라 나서라는 것이다. 지하 감방에서 지상으로 계단을 밟고 나섰다. 그는 다른 교도소로 이관된다는 것이었다. 어느 교도소냐고 물으니 서대문 교도소라고 했다.

교도소에서 보내 온 버스를 타고 서대문 교도소로 갔다. 정문에서 한참 들어가 넓은 공간을 두고 빨간 벽돌로 된 감방 건물로 안내되었다. 언제든지 나는 끝방 차지였다. 그 끝방 앞에는 물이 채워진 드럼통이 있어 죄수들이 아침이면 얼굴을 씻는 곳이란다. 좌우로 감방이 있는데 나는 좌측 끝방이었다. 전까지는 지하실 우측 끝방이었는데 하고 중얼거리며 열리는 좌측 끝방으로 들어갔다. 감방에 들어서니 여름이라 유리 창문은 아주 떼어 가 창살만 있어 시원했다. 더욱이 지하가 아니고 지상이라 마루 바닥에 습기도 없었다. 그리고 창문가 오른쪽 구석에는 조그마한 용변통이 있고 그 위에는 물잔이 하나 놓여 있었다. 마루바닥 한구석에는 검은 표지의 성경책이 놓여 있었다. 그리고 옆 감방 벽 상부에 작은 구멍이 뚫려 있는데, 그 구멍에 전구가 하나 매달려 있었다. 밤의 조명을 두 방 함께 쓰게 하기 위한 대비였다.

때는 아직 7월이 지나지 않은 여름이었다.

제7장 쿠데타와 박정희의 탐욕 395

나는 언제나 독방이었다.

잡범보다 우대해 주는 것일까. 그러나 독방은 말동무가 없어 심심해 죽을 지경이었다. 여하간 마포교도소나 헌병사령부 감옥보다는 서대문 교도소 감방이 좋았다. 마치 여인숙에서 여관방으로 옮긴 기분이었다. 나의 서대문대학(죄수들이 그렇게 불렀다)은 이렇게 시작되었다.

지금까지는 정치범들로만 같이 있었지만 오늘부터는 경제범 등 잡범과 같이 살게 된 것이다.

주위의 죄수들이 아침이면 내 방 앞에 물을 얻으려 혹은 세수하려 모여드는데, 죄수의 인파를 보는 것도 심심치 않았다. 그런데 죄수의 인파 가운데 이외의 인물들이 있어서 깜짝 놀랐다.

부정축재로 구속된 백인엽, 해군의 이모 전 참모총장 등 숱한 경제범이 보였다. 내가 놀란 것은 이들 때문이 아니라 한국전쟁 말기 내가 9사단장으로 있을 때 최고의 전과를 올린 전쟁영웅 최창룡 대령(당시 대대장 계급 중령)을 발견했기 때문이다. 그도 내 죄목과 똑같은 '반혁명'이라 잡혀 왔다는 것이다.

나는 슬펐다. 더욱이 최창룡 대령의 야윈 모습을 보고 눈물이 핑 돌았다. 역전의 용사를 감옥에 넣다니……. 나는 분개하지 않을 수 없었다.

박정희, 김종필 등 쿠데타 주모자들은 모두 정보계통의 경력을 가진 자들이다. 더욱이 주동자 김종필은 내가 육군본부 정보국장 당시 유능한 전투정보과장 김재현 중령 밑에 근무했던 8기생 14, 5명 가운데 하나다.

이 사람들은 전시에 일선도 모르고 후방에서 정보에만 매달려 지낸 정치군인형 직업군인이다. 그들 명단을 생각나는 대로 다음과 같이 적는다.

김종필 이영근 석정선 고재훈 전재덕 이병희
서정순 김진구 김홍원 정순갑

이들이 박정희와 함께 꾸민 것이 5·16 쿠데타인 것이다.

마치 12·12 사태가 보안사 출신인 전두환, 노태우를 필두로 한 정보수사장교들이 꾸민 것과 같은 궤인 것이다.

그러다 보니 박정희와 김종필의 8기를 주축으로 하는 정보장교 세력 외에는 5기 출신이나 기타기까지 포함, 일제시 박정희 동창 등 어진간히 꾀가 많고 그들에게 순종하지 않고는 전후 7차에 걸친 '반혁명 시리즈'에 걸려들지 않을 수 없었던 것이다.

소위 '반혁명 주범'에게는 면회는 물론 사식 차입도 금지되어 있었다. 음식이 조악하여 영양실조의 증세까지 생기기 시작했다. 으례 감옥에 가면 콩밥이라고 하던데, 콩값이 비싼 탓인지 콩은 한 알도 없고 기계로 누른 깡보리밥 덩어리뿐이며 성경책 외에는 독서도 허용하지 않았다. 그런 것들은 내 의지로 다 견딜 수 있었으나 소변 안나오는 병은 정말 죽을 지경이었다. 아마 신장이 고장난듯 싶었다.

아무리 사정해도 약을 보내 주지 않았다. 천인공노의 무법천지였다. 짐승도 병들면 약을 주고 치료해 주는데 하물며 인간을 이토록 학대할 수 있단 말인가.

8월에 들어서자 적막한 밤에 귀뚜라미 울음 소리가 들려오기 시작했다. 나는 밤이면 귀뚜라미 울음 소리를 들으며 잠을 청했다. 그러나 잠이 쉽게 올리 없었다. 너무나 분하고 원통하여 죽고만 싶을 뿐이었다.

어느 날 '혁명검찰부'에서 조사한다 하여 나를 데리러 왔다.

오늘은 시내 구경하는 날인 것이다.

내 두 손목에는 쇠고랑을 채우고도 팔과 몸을 포승줄로 꽁꽁 묶고 굵은 쇠창살로 덮인 요란한 버스에 태우고 필동 '혁명검찰부'로 갔다. 마침 버스에서 내려 건물 안으로 들어가려 하는데 바삐 들어오는 군인이 있었다. 군사령부의 본부사령을 한 이건영 대령이다. 나에 관한 증언을 위해 소환된 것으로 짐작이 갔다. 그는 나에게 정중하게 인사를 한 후 더 이상 말을 못하고 우두커니 서 있었다. 나는 어서 가 보라고 이르고 다시 걸어갔다.

안내에 따라 검찰관과 대질케 되었다. 검찰관은 처음부터 질문 자체가 초점에서 벗어났다. 엉뚱한 질문을 하니 내가 대답할 가치조차 없는 내용만 지껄였다.

"나는 내 자신이 죄가 없다고 확신하오. 정당한 지휘조치와 군인으로서 한 치의 과오도 없었소. 만약 당신네들이 내가 반혁명 수괴라고 인정한다면 당신네 법대로 나를 처형하시오. 내가 죽기로 작정한 이상 무슨 말을 더 하겠소. 빨리 처형하시오!!"

나는 마지막 말에서 벌떡 일어나 큰 소리로 외쳤다. 내 이 절규에 검찰관이 무엇을 더 질문할 수 있겠는가. 검찰관은 아무 말도 못하고 나를 돌려 보냈다. 그 곳에서 불과 10분밖에 시간이 흐르지 않았다. 나는 그렇게 하여 서대문 교도소로 돌아왔다. 돌아오니 몸을 휘어 감았던 포승줄과 손목의 쇠고랑을 풀게 되었다.

이것이 내 서대문 교도소에서의 마지막 '혁명검찰부'에의 출두였다.

어느 날 의류의 차입이 비로소 허가되었다. 그러나 여전히 서

적 차입은 허가되지 않았다.

집에서 아내가 손수 만든 모시 바지 저고리를 입고 보니 한결 내 몸이 가벼워지는 것 같았고 가족 생각이 났다.

다시 며칠이 지났다. 누군지 모르는 사람의 안내를 받아 교도소 소장실로 보여지는 곳으로 나를 데려가더니 자원전역서를 쓰라는 것이었다. 나는 이미 죽음까지 각오한 이상 야전군 사령관 직에 미련이 있을 까닭이 없다. 나는 아무 말 않고 그 자리에서 전역서를 써 주었다.

전역서를 써 준 그 날 자정경이었다. 내 감방 철문 열쇠를 여는 달가닥 금속음이 들리며 문이 열렸다.

"여보시오. 물건을 챙겨 가지고 나오시오."
라는 명령이다.

"웬일이요?"
하고 내가 반문하니

"나가는 것이요."
하고 응답한다.

나는 그 감방을 그냥 혼자 나설 수 없었다. 그대로 주저앉았다. 전등 하나를 나누어 쓰던 감사원 간부였던 분이 부정건으로 수감중이었는데, 자정이 지나면 벽을 노크하고 나에게 말을 걸어왔다.

전등 구멍이 있어서 잘 들리므로 서로 통화에는 별 지장이 없었다. 그는 정치범이 아니고 경제범이라서 자유가 있었다는 것이다. 사식도, 의류 차입도 가능하고 가족 면회는 원하는 때는 언제든지 가능했다. 나는 그가 몹시 부러웠다. 그 분은 늘 나를 동정했다. "당신은 살아도 여러 십년 후에나 이 신세를 면할 것이나 나는 곧 풀려날 것이니, 집주소를 알려 주면 먼저 나가서

제7장 쿠데타와 박정희의 탐욕 399

집에 찾아가 이장군이 무사하다는 것과 룸메이트는 아니나 전등 구멍을 통해 자주 대화를 나누었다."는 것을 전하겠다는 것이었다.

그리고 그가 부러운 것은 또 하나 있었다. 나는 분하고 신경이 예민하여 잠을 못이루는 밤이 허다하나, 그는 코를 드렁드렁 골면서 잠도 참 잘 잤었다.

그는 지금도 깊이 잠을 자고 있는 것 같았다. 내 방이 소란스러운데도 그는 모르고 있었다.

교도소측의 나의 감시원들은 나를 빨리 나오라고 재촉하지만 그와 꼭 대화를 하고야 가겠다고 우기고 벽을 쾅쾅 주먹으로 두들겼다.

"감사원 선생 내 말 들려요?"
하고 소리치니 비로소 그는 잠에서 깨어나 응답했다.
"웬일입니까?"
"어쩌지요. 내가 지금 풀려서 이 곳을 떠납니다. 미안합니다. 나오시거든 꼭 만납시다."
"그럽시다. 잘 가시고 몸조리 꼭 잊지 마십시오."
"네, 감사합니다."

그와의 대화가 끝나니 속이 후련하였다. 재촉하는 사람에게 곧 나가마 하고 눈짓을 하고는 감방을 나왔다. 이미 병든 몸이라 보행에 지장이 있어 잘 걸을 수가 없었다.

검찰부에 도착하니 오전 2시경이었다.

책임자는 쿠데타 주체의 한 사람인 박창암 대령이었다. 그는 내가 육사 교장 때 생도대 부대장으로 근무한 바 있는 내게 가까운 장교였다.

그의 위세는 대단했다. 천하를 손에 쥐고 있는 것처럼 당당했다. 그는 나에게 훈계하기를 "집에 가거든 지금까지의 일들을 일체 입 밖에 내지 말라"는 것이었다.

나는 그의 훈계를 듣고 중앙정보부 안내장교가 준비해 둔 지프차를 타고 후암동 집에 도착했다.

1961년 8월 15일 오전 5시 3분이었다.

그 날 오후 2시경이었다. 국무총리격인 내각수반 송요찬 장군이 전화가 걸려 왔기에 받았다.

서로 잠시 전화로 인사를 나누었다.

송수반은 정부의 나에 대한 방침을 알리는 것이었다.

조용히 들었다.

곧 미국측과 접촉하여 미국으로 떠나라는 것이었다. 알았다고 대답하고 송수화기를 놓았다.

가족에게는 말하지 않고, 미국측에 인사와 협력이 필요한 일인데 내가 아는 분들은 역시 미 제8군사령부의 고위 인사가 가장 말이 통할 것 같아서 8군사령관과 연락해 보려고 했다. 알아본즉 매그루더 장군은 귀국했다는 것이다. 그러나 후임 8군사령관 메로이 장군도 내가 잘 아는 사이였으므로 미국행에 대한 공부할 대학 선정을 의뢰했다. 나는 지금 심정으로 공부하는 길밖에 없다고 결론을 내렸기 때문에 공부할 대학 선정이 중요한 것이었다.

다음날 8군에서 연락이 왔는데, 오리건 주정부 소재지인 유진에 있는 오리건 주립대학으로 갈 수 있느냐는 것이었다.

나는 옥중 신병으로 미국에 가더라도 상당기간 요양이 필요할 것이므로 오리건주는 비가 많아 다습해서 힘들 것이라고 했다.

미국인들의 조크에 오리건주는 '1년에 380일 비오는 날'이라는 말이 있으니, 건강 회복에 도움이 되는 온화하고 좀 건조한 곳으로 갔으면 한다는 뜻을 전했다.

　박정희 정부는 정치 중심지 대학으로의 유학은 절대 안된다는 것도 중요한 조건의 하나였다.

　다시 2, 3일후 캘리포니아 주립대학으로 하고 세계적으로 기후가 좋은 산타바바라 캠퍼스가 어떠냐는 문의가 왔다. 나는 메로이 8군사령관을 방문하고 감사하다는 인사를 하고 정부에도 산타바바라에 있는 캘리포니아 주립대학으로 가기로 하고 학교와의 협의가 끝나면 즉시 출국하겠노라고 통고해 주었다.

　옥중에서 얻은 신장병의 치료를 받고 있던 중 캘리포니아 대학에서 연락이 와 8월 하순경 미국으로 떠났다. 그리하여 9월 학기에 맞추어 학생 생활을 시작했다.

　나는 공민권도 박탈당한 상태이고 당장 가족의 생계를 위해 후암동 집을 팔려고 내놓았으나 정치적으로 긴장된 시국 탓인지 매기가 없어 팔지 못하고 아내에게 짐을 지운 채 미국으로 떠나온 것이 마음에 크게 걸렸다.

　박정희 생도와의 만남은 이렇게 나에게 상처와 한을 남긴 채 진실한 우정의 종막을 내렸던 것이다. 그러나 내 마음이 여린 탓인지는 몰라도 나는 박정희 생도를 미워할 수 없다.

　특히 일본 육사 생도 시절 조국의 독립을 위해 고뇌하던 때의 생각으로 돌아간다면 그와의 우정이 훼손되어서는 안된다는 양심의 소리가 내 뇌리를 스치고 있다.

　1943년 4월 29일, 소위 일본 천황의 생일이라는 천장절(天長節) 날의 일이다. 동경에서는 대대적인 군사 퍼레이드(그들이 말하는 觀兵式)가 열렸다. 박정희 생도와 나는 나란히 서서 그 광경을 참관하였다.

수백대의 비행기가 하늘을 덮고 수백대의 전차가 굉음을 내며 지나가는 장관은 참으로 형용할 수 없을 정도로 막강한 일본군의 군사력 과시였다.

그 당시 일본군은 태평양전쟁에서 고전을 면치 못하고 있을 때였고, 그러한 전황 때문에 우리 조선인 사이에는 "일본이 망하고 조선이 독립된다"는 말이 심심치 않게 떠돌 때였다. 따라서 우리 조선인 육사 생도들은 너 나 없이 가슴 죄이며 조국의 독립을 갈망하고 있었던 것이다. 그러던 차에 이 굉장한 군사력 과시를 보고 우리들 조선인 생도는 기가 질렸다.

그 식이 끝나고 귀교길에서 학교 정문을 통과하고 있을 때 박정희 생도가 말을 건넸다.

"이거 큰일났는데, 오늘 보니 우리 독립은 틀린 것 같애."

나도 같은 생각에 젖어 있었으므로 그의 말에 이해가 갔다.

"글쎄, 내 생각도 암담해. 일본이 망하지 않을 것 같으니 말이야."

결국 얼마 동안은 우리 단짝은 우울함에 젖을 수밖에 없었다.

그러나 일본군의 전세는 날이 갈수록 불리해지는 것을 피부로 느낄 수 있었다. 미 공군기의 폭격이 본격화되면서 우리 조선인 생도는 은근히 활기에 찼다. 희망이 보인다는 의견의 일치를 보일 무렵 우리는 일본 육사를 졸업했다.

1944년 4월 20일이었다.

우리는 다음날 열차가 배정되어 있었으므로 졸업식을 마치고도 학교에서 마지막 밤을 지내야 했다. 그날 밤 우리 조선인 졸업생 6명은 산책하다가 방공호에 들어갔다. 폭격에 대비해서 곳곳에 방공호가 있었지만, 육사 본관 앞에는 굉장히 큰 방공호가 있었다. 어둑컴컴한 방공호에 들어가 서로 손을 꼭 붙들고 우리는 비장한 결의를 했다.

"죽는 날까지 우리는 헤어질 수 없다. 마음은 항상 같이 한다는 뜻이다. 그리고 조국의 독립을 위해 우리는 각각 최선을 다하자. 비록 일본 군복을 입었을지라도 우리는 자랑스러운 조선인이라는 것을 항상 기억하자."

여섯 조선인 일본 육사 졸업생은 이렇게 굳은 맹세를 했던 것이다.

박정희 생도와 나는 이렇게 맺어진 사이였다. 그가 삐딱하게 나갈 때, 또 좌익사상을 노골적으로 권유할 때, 그리고 남로당 군사책으로 극형을 받았을 때도 나는 사상 이전에 조국을 사랑하던 그때의 우정으로 그를 감쌌다.

그가 불타는 듯한 탐욕을 버리지 못하고 경무대(지금의 청와대) 포격 운운할 때도, 그가 장성이 된 후에 노골적으로 쿠데타를 나에게 제의해 왔을 때도 나는 그를 사직 당국에 고발할 수 없었다. 지금 나는 이 글을 쓰는 동안 그간에 입은 고통과 굴욕을 모두 잊고 싶을 뿐이다. 다만 방공호에서 그의 손을 꽉 잡고 조국의 독립을 염원하던 때의 박정희를 기억하련다. 탐욕으로 말미암아 저승으로 간 박정희여! 나는 그대의 명복을 빈다.

제8장
날개 꺾인 독수리

32 미국에의 추방생활과 박정희 회유를 거부하다

해외로 추방되는 내 신세가 한탄스러웠다. 바른 길을 간 것 뿐인데, '반혁명 수괴'라는 딱지가 붙은 중죄인이 된 것이다. 그러함에도 불구하고 한국과 달리 미국에서는 나를 동정해 주는 사람, 격려해 주는 사람이 의외로 많았다.

미국인은 물론 우리 교포까지도 나를 따뜻하게 맞아 주는 것이었다. 일제하 독립투사를 맞는 애국동포의 정서가 그대로 살아 숨쉬고 있었다. 따라서 박정희, 김종필 일파를 비롯한 한국에서는 죄인 취급을 받았지만, 미국에서만은 나는 죄인이 아니었다. 오히려 군사 쿠데타와 맞선 민주주의의 투사처럼 인식되고 있었다.

그러나 이미 나는 날개 꺾인 독수리로서 하늘을 훨훨 날으다가 그대로 추락한 꼴이 된 것이었다.

몸은 몸대로 쇠약해졌고 정신은 정신대로 피로에 지쳐 있었다. 서울에 있는 가족 생계조차 마련해 주지 못하고 떠나와, 나는 고민으로 고국과 미국을 다같이 헤매이는 나그네 신세가 된 것이다.

나는 얼마간의 휴양과 자기 재정립을 위한 심신 단련으로 건강이 회복되어 가는 시기에 산타바바라에 있는 캘리포니아 대학 캠퍼스 주변 타운에다 그 대학 ROTC 교관인 로미오 대위의 주선으로 아파트를 얻었다. 그리고 통학을 위해 20 달러짜리 중고 자전거를 사서 타고 다니며 학생 생활을 시작하였다.

학교는 새로운 건물들이었고 대단히 좋은 설계로 된 최신식 캠퍼스였다. 높은 언덕 위에 태평양이 눈 앞에 전개되는 아름답고 멋진 곳이었다.

넓고 넓은 그리고 끝없는 태평양의 장관을 바라보다가 정상에 올라 뒤로 돌아서면 산타바바라 비행장이 한눈에 내려다 보이는 또다른 절경이 있었다.

산타바바라는 인구 5만의 소도시였다. 그 곳의 이모 저모가 내게는 모두 마음에 드는 시골 미국의 풍경이었다.

이 곳 순박한 미국 시민들은 산타바바라가 세계에서 제일 좋은 기후라고 자랑이 대단했고, 인정이 후해서 동양의 정서까지 느끼게 했다. 그러나 당시에는 동양인 학생이 많지 않았다. 한국인, 일본인, 인도인 등 세어 볼 정도의 적은 수의 학생뿐이었다.

그 동안의 고생과 정신적 과로 탓인지 머리카락도 많이 빠졌고 고장난 신장의 상태도 회복이 더딘데다 시력도 눈에 띄게 나빠지는 것을 느낄 수 있었다. 따라서 콘사이스 글자 찾는 데도 전과 달리 거리를 멀리 두고야 겨우 글씨가 보일 정도였다.

2년 전인 하바드 대학에서의 생활은 한 학기였지만 2백50년 가까이나 되는 고풍찬란한 기숙사에 들어 있었기 때문에 시간 낭비 없이 지냈던 것이 회상되면서 가능하면 학교 기숙사에 들어갔으면 했으나 방을 얻을 수가 없었다.

아파트 생활에는 적지 않은 시간을 빼앗겼다. 자취를 하니 끼니마다 식사 준비도 그렇고, 특히 김치 담그는 데 어려움이 많았다. 세탁이나 다리미질에 소비되는 시간도 만만치 않았다.

나는 군 재직시 군사학 이외의 학문 서적을 좋아했는데, 이 곳에서의 전공도 과거의 독서에서 계속했던 과목, 즉 국제정치학과 경제학을 택했다.

잡념이 생길 때마다 학습에 전념함으로써 마음을 달랬다. 그러나 여간 어려운 일이 아니었다.

분하고 원통한 생각에 때때로 나는 잠자다 벌떡 일어나는 고통도 당해야 했다.

내가 그 곳 생활에 익숙해질 무렵, 마을의 이발소, 샌드위치나 피자 하우스, 수퍼마켓, 책방 등 생활 편의시설의 종업원과 친해질 수 있었다.

LA에서 사는 유학생중 미국에 유학 왔다 귀국할 때면 나를 찾는 수가 있었고, 친분 있는 사람의 방문 또한 자주 있었다.

특히 LA에 사시는 항일투사의 한 분이며 노실업가인 송철씨 내외분이 찾아와 나를 위로 격려해 주고 나를 가끔 집에 초대하기도 했다. 그 노부부의 후의를 지금도 잊을 수 없다. 수년전에 90 노령으로 세상을 떠났다기에 LA에 가서 조문하기도 했으나 세상을 뜨시어 노부부 없는 LA는 나에게 빈 도시처럼 느껴지는 것이었다.

1961년 11월 어느 날, 밤늦게 책상 앞에 앉아 공부에 열중하고 있는데 전화벨이 울려 받아 보니 뜻밖에 주미 대사인 정일권 장군이었다. "웬일이냐"고 물으니 워싱턴에서 서부로 가는 항공기 속에서 건다는 것이다. "무슨 일로 오기에 기상에서 전화냐"고 물은즉, 박정희 최고회의 의장을 안내하고 샌프란시스코로 가는 길이라는 것이었다. 나는 의아하게 생각했다. "박정희와 동행하면서 웬 전화냐"고 다시 물었다. "박의장이 이장군을 샌프란시스코, 호텔에서 만나자기에 전화를 한다"는 것이다.

나는 그 말에 흥분하기 시작했다. 5·16 이후 나에게 모진 고통을 가한 후 공민권까지 박탈하여 미국에 추방해 놓고, 나를 만나자니 그의 후안무치에 참으로 놀라지 않을 수 없었다. 중간에서 이를 주선하는 정일권 장군의 양식조차 의심할 수밖에 없었다. 나는 잠시 흥분을 진정시킨 후 냉담한 어조로 "박정희와 만날 수 없다"고 잘라 말했다.

정장군은 다시 부탁하는 것이었다.

"내가 이장군의 심정을 모르는 것은 아니지만, 내 체면을 보아서도 꼭 샌프란시코에 와서 박의장을 만나 주시오. 부탁하오."

정장군은 사정사정 하는 것이었다. 나는 그를 생각하면 안되었지만,

"정장군, 미안합니다. 그대는 내 심정과 고통을 모를 것이오. 내가 박정희를 만나서 뭘 하겠소. 대단히 죄송하지만 그를 만날 수 없소."

하고 거절하고 송수화기를 놓고 말았다.

나는 송수화기를 놓고나니 분통이 터져 견딜 수가 없었다. 그 때까지도 건강이 나빠 힘든 하루하루를 보내는데 고통을 당하고

있었다.
  나는 마음을 가다듬고 흥분을 진정시키느라 주기도문을 외웠다. 그리하여 얼마간 가라앉아 다시 공부를 시작했다. 새벽 1시경이었을까, 다시 전화벨이 울렸다. 나는 또 흥분하기 시작했다. 송수화기를 들고 "누구시오. 이 꼭두새벽에" 하니 상냥한 정장군의 목소리가 다시 들려 왔다. "박의장이 나에게 다시 부탁했다"면서 "내일 아침에 호텔에서 식사를 같이 하자"는 것이다. 나는 "갈 수 없다"고 재차 고집을 부렸으나 정장군은 사정사정하는 것이었다.
  정일권 장군과 나는 무척 가까운 사이고 1947년 내가 결혼할 때 내 들러리를 서 준 참으로 공사 양면으로 친밀한 사이인 것이다. 그리하여 이한림이 의리를 안 지킬 수 없으리라는 것을 박정희가 잘 알고 있기 때문에, 그것을 노려 정일권 장군을 자꾸 시키는 것이 확실했다.
  나는 한동안 생각에 잠기다가 말을 꺼냈다. "박장군이 숙박할 호텔이 어디냐"고 그랬더니, 정장군은 기쁜 음색으로 "마크합킨스 호텔"이라고 하면서 오늘 오후에 호텔에 도착할 수 있느냐는 것이다. 나는 "정장군을 생각해 가는 것이니 그리 아시오" 하고 말하고는 오늘 오후 5시경까지는 호텔에 도착하겠다고 말하고 전화를 끊었다.
  나는 그 날 일찍 점심을 마치고 비행장에 가 보니 오후 1시 반이었다. 그 날은 1961년 11월 20일이었다.
  나는 비행기로 샌프란시스코에 도착, 택시를 타고 마크합킨스 호텔에 도착하니 오후 5시가 조금 지난 시간이었다.
  호텔 로비에 들어서자 안내할 사람이 다가오더니 한 객실로 나를 안내했다. 그 안내자는 나에게 이 방이 정일권 대사 방이라며 문을 열어 주었다.

정장군이 나타나 반갑게 맞아 주면서 식사하러 나가자는 것이었다. 아주 훌륭한 식당이었다. 그 곳에서 식사를 하고 술도 몇 잔 권해 들었다. 미국에 와서 몇 달 만에 처음 입에 대는 술이었다.

그날 밤 정장군과 같은 방에서 유숙하며 많은 권유를 받기도 했다. 내용이래야 뻔한 이야기, 박의장과의 화해를 일관해서 권유하는 것이었다.

21일 아침에 일어나 정장군은 부산하게 준비하더니 의장실로 올라간다고 나갔다가 7시쯤 해서 연락이 왔다. 박의장이 묵고 있는 귀빈실에 올라오라는 것이었다.

나는 가리켜 준 대로 그 방을 찾아 노크를 하니 안에서 들어오라는 기별이 왔다. 문을 열고 들어가니 조상호 비서관이 친절하게 맞아 주었다. 그는 육군에 있을 때 통역장교였다.

생각보다 큰 방은 아니었지만 전망이 아주 좋은 방이었다. 잠시 후 거실 안쪽에서 걸어 문쪽으로 나오는 박정희 장군과 눈이 마주쳤다.

나는 순간 몹시 불쾌하고 분노가 치솟아 오름을 느꼈다. 그는 나에게 어색한 웃음을 띄우고 손을 내밀며 악수를 청했다. 나는 순간 저절로 터져 나오는 노기를 억누르지 못했다. 악수는커녕 다짜고짜

"야 이 새끼야, 나를 이 꼴로 만들어 놓고 속이 시원하지?"

하고 소리쳤다.

그의 안색은 까맣게 변했다. 잠시 침묵의 시간이 지난 후 그는 방의 한쪽에 준비되어 있는 식탁으로 나를 안내하고 정일권

등 중요 수행 요인들과의 인사도 교환케 했다.

좌석에 모두 앉아 식사를 하게 되었는데, 눈치를 보니 좌석의 모든 사람들이 식사할 기분이 날리 없었다.

그 어마어마한 국가재건최고회의 의장 각하. 윤보선 대통령이나 장면 국무총리, 국방장관, 군 수뇌들 모두를 굴복시킨 그 강자에게 "야 이 새끼야" 해 놓았으니 그 수하들이 밥이 잘 넘어갈리 없었다. 아주 차가운 분위기 속에서 식사가 끝났다.

식탁에서 내가 처음 말을 꺼낸 것이 "왜 검은 안경을 끼고 다니느냐"는 질문이었다. 그는 내 질문에 약간 미심쩍게 생각하면서 짙은 경상도 말로 "너무 고단하게 뛰어다니다 보니 눈이 벌겋게 되어 낀다"는 것이었다. 그의 대답은 참으로 인상적이었다. 탐욕의 폭거에 숫한 악행을 하고 보니 양심의 거울인 눈을 남에게 가릴 수밖에 없었다고 말하는 뉘앙스 같았기 때문이다.

나는 그에게 또 한 마디 던졌다. "정치는 국수주의자보다는 국제주의적인 자에게 늘 승리가 안겨지는 법"이라는 말을 하고, 이어서 "국제적인 정의와 국제적인 평가에 신경을 써라"는 뜻깊은 이야기를 해주어 그의 탐욕에 대한 억제를 충고했다. 그러나 그가 내 말에 귀를 기울였을까는 의문이었다.

그는 일관해서 나의 마음을 풀게 하는 데 온갖 신경을 쓰고 있었다. 그 자리에 앉아 있는 수행 요인들은 아무도 입을 열지 않고 있었다. 다만 정일권 장군만이 분위기를 바꿔 보려 애쓰는 모습이 애처롭게 보였다.

환담과 식사를 마친 나는 곧 작별을 고하고 공항에 나가 산타바바라로 돌아왔다.

모르기는 해도 정일권 장군의 수고는 컸지만 별다른 성과가 없었을 뿐만 아니라, 오히려 박정희와는 거북한 시간이었을 것이라고 생각하니 정장군에게는 미안했다.

그 후 나는 공민권 제한에서부터 풀렸다는 기사를 가족이 보내 준 신문에서 확인했다.

나는 한 두 학기를 더하고는 귀국하여 내 갈 길을 가야겠다고 생각하게 되었다. 건강도 많이 좋아졌다. 그래서 나는 우선 정부와의 의견 타진이 필요하여 워싱턴의 정일권 대사에게 전화로 귀국 가능성 여부를 물었다. 그랬더니 그는 한 마디로 "갈 수 없다"는 것이었다.

내가 귀국하는 조건은 정치를 안한다는 내 결심의 배경이 전제되는 것이고, 귀국후에는 육영사업을 해야겠다는 내 각오 등을 누누이 반복 설명했었으나 정대사의 의견은 "절대 안된다"는 것이었다.

때마침 샌프란시스코에 본부를 둔 아시아 재단의 간부로 있는 분인데 한국에 책임자로도 여러 해 근무한 일이 있어 나와는 친분이 두터운 제임스씨가 위문차 나를 방문하여 주었기에, 환담하다 서울로 돌아가서 새로운 생활 터전을 개척해야겠다고 상의해 보았다. 그도 역시 반대하는 것이었다.

그는 나의 신변의 안전면에 대해 걱정을 앞세우는 것이다. 다시 말해서 이장군이 귀국하면 곧 교도소행이 될 것이라고 했다.

그럼에도 불구하고 내 결심은 확고했다. 그래서 나는 봄학기가 끝나는 것을 기다렸다가 워싱턴에 갔다.

정일권 대사를 설득하여 서울의 나에 대한 실정을 알아야 할 것이라고 생각했다.

워싱턴에 도착하여 우리 대사관에 들러 본즉 국내사정을 더 잘 알게 될 것 같기도 했다.

무슨 일인지 강문봉 장군도 내외가 함께 학교에 다니고 있고 민주당 정부 때 국회 국방위원장으로 있던 이철승씨도 체류중이었다.

워싱턴의 서울에서의 방문객은 주로 젊은 5·16 주체들이었고 대사관 주요 간부도 역시 그들이 차지하고 있었다. 따라서 이곳도 내게는 뜻에 맞는 곳이 못되는 것 같았다.

정대사와 관저에서 만나 저녁식사를 같이 들며 내 용건인 귀국 문제를 꺼낸즉 그의 대답은 명료했다. "귀국은 안된다"는 것이었다.

정대사는 미국 정부와 합의해서 조지타운 대학에 새학기 입학 준비도 마쳤고 아파트도 정해 놓았으니 캘리포니아에 돌아가지 말고 그대로 워싱턴에 머무르라는 것이다. 그리고 짐은 LA 총영사관 직원으로 하여금 워싱턴으로 보내 온다는 것이다.

나는 다시 내 귀국을 요청했고 정대사는 다시 "절대 안된다"는 것이었다.

나는 워싱턴에 더 머무르면서 한·미 양측의 여러 사람들을 만나고, 또한 여러 곳에서의 초대에 응하기도 했다. 특히 평소에 나와 친했던 주미 대사관의 윤호근 공보실장의 안내로 워싱턴을 떠나는 인사를 하려고 약속된 시간에 대사관저로 정대사를 방문했다.

관저에 들어서니 정일권 대사가 거실에서 나를 기다리고 있었다. 나를 보더니 반가워 하며 조금만 기다려 달라고 말하고는 2층으로 올라갔다. 잠시후 내려 오더니 나를 끌고 조용한 옆방으로 안내하고는 신중한 태도로 가지고 내려온 편지 한 통을 내놓고 내용을 손으로 가리키며 읽어 보라는 것이다. 그것을 들여다 보니 박정희의 낯익은 글씨체의 편지였다. 그는 "이 친서 이 부분을 읽으라"고 다시 나에게 말했다.

그 곳에는 "이한림이는 한국에 돌아올 수 없다"는 구절이 쓰여져 있었다. 그 글 앞뒤에는 설명이 길게 써 있었으나 요약하면 "당신이 책임지고 귀국을 막으라"는 것이었다.

나는 그 동안 정대사가 내가 귀국말만 하면 절대 반대하는 이유를 이제서야 알게 되었다. 정대사에게는 미안한 일이었다. 그러나 나는 어떤 욕심에서가 아니라 가족이 있는 고국이 그리웠다. 그리고 가족의 생활대책 없이 훌훌 떠나와 버린 집안 대책을 위해서도 귀국할 수밖에 없었다.

나는 정대사를 생각해서라도 즉시 귀국의 뜻을 누그러뜨리고 캘리포니아에 가서 한 학기를 더 공부하다가 미국을 떠나겠다고 정대사에게 내 결심을 알리고 대사관저를 나섰다.

나는 캘리포니아로 가기 전에 설국환 한국일보 특파원댁도 방문하여 저녁식사를 같이 하면서 우의를 다졌고, 두루 워싱턴의 친지들에게 작별 인사를 했다.

나를 위해 친절을 베푼 윤호근 공보실장의 안내로 그레이하운드 버스 터미널에 가서 뉴욕행 버스를 타고 뉴욕에 근무하고 있는 이수영 주 유엔대사 관저를 찾아 환담을 나누었다. 그는 내가 휴전회담 한국측 수석대표 때 그 곳 연락장교단장으로 수고했던 분이었다.

다음날 나는 산타바바라로 돌아와 다시 학업에 전념하였다.

한편, 미국정부에서는 언제까지든지 미국에 체류하면서 공부를 계속해도 좋으며 최고의 정부장학금을 줄 터이니 걱정 말라는 결정 내용을 알려 왔다. 고마운 일이나 미국의 큰 신세를 계속 지는 것이 부담스러워서 이를 사양하였다.

나는 오로지 고국에 돌아가고 싶은 마음뿐이었다.

33   귀국후의 감금 생활과
    박정희와의 만남

'늦게 기상하여 집에서 하루를 보냄.
   12시 15분 성당에 가서 미사에 참례함.
 하느님이시어, 관용과 노력의 해로 정하였으니 하느님의 도움을 기구하나이다.
 관용은 타인을 위하여 힘쓰라는 것이고, 노력이라 함은 나의 임무와 책임에 정성과 힘을 다하겠다는 것이오니 하느님의 가호를 다시 기원하나이다.

 나의 친구나 적이나 다 같이 평화된 해 되고 조국에 영광이 있으소서.

고국에서 추방된 몸
그리고 지금 의지하고 있는 곳
산타바바라에서'

 1962년 1월 1일 월요일 내 일기장의 한 페이지에 적은 글이다.
 나의 대학에서의 생활은 많은 분들의 후원 속에서 이루어졌다.
 학교 당국은 두 명의 부총장이 나를 불러 환대하며 나를 도왔고, 외국 학생과장인 빌리그마이어(Billigmeier) 박사는 비서까지 동행하여 내가 산타바바라 공항에 도착할 때 ROTC 교관단장 부우은(Boone) 중령, 차석 에반스(Evans) 소령, 또한 로미오 대위 등과 같이 공항에서 맞이하여 주었다. 이 분들은 그 후

환영과 위로의 만찬도 가끔 베풀어 주곤 했다.

로미오 대위는 지정된 내 후견인처럼 나를 항상 따르며 도와 주고 있었다. 내가 외로워하면 자기 집에 데리고 가서 저녁식사를 같이 하기도 했다. 또한 학습내용까지도 도와 주느라 수고를 해주었다.

또한 대학에 가까이 사는 주민들도 여러 분들이 교대해서 초대도 하고 특히 크리스마스나 신년 설 때는 승용차를 가지고 와서 나를 안내하여 주어서 자기네 가족들과 같이 기쁨을 나누게 해 주었다.

또 한국 유학생에 이정화(李庭和)라는 서울대학을 나와 학교에서 근무하다가 대학원 과정에 와 있는 우수한 여자 대학생이 있었다. 그녀의 전공은 화학이었다. 가족들은 모두 서울에 산다는 것이었다.

내가 학생생활 하는 것을 보고 또한 대학의 부총장 이하 학교 관계자들이 집에 초대하여 환대하는 것들을 보고는, 무슨 직업을 하던 사람인가고 물어 보기도 했지만 나는 웃고만 말았다.

그 여학생은 서울에 계신 부모님께 편지로 나에 대해 물어 본 즉, 아버지 서신에서, 쿠데타에 맞서 추방당한 야전군 사령관인지도 모르니 잘 보살펴 주고 고생을 덜어 드리라는 회답을 받았다는 것이었다.

나는 도리 없이 내 과거를 그녀에게 밝히고 지금 처해 있는 환경을 이야기해 주었다.

그 후 그녀가 그 대학에서 학위를 받고 떠날 때까지 세심한 배려와 많은 도움을 나에게 베풀어 나의 아팠던 심신의 회복에 큰 계기를 마련해 주었었다. 그녀로부터 받은 격려와 위로로 내 상처는 정상화되는 데도 도움을 받았다.

귀국후에는 한 번도 그녀를 만나지 못하였으나 꼭 생전에 한 번 만나 보고 싶은 사람 중 한 사람으로 꼽고 있다. 그 대학원생은 서울대 동기이며 그 당시 동부의 명문 대학원에서 유학하고 있던 남성 친구와 결혼을 하고, 남편이 대학에서 교수직으로 있는 뉴욕에서 멀지 않은 곳에서 아들 딸들과 같이 잘 살고 있다는 소식을, 내가 서울에서 비서로 근무케 했던 그 대학원생의 여동생으로부터 들었었다.

 나는 미국에서 공부하는 동안 미국 사람들의 개인주의 사회 특유의 집단생활의 체질과 봉사정신에 깊은 감명을 받았다. 이것이 기독교 정신의 한 면임을 높이 평가하고 싶다.

 정의와 평화 그리고 박애와 봉사, 관용과 예절, 또한 용기와 희망 등 사회의 기본질서를 갖춘 미국을 지금도 잊을 수 없다. 나의 마음의 부담과 감사와 존경심을 마음속 깊이 간직하고 살아가고 있다.

 나는 9월이 다 지날 무렵 서울로 돌아왔다.

 공항에서 만난 가족들의 변화가 한눈에 뚜렷이 보였다. 내 아내는 얼굴에 없던 주름살이 엿보였고, 내 자식들은 많이 성장해 있었다.

 감격의 해후, 반가운 만남이었지만 나의 가족들 얼굴에는 어두운 그림자가 드리워 있었다.

 후암동 언덕에 자리잡은 내 집에는 낡아빠진 회색빛이 더욱 어두움이 더해서 나를 맞이했고, 대문 앞에는 낯선 건장한 장정들이 서성대는 꼴도 마음을 긴장케 했다.

 우리 집 담에 붙여서 임시로 만든 매점도 나의 시선을 끌었다. 운명은 자기 수중에 있다고도 하나, 나는 지금 부닥치고 있는 새 운명에서 새로운 의식과 각오를 해야 했다.

여하튼 오늘 바라본 김포공항에서의 태양은 내가 그리던 태양이었다. 그렇다고 내일의 태양이 오늘의 태양과 같으리라는 법도 없을 것이다.

나는 집 안으로 들어가 1956년부터 병석에 누워 계시는 노모님께 절을 올리고 여장을 풀었다.

가족들은 내 귀국이 반가우면서도 두려워 하고 있는 기색이었다.

그러나 나는 우선 가장 중요한 바람이었던 가족과의 만남이 이루어져 안도의 함숨을 쉬었다.

서울에는 나의 벗도 많았지만 적도 많았다. 그러므로 어차피 힘의 대결은 지속될 것이다.

인간사회에는 힘이라는 것이 가장 중요시된다. 동물세계에서도 마찬가지이지만 인간사회에 있어서는 더욱 중요한 것이다. 인간의 권력을 나눈다면 정치권력, 재력, 언론의 힘, 종교의 힘, 폭력 등일 것이다. 그러나 지금의 나에게는 아무것도 없다.

대신 나에게는 평화로운 힘이 있다. 아마 그것을 박정희와 김종필이 겁이 나서 이렇게 이중 삼중으로 나를 감시하고 있다고 생각되었다. 나의 힘은 괴테가 말한 '정의와 예절'이라고 생각해 보았다.

그렇다. 정의와 같이 정의를 위해 노력하는 것과 예절이나 신앙을 위해 그에 따라 달려 보면 지금 아무것도 없는 힘의 울타리가 만들어지리라 생각되었다.

소수의 친지들이 감시망을 뚫고 찾아와 귀국을 축하해 주었다. 그날 밤은 감시망 속의 가정이었지만 오래간만에 행복을 맞았다.

 나는 감시에 신경을 쓰지 않고 독서와 기도에 온 정성을 쏟았다. 그들의 감시를 다만 우리 집 도둑을 지켜 주는 세파트처럼 생각하기로 했다.

 그런 상태로 1962년을 보내고 1963년을 맞이하게 되었다.

 나는 후암동 집에서 육영사업에 대한 구상을 하기 시작하였다. 우선 지면상으로라도 복안을 수립해 보았다. 돈도 없고 조직도 없고 자유도 없기 때문이었다.

 집에 감금되어 있으며 꾀를 부려 드나드는 법도 생각해 보았다. 계획적인 것은 아니나 한두 차례 시험해 보았다.

 그 첫 케이스가 안성행의 한 이벤트였다. 즉 그 군내의 한 면장을 하는 청년인데, 내가 6군단장 시절 군단사령부에 중위로 근무를 했었다. 그 장교의 상관은 최창룡 대령이었다. 어느 날 최대령이 그 김중위의 주례를 부탁하기에 나는 쾌히 승낙해 종로4가의 동원예식장에서 주례를 서 준 일이 있었다. 이 장교가 제대후 면장이 되어 감금중인 나를 찾아온 것이다. 제딴에는 용기를 내어 나를 찾았다고 하였다. 그는 나에게 "감금 신세로 답답할 것이니 시골 공기도 마실 겸 안성으로 내려와 주십시오"라는 것이다. 열차 시간표까지 적어 주며 청하기에 "나는 자유가 없고 비밀경찰이 따라 다녀 면장에게도 신상에 좋지 않을 것이니 그만 두라"고 타일렀다. 그는 그래도 계속 청하므로 할 수 없이 승낙했다.

 수일후 계획했던 시간에 아내와 함께 역에 나가 평택행 열차를 타고 평택역에 내려서 김면장을 만나 역광장에 있는 군용차로 개조한 엉성한 마이크로버스에 올라타고 떠나려 할 때 미행했던 비밀경찰이 뛰어올라 우리 일행과 같이 갔다. 한참 가다가

면장이 정차시켜 내렸더니 면장 집 앞이라 한다. 문 안으로 들어서니 면장 부인이 반색을 하며 우리 내외를 맞아들이는 것이었다. 그런데 웬일인지 김면장이 따라 들어오지 않기에 면사무소에 다녀 오는 것이겠거니 하고 신경을 안쓰고 환대를 받고 있었다. 한참 있으니까 면장이 들어와 합석을 했다. 이 얘기 저 얘기로 시간을 보내다가 "어디에 갔다 오는 길이냐"고 물었더니, 서울에서 나를 미행해 온 자의 신문을 받고 내 서울로 올라가는 시간 일정을 확인하므로 자세히 알려 주었다는 것이었다.

나는 대접을 잘 받고 나오면서 김면장에게 온양으로 가는 열차시간을 묻고 그 곳으로 갈 테니 내가 온양으로 갔다는 말은 비밀경찰에게 말하지 말라고 단단히 일러 놓고 마이크로버스를 다시 타고 평택역에 나가 온양행 열차를 탔다. 내가 일부러 시간을 엇갈리게 했기 때문에 미행은 떨쳐 버릴 수 있었다.

우리 내외는 온양에 도착하여 조그마한 여관에 들어가 그 날은 감시원 없는 하루를 보내고 다음날 오후 늦게 집에 돌아왔다.

감시원은 우리 내외가 예정보다 앞당겨 귀경한 것으로만 알고 먼저 집에 돌아와 보니 우리가 없어서 난리를 피웠다는 것이다.

그러는 가운데 요령이 익숙해져 미행을 따돌리고 이발소도 가고 불고기집, 냉면집도 다니기도 하고 어떤 때는 감시원들의 미행을 받으며 출입을 하게 되었다.

서울에 돌아와서의 정부와 미 8군 등과의 관계 한두 가지를 회상해 보기로 한다.

집에 와서 감금된 지 이틀쯤 지난 어느 날, 청와대에서 연락이 왔는데 "다음날 저녁 때 차를 보낼 터이니 박정희 의장과 저녁을 같이 할 수 있느냐"는 것이다. 나는 "좋다"고 응답하고 다음날 오후 6시 30분경 집에 보내온 깨끗이 단장된 지프차를 타고 가서 박의장이 베푼다는 만찬에 참석했다.

신당동에 있는 요정이었다. 만찬에 초대된 일행은 내가 잘 아는 군에서 같이 근무했던 장군들이었다. 내가 군에 있을 때 대단치 않게 봤던 자들이었다.

향주에 진미로 대접을 받았다. 이 자들은 천하를 잡은 폭군들이고 나는 날개 꺾인 독수리이니 힘 없는 자다. 대접을 받으면서도 그 자들의 거동을 유심히 관찰했다. 술 기운이 돌자 그 자들의 본심이 터져 나오기 시작하는데, 서로간의 불화음이 들려오는 것을 느낄 수 있었다. 내가 지난해 11월 샌프란시스코에서 박장군에게 퍼부은 욕설은 다시 할 수 없었다. 조용하게 음식을 드는 동안에 분위기도 꽤 주석다운 쪽으로 무르익어 갔다.

박장군이 나에게, 아마 샌프란시스코에서 말해 보려고 했던 말이 아닐까 느껴지는 말을 토했다.

"한림아, 날 좀 도와 줘. 무슨 일이든 맡아 줘야 되겠어."

나는 박장군을 한참 쳐다보고 있다 답변을 했다.

"나는 전혀 일을 할 생각이 없어. 현정부와는 같이 할 수 없어."

하고 강경히 거절하고, 식사를 끝내야 되겠다고 생각했다.

"이한림은 한국에 돌아올 수 없다" "당신이 책임지고 귀국을 막으라"는 박정희의 글을 정일권 주미 대사를 통해 내 눈으로 똑똑히 본 이상, 내 귀국의 의중을 탐색키 위한 것임이 분명하다고 판단하여 그의 권유에 순순히 따를 수 없었다.

식사가 끝나는 대로 조용히 인사를 나누고 그 식사 장소를 나왔다. 그리고 준비해 준 지프차를 타고 집으로 돌아왔다.

거기 모였던 일제시의 동창들의 내부 갈등이 적지 않은 것 같은 인상을 받았다. 탐욕과 이기주의의 소산으로 된 그들의 권력이고 보면 갈등이 없을 수 없을 것이라고 생각했다. 그 후에도 쿠데타 주체들의 초청연도 여러 번 있었다. 주로 일제시 만주군관학교 동창 등의 실권층이었고, 육사 5기 주체들도 한 두번 청하는 것을 보았다.

쿠데타 이후의 그들의 부패는 상당한 수준이라는 것을 알게 되어 크게 놀랐다. 모두 호화판 생활로 바뀌어 있었기 때문이다. 나는 그들 가운데 친한 사람에게,

"안방에 태극기를 걸어 놓고 매일 5분간씩 국가를 위한 묵도를 올리라"고까지 충고한 적이 있었다. 이들의 계속되는 초청은 나를 무마하기 위한 목적이었지만, 이것을 통해 새로운 것을 많이 알게 되었다.

나는 육영사업의 꿈을 버리지 않고 계속 구상하고 있다가 미 제8군의 대민지원 부서의 대민지원자금에 대해 생각을 하면서 그 지원을 받아 볼까 해서 8군사령관을 방문하여 타진해 보았다. 나는 그에게 공과 계통 학교를 만들어 볼 것이고 이것을 대학으로 발전시킬 생각이라고 했다.

그때 8군사령관은 내 제1군사령관 재직 당시 주한 미 군사고문단(KMAG) 단장직에 있던 하우스 장군이었다. 그는 민사담당 참모를 내 앞에 불러 내 말을 듣게 한 후 연구 검토하라는 지시를 하며 지원을 하도록 하라고 말하는 것이었다. 나에게 큰 희망을 준 방문이었다.

감시망을 빠져나와 지금의 강남구에 해당하는 지역을 나룻배를 타고 건너가 학교 부지를 물색했다.

지금의 테헤란로의 인접 야산 일대가 눈에 띄어 땅값도 평당 몇 배원 안가 후암동 집을 팔면 자금의 일부가 되리라고 생각했다. 이런 일을 하고 있는 동안 내 활동에 대한 감시는 더욱 심해졌다. 친척들도 왔다가 감시원의 신문에 대답이 시원치 않으면 경찰서로 끌고 가는 일까지 생겼다. 그러니 이 자들을 따돌리기 위해 별의별 숨박꼭질을 하면서 나는 나대로 내 생활영역을 개척해 갔다. 그러는 동안 7, 8개월이 지났다.

 내 집으로 올라오는 길 아래목과 남산 쪽의 길 웃목과 대문 앞에는 2명씩 담에 붙어서 만든 임시 매점의 판매원이 도합 5명이나 되었고, 점차 감시가 심해지자 내가 추진하려던 사업은 정체될 수밖에 없었다.

 문득 정일권 대사와 제임스씨나 워싱턴 관계자들의 충고가 생각나기 시작했다, 그러나 귀국하면 교도소에 끌려갈 것이라던 미국에서의 여러 분들 걱정은 겨우 면한 것이라고 자위했다.

 내 결심과는 달리 가족들의 걱정은 나보다 더 했고 고통도 심했던 것 같았다. 내 전도에 대해서도 불안을 느끼고 있었다.

 몇 주간의 번민 끝에 미국으로 다시 돌아가 학업에 전념해야겠다는 생각을 하게 되었다. 이것 또한 박정희 정권의 허락이 있어야 하므로 그의 사무실에 연락해 면회를 신청했다. 다행히 몇 시간 만에 연락이 왔다.

 내용인즉 박의장이 내일 저녁에 식사를 같이 하자는 것이다. 나는 하는 수 없이 내키지 않는 식사지만 받아들였다.

 다음날 저녁 신당동 지난번 갔던 곳에서 좀 떨어진 곳에 있는 비밀 요정에 안내되었다. 들어가 보니 지난 9월에 도착했을 때 초청에 모였던 사람들이었다. 그 가운데 빠진 사람은 그들 집안끼리의 소위 반혁명 사건에 연루되어 구속된 자만 빠졌다.

나는 박정희 의장과 마주 앉아 음식을 먹으며 술도 상당히 많이 마셨다. 감금생활에서 다시 시작한 음주가 양이 늘은 것 같았다.

이런 저런 잡담 정도로 시작된 대화에서 박의장은 화제를 바꾸었다.

"한림이, 무슨 일로 날 만나자구 그랬어" 하고 나를 똑바로 쳐다보며 내 대답을 기다리는 자세였다.

나는 또렷하게 "미국으로 다시 갈 터이니 동의해 주기 바란다"고 내 뜻을 던졌다.

박의장은 술잔을 바라보며 한 잔 마시고 난 뒤 다시 말했다. 그 내용은 먼저 이야기, 즉 나를 도와 달라, 무슨 일이든 맡아 달라는 내용이었다. 나는 즉시 "할 수 없다"고 대꾸했다. 그는 다시 "살러 왔다 어찌 다시 간단 말이냐"고 묻고는 "또 다른 문제가 있느냐"고 반문했다.

나는 그에게 감금생활에서 온 집안이 불안 속에서 하루하루를 보내고 있다는 것을 말하자 그는 태연했다. 알고 있었으면서 시침을 떼고 "이놈들이 못살게 한 모양이구만" 하고 내 말을 피했다.

나는 그의 무책임한 말에 분이 폭발하고야 말았다. 이 독재자 앞에서 끌려가 죽어도 할 수 없다는 생각이 솟아오른 것이었다.

"이 새끼야, 너 혼자 실컨 해 쳐먹어라. 나쁜 자식."
하고 소리를 질렀다.

분위기가 험악해지자 동석했던 쿠데타 고위간부들은 모두 빠져 나갔다.

단 둘이 마주앉아 서로 술잔만 주고받았다.

아무 말도 않고 서로 술만 퍼 마셨다.

나는 일어서서 작별 인사를 한 후 지프차를 얻어타고 집으로 돌아왔다. 집에 도착하여 대문 안으로 들어서려니 대문 앞을 지키던 두 명의 감시원이 눈에 안 보였다. 그리고 한쪽 매점을 지키는 감시원 한 사람만이 내 거동을 지켜보고 있는 것이 눈에 띄었다.

벨을 누르고 기다리다 안으로 들어가니 아내는 걱정되는 얼굴로 나를 쳐다보는 것이었다.

이리하여 지난 10개월간의 감금생활에 또 다른 변화를 맞이하게 되었던 것이다.

감시원들에 의한 출입자의 신문이 없어지자, 한 명의 감시원만의 조용한 감시 속에서 생활의 정상화 폭이 넓어지면서 방문객이 증가했다. 또한 나의 출입이 자유롭게 되었다. 이제부터 연금생활이 시작된 것이다.

욕설로 끝난 박정희와의 만남이 급속히 환경의 변화로 이어지리라고는 생각치 않았다.

"살러 왔다 어찌 다시 간단 말인가" 하고 말한 박정희의 말에서, 그리고 대문의 감시원을 즉각 철수시킨 데 대해서 나는 젊은 시절 사관생도 때의 우정의 일단이 느껴지는 것 같은 감정이 움터 오는 것을 막을 수 없었다.

극도로 미워했던 박정희에 대한 감정이 풀어지기 시작한 것이다.

34 수산개발공사 사장, 진해화학 사장 건설부장관을 역임하다

그러던 어느 날 연락이 와 수산개발공사를 설립하는 데 힘이 되어 달라는 요청이 왔다.

나는 완강히 거절했다. 그러나 끈질긴 박의장의 간곡한 거듭되는 요청에 응해 보기로 하되, 설립이나 끝나고 1년 정도 새 회사의 업무 진전이 정상 궤도에 올랐을 때 사임하겠다는 조건을 걸었다.

수산개발공사 발족과 설립에 필요한 모든 업무를 유관기관으로부터 인계 받기로 한 것이 1963년 6월 말경이었다.

생명을 건 박정희와 나와의 대치는 일단 이것으로 표면상으로는 끝난 것으로 보이게 되었다.

또한 내가 목표했던 육영사업은 시작도 하기 전에 꿈으로 사라지는 꼴이 되었다.

"성공한 독재자를 권력의 좌로부터 추방하는 일이나 그 이를 뽑아서 무해하게 하는 것은 대체로 불가능하다"

라는 경구처럼, 이제 박정희는 쿠데타에 성공했으므로 나에게는 별 방도가 없었다. 나는 항장처럼 그의 수하 사람이 된 것이었다.

나는 수산개발공사에 발을 들여놓은 이상 최선의 노력을 다할 것을 다짐하면서 공사 발족을 위한 법적인 조치를 완결하고 조직과 인사는 7월내로 완결시켰다.

조선, 수산, 선원 양성 및 국제무역의 권위자를 찾아내어 중역진을 구성했다. 부사장에는 재정에 밝은 김용기씨, 수산이사에 일본서 수산대학을 나온 이경엽씨, 영업에 김홍범씨, 조선 및 선원 양성에 윤상송씨 이준수씨 등을 이사로 임명하고 이 분들이 인재를 모아 선발해서 간부를 채용케 했다.

또한 바다에 관계가 깊은 조선 기술자 등을 해군에서 영입하였고, 정극모 전 해군참모총장을 감사로 임명하여 해군 기술진과도 제휴를 했다.

　수산대학과 해양대학에 선원을 위한 공사 기술양성소를 설치하여 두 대학장의 적극적인 지원을 받게 하였다.

　다음은 차관계약 수정조인과 차관 제1기 집행계약의 발효를 보도록 하였고, 미국의 스타키스트(STARKIST)사와 이태리의 제네페스카(GENEPESCA)사와의 합작회사인 이트사코(ITSACO)사와 공사간의 수출 대행 협정도 보완 체결하고, 이태리와 프랑스에서의 어선 건조도 진척시키고, 1965년 4월에 첫 배를 인수하여 91척의 각종 어선을 67년 10월까지 인수 완료토록 계획을 추진케 했다.

　특히 세계의 5대양에 기지를 가지는데 미국과 이태리 양 회사들과 협의하여 현지 탐사를 실시하여 결정 및 기지 설치를 서둘

한국수산개발공사 사장으로 취임, 프랑스 러하부항(港)에서 어선을 인수하는 필자(1965년)

렸다.

　해외 기지로서 서대서양에는 몬로비아, 푸리타운, 애비잔 등으로 하고 남태평양에 사모아, 피지, 텐네리후스, 두반을 염두에 두고 고르고 있었다.

　나는 열대 해안을 누비며 기지 선정작업에 나섰으며, 각종 거래 협상에도 영업이사와 같이 해외로 뛰어다녔다.

　우리나라는 수산업 하면 연안어업이다. 원양어업은 아직 미개척의 분야이므로 누구도 자신 있는 사람을 찾아볼 수 없었다. 원양어업에의 발전은 정부가 착안을 잘 한 것이라고 생각했다.

　우리는 바다가 삼면으로 둘러싸여 있으면서도 바다를 극복하는 데는 지식도 경험도 용기도 기술도 부족했던 것이 사실이었다.

　1965년 초부터 건조된 어선들이 취항하기 시작하여 조업이 이루어졌다.

　선원을 위해 해양대학 및 수산대학내에 설치한 기술훈련소에서의 성과도 뜻하는 대로 잘 되어 갔다.

　이 시점에서 서서히 전문가에게 사장직을 인계하고 사임할 때가 왔다고 생각했다. 내가 사장이 되어 8개월이 조금 지났을 때 대통령이 된 박정희 장군은 나에게 선수를 쓰는 것이었다. "월남 대사로 가주었으면 좋겠다"는 것이었다. 나는 이에 대한 답변으로 우선 공사 사장 자리를 물러날 때가 왔다고 생각하고 약속대로 공사의 기초가 닦아졌으니 물러나기는 하되 월남 대사 문제를 다음과 같은 이유로 갈 수 없다고 말했다.

　첫째, 어머니가 1956년부터 심한 노환으로 누워 계시니 독자인 내가 처자를 데리고 외지에 갈 수 없다는 것과 둘째, 취임한 지 얼마 안되는 신상철 대사를 밀고 들어간다는 것은 나로서 할 수 없다고 했다. 따라서 다만 사장직만 그만두게 해달라고 말하고 청와대를 나왔다.

대사로의 취임 요구는 그 후 1년간 끈질기게 요구해 왔고 1965년에 이르러서는 월남 대사직 승인을 강요하는 분위기였다.

나는 하는 수 없이 사표를 던지고 자리를 뜨는 것이 내 선택의 유일한 방법임을 생각했다. 그러자 월남 대사에서 로마 교황청 대사로 변경되어 대사직 수락을 요청해 왔다. 그러나 나는 노모의 병 간호로 서울을 뜰 수 없다고 말하고 계속 사의 표명을 했다.

1966년 초에 들어서서 이른 봄에 8군 장교 클럽에서 열린 리셉션에서 나는 인사를 하고 나오는 문 밖 계단에서 리셉션장으로 들어가려고 계단을 밟고 올라오는 정일권 국무총리와 마주쳤다. 그는 나에게 "로마 대사를 수락하면 사표를 수리하기로 결정이 되었다"는 것이었다.

나는 할 수 없이 "그러면 가지요. 내일 사표를 정부에 내겠습니다."라고 답하고 웃으며 인사를 나누고 계단을 내려와 집으로 돌아왔다.

나는 다음날 사표를 내고 시골로 떠났다. 며칠을 시골 여러 곳을 다니다가 온양에 있는 호텔에 묵었다. 사흘이 지난 어느 저녁에 호텔방에 들어와 신문을 보니 1면에 국회에서 인분사건이 터진 기사가 실렸다.

나는 정총리를 만나야겠다는 생각이 문득 나 다음날 아침에 출발하여 서울에 와 보니 사표가 수리되었다는 것이다.

정총리 공관에 찾아가 정치적 문제에 곤경을 겪고 있는 정총리를 위문하고 사과의 말을 했다.

사과는 다름이 아니라 로마 대사직을 조건으로 사표를 수리한다는 것이었으나 실은 갈 수 없으며 서울에서 조용히 지내겠다고 한 것이다. 이리하여 나는 서울에서의 홀가분한 새 삶을 시작했다.

그때는 담벽에 매점을 설치해 놓고 나를 감시하던 비밀경찰도 없었으므로 보통시민으로서의 생활에 불편 없는 환경으로 되돌아왔다.

내가 집에 있는 동안 어느 날 일본에 계시는 아버지가 위독하시다는 연락이 와서 일본으로 건너갔다.

입원중이신 아버지를 병원으로 찾아가 약 2주일간 간병을 하며 지냈다. 병은 나을 수 없었다. 아버지의 임종을 지켜본 후 서울로 유해를 모시고 돌아와 생전에 원하시던 고국 땅에 안장해 드렸다.

20여년간 동경에서 교회일을 보시다가 세상을 뜨신 것이었다. 그 동안 가까이에서 모시지 못한 것이 마음에 걸렸다.

1968년 5월에 나의 가까운 분의 한 분이신 LA의 송철씨 내외가 세종호텔에 들어오시는 길이라며 전화가 왔기에 바로 가서 반가운 인사의 교환을 하는데 전화기의 벨이 울렸다. 송철씨 부인이 미국 출생자다운 말씨로 전화를 받더니 영어로 "이장군 전화입니다. 정총리의 전화이니 받아 보세요." 하고 송수화기를 내게 건네 주는 것이었다. "나 이한림입니다. 웬일이세요?" 하니 "이장군 진해화학 사장을 맡아 줄 수 없소?" 하는 것이었다. 나는 사실 화학분야에 백지였으므로 내용을 모른다고 하였더니, 간단히 내용을 설명하는 것이었다. "여러 나라 대사로만 나가라더니 웬일이요" 하고 반문했다. 내 말에 해명은 않고 좋은 회사이니 받아 달라는 독촉이다. 나는 "좋습니다" 하고 수락했다.

이것으로 수년간 대사직으로 해외에 나가 달라는 방침은 바뀌었다고 생각하니 마음이 안정되는 것 같았다.

그날 저녁은 내가 송철씨 내외분을 만찬에 초청하여 캘리포니아에서의 많은 신세와 고마운 온정에 대한 감사와 많은 덕담으로 뜻깊은 시간을 보냈다.

진해화학주식회사는 우수한 조직과 운영으로 한미 합자와 공동경영의 회사였다.

합리적이고 공정과 능률 그리고 높은 생산성으로 선진국형 기업이었다. 그러고 보니 우리의 현실과는 거리가 있어 운영상에 문제가 없지 않았다.

나는 2주간 진해에 위치한 공장에서 숙식을 하면서 주야를 가리지 않고 기업분석을 해보았다.

그 결과, 노조와 정치와의 밀착에서 오는 혼미상 외에는 별 문제가 없다는 것을 확인할 수 있었다.

노정(勞政)의 밀착에서 오는 문제 해결을 위한 대정부 노동담담 부처와 정당의 현지 출신 의원과의 협의를 거쳐서 근원적인 문제를 해결했다.

진해 출신 여당 의원은 공교롭게도 조창대였다.

조창대는 쿠데타 주역의 한 사람인 제1군 작전처 출신이었다. 내 구인을 직접 지휘한 바로 그 자였던 것이다. 직속상관인 야전군 사령관을 구인한 그 야만적인 그때의 행위가 떠올라 매우 불쾌했다.

조의원은 그 후 설날이면 부부 동반하여 나를 찾아와 쿠데타 시의 잘못을 사과하고 세배를 하기도 하였다. 참으로 뻔뻔한 사람이라고 생각했다.

당시의 회사 간부 구성은 수준이 높고 훌륭했다. 부사장에 미 걸프측 대표로 라루(H. A. Laru), 이사에 오관용, 김영생, 이용남. 미측 이사에 베올(S. E. Beole), 감사에 이상철, 미측 감사에 브로우턴(J. C. Broughton), 미측 재정고문 케이슬리(D. L. Keithly), 공장장에 윤석영, 미측 공장장에 엔드리스(J. B. Andries), 또한 비서실장 이원태 등이었다.

본부의 부장급도 공장의 기술분야 부장들도 좋은 인재로 구성되어 있었고 보수도 당시 사정으로는 최상급이었다.

생산성도 매우 좋아 항상 목표로 한 계획량을 초과 달성했었다. 당시 연간 생산량은 25만톤이었다.

나는 미국측의 주주 대표격인 걸프회사의 초청으로 미국의 피츠버그 본사는 물론 미국의 각지, 연안 및 해상 등에 산재해 있는 각종 시설인 유전, 정유시설, 판매시설 등과 관계되는 각 지

한미 합자 회사인 진해화학주식회사 사장으로 취임한 필자와 걸프측 대표인 부사장 라루씨 (1968년)

사를 견학하는 것을 시발로 영국, 프랑스 기타 여러 나라에 있는 다국적 기업으로서의 걸프회사의 큰 기업 실태를 참관하는 1개월여의 시찰을 하였다.

시찰 도중 전 미 제9군단장 젠킨스 장군에의 예방이 감명 깊게 회상된다. 나와는 1953년 금화전선에서 같이 싸웠고 그 분의 공로에 크게 감사하는 마음이 아직 남아 있었기 때문이다.

9군단장 말기에 척추에 부상을 입고 오랜 가료 끝에 고향인 조지아주 코롬보스시에 은퇴하고 있는 것을 위문키 위하여 찾아 갔던 것이다. 너무나 반가운 1박2일의 방문이라 잊을 수 없는 추억의 하나다. 그 분은 내가 터키 대사로 있는 동안 세상을 떠났다.

그러던 가운데 한일 경제협력 위원회의 동경회합에 참가하기 위해 투숙하고 있는 뉴오타니 호텔에서 1969년 2월 15일 이른

진해화학주식회사 사장으로 합자회사측 걸프 오일 산하 기업체 시찰중 미국 조지아주 포트베닝에서 한국전쟁의 전우인 전 미 제9군단장 젠킨스 장군을 예방(1968년 7월)

아침 주일 한국대사관의 김경옥 공사의 방문을 받았다.

김공사는 내가 9사단장 시절 사단 작전참모였던 평소 가까이 지내던 사람이다. 서울 소식을 전하러 왔다고 말을 시작하더니 내가 건설부장관에 발령되었다는 것이다.

나는 전혀 협의를 받아 본 적도 없는 일이라 별다른 반문 없이 귀국할 비행기나 알아 봐 달라고 말하며, 수상관저로 수상을 예방하는 시간이므로 떠날 차비를 하고 김공사와 함께 내려가 커피라운지에서 차를 마신 후 수상관저로 일행과 같이 떠났다.

다음날 저녁 대한항공편으로 서울로 돌아왔다.

이것이 9개월 단기간의 진해화학주식회사 사장직의 전부였다.

그간의 귀중한 경험과 학습 및 견학은 나에게 큰 도움이 되었다.

국민의 개인 소득이 100여 달러밖에 안되는 민족들의 몸부림치는 시대인 그때 경제발전을 위한 우리들의 노력은 괄목할 만한 것이었다.

오늘의 빈곤으로부터의 경제발전을 위한 이륙할 기력을 갖게 된다면 다음의 상승에 이어질 것이고 계속 고도를 높일 수 있을 것이다. 그러나 이륙의 단계에서 가장 긴요한 것이 있다. 그것은 두말할 것 없이 인간이다. 국제경쟁 속에서의 미래 생활수준을 결정지을 수 있는 유일한 자원은 인간뿐이라는 기본 원리다. 다시 말해서 인간의 의지와 능력과 기술과 노력인 것이다. 그렇다. 능력과 의지로 세계는 변하는 것이다.

아래로부터의 자각과 위로부터의 비전(vision)이 합치되는 지점이 즉 경제개발의 활주로요 이륙의 지점일 것이다.

건설부의 주임무가 여기에 있다고 봤다.

나는 국가 전체의 건설정책에 대한 비전에 충분한 지식을 구비한 것도 아니다. 마음도 바쁘고 몸도 달아 나는 내 앞길에 신조(神助) 있기를 기대하는 나의 희생과 노력이 합쳐진 힘과 정성을 다 쏟으며 달리기 시작했다.

건설부의 국제적인 시야를 갖춘 재정, 사회기간사업 건설을 짊어지고 나갈 기술관료와 행정관료가 구비되어야 할 것으로 생각했다.

우수한 각 분야의 인재를 배치하고 나라 만들기에 기본이 되는 국가기간산업 건설에 박차를 가했다.

우선 고속도로의 건설이다. 또한 국도의 포장과 확장 정비가 필요하다. 항만의 건조와 확장, 수자원 개발의 핵심이 되는 대형 댐의 건설이 절실하다. 임해 공업단지와 내륙 공업단지의 조성과 도시건설과 주택건설의 추진, 특히 아파트 시스템의 도입이

건설부장관에 취임하여 차관, 기관장 및 간부 일동과 함께(필자 중앙)(1970년)

제8장 날개 꺾인 독수리 435

긴요했다. 공업용수와 상수도 개발 역시 시급하다.

　연안 주요 도서에 대한 교량의 개설과 육지와 일체가 되도록 완도, 진도, 거제도, 남해섬, 강화도 등 큼직한 것부터 우선 순위에 따를 개발계획에 착수했다.

　또한 전체적인 국토종합개발계획의 수립을 서둘렀다.

　환경보존을 위한 계획의 일환인 국립공원, 도립공원 등의 지정과 개발, 주요도시에 대한 지하철 건설계획과 서울의 강남, 강동, 강서지구의 개발계획 또한 빼놓을 수 없다.

　서해안을 연한 새로운 간척지의 조성과 국토면적의 확충에도 계획은 이어졌다.

　나아가 해외 진출을 위한 건설업체들의 해외공사 취득과 집행을 위한 기구의 신설과 해외 주재 공관에의 건설관 주재 등을 계획 집행하는 동시에 자유무역지대의 건설과 외국기업들의 유치를 촉진하는 등 새로운 기구의 신설과 외자도입과 기술도입 및 제휴를 추진하는 등 국가경제의 확실한 이륙의 준비를 일보 일보씩 전진시켜 갔다.

　그러던 중 1971년 6월, 소위 유신을 준비하기 위한 내각의 출범과 때를 같이 하여 야인으로 정든 후암동 집에 돌아가 조용한 세월을 보내게 된 것이다.

　그 동안 나를 위해 성의를 다했던 분들과 김원기 차관, 조진희 기획관리실장, 경부고속도로 건설사무소장, 완성후는 도로공사 사장으로 큰 역할을 한 허필은 사장, 준설공사 사장 김재현, 수자원공사 사장 안경모, 건설부 국립건설연구소 소장 최종완 이승우, 도로국장 윤상옥 김용석, 수자원국장 이일선 이문섭, 항만국장 이일선, 인천항 갑문건설사무소장 성백전 김철, 해외협력관 이상관 조승일, 관리국장 이상구, 국토계획국장 이관영, 주택도시국장 김학음, 중부국토건설국장 김동한, 호남국토건설국장 이병칠, 영남국토건설국장 장달진 지영만, 울산 특별건설국장 김경린 장달진, 포항공사사무소장 장인섭 신동열, 비서실장 이인종 김충환, 비서관 황호영, 주택공사, 수자원공사, 준설공사, 도로공사의 책임 맡았던 많은 분들의 수고에도 감사를 드리고 싶다.

특히 서울 부산간의 고속도로에 군에서 파견되어 주야를 안가리고 일을 맡아 준 공병장교 60명에 대한 공헌에 머리를 숙이지 않을 수 없다.

그 중 기억나는 분들은 윤영호, 조득상, 송삼규 대령, 주낙영, 박찬표, 조재진, 정영배 중령, 박동식 소령, 심완식, 황홍섭 대위들도 잊을 수 없다.

건설부장관 재직중 고속도로 개통식에 참석한 박정희 대통령 내외(중앙)와 필자(박대통령 좌측) 내외(1970년)

공사 완결시 더욱 나를 크게 도와 준 심완식 대위는 대단히 인상적이었다.

또한 육군 1201 공병단 제220대대, 육군 1202 공병단 제209대대, 육군 1203 공병단 제213대대의 고속도로 시공에 봉사한 공적은 높이 찬양받아 마땅하다.

그때 참가했던 13개 업체도 그 노고에 감사하지 않을 수 없다.

    삼부토건   삼환기업   대림건설   현대건설   삼안산업
    동아건설   고려개발   아주토건   협화실업   평화건설
    화일산업   대한전척   홍아공작소 등이다.

건설장비나 기술의 낙후에도 불구하고 그 당시에 공헌한 그들의 노력은 바로 도약의 시발이라고 해야 할 것 같다.

해외에서의 장비와 기술의 도입을 서두르며 강행한 대역사였던 것이다.

수자원 분야에서는 진양댐의 완공, 소양강댐의 건설, 안동댐의 착공, 황간댐의 착공 등이고, 고속도로 건설에서는 서울-부산간 고속도로를 위시하여 호남, 영동, 남해고속도로의 완공 혹은 부분 완공 개통과 착공과 진행의 연속이었다.

인천 항만의 대공사였던 갑문 건설과 울산항, 포항항, 동해항, 부산항 등의 증축과 신축조도 진행되었다.

임해 공업단지와 내륙 공업단지의 건설과 경주개발사업의 추진 등도 잊을 수 없다.

이것들이 조국의 경제를 개인 소득면에서 100달러 수준에서 만달러 수준으로 상승시키는 이륙의 도약대가 된 것이 사실이다.

이것이 능력과 의지로 세계는 변한다는 철학의 실현일 것이

다.

 약 2년 반 못미친 그다지 긴 세월에서 봉사할 수 있었던 것은 아니었으나 조국에의 책임의 일단을 다했다고 생각하며 건설부 장관 자리를 떠났다.

35 내 마지막 공직생활과 박정희 시대의 종막

집에서 한가로이 독서를 하고 있을 때인 1972년 7월 어느 날, 청와대 비서실장 김정염씨로부터 전화가 왔다.

 그와 만난 지도 오래 되어 인사를 반갑게 나눈 후 무슨 일이냐고 문의하니 "국제관광공사 총재직을 맡아 줄 수 있느냐"는 부탁과 함께 대통령의 뜻이라는 것이다. 나는 생각하고 나서 "나는 그런 일을 할 수 없다"고 사양하였다. 그는 재차 권유하는 것이었다. 나는 하는 수 없이 일단 전화를 끊었다.

 며칠 후 다시 김비서실장으로부터 전화가 왔다. "꼭 총재직을 맡아야겠다"는 내용이다. 다시 사양했지만 계속 요청해 옴으로 할 수 없이 "사고가 났다 하니 사고를 수습한 후 그만둔다"는 조건을 붙여 수락했다.

 그 자리에 부임해 보니 회사가 적자도 대단하고 인원 또한 정원보다 초과되어 상당한 수를 감원해야 할 상태였다. 회사 조직도 불필요하다고 판단되는 기구가 상당수 있었다.

 나는 인력감사 및 경영합리화 조정위원회를 설치하여서 이로 하여금 기구 축소와 감원을 단행케 했다. 그리하여 공사내 대개혁을 추진하면서 경영합리화와 인사의 쇄신 및 새로운 신입사원의 공모로 우수한 사원을 확보하는 데 노력했다. 즉 정치적 압력이나 정실로 입사한 사람들과 교체하여 이른바 '물갈이'를 한 것이다.

이로써 11월부터는 다소의 흑자로 전환케 되면서 점차 경영이 정상 궤도에 오르자 흑자폭도 늘어나기 시작하였다.

나는 내가 처음 약속한 대로 청와대에 올라가 공사가 이제는 제자리를 잡았으므로 총재직을 내놓겠다는 뜻을 대통령에게 알렸다. 그러나 그는 마이동풍격이었다. 조선호텔, 워커힐, 반도호텔, 8군 상대의 택시회사, 대한여행사 등 숱한 기구가 있는데, 조용히 있으면 재미있을 것이 아니냐는 것이 박대통령의 이야기였다.

나는 성격상 요식, 숙박업과 같은 관광업에는 취미가 맞지 않아 꼭 그만두려고 했던 것인데, 도저히 관철이 안되어 다음 기회로 미루기로 했다.

우선 공사의 수입 증대를 위해서 국제공항인 김포, 부산, 제주

한국국제관광공사 사장 재직중 동아세아 관광협회 주최의 독일 프랑크푸르트 회의를 동협회장 자격으로 주재한 필자(중앙) (1973년)

공항에 외국인 관광객을 위한 양주 등 각종 면세 물품을 판매하는 매점을 보세구역내에 설치하여 공사운영비를 자급케 했다. 이런 경제적 여유에다 다른 흑자폭이 확대되어 감에 따라 대외 관광진흥과 관광지 개발을 추진할 수 있게 되었다. 따라서 해외 지사의 확충과 제주도와 동해안 설악산 주변의 관광지 개발에 선도적인 역할을 하게 되었다.

당시의 공사 산하 기구로는 이미 밝힌 기구 외에 동경, 프랑크푸르트, LA, 뉴욕 등 지사를 설치하고 점차적으로 세계 관광 중심지에 지사를 설치해 갔다.

당시 부총재에 정성관, 감사에 박재호, 이사에 이상관, 김연식, 함사식씨 등이고 반도호텔 총지배인 김기성, 홍순철 등 여러 지배인이나 부장들도 열심히 자기 책무를 다해 주었다. 그리고 비서실장 이인종, 신승현 등에게도 감사한다.

소위 유신헌법 시행후 이견을 가지고 불평을 했다 하여 기관에서 조사를 받게 되어 나는 공직에서 물러날 것을 청와대에 표시하게 되자, 1974년 2월 중순 어느 날 오후 김동조 외무장관이 방문하여 상의할 일이 있다기에 4시경 반도호텔의 조용한 객실에서 만났다. 대통령 뜻이라고 짐작되는 대사직 취임을 권유하는 것이다.

1963년 말부터 월남 대사 다음은 로마의 교황청 대사를 나가라고 권했었고, 수산개발공사를 사퇴한 후에는 최규하 외무장관이 후암동 집에까지 찾아와 영국이든 어디든지 원하는 곳의 대사로 나가달라고 했을 때에 노모님의 병환을 핑계로 거절했었는데, 노모님이 17년간의 병고 끝에 1971년 말에 타계하셨으니 거절할 이유도 없게 되어 이번에는 어디든지 단 1년이라도 가야 할 형편이라고 생각되었다.

　김동조 외무장관도 선진 여러 나라의 이름을 대면서 꼭 대사직을 수락하라고 함으로 나는 한참 생각하고 나서 이렇게 반문했다.

　우리나라처럼 어려운 나라가 어느 나라냐고 농담조로 물어 보니 김장관은 아마 어이가 없었을 것이다. 그러나 그것은 나의 진심이었다.

　첫째, 외교관의 임무는 사무(事務)이다. 사무야 어디에 간들 차이가 없는 것이다. 큰 외교업무는 정상외교 혹은 중앙정부에서의 지령에 따른 것이 전부라고 해도 과언이 아니다. 그러므로 아무 곳에 가나 현지 대사의 할 일은 사무의 한도를 못넘는다. 대사는 정책의 수립과 결정의 지위가 아닌 것이다.

　둘째는 박정희 장군이 쿠데타로 정권을 잡은 후 나와의 문제는 제대로 푼 것이 하나도 없다. 그러므로 1963년 수산개발공사를 맡은 직후부터 나를 청와대로 불러 외국 대사로 나가 달라는 요청을 본인이 직접 여러 번 했고, 정일권 총리를 통한 수년간이나 계속된 권유와 나아가서는 외무장관을 보내서도 권유를 했지만 나는 노모님의 병환으로 못간다고 일관했다.

　지금의 형편으로 박장군의 체면을 세워 주는 자세가 필요하다고 생각했다.

　셋째로, 체면을 세우고 나서 1년의 단기로 복무하고 돌아와 조용하게 지내야 되겠다는 것이 내 본심이었다.

　넷째로, 외교관 생활은 내 성격에 맞지 않는 직업이라는 것을 알고 있기 때문이다.

　외교관의 직업상 특색을 풍자한 말이 여러 가지 있는데, 몇가지만 여기에 적어 보기로 한다.

나는 그 어느 하나도 내 성격으로는 긍정할 수 없기 때문에 외교관 자격이 근본적으로 없다고 생각한 것이다.

영국의 시인이며 외교관이었던 헨리 왓드의 말
"외교관은 거짓말을 하기 위해 해외에 파견된 정직한 인간이다."

칼레이 맥 윌리암스의 말
"외교관이라면 여러 나라 말을 할 줄 알아야 한다. 그 중에는 당연히 속과 겉이 다른 이중어(二重語)도 포함된다."

월 로저의 말
"외교관이 해내는 유일한 외교란 어리석음으로 인해 전쟁으로 말려들게 한 다음, 자기 나라 국민을 속여 넘기는 것이다."

드골의 말
"외교관이란 날씨가 좋을 때만 쓸모가 있다. 비가 오자마자 그들은 물방울 속에 쓸려 내려간다."

나는 타의에 의해 할 수 없이 한 일이기는 하나, 외교관 생활을 경험한 사람으로서 자학하는 것과 같은 이 말들을 나는 동감한다. 그렇다고 외교관에게 장점이 없다고 단정하는 말과는 다르다. 나의 성격은 직선적이고 개척형이기 때문에 어느 한구석 그 네 가지 말에 순응할 수 없다고 판단한 것이다.
이상과 같은 사유로 김장관과 긴 이야기를 해서 바쁜 그의 시간을 뺏을 수 없었다. 다시 물었다. "우리나라처럼 꽤나 못사는 나라가 어디요?" 하고 답변을 구했다. 그는 할 수 없이 입을 열었다. "터키가 우리나라처럼 못 삽니다"고 답변했다. 나는 즉시 "그러면 1년간 터키 대사로 가 있겠다고 말씀드리시오."라고 명확한 내 의견을 표시했다.

김장관은 빈틈 없는 사람인 것 같았다. 다시 입을 열고 이렇게 확인하는 것이다.

"그렇다면 터키 대사로 가는 것으로 결정된 것으로 알아도 좋습니까?" 하고 질문했다.

나는 웃으며 이에 대답했다.

"아닙니다. 내가 대통령을 만나서 결정지을 것입니다."

왜 박장군이 권력을 잡은 후 내가 국내의 그림자로 있는 것도 원치 않는 것인지, 직접 만나서 알아 보고 그가 원하는 대로 외국에 나간다는 것을 분명히 해야 한다고 생각했기 때문이다.

그리하여 4, 5일후 박대통령을 만났다. 그는 "이장군 대사로 간다지요." 하고 물어 왔다. "나는 터키로 가겠습니다. 그리고 1년만 가 있겠습니다. 지금까지 대통령의 원을 못풀어 드렸는데 이것으로 풀어드리고자 합니다."고 말했다. 박대통령은 직석에서 "2년만 가 있어요." 하는 것이었다.

나는 다시 "1년만 갔다 오겠습니다." 하고 말끝을 맺어 버리고 말았다.

나는 아내와 같이 동유럽의 나라 터키 공화국으로 대사라는 명함을 찍어 들고 수도 앙카라의 공항을 빠져나와 낯익지 않은 고장 조그마한 아파트에 여장을 풀었다.

이렇게 하여 길지 않았던 관광공사 총재직도 끝마치게 된 것이다. 아울러 내가 겸임했던 관광협회 회장직과 동아시아 관광 협회 회장직을 포함, 기타 겸직도 사임하게 되었다.

오트만 터키 제국의 후예라는 높은 긍지와 강건한 체격들은 얼마 안가 부러움을 가지게 되었다.

봉건 대제국으로부터 물려 받은 많은 부담스러운 유산을 케말 파샤의 혁명으로 왕정을 공화제로, 문자를 로마자로, 이슬람의 개혁과 현대화를, 남녀의 동등권을, 여자의 참정권을, 복장의 개혁으로 양복 착용으로 대개혁을 단행하였다.

그러나 경제면에서의 현실은 우리나라와 같은 어려운 상황이었다. 주택도 대부분 아파트이고 보니 도시의 모양도 서구 도시와 같았다. 서구 도시에서 흔히 보는 교회의 뾰쪽한 종각 대신 회교 사원의 독특한 모양새가 인상적이었다.

주 터키 공화국 전권대사로 코루트루쿠 대통령을 예방(1974년 4월)

모든 취임 절차를 마치고 지방을 돌아보기로 하여 여행에 나섰다. 여행이 시작되면서 특색 있는 아나토리아 반도의 만년의 고풍을 여기저기서 찾아볼 수 있었다. 메소포다미아, 대러시아, 이집트, 트로이, 힛타이트, 크레데, 그리스, 로마 등의 문화의 흔적이 여러 곳에서 강렬하게 나의 시선을 끌었다.

벌써 사라졌지만 초기의 기독교 유적도 풍부했다.

과연 고대의 각종 문화의 보고인 것을 발견하고 시간 나는 대로 유적 순례에도 많은 시간을 할애했다.

언어는 우리와 같은 우랄 알타이어 계통에 속하고, 어떤 사람은 징기스칸이 자기네 조상이라고 자랑삼아 말하는 것을 보았다. 이리하여 나는 이 나라에 애착이 가기 시작했다.

만나는 사람마다 친절했고 인정 또한 우리들과 비슷했다. 그러나 서로 교역할 문물이 그리 많지 않을 것 같아 걱정이 되기

주 터키 공화국 전권대사 시절 로마의 고적을 답사한 필자 내외(1974년)

도 했다.

나는 터키어를 모르기 때문에 대사관에 근무하는 앙카라 대학 출신인 백상기 서기관의 통역에 의존하여 많은 사람들과 교제를 하면서 한국에 대한 인상을 좋게 하는 데 노력했다.

양국의 현안 문제는 아무것도 없으나 통상이라도 해 보아야 하지 않겠느냐는 생각에 KOTRA의 이스탄불 지사 설치를 위한 타개책을 모색하는 동시에, 이스탄불에 거주하는 친한 인사인 카하라만씨를 이스탄블 명예총영사로 위촉케 하기 위해 서울에 요청하여 실현을 보게 되었다. 따라서 양국간의 경제교류의 물꼬를 텄다. 그리고 카하라만씨에 한국 이름을 지어 주었다. 갈하만(葛河萬)이라는 한국 명함도 만들어 주었다.

그는 실업가로서 이즈밀에 가까운 해변 별장지대에 별장을 짓고 Villa Kore(한국의 집)라는 이름을 붙여 그 지방의 명물로 만들었다.

대사관의 김봉규 일등서기관의 사무능력이 탁월하여 대사관의 업무는 참으로 원활하게 진행되었고, 주재 무관을 위시하여 다른 부서에서 파견된 모든 분들도 잘 협조해 주어 한 가족과 같이 화기애애한 분위기에서 업무를 진행시키고 있었다.

7, 8개월이 지날 무렵 나에게 걱정거리가 생겼다. 이대 3학년에 다니는 둘째 딸이 입원하였다는 것이다. 병세가 무겁다 한다. 딸들만, 그것도 여대생 셋을 두고 온 아내는 잠을 못이루고 고민을 했다. 당시 전화도 앙카라와 서울은 잘 연결되지 않았던 시절이다.

나와 아내는 일시 외무부의 허가를 받고 서울로 돌아왔다. 몹시 심한 상태로 와병중인 둘째 딸의 병세를 보고 나는 다시 앙카라로 돌아갔다. 아내는 얼마간 딸을 간병하다가 앙카라에 왔다. 그러는 동안 1년이 지났다. 나는 처음에도 밝힌 것처럼 1년 간만 터키 대사를 하겠다고 했었으므로 사의를 표명했지만 받아 들이지 않는 분위기였다.

우리 교민은 나라가 멀고 경제적으로 어려운 곳이기 때문인지 몇 명밖에 안되는 수였지만, 하나 위안이 되는 일은 대사관 반지하인 곳에 살림방이 있었는데, 두 앙카라 대학에 유학하는 학생들에게 이 곳을 사용케 했다. 이성근이란 학생은 박사 학위를 취득하고 연세대 동창인 여성과 결혼까지 하고 있었고, 또 한 사람은 박동탁이라는 학생인데 내가 잘 아는 백문 장군의 처남이었다.

두 학생은 관저에 가끔 찾아와 가족적인 분위기에서 즐거운 시간도 가졌다.

고대 천주교의 유적중 요한을 따라 에페소에 오신 성모 마리아가 사셨다는 곳을 방문했을 때는 감격하였다. 그 곳 지명이 마리아나마라고 불리우는데 "무슨 의미냐"고 물으니, 그 지방 사람들의 말로 '마리아의 집'이라는 것이다. 표고 약 700미터 정도 되는 산 위인데 폐허가 된 에페소(그 곳 말로 에페소스)에서 올라가는 자동차 길로 가면 20분도 안되어 마리아나마에 도착한다. 그 곳에 자그마한 집 한 채가 있는데 주일에는 어디서 오는지 신부가 와서 미사를 올린다는 것이었다.

에페소의 외각에는 요한 대성당이라는 깨어진 석조건물의 폐허가 그대로 방치되어 있었다.

터키 공화국은 그 일대에서 가장 큰 나라이고 우리의 우방인 그리스와도 근년에 친밀해져 그 지역의 평화가 잘 유지되고 있었다.

약속한 1년은 벌써 지났고 대통령이 희망하던 2년도 얼마 안 남았다. 차녀의 병환도 차도가 없다기에 사표를 내기로 하고 우선 전문으로 사의를 표명한 다음 1975년 11월에 정식 사표를 제출하였다.

청와대의 반응이 왔는데, 다음 연초 총선 때 국회의원을 시킬 터이니 그때까지 기다리라는 것이다. 나는 집안 일이 급하니 그럴 수 없다고 하고 곧 귀국하겠다는 전문을 쳤다. 그리고 짐을 꾸리고 외교단에 앙카라를 떠난다는 내용을 알리고 주재국 외무부에도 통보를 했다.

내가 이렇게 결심한 후 강하게 나가니 정부에서도 더 이상 붙들어 둘 수 없었든지 사표가 수리되었다는 연락이 왔다.

1976년 1월에 터키를 떠나 서울에 도착했다.

정든 집에서 가족이 모여 함께 사니 그렇게 행복할 수 없었다. 그러나 딸 아이의 병 때문에 병원을 옮겨가며 치료한 결과 병세가 호전되어 갔다.

큰딸은 그 해 이대를 졸업했다. 여름에는 큰딸을 결혼시켰다. 이러는 동안 차녀는 병원에서 퇴원하게 되고 의사와 상의하여 결혼시켜도 좋다기에 1977년 봄에 차녀도 결혼시켰다.

딸의 생명을 건지고 결혼까지 하게 되어 지난 1년여의 우리 내외의 간병과 담당 의사들의 노고의 보람이라고 생각하여 크게 감사드렸다.

두 딸을 내보내고 나니 딸 하나만 달랑 남으므로 집안은 갑자기 적막해지는 것 같았다.

적적한 집안에서 나는 독서에 열중했다. 그것만이 내 안정과 위안이 되었기 때문이다.

그러던 어느 날 김재규 중앙정보부장으로부터 전화가 왔다.

그의 말을 들어보니 대사로 외국에 나가라는 것이다. 정부의 요청이라고 했다. 물론 박정희 대통령의 의중이었다. 아무리 봐도 현정부하에서는 서울에서 살기는 힘들 것 같았다.

나를 어떻게 해서라도 국내에 두지 않고 외국으로 내보내려는 박정희의 의도를 뻔히 알면서도 내가 무력하므로 어쩔 수 없었다.

그는 내가 머뭇거리는 동안 "어디로 가겠느냐"고 묻는다. 잠시 생각하다 "영어를 사용하는 나라엔 어디라도 가겠다"고 대답했다. 대사직의 권유를 외무장관 아닌 중앙정보부장이 하는 것이 이상했다. 매우 긴장되는 사안이었다. 역시 나는 한국에서 살 수 없는 사람으로 분류된 것 같았다. 기분이 나빴지만 총칼을 쥐고 있는 그들에게 항거할 수도 없는 일이었다. 그러므로 딸 둘이 출가했고 식구도 단출하니, 이 정권이 얼마나 갈지 모르지만 그때까지만이라도 외국에 나가야 되겠다는 생각으로 내 마음이 정해졌다.

그러고 난 이틀 후 김재규 중앙정보부장이 다시 전화가 왔다. 그의 말에 의하면 현재 영어 하는 나라의 대사직 가운데 옮길 수 있는 곳이 호주뿐이라는 것이다. "호주가 어떠십니까?" 하고 나에게 물었다. 나는 다짜고짜 "여보 김부장, 아무 데면 어때, 영어 하는 나라면 돼요." 하고 답했다.

나는 다시 짐을 쌌다. 하나 남은 셋째 딸의 이화여대를 휴학케 하고 세 식구 단출한 살림으로 또 서울을 떠나 호주의 칸베라에 향했다.

호주 칸베라에 도착하여 대사관저에 여장을 풀고 딸은 칸베라 주립대학에 입교시켜 학업을 계속케 했다.

이것이 나의 호주대사로 떠나게 된 경위이다. 터키에서 돌아와 둘째 딸을 병마에서 구한 것만으로도 큰 은혜라고 생각하며 쓸쓸한 3년간의 외지생활 첫발을 내딛었다.

호주는 60년대에도 다년간 일이 있는 곳으로서 낯선 곳이 아니었다.

대사 생활이라는 것은 사무적인 일이 대부분이고 보니 그렇게 부담스러운 일이 없는 것이 특색이다. 어느 나라건 대사직이란 판공비가 비교적 많다 보니 식사회합, 즉 파티가 많다.

도착해서 한 달 남짓한 기간에 복무계획도 세우고 호주의 실정을 파악한 후 조용한 외교활동에 시동을 걸었다.

호주는 두말할 것 없이 앵글로색슨이 주축인 국가이다. 질서와 예절 그리고 합리를 바탕으로 하는 사회풍토라는 것을 알게

주 호주 전권대사로 케라 총독을 예방한 필자
(1977년 6월)

되었다.

또한 고도의 복지국가가 가지는 특징을 갖고 있고 사회 모든 면에서 그러한 면이 체감으로 느끼게 된다.

나는 틈이 나면 여러 곳을 방문하면서 호주에 대한 심층을 파악하는 데 주력하였다. 우라늄 광산을 비롯한 각종 광산과 농경지대 및 산업시설과 대목장을 경영하는 축산업의 현장이나 제철소, 대형 댐 등도 시찰했다.

끝으로 문화시설도 돌아보았다. 우리 국민의 눈에도 낯설지 않는 오페라 하우스를 비롯하여 박물관, 도서관, 대학시설 등을 보며 세계 최고 수준의 내용을 갖추고 있는데 대해 감명을 받았다.

7백88만 평방km나 되는 넓은 대륙에 인구가 불과 1천5백만명이라니 놀라지 않을 수 없었다. 어디를 가나 생활수준이 같은데다 앵글로색슨족의 특징을 파악하는 데 도움이 되었다.

그 곳 국민들을 대체적으로 평한다면 선량함은 충일하나 활력은 좀 뒤지는 것 같았다.

호주 인접의 나라 뉴질랜드도 방문해 보았고 피지와 솔로몬 군도도 대사를 겸임하고 있었으므로 신임장을 봉정하고 예방이라는 절차도 밟고 돌아왔다.

호주는 터키와 달라서 교역이 꽤 활발하였다.

양모, 밀, 철광, 석탄, 축산물, 해산물 등이 주로 수출상품이었고 시드니에는 우리나라 상사의 주재원이 무역업에 종사하고 있었다.

내가 취임해서 느낀 문제점이 있다면, 우리의 독재정권에 대한 거부감이 상당했다는 점이다. 이것이 양국간에 풀리지 않는 현안으로 지속되는 것이 안타까운 일이었다.

좋은 예로서, 1980년 초에 내가 호주를 떠난다고 외무장관을 국회가 개원중이므로 국회로 예방한 일이 있었다.

인사를 나누고 나오자 황급히 복도까지 따라 나오며 "12·12의 주역 전두환 그룹은 정권을 안잡겠는가"고 반문하는 것이었다.

나는 그 시점에서 서울 사정에 밝지는 않지만 내 짐작만으로 "정권은 문민에게 넘어갈 것"이라고 답변했다.

내 답에 그는 그렇게 반가워 할 수 없었다. 그는 내 손을 굳게 잡고 흔들며 몇번씩이나 "잘 되었다"는 말을 되풀이하는 것이었다.

내가 그때 전두환 그룹이 정권을 잡지 않을 것이라는 생각을 한 것은 그들이 4년제 정규 육사 출신으로서 군을 위해 몸을 바쳤고, 이승만의 말로나 박정희의 말로처럼 독재자의 비참한 종말을 보았을 것이므로, 그 비극의 악역을 되풀이하지 않을 것으로 보았다. 또 나는 오래 동안 육사 교장으로 있었으므로 그들에게 영향을 준 학술이나 훈육면에서의 교육성과를 믿고 있었기 때문에 역모를 할 우둔한 집단으로는 보지 않았었다.

후일 나는 그 잘못된 판단과 답변에 대해 부끄럽게 생각하며, 그 외무장관이 그 후 전두환 정권의 탄생을 보고 매우 실망했을 것이라고 생각했었다.

심심풀이로 서울에 요청하여 대사관저를 신축하겠다고 요구했더니 동의해 옴으로 대사관 넓은 뜰에다 호주의 설계사와 건축회사로 하여금 시공을 맡게 하였다. 내가 이임할 무렵에 약 80% 공정이 진행되고 있었다.

호주 주재 대사로서 3년이나 되었다. 그러고 보니 청와대에서 미안한지 외무부 계통의 전문을 통해 이번 국회의원 선거에서 국회에 진출케 못해 미안하다는 내용의 전문이 온 일이 있었다. 나는 그 전문을 받고 내가 원했던 것도 아닌데 무슨 애들 장난 같기도 하여 웃어 버리고 말았다. 그러고 나서 얼마 안되어 대통령 유고(有故)라는 전문을 받았다. 비로소 나 이한림과 박정희와의 얽혔던 사연이 끝나게 된 것이다.

나는 박정희 유고 전문을 받고 즉시 사표를 준비하고 대기했다. 그리고 1980년 3월 초 나와 가족은 칸베라를 떠났다.

나는 1979년 10월 26일 박정희 장군의 피살로 막을 내린 박정희 시대의 종막을 맞아 내가 키우고 사랑하던 육사 4년제 출신 전두환 일파에 의한 군사정권 연장을 관망하며 모든 공직의 포기를 결심하였다.

나는 그들의 집권을 보고 크게 실망하고 또한 죄책감에 사로잡혔다. 내 육사 교육이 잘못되었다는 생각에서였다. 나는 그간 박정희와는 오랜 친구 사이여서 내가 원하지 않았던 직책에 있었어도 어느 정도 명분이 섰지만, 내 제자들이 집권한 쿠데타 정부에는 단 하루도 일할 수 없다는 결론을 내린 것이다. 나는 정말 전두환이 집권하리라는 예상을 못했었다. 그만큼 나의 정세판단이 우둔했었다고 생각하였다.

나는 사표를 던진 후 북한산록에 자그마한 집을 짓고 은거의 길을 걷기로 했다.

박정희 사망후 제출한 사표는 우여곡절 끝에 다음해인 1980년 8월에야 수리되었다는 통보를 받았다.

나는 이 글을 맺으며 이 글이 내 변명이나 자랑이 아니되도록 노력했고, 관련자가 살아 있지 않은 죽은 자에 대한 흠집은 되도록 들추어 내지 않도록 주의했다. 그러나 죽은 자에 관한 이야기 가운데 지금 살아 있는 사람이 현장에 있었으므로 증명이 되는 부분은 그대로 기술하였다.

 나는 조국을 사랑하는 만큼 우리의 군도 사랑한다. 내가 군에게 바라는 것은 앞으로 어떠한 경우나 어떠한 구실로도 군사 쿠데타는 있어서는 안된다는 사실이다. 박정희의 집권으로부터 시작해서 전두환, 노태우에 이어지는 장장 32년간 우리 군은 국민에게 커다란 누를 끼쳤음은 물론, 세계 선진 민주국가로부터 모멸을 받게 되었음을 상기해야 한다. 그리고 우리는 역사에서 어느 쿠데타의 어느 독재자나 그 종말은 비참했었다는 사실을 명심해야 할 것이다.

 끝으로 다음 경구를 내 글의 결언으로 남기고 싶다.

"역사의 과오를 바로 보지 못하는 민족은 그 저주받은 역사를 운명적으로 되풀이하게 된다."

인명색인

<가나다순>

강 건　129/172
강문봉　301~303/413
강영훈　84
강재순　106
강태민　149
고병선　247/249
고재훈　397
공국진　302
공 자　14
곽상훈　303/334
괴 테　418
김경린　437
김경옥　251/252/434
김 구　30/48/49/51/114~117
　　　/121~124
김기성　441
김기제　5
김 남　359
김도연　29/283
김동빈　149/312
김동조　441~444
김동한　437
김무수　150
김백일　48/63/64/148/163/171
김병로　29
김봉철　289
김삼룡　131
김상겸　98/101/102
김성수　28/235

김승천　148
김승철　150
김시진　376
김약수　137
김여림　247
김연식　441
김영삼　266~268
김영생　432
김용기　426
김용석　436
김용우　327
김용휴　311
김원기　436
김유복　311
김웅수　354
김 일　129
김일성　30/41/43/53/108/125/
　　　127~129/131/135/136/151
　　　~153/182/183/197/204/
　　　211/234/264/265
김재관　43
김재규　449/450
김재현　396/436
김정덕　251
김정염　439
김종갑　289
김종석　101
김종오　170/237/313/358
김종필　319/330/369/374/384/

394/396/397/405
김주열　316
김준하　359
김　중　15/16
김지회　91/92/95/99/389
김진구　397
김창룡　64/65/109/296～298/
　　　301
김　책　203
김　철　436
김충환　437
김태하　150
나폴레옹　20/21/179/295/390
남　일　264
노태우　122/267/285/297/397/
　　　455
데루스　74
도진희　303
듯　드　233
드　골　443
딘　　　155/156/161
라　루　432
라이샤워　47
라이언　337
러스크　207
로미오　406/415/416
로바 크리브랜드　268
로버트　138
로버트슨　262
루이 왕조　325
루즈벨트　50
리지웨이　216
마　샬　52/61/244
마키아벨리　118/121/122/334

매그루더　315/318/323/342/
　　　343/344～346/359
맥아더　133/134/152/163/164/
　　　180/181/183/206/208/209/
　　　217/219
맹　자　14
메로이　401/402
모택동　126/265
무　정　129
무학대사　11
뭇소리니　96/295
문상명　288
문용채　149
문재준　360
문중섭　191/246
민기식　111/354
박경석　5
박경원　288/289
박기병　53/149
박동식　437
박동탁　448
박병권　87/111
박영석　288
박영준　346/364/379
박원관　247
박원근　149/311/354/368/369
박웅규　143
박일우　129
박임항　351/354/360
박재호　441
박정희　68/84/267/285/319/
　　　333/334/346/347/349/355/
　　　356/358～364/366/374～
　　　376/381/385～393/396/397

/402~405/408~411/413/
420/421/423~426/428/437
/439/442/444/453~455
박준병　369/370/382
박찬표　437
박창암　400
박춘식　351/360
박치옥　375
박헌영　29/129/135/136
박 홍　267
백관수　29
백남훈　29
백 문　347/348/448
백선엽　53/109/170/239/240/
　　　304/305
백인엽　304/396
밴플리트　239/286
베 올　432
변영태　287
부릭크스　287
부우은　415
브로우턴　432
빌리그마이어　415
서재관　311
서정순　397
석정선　397
설국환　414
성백전　436
손관도　143
손원일　254/327
송삼규　437
송순옥　3/79/80~83
송요찬　301/305/313/314/317/
　　　321/323/330/401

송인율　143
송진우　25/26/28/29/31/97
송창무　146/191
송 철　407/430/431
송호성　78/85/95/109/110
순 종　13
스미스　155~157
스 칙　45
스탈린　41/50/126/234/265
스파이서　244
신동열　437
신상철　147/428
신성모　137/222/235/236
신익희　283/298
신재식　171
신초식　302
신태영　239
심완식　437/438
심의섭　360
심홍주　260
아놀드　29/45
아이젠하위　286
안경모　436
안두희　114/115/120
안영길　99/101/106
안재홍　28
안중근　98/117
안춘생　289
알렉산더　20
애치슨　128/134/135/152/207/
　　　213
액튼김　111
엄병길　360/369
엄홍섭　312

에드먼드 파크 365
에반스 415
엔드리스 432
여 몽 388
여운형 25~28/48/49/51
오관용 432
오광선 48
오덕근 188
오일균 91/95
오창근 99
워 커 155/209
원용덕 48/60/61/66/68/78/84
월 로저 443
웰링턴 272
유근창 171/287
유동열 78
유재흥 170
유정택 99
유해준 149/289
윤보선 29/339/340/341/358~
       361/363/365/411
윤봉길 98/117
윤상송 426
윤상옥 436
윤석영 432
윤승구 359
윤영모 288
윤영호 312/437
윤춘근 159/289/301/354
윤태일 362/364/379
윤태호 246/248/249
윤호근 413/414
이건영 398
이경엽 426

이관영 437
이기붕 236/237/283/299/304/
       305/307/316/317
이등박문 14
이문섭 436
이민우 311/354
이병무 12/13
이병주 385/387~390
이병칠 437
이병형 288/354
이병희 397
이봉창 98
이상관 437/441
이상구 437
이상철 289/432
이석기 48
이석봉 149/168
이성근 448
이세호 149
이소동 354
이수영 414
이순신 21
이승만 29/33/66/108/115~
       117/119~121/127/129/130
       /134/178/222/225/228/234
       ~236/250/254/258/261~
       264/267/282/284~286/297
       ~299/303/316/317/321~
       323/325/327/328/453
이승우 143/436
이억송 150/197
이영근 397
이영순 99~101
이완용 12

이용남　432
이용문　391
이용준　49
이원엽　143
이원태　432
이유회　303
이응준　60/75/77
이　인　29
이인종　437
이일선　436
이정화　416
이종근　360
이종원　376
이종찬　225/322/330
이주일　171/289/301/334/360
이주하　131
이준수　426
이준식　141/143
이한림　5/103/141/192/198/
　　　　301/363/366/375/387/390/
　　　　414/421/424/430/454
이현진　289
이형근　68/78/111/299
이후락　376
임부택　354/357
임선하　87/111/148
임충식　289
자부란스키　354/357/371/372/
　　　　376/394
장개석　39/126
장달진　437
장덕수　29
장도영　358/363/366
장　면　267/299/300/302/305/
　　　　315/322/326/331～336/344
　　　　/348/357/361/365/411
장인섭　437
장창국　111/355
장철부　169
장호진　289
쟌 죠레스　69
전두열　366/367/375
전두환　122/267/285/297/397/
　　　　453～455
전재덕　397
정　강　379～381
정극모　427
정래혁　74
정보관　91
정성관　441
정순갑　397
정영배　437
정일권　35/39/53/85/162/408
　　　　～414/421/423/429/430
제임스　412/423
젠킨스　248/249/251/252/254/
　　　　255/433
조　덕　147
조득상　437
조병건　91/95
조병옥　29/315
조상호　410
조승일　437
조　암　87/143/169
조연표　246
조재진　437
조진희　436
조창대　360/377/378/431

존 슨 357
주낙영 437
주은래 206/234
지영만 437
진헌식 283
징기스칸 20
채명신 351/360
채병덕 49/52/98/137/138/143/147
처 칠 47
최남근 84
최덕신 170/245
최두선 283
최 석 340/354
최세인 311
최영희 323/330
최용건 129
최종완 436
최주동 48
최주종 311
최창룡 249/311/396/419
최창언 74
최훈섭 102
카하라만 447
칼레이 맥 윌리암스 443
칼리어 288
케네디 47
케이슬리 432
코넬리 116
코델헐 116
코루트루쿠 445
크라우제비츠 165/335
크롬웰 324
클라크 264

클린턴 260
테일러 249/254
트루먼 213/214/218
팽덕회 234/264
프레데릭 292/294
하우스 422
하 지 45
한규선 359
한 신 366/367
한태원 311
함사식 441
해리슨 264
허 정 29/321~323
허정숙 129
허태석 302
허태영 301~303
허필은 436
허 헌 30
헨리 왓드 443
홍순석 91/92/95/99/389
홍순철 441
황운하 302
황헌친 354/368/369
황호영 437
황홍섭 437
히틀러 96/272

이한림 회상록 세기의 격랑

1994년 11월 15일 초판 발행
1995년 4월 20일 재판 발행
1998년 11월 30일 3판 발행
2005년 4월 5일 4판 발행

저 자 / 李 翰 林
발행인 / 金 基 齊
발행처 / 도서출판 팔복원

서울 · 마포구 서교동 278-33 예지빌딩 202호
전 화 / (02) 338-6478 338-6516 FAX : (02) 335-3229
홈페이지 www.palbook.net
등 록 / 제3-363호(1991. 7. 22)

＊ 잘못된 책은 바꾸어 드립니다.   값 15,000원
   저자와의 협의에 의해 인지를 생략함.